道路多维管理信息化技术

孟　均　编著

人民交通出版社股份有限公司
China Communications Press Co.,Ltd.

内 容 提 要

本书详细论述了道路信息化建设,介绍道路信息化管理相关背景知识,道路信息化建设的必要性和未来趋势,并对道路多维数据体系和平台建设涉及的主要概念和技术,服务对象、道路数据采集与管理、运用的主要技术手段、道路信息化应用的方向,硬件机房及网络基础设施建设、运行情况进行了介绍。书中还介绍了道路信息化建设的系统应用与案例,公路路产电子档案管理系统、城市道路养护巡查系统、城市道路检查井盖一体化管理系统、基于BIM技术在路桥建设及管廊工程中的应用及各系统的应用情况。

本书力求科学、前瞻、实用、通俗、全面,可供从事道路养护人员、管理人员、施工人员、技术人员、监理人员使用,亦可供高校相关专业师生参考学习。

图书在版编目(CIP)数据

道路多维管理信息化技术 / 孟均编著. —北京：人民交通出版社股份有限公司, 2018.5

ISBN 978-7-114-14691-6

Ⅰ.①道… Ⅱ.①孟… Ⅲ.①公路运输—交通运输管理—信息化 Ⅳ.①U491-39

中国版本图书馆CIP数据核字(2018)第096912号

书　　名：道路多维管理信息化技术
著 作 者：孟　均
责任编辑：潘艳霞　张　鑫
责任校对：赵媛媛
责任印制：张　凯
出版发行：人民交通出版社股份有限公司
地　　址：(100011)北京市朝阳区安定门外外馆斜街3号
网　　址：http://www.ccpress.com.cn
销售电话：(010)59757973
总 经 销：人民交通出版社股份有限公司发行部
经　　销：各地新华书店
印　　刷：中国电影出版社印刷厂
开　　本：787×1092　1/16
印　　张：17
字　　数：392千
版　　次：2018年6月　第1版
印　　次：2018年6月　第1次印刷
书　　号：ISBN 978-7-114-14691-6
定　　价：90.00元

作 者 简 介

Author Introduction

孟均,男,汉族,中共党员,航空摄影测量学硕士,信息化高级工程师,1977 年 6 月出生,河北保定人,中国土木工程学会市政分会理事、北京公路学会养护绿化专业委员会专家、北京工业大学硕士校外导师、北京交通运输职业学院客座教授,现任北京路桥瑞通养护中心十九处副经理、北京市政路桥养护集团科研中心副主任。

作者致力于道路信息化管理系统的建设工作,主导研发了道路 3D 数据采集设备、多维数据整合发布技术、道路多维平台建设技术,并主导建设了道路养护管理系统、路产管理系统、基于 BIM 的设计方案展示与施工推演系统等。主持或参与了交通运输部、北京市国资委、市科委、交通委等政府部门科研创新项目 12 项,共获 33 项知识产权证书。其中“移动车载全景影像及激光数据智能采集与处理系统”和“北京市基于三维实景平台的公路养护信息化管理系统”项目获得北京市公路学会科学技术一等奖。作者于 2017 年荣获第五届北京公路青年科技奖。

前　言

Foreword

随着互联网+、大数据、云计算、物联网技术飞速发展，要将创新摆在国家发展全局的核心位置，创新离不开技术创新和管理创新，技术创新是物质基础，管理创新是精神灵魂，只有两者相辅相成，才能实现道路管理行业的创新发展。本书提技术创新与管理创新融合的思维，可以为道路信息化建设提供参考。

一般来讲，道路分为两种：一种是公路、一种是城市道路，这两种路是两套系统，它们的信息化建设也有区别。公路和城市道路有很多的不同：1. 服务对象不同，公路服务于城市间、厂矿林区及乡村；城市道路服务于城市内部体系。2. 交通量不同，公路车流量较小，但有重载交通；城市道路的交通构成比较复杂，但是基本不会出现重载交通。3. 服务功能不同，公路服务的主要是车，主要强调交通功能；城市道路服务的是人和车，要体现人文关怀。4. 建设标准不同，公路主要考虑车行交通；城市道路要考虑车行、人行、管网、绿化等。5. 管理部门不同，公路属交通行政部门管理；城市道路属建设行政部门管理。北京养护集团管养了约7000公里的公路、1000公里的城市道路，公路和城市道路在进行信息化建设时需要统一考虑，它们也经历了各自建设、整合统一、再到部分应用功能分开的过程，因此本书统称为道路信息化建设，而没有分为公路和城市道路。

道路多维管理信息化技术中“多维”是当前一个科技流行词，可以从几个维度去解释多维的意思，多维的数据内容：二维、三维、影像、全景、属性、视频；多维的使用对象：业主、设计、监理、施工、养护、公众；多维的网络环境：政务网、互联网、内网、移动互联网；多维的应用场景：规划设计、工程拆迁、施工管理、后期运维。信息化管理技术主要体现在使用计算机、地理信息、数据库等为代表的新技术手段，使之服务道路的管理过程。

北京较早实现了养护市场改革，做到了政企分离，按照企业的运转方式建立了道路养护业务的管理流程；北京养护集团的领导非常重视道路信息化工作，投入了大量的资金进行信息化建设，实现了业务流程的信息化、平台化；最重要的是将大量的新技术、新手段运用在养护管理工作中，这为道路养护信息化建设提供了极大的助力。2013 年，北京养护集团成立科研中心，专门负责信息化建设工作，经过几年的努力，通过加大科技创新力度，强化信息化技术在道路养护行业的应用，本书围绕信息化工作取得了一定的成绩，也从无到有培养了一支近 20 人的团队。近 5 年的工作，我个人总结为“一体两翼”。一体：建立一套获取、处理、整合及在平台发布道路信息数据的体系；两翼：一是现有数据与 BIM 技术结合，为道路的规划、设计、建设提供信息服务；二是依托丰富的数据，为道路养护管理提供服务。

全书的整体架构由孟均提出并负责，其中，孟均负责第 1 章的编写，孙勤霞负责第 2 章的编写，张松负责第 3 章的编写，董丹负责第 4 章的编写，李艳飞负责第 5 章的编写，李腾飞负责第 6 章的编写，商旭光负责第 7 章的编写，陈妞负责第 8 章的编写。孟均、许佳玮负责全书的统稿及文字编排。

孟　均

2018 年 1 月

目 录

Contents

第1章 绪 论

1.1 道路管理信息化发展的背景

随着我国社会经济的持续快速发展,道路的建设速度和规模有了大幅提升,据《2016年交通运输行业发展统计公报》显示,截至2016年末,全国公路总里程达到了469.63万公里,公路密度为48.92公里/百平方公里。高速公路通车里程已超13万公里,居世界首位,高速公路的建设速度也从当初13年才建设2万公里,提升到年均建设1万公里。路网建设成绩斐然,然而道路的管理和养护面临巨大压力,2016年全国公路养护里程已达459.00万公里。当前面临的突出问题是面对如此庞大的养护规模,以及政府、公众和社会对道路通行状况的要求不断提升,单纯依靠传统的道路管理模式和手段,越来越难以满足现实的要求。这些问题成为各级道路管理部门公认的管理难点,制约着道路养护管理的发展。主要体现在如下几个方面:

(1)公路路产产权不够明确,保护难度大。

一是原有路产没有确权。从历史沿革看,原有的国省干线公路路产是计划经济体制下通过划拨方式取得,没有进行确权认证,也就没有从法律角度把公路路产完全明确下来;二是新增路产界限不明。新建、改建的路段虽然按照市场运作,以经济补偿的方式取得了产权,但办证滞后,又没有及时实施路田分离、路宅分离,被沿线群众逐步蚕食,时过境迁,路政部门维权时反而引起争议;三是建管脱节遗留后患。新建、改建路段的建设项目公司与属地公路路政管理部门缺乏协作,两者之间的责权利不明确,建设项目公司保护路产师出无名,路政部门介入又处处受限,结果往往造成新建、改建公路还没移交公路管理部门,公路建筑控制区违章建房、路产被侵占已成为既成事实。

(2)建筑控制区涉及因素多,控制难度大。

国家法律法规明确规定了公路建筑控制区的范围,即从公路用地外沿起向外的距离,国道、省道和县道分别不少于20米、15米和10米。但纵观普通国省道建筑控制区内,新旧房屋等建筑物比比皆是,建筑控制谈何容易。一是历史事实造成,先有房后有路,修路时又没有或者无法拆迁,特别是一些集镇路段,多是此类情况,现行法律法规对此也只是规定不得扩建,实际操作中改建和扩建的界限难以把握;二是传统观念造成,老百姓认为住在公路边是天经地义的事,一些领导和部门也觉得老百姓在路边建房情有可原;三是执法不力造成,公路建筑控制区涉及国土、规划、水利、城建和交通等部门,有关法律法规却把更多的责任压在了公路管理部门,但公路管理部门不是建筑控制区土地的合法拥有者,也没有强制拆除的权力和能力。

(3)路政基础建设相对滞后,维权难度大。

维护路产路权需要及时发现、处置那些损害、损坏、侵占路产的事件,但现有的路政硬件设施不足以应对工作的需要,缺乏有效的机制和管理手段来快速及时地进行处置,维护路产路权。

(4)超限车辆治理机制不顺,治理难度大。

近年来因为超限运输造成的恶性道路交通事故频发,超限运输损坏道路、引起交通拥堵等问题日益受到各级各部门的重视,公路部门的超限治理压力与日俱增,又困难重重。一是处在末端的公路超限治理矛盾集中压力大。超限运输问题是一个系统问题,涉及车辆的生产、改装、上户等环节和道路运输管理许可、货主单位等多个部门。超限车辆到公路上行驶,是这一系列因素和环节的最后节点,各种矛盾和压力都集中到公路超限治理上。二是现有的超限治理模式既不治标也不治本。对于超限车辆的处理,按程序应当是依据公路法律法规进行行政处罚后收取道路赔(补)偿费,最后通过卸载等方式消除超限行为。三是落后观念助长了超限现象。重点工程、骨干企业、重大项目建设运输车辆是超限治理的难点,这些单位和项目以国省道为施工运输的便道,运输沙石、钢材、散装水泥、大型输变电设备、矿产品等的超限运输车辆严重地损害了现有的公路和桥涵。四是超限治理现场处置困难。一些驾驶超限车辆的驾驶员不配合工作人员的指挥,或结队而来有意堵塞检测车道,或强行闯关、暴力相向。

上述问题,有些是历史遗留造成的,有些是体制改革造成的,在短时间内很难一蹴而就地解决。随着近年来信息化技术的不断发展和革新,为解决上述问题带来了契机。

1.2 国内外道路管理信息化发展现状

尽管各个国家和地区、部门都认同和接受在道路管理中要大力发展信息化,但由于认知的水平不同、管理理念不同以及投入和重视程度不同,目前各地道路信息化发展现状也不平衡。

1.2.1 国外公路信息化发展现状

1)美国

(1)公路数据库

发达国家开发建立公路管理系统始于20世纪70年代,采用数据库技术建立公路资料库,主要应用于公路的管理、规划等方面。到20世纪80年代,数据库技术开始与图形技术结合,实现图与数据库交互访问,应用在道路的管理、交通监控等方面并初步实现了可视化。随着GPS、GIS技术的迅速发展,基于GIS基础建立了公路数据库,图形与数据库有了较完美的结合,可更好地描述公路空间构造及周边环境状况。如今,在公路管理部门已建立完整的数据库系统和相应信息管理系统,并能够为社会提供广泛的咨询服务。

美国联邦公路署开发完成的综合公路数据库NHPN,建成了实用的全美公路交通地理信息系统,该系统不仅为道路部门使用,而且还大量服务于交通管理及警务系统,为美国各州交通信息化建设奠定坚实基础。

(2)资产管理

随着美国公路基础设施的逐步完善,从20世纪70年代起,公路管理的重心逐渐由公路建设转向已有公路设施的维护,并寻求公路及整个综合运输系统的最大收益。在此期间,建立了路面管理系统(PMS)、桥梁管理系统(BMS)、隧道管理系统、养护管理系统等一整套应用系统。针对路面管理系统、桥梁管理系统等系统的局限性,美国首先提出了公路资产管理系统的概念。美国联邦公路局(Federal Highway Administration,FHWA)成立了资产管理办公室(Office of Asset Management),统一管理全美所有的公路资产并开展资产管理方面的研究与合作。公路资产管理系统并不是各种单一设施管理系统的简单组合,它超越了路面管理、桥梁管理的概念和功能,通过资源配置等决策过程,对所有公路基础设施的维护、重建等工作进行整体优化,使投资更加经济合理,并使得这些基础设施在其生命周期内达到充分利用。

(3)养护管理

美国联邦政府承担高速公路建设投资的90%以上,高速公路建成后交各州按照《AASHTO养路手册》的规定统一养护管理。各州设置的养护单位以地理区域划分,只考虑工作现场和时间因素,作业对象没有高等级公路和一般公路之分。在此我们以弗吉尼亚养护服务中心为例介绍美国的新型养护体制。

弗吉尼亚交通厅与VMS(Virginia Maintenance Service)公司签订了一定年限的管理养护合同。在此之前,弗吉尼亚交通厅会将本州的路况设施的基本数据提交给VMS。VMS公司也开发了相应的公路质量设施管理系统进行数据复核,并且根据数据分析结果进行预测,编制养护预算,确定合同金额。对于不可抵抗的自然灾害引起的养护项目支出,在得到政府发出的紧急通告后,相应的费用则由联邦政府或州政府支付。

另一方面,对一些不可预测的事故(如桥梁损坏等),VMS公司则通过购买保险来弥补。弗吉尼亚交通厅对VMS公司提出了公路养护的标准,而且要求在第一年中完成工作计划、执行计划、冰雪控制计划等计划,并制定相应的管理程序和工作路线,上报交通厅批准。

VMS公司的主要工作是建立永久性办公场所,雇用调查、养护和管理人员,确定所需的装备、确定承包商,收集公路设施数据,进行公路设施状况调研,提出合同准备工作的投入量,向承包商提供所需的劳务、材料和装备。VMS通过邀请弗吉尼亚交通厅在列名单上的承包商,从中选择承包商签订合同,合同依据经费额和项目复杂程度分为简单合同、一般合同和重要合同。

上述这种养护管理体制的前提是交通量和路况相对较为稳定,路网已全面构成,可以比较精确地预测养护管理费用,并且养护作业的主要内容是日常养护和小修工程。要求养护市场成熟,养护施工企业完全市场化,企业资质评定统一。同时还要求保险行业规范,养护管理标准细致完善,路况设施检测方法、评定标准具有广泛的适用性。

美国这种承包养护方法具有很多优点:有利于精简养护管理机构人员,降低养护管理和人员费用,从而使联邦政府逐渐从公路养护管理中摆脱出来,养护投资更趋谨慎。由于养护合同的订立,承包期内路况可以得到较好的保障,路面及构造物得到较好的改善。极大程度地提升了路面的服务水平,降低了路面损害,延长了道路使用寿命。但同时这种模式仍然存在一些不足:在承包期内政府的调控能力降低,承包公司由于要考虑养护效益成本,不利于推广新方法、新材料、新工艺;一旦私人承包公司经营不善并中途撤出,政府需要重新选择承包商,这样就中断了养护管理的连续性。

2)日本

日本近年来加大了交通信息化、智能化建设的投入。1999 年日本成立了全国交通信息中心,全面整合交通信息资源,建立了综合数据库系统,并在此基础上实现全国路网监控管理。该系统为社会各行业提供了较全面的咨询服务(出行计划、民用导航等)。

日本国家汽车干线高速公路(占全日本汽车专用公路总里程 82.3%)的养护管理由道路公团负责。道路公团是由建设省建设大臣监督的半官方组织,是独立的、特殊的法人。到 2011 年 3 月,路侧设备 ITS – Spot 在全国主要的高速路和高速公路服务区建设完毕,覆盖约 9000 千米。

道路公团下设建设局和管理局。管理局负责高速公路管理和养护,主要是按行政区划进行设置,下设有技术部,负责道路大修、改建及养护,同时对各种设施和机械负责维修管理,处理与之相关的一些技术问题。局内一般按路线的区间每 50 千米设管理事务所,其他情况也可按片设所(如高速公路的交叉)。

高速公路养护维修作业主要分为:小修保养作业、预防性养护或改善、防灾工作和改建工程四类。小修保养作业主要是为了保持路况处于完好状态而进行的;预防性养护则是按周期对高速公路设施进行检查和养护。管理事务所的工作性质为小修保养作业,后三类则一般采取对外发包的承包方式进行,由公团提供大型专用机械,承包商在公团、管理局和管理事务所的监督和管理下进行施工。

总结日本的高速公路管理模式可以看出,其养护管理有如下特点:

(1)依法管理。在 20 世纪中叶相继颁布了《道路交通法》和《道路公团法》,正式确立了高速公路修建和管理一体化概念,运用法律手段将其作为一种纲领固定下来。

(2)管理养护采取统一模式,采取垂直公司化管理模式,确定了完整清晰的管理和养护层次。

(3)管理养护组织的质量监督和管理养护职能突出。

(4)养护施工市场化程度高。采取对外发包或委托的形式完成道路养护工程,不设独立的施工队伍,养护管理部门只需购置急需的管理用车和日常维护设备即可完成养护检查。

日本高速公路养护管理体制具有的突出优点是:统一规范的管理养护机构设置,有利于政令畅达,有利于养护标准、规范的统一和行业管理,有利于机构精简并减少人员、设备投资,有利于促进委托、承包企业高质量完成养护任务,为道路使用者提供最佳服务。而这种养护管理体制的建立与其良好的前期条件是密不可分的。

3)英国

英国的道路管理分为两个等级:干线道路和地方道路。干线道路由代表政府的行政机构进行管理,高速公路和干线道路共同构成了干线网。这些干线道路被分为 24 个管理区域,在每一地区,管理养护机构则主要由限期承包商、行政机构和代理机构组成。在每个干线道路养护地区,行政机构和代理机构签订合同,同时行政机构和限期承包商之间也要签订合同。而承包商和代理机构之间则不用签订合同,但是限期承包商的工作要接受代理机构管理和监督。代理机构和限期承包商的主要任务是负责该区路网的日常养护和管理。10 万英镑以上价值的工作要采取公开竞标的方式,由行政机构自行管理。这些合同期限基本为三年,但是为了鼓励代理机构和限期养护承包商提供最好的服务，可以将合同延长1年或2年作为奖励。

代理机构通常负责道路的日常巡逻、调查，并对路网结构进行检查。主要负责制定养护计划，从而保证路网继续发挥应有的良好作用。同时代理机构还必须估算路网养护计划的成本，最后向行政机构提交实施报告。资金到位后代理机构要负责通知限期承包商，进行路网养护施工。对于估价在100万英镑以上的养护工程，必须由英国交通运输部对限期承包商的资格和资质进行审查，从中挑选出邀请投标的公司名单。代理机构要负责养护工程施工的监督工作，并且对其进展情况进行询问。

这种三方合作的伙伴关系实际上是养护合同管理的一种形式。这种体制建立同样是在公路干线网已经形成，具有成熟的养护市场和健全的法制基础上的。这种管理养护模式的突出优点是：管理层次清晰明了，责任明确到位。突出了政府行政机构的审查、评估职能，把养护管理职权下放至养护代理机构。同时竞争机制的引入有效地降低了养护成本，对提高养护质量，降低养护成本起到了很好的作用。不足之处也很明显，主要表现在以下几方面：不同地区的养护代理制定的养护计划、养护技术标准不易统一；养护代理与限期承包商的关系及与投标承包商的关系不易为行政机构考察，公路机构的疏忽会给代理人和承包商带来合作蒙蔽的机会。

1.2.2 国内公路信息化发展现状

我国从20世纪80年代末开始公路管理信息化工作。对建立全国公路数据库的可行性进行了调研，并且开展了相应的研究和开发工作。同时开发了路面管理系统（CPMS）、桥梁管理系统（CBMS）并逐步推广应用，为公路养护决策、管理工作提供了有力支持。90年代初探索开发公路数据库，经历了引进概念、科研开发、应用研究、推广应用等多个阶段。数据库与GIS技术在我国公路部门的应用是在进入90年代中期开始进行探索的，在陕西、四川、新疆、北京等省市公路管理部门和科研单位的不同公路管理系统开发中得到应用，主要表现在公路的管理、规划及设计等方面。

以第二次全国公路普查为契机，以部分公路数据库相关标准规范为依据，我国开发建立了可支持多业务领域、分布式、开放的《中国国家公路数据库系统》（简称HBDS）。部分省份初步建立了公路数据库，并实现了公路属性数据与地理信息系统的交互查询，建立了不同比例的电子地图，基本满足了日常公路养护与管理工作的数据需求，为可视化、现代化、科学化的养护管理工作提供了支持平台。截至2011年，《中国国家公路数据库系统》覆盖全国所有行政区，汇集了国、省、县道三级路网全部路况数据，总里程达78万多公里。但是由于各地发展不平衡及标准的局限性，存在如下问题：

（1）全国尚未建立起保证数据能够及时更新的管理机制；

（2）完成数据更新的技术解决方案尚不成熟；

（3）相关标准规范不完善，且不能很好地与管理和服务工作紧密结合；

（4）数据库与GIS技术未能结合，不能满足管理者对图的需求、对空间拉近的需求、对建立信息载体的需求。

各省使用《中国国家公路数据库系统》建立了本省的公路基础数据库，并开发了涵盖公路管理各方面的信息管理系统，各省信息化建设都取得了较大发展。交通运输部也建立了基于《中国国家公路数据库系统》的“国家公路地理信息系统”。但各省公路信息化建设进展不一，部分省市只建立了公路基础数据库系统,部分省市已陆续建立了一些相对独立的业务管理系统,部分省市已建立了较为完善的公路信息管理系统,如上海、北京、广东、新疆、辽宁、河北、江苏等省市。归纳起来,开发的信息系统包括:公路地理信息管理平台、公路基础数据管理平台、公路养护管理系统、公路路政管理系统、公路统计管理系统、公路计划管理系统、公路绿化管理系统、公路档案管理系统、公路路面桥梁评价决策支持系统、公路规费征收统计系统、公路基础管理数据库系统、公路地理信息公众查询系统、公路排水管理系统、办公自动化系统等,大大提高了公路信息化管理水平。

交通运输部在《"十三五"公路养护管理发展纲要》中指出:"推动'互联网+'与养护管理融合发展,激发公路养护发展的内生动力";"推进养护决策支撑信息系统建设,推广普及科学决策技术,科学制定养护决策计划,合理选用养护技术方案";"围绕公路养护决策、日常养护管理加强路网管理各项核心业务系统建设和应用",这充分指明了大力发展交通道路信息化这一方向。

1.3 道路管理信息化建设的必要性

1.3.1 精细化管理必然要求

数字时代的浪潮冲击着当今世界的每个角落,三维 GIS 是信息系统的一个重要发展方向,从数字地球到数字城市等大量三维可视化应用系统已成为信息化建设的热点,然而在城市道路、郊区公路乃至交通行业中的应用却很少。目前公路管理、养护、维护、路政、救援、应急指挥等管控作业流程都是基于二维地图实现的,通常要通过收集各级管理、养护和现场反馈大量的运行情况,然后看设计文件、统计报表、图纸、照片来了解、分析、决策。由于这些传统的管控作业往往会由于资料量大、不完整、难查找、低效,即便找到了,这些传统的资料对于非专业人员来说,数据枯燥、图形抽象、信息孤立而难以关联,以至严重影响我们的道路运营和养护管理水平,在道路应急救援、抢险的时候这个问题更加突出。

行业对公路网各种构造物和设施布局的地理信息的掌握,是路网运营、养护管理的重要因素。在二维地图上,所有的公路设施都是以平面投影的符号来表达的,不但不够直观,有时还会导致判读的困难,也无法全面表示立面目标之间准确的相对关系。所以基于传统二维地图的 GIS 空间分析是不完整的,因为它只能实现宏观的、浓缩的、概略的统计和分析。由于公路管理的分散性和大空间跨度性,一旦要对细部环境信息和数据进行查询、观察和分析,则无法得到足够的数据支持。因此,需要一种新的数据源和数据管理手段来满足公路部门在路政、养护、应急和出行服务等方面公路可视化、信息化综合管理的需要。

精细化的实景三维 GIS 的应用技术正是在这样的背景下应运而生,应用实景三维 GIS 技术建立标准统一的三维平台成为必然。三维平台的应用将使各种非 GIS 专业的业务、管理、领导人员在日常管理中不再唯一地依靠抽象的图纸、枯燥的数据、孤立的图像来分析判断运营、养护、应急救援面临的各种复杂的相关矛盾或冲突。可以借助实景三维模型数据库,快速浏览事件现场的实景,清楚地了解前后左右道路结构状态、相邻交通结构之间的功能关系及通行能力;更能够直观地管理路面上、路基下、路两侧以及路产实际控制区内的各类设施,并能在任意终端上查看道路及各类管线立体横断面的位置关系,为应急处置和施工作业提供更为翔实可靠的信息依据,提高工作效率。平台还可以接入监控系统、气象系统,掌握实时的交通信息和气象信息,从而可以准确、有效地提出具体的处置决策。

1.3.2　道路使用者的迫切需求

道路使用者是信息化建设的最终服务对象,让道路使用者看得见、摸得着、用得上,才是信息化建设的最终目的。随着信息化建设的发展,无论是智慧城市、物联城市还是数字城市,这些概念在道路使用者那里就只会成为一件事,那就是如何更好地为他们提供服务。他们的共同愿望是停车场更方便;旅途不堵车,足不出户就可以提前规划出行路线;查询和办事更加便捷等。

1.3.3　社会信息化的需求

我国的信息化建设的关键问题是要整合和应用信息资源,在过去十年的大规模信息化建设中,已经拥有了大量厚重的信息资源,有强大的网络,有庞大的各种数据库,有大量的支持各部门业务管理的应用软件。但由于历史和体制的原因,这些信息资源被分散异构了,出现了信息孤岛现象。

随着社会经济、信息技术的发展,跨部门、跨地区、跨行业、跨应用系统之间的信息交换、信息共享、信息协同处理成为十分普遍的迫切要求,在更大范围内形成统一的信息平台。在更高更大的统一信息平台上,开发与提升新的应用,成为政府、行业、企业社会的现实的热切的愿望和要求。

1)有利于转变管理理念,丰富管理手段,提高养护效率和服务水平

为积极顺应这种发展趋势,提高企业管理效率,要大力推进企业管理制度创新和信息化建设,充分应用现代信息技术并与先进的管理理念相融合。简化工作程序、创新工作流程、转变传统管理方式和组织方式、加快实现办事过程的电子化、网络化和自动化,以信息化带动工业化,实现企业管理现代化。提高企业效率和效益,从而增强企业的服务水平。通过信息化倒逼行政体制改革和企业职能转变,推动国有企业和政府管理理念、手段和方式的变革,提高科学管理水平,增强企业的服务水平。

公路管理养护部门管理者的主要的职能是处理信息并作出决策,但是在实际工作中,信息的来源是多方面的,呈现方式是纷繁复杂的,即使借助了现有信息化的工具,仍然可能迷失在大量的数据、资料中,而不能正确地决策。如:项目汇报、多头管理与越级汇报等情况。因此,需要有一种新的工具或者新的技术,能将项目从总体到细节的情况都实施掌握,有效地推进项目执行,既节省下了座谈式沟通的时间,更能从宏观层面了解多个项目,为决策提供依据。

2)可实现网络化日常管理工作,提高管理水平和工作效率

建设一个承载数据、图像等业务于一体的综合服务平台,必须拥有一套智能高效的宽带网络环境作支持。因此在考虑网络的基本技术体制时,必须把当前需求和长远发展目标结合起来,使其既能满足现有和将来一段时期的业务需求,又能符合信息技术发展的趋势,使系统平

台建设走上健康发展的道路。

基于网络三维组件，构建三维地理信息平台，依托现有成熟网络，为用户提供分布式的、可定制的地理信息服务平台。通过这个平台，网络用户可以享受直观的三维地理信息服务，各种专业用户也可以搭建此平台来满足专业的专题应用需求。能够实现通过现有平台进行调阅档案、检索桥梁及设施设备信息、查看街景影像等功能，并在此基础上，为查询业务信息提供了稳定条件。

3）可实现数据资源共享互通

随着信息化建设不断快速发展，越来越多的应用系统已投入使用。但是这些信息系统存在“多系统、多平台、少共享”的现象。各部门在不同时间开发的不同系统之间缺乏关联，使得信息不能有效共享，应用难以集成，信息系统之间办公不能协同，各个应用系统的数据资源不能得到综合应用，逐渐形成了“信息孤岛”，严重阻滞了我们对信息化工作的深入开展。在交通委、路政局信息化管理部门的领导和支持下，认真贯彻国家信息化发展战略，根据“统筹规划、资源共享、重点突破、深化应用”的原则，结合自身特色，以实现数据资源共享为主线，以提高应用水平为重点，以消除信息孤岛为目的，搭建信息交互平台，来解决应用系统之间的数据共享和集成问题，让各种数据资源能够在各应用系统之间实现互联互通。

因此，建设系统平台要实现多源、海量基础空间信息资源的浏览、管理和服务，提供技术标准规范的二次开发接口，支持基于脚本语言功能更新的扩张。用户可以方便地建立自己的应用系统，或开发自主版权的专业软件，促进这些不同的应用系统之间进行服务合成，提供更好的信息服务。三维平台拥有基于数字摄影测量技术的三维模型数据快速生产工艺，实现具有测绘精度的城市级三维模型数据高质量和快速低成本生产，具有城市级的海量数据实时处理能力，在全球、城市、街道、室内进行连续、实时和平滑浏览，满足快速加载和实时浏览海量三维场景数据的基本要求，为其他管理与服务信息系统建设提供数据支持。

4）实现信息及时性传递和共享功能

根据管理部门对数据服务形式、功能服务形式等的业务需求，基于基础平台建立专业的用户管理模块，该模块是平台针对每个专业用户分配不同数据共享和功能服务共享的权限。数据通过该平台实现共享功能和时时传递。数据分为三大类，分别是三维地形数据、基础数据和专题数据。三维地形数据是由多源多尺度的遥感影像和多尺度数字高程模型数据构成，以三维实景表现形式向用户提供。根据不同用户权限，三维地形数据集成的数据的尺度各不相同。

（1）基础数据共享

基础地理信息数据包括各类基础测绘数据，包括各级行政地名、水系、山名、道路等；三维影像数据主要包括数字高程模型数据（DEM）、航空影像数据（DOM）、街景影像数据等，该类数据以符合平台统一规范的 WFS 服务的形式提供给用户，用以对路网和地形进行查看和分析。三维影像数据和基础地理信息数据构成平台应用的基础数据。

（2）三维模型数据共享

系统中三维模型数据拥有统一的坐标系统，和统一标准的建模规范。包括桥梁模型、公路（道路）模型、管线模型、绿化模型及相关的设施设备模型，三维模型数据共享方式同基础数据共享形式一样，用以对桥梁、公路及其附属设置整体结构及细部结构的查看，提高对物体的可视化效果。

(3)专题数据共享

专题数据是指用户的专业数据,如:桥梁专题数据、管线专题数据、路害专题数据以及相关档案资料等。这些数据可以部署在该系统的服务器端,也可以部署在用户自己的服务器上,通过访问公共服务平台就可以直接共享三维 GIS 服务。专题数据应以符合平台统一规范的 WFS 服务的形式提供,和三维模型数据坐标系统一致。

(4)专题功能服务共享

系统提供包括信息展示、查询定位、数据上传下载在内的一些基础功能模块。此外,平台提供服务扩展,授权用户可以根据自己的业务需求增加新的功能。通过用户认证和服务共享,用户不仅可以使用自己的数据,也可以通过授权使用其他用户提供的数据,避免数据的重复购买。另外服务器授权二次开发的模式可以避免用户重复的软硬件建设。

以上信息的及时性传递和共享功能,以及管理经验和教训资料共享都是在基础平台上实现并展示的,可在政府决策、城乡规划、应急指挥、防灾减灾等领域发挥出积极的作用。基础平台信息共享服务的建设以及应用,为各个管理单位的科学合理规划决策提供了强有力的技术支持。

1.4 道路管理信息化未来发展趋势

“十三五”期间信息资源将开始成为必不可缺的生产要素。信息化的本质是联网和数据流动,信息化的效能要释放出来,必须依靠网络让数据资源在更大范围内充分流动起来。因此,道路信息化未来发展将在“智能终端 + 物联网应用”、数据共享构建大数据体系、人工智能三大领域实现迸发式发展。同时,物联网、大数据和人工智能这三个领域是数据从发现产生、共享应用、深入挖掘到产生新的数据的一个完整链路上的三个环节,在发展中会互相支撑和影响,呈现螺旋式上升发展趋势。

1)“智能终端 + 物联网”应用,实现万物物联

物联网作为一个新经济增长点的战略新兴产业,具有良好的市场效益。基于智能终端,物联网不仅仅提供了传感器的连接,其本身也具有智能处理的能力,能够对物体实施智能控制。物联网将传感器和智能处理相结合,利用云计算、模式识别等各种智能技术,从传感器获得的海量信息中分析、加工,整理出有意义的数据,以适应不同需求。通过在道路基础设施、附属设施、工作站点、机械设备等场所安装智能终端,可以实时获取道路运行情况、设施设备的运转情况、周围环境情况等信息,掌握整个交通体系运转运行情况,实现万物物联,为交通大数据提供数据基础。

2)数据共享、构建交通大数据体系

目前,道路管理的各个部门和从业单位,都或多或少地建立了信息化平台,提供基础设施数据、日常业务数据的功能已经基本具备。然而,大都处于“各自为政”的局面,信息资源共享程度低,系统之间不能互联互通,无法形成“一单到底”。因此,整合行业内和行业间的数据,构建“大交通”数据体系,将会发挥出“1 + 1 > 2”的效果。如通过对收费公路的收费情况、资金

流转及使用情况的整合,加强资金监管力度;通过收费情况为交通流分析和统计提供准确的第一手信息;通过整合高速公路监控系统的信息,提高交通管理部门道路安全管理的能力,同时也为出行服务系统提供实时、准确的资料。

构建交通大数据体系,主要进行三个方面的工作:

(1)建立标准体系。

数据共享的前提是标准先行。有研究表明,目前标准工作的滞后已成为信息化行业发展的羁绊,行业内各级主管部门正在抓紧制定相关标准。

(2)快速数据共享通道。

目前大数据处理系统采用的主要是批量化的处理方式,这种数据处理方式有一定的局限性,主要是用于数据报告的频率不需要达到分钟级别的场合,而对于要求比较高的场合,这种数据处理方式就达不到要求。大数据突出强调数据的实时性,因而对数据处理也要体现出实时性。如在线个性化推荐、人员作业方式、实时路况信息、道路病害预测分析等数据处理时间要求在分钟级甚至秒级。在未来的发展过程中,利用信息实时性的数据处理方式将会成为主流,不断推动大数据技术的发展和进步。

(3)探索大数据建成后的成果内容。

数据共享的结果,不只是互通有无,更重要的是形成了新的数据内容,如行业分析报告等。因此,如何发掘用户需求,利用大数据进行解读,也将是重要的研究方向。

3)借力人工智能,实现辅助分析决策

人工智能是立足数理逻辑,利用计算机技术对人的形式逻辑思维和辩证逻辑思维过程的模拟,其成果是产生信息。信息的巨大作用显示了人工智能对社会进步的推动作用。车路协同是人工智能技术在交通行业的典型应用。车路协同就是为道路上的交通基础设施设定标准,实现信息化、智能化,从而和自动驾驶车辆实现"握手互动"。做车路协同,就是未来在路上基础设施里设置标志标线,然后逐步实现和自动驾驶车辆信息交互,车辆在驾驶的过程中接收标志信息。例如红灯或者绿灯、限速、单行线、禁止左转右转等。随着以车路协同为代表的人工智能技术的深入发展,更多的新技术新工艺的广泛发展和应用,将为道路信息化发展提供更多的途径和手段,为实现从道路设计施工到养护管理等各个环节的科学化、精细化管理提供辅助手段。

截至2017年,国内从事信息化技术相关的企业超过了2000家,国家政策直接驱动了市场对视频、安防、监控、电子收费等设备以及各种软件开发和系统集成等方面的需求。预计到2020年,信息化产业将进入新一轮的快速发展轨道。

1.5 道路多维管理信息化体系的构成和意义

1.5.1 道路多维体系的构成

多维平台是以多维地理信息技术、数字测绘、数据库管理技术、互联网技术为基础,融合道路基础属性、卫星航空影像、街景影像、二三维矢量电子地图、设施设备数据等多维数据信息为一体的综合业务管理平台。可以实现道路、桥梁、地下管线及附属设施的可视化管理,具有数据信息可交互、易修改、易整理、使用简便等功能。多维平台数据来源真实准确,将地上可视事物与地下不可见的设施或构筑物生动呈现在管理者面前,实现真正的三维立体显示和漫游。

多维平台基本涵盖了公路管理所需要的数据,以这些数据为基础可以开发业务应用系统,加强公路建筑控制区管理,改善路政执法条件,提高公路的管理水平。多维平台包含了航片影像、实景影像、三维模型等多维地理信息数据、公路及桥梁档案数据,优于现在软件中公路数据的展示效果,提升了软件的信息内容,更注重人机交互体验。多维平台建立达到以下成果:

(1)形成路产设施、路政管理、综合信息及档案等一套数据库建设的规范。通过规范能够统一公路管理单位、养护单位及软件开发单位的数据采集及数据更新工作。

(2)通过多维平台建设,形成公路管理的基础数据库,并建立数据更新机制,为信息化建设提供数据支持。

(3)多维平台包含了各类设施的基础数据,是各项业务系统开发的基础,同时通过三维数据、全景数据、影像数据进行的拟人化展现,是对现有软件系统展示效果的有效补充。

多维平台建设工作主要包括多维数据生产、平台开发、硬件网络建设等,不仅满足企业多维数据生产需要,更能够承担起多维平台建设任务。

1.5.2 建设道路多维体系的意义

多维平台实现道路养护数据的统一管理,与路网中心通过专线进行数据实时交换,将路政与养护作为一个整体考虑,进行统一规划、分步实施。通过多维平台建设,解决了未来公路桥梁养护多元化信息资源的整合问题,提高了业务处理效率,建立统一的数据平台,对公路养护多元化现代信息化建设有指导性意义,主要体现在以下几个方面:

(1)建设统一的数据中心基础平台,统一规范数据中心的数据,使数据为各个应用系统所共享。

近几年,在信息化的进程中,各种应用领域都建设了大量的应用系统。但是,由于这些应用系统大部分是由各个业务部门组织开发建设的,信息化应用大多处于业务处理层面,信息资源建设缺乏有效整合,协同办公、智能分析等深层次分析挖掘和综合利用不够。为了实现数据共享,应统一规范各应用系统的相关数据,构建集中的数据中心和统一的数据发布平台,使数据为各个应用系统所共享。

(2)建立统一的综合应用平台基础应用框架,各个应用系统共享这个基础框架,能够对各种核心业务和跨部门联动业务提供支持。

针对目前信息化资源共享程度低、孤岛现象严重的问题,综合应用平台分析了数据中心及数据应用发布平台的体系结构,统一规范数据中心的数据,使数据为各个应用系统所共享,实现架构中每一部分主体功能。依托多维数据生产技术和数据挖掘等技术进行数据的发布展现,通过数据中心及多维数据基础应用平台的建设,可实现跨部门数据交换共享,完成各类数据的查询和分析,为辅助决策提供依据。

(3)基于这个统一数据中心和基础应用框架的优势,各应用系统做到"数据统一、标准统一、管理统一、应用统一",达到数据共享、应用共享及技术共享。

统一数据中心的建设目标，是通过对业务数据集中采集、集中存储、集中管理、集中使用，一体化地解决信息资源整合与应用系统集成问题，支持核心业务集中统一管理，实现跨地区、跨部门的业务协同和综合服务。基础应用框架的建设目标，主要是解决与上下、外部的数据自动交换。而随着共享数据库的建设，核心业务之间的数据交换会逐渐减少，因为核心业务将以对主题数据库存取，取代以往的核心业务之间的数据交换。由此可见，数据中心的共享数据库与数据交换平台两大机制建设是不可分割、紧密联系、相互依存的。

第2章　道路多维数据体系建设

2.1　道路多维数据体系建设遵循的标准规范

道路多维数据体系建设遵循和参考了相关的国家标准和技术规范，主要是道路交通行业的相关技术标准、测绘地理信息的相关标准和国家有关的法律法规三大类内容。

2.1.1　行业相关技术标准

(1)GB 11708—1989　公路桥梁命名编号和编码规则；
(2)GB/T 21381—2008　交通管理地理信息实体标识编码规则　城市道路；
(3)GB/T 21379—2008　交通管理信息属性分类与编码　城市道路；
(4)GB/T 20133—2006　道路交通信息采集　信息分类与编码；
(5)GB/T 27605—2011　卫星导航动态交通信息交换格式。

2.1.2　测绘地理信息标准

(1)GB 21139—2007　基础地理信息标准数据基本规定；
(2)GB/T 23236—2009　数字航空摄影测量　空中三角测量规范；
(3)GB/T 25529—2010　地理信息分类与编码规则；
(4)GB/T 24356—2009　测绘成果质量检查与验收。

2.1.3　国家法律法规

(1)《中华人民共和国测绘法》(中华人民共和国主席令第六十七号)；
(2)《测绘生产质量管理规定》(国家测绘局1997年7月22日发布)；
(3)《测绘科学技术档案管理规定》(国家测绘局2004年1月1日发布)。

2.2　道路多维体系相关概念

2.2.1　数据

数据是指定性、定量描述某一目标的原始资料，包括数字、文字、符号、图形、图像等形式。数据是用以承载信息的物理符号，数据本身没有意义。

2.2.2 地理数据

(1)地理信息

地理信息是地理数据所蕴含和表达的地理含义,是与地理环境要素有关的物质的数量、质量、性质、分布特征、联系和规律的数字、文字、图像和图形等的总称。

(2)地理空间数据

空间数据表现了地理空间实体的位置、大小、形状、方向以及几何拓扑关系。一般用图形、图像表示,空间数据也称图形数据。

(3)地理属性数据

属性数据表现了空间实体的空间属性以外的其他反映事物某些特性的数据,属性数据主要是对空间数据的说明。一般用数值、文字表示,也可用其他媒体表示(如示意性的图形或图像、声音、动画等)。

(4)比例尺

比例尺是表示图上距离比实地距离缩小的程度。比例尺是一个比值,没有计量单位。

(5)高程

高程表示地面点到基准面的距离,用来确定地面点的高低。地面点到大地水准面(俗称海平面)的铅垂距离,称为该点的绝对高程,也称海拔。常用的高程系统共有正高、正常高、力高和大地高程四种,本书涉及的数据是采用大地高程。

(6)地图投影

地图投影是把地球表面的任意点,利用一定数学法则,转换到地图平面上的理论和方法。常用的投影方法有墨卡托投影(正轴等角圆柱投影)、高斯-克吕格投影、斜轴等面积方位投影、双标准纬线等角圆锥投影等差分纬线多圆锥投影、正轴方位投影等,本书涉及的数据是采用横轴墨卡托投影(UTM)方法。

(7)坐标系

为了说明质点的位置、运动的快慢、方向等,必须选取其坐标系。在参照系中,为确定空间一点的位置,按规定方法选取的有次序的一组数据,就叫作“坐标”。在某一问题中规定坐标的方法,就是该问题所用的坐标系。

(8)地理坐标系(Geographic Coordinate System)

地理坐标系是使用三维球面来定义地球表面位置,以实现通过经纬度对地球表面点位引用的坐标系。一个地理坐标系包括角度测量单位、本初子午线和参考椭球体三部分。

投影坐标系在二维平面中进行定义。与地理坐标系不同,在二维空间范围内,投影坐标系的长度、角度和面积恒定。投影坐标系始终基于地理坐标系,地理坐标系则是基于球体或旋转椭球体的。

常用的坐标系有西安80坐标系、北京54坐标系和WGS-84坐标系,三者之间也可以相互转换。本书涉及的数据是采用WGS-84坐标系。

WGS-84坐标系是一种国际上采用的地心坐标系。坐标原点为地球质心,其地心空间直角坐标系的 Z 轴指向BIH(国际时间服务机构)1984.0定义的协议地球极(CTP)方向,X 轴指向BIH 1984.0的零子午面和CTP赤道的交点,Y 轴与 Z 轴、X 轴垂直构成右手坐标系,称为

1984 年世界大地坐标系统。

2.2.3　道路

1）道路实体的描述

在道路中，道路是由多个路段构成的。而在每个路段里面，又包含有车行道、人行道、盲道、桥梁、地下通道、隧道、广场以及分隔带绿岛、道路绿化带、路名牌、出租车站牌、供电杆线、供电箱、占道灯箱、广告牌、宣传栏、自动售货亭、邮箱、电话亭、报刊栏、人行道树木、公交车站、停车场、地铁入口、出租车站牌以及井盖等附属设施。

2）道路实体的表达

（1）道路是对道路整体的抽象表达，可以用线要素来表示，类似于传统地理信息数据库中的道路中心线。

（2）路段是两个道路交叉口之间的道路，是道路的最小管理区域。路段的面积、长度、宽度等都是重点考核对象，路段在本书中用面要素来表示。

（3）道路中的人行道、车行道、广场、桥梁、隧道以及绿化带、分隔带、绿岛等设施都具有典型的面状分布特征，这种分布的特点是要考虑占地面积。同时，一个对象的内部也可能包含了具有相对位置关系的多个其他对象。例如，人行道区域内包含有盲道、人行道树木等其他道路设施。因此，本书把人行道、车行道、广场、桥梁、隧道以及绿化带、分隔带、绿岛用面要素来表示。

（4）盲道虽然属于线状分布，反映的是一种带状的特征设施，但是它是有长度、宽度和面积的。而且，道路管理需要对盲道的这些属性指标进行统计。因此，本书也用面要素来表示盲道。

（5）道路表面上的路名牌、出租车站牌、供电杆线、供电箱、占道灯箱、广告牌、宣传栏、自动售货亭、邮箱、电话亭、报刊栏、人行道树木以及井盖等附属设施是点呈状分布的，在道路管理中，它们的共同特点是不需要考虑实际意义上的占地面积，而是以一个抽象的点与其他对象发生关系，在图上可以以一个点(x,y)的形式来存在。这些设施都用点要素来表示。另外，在道路管理中，地铁入口、报刊亭、停车场、公交车站等设施，虽然在实际情况中是有一定面积的，但是在道路管理中，主要关注它们的具体位置与所属产权单位等属性，并不涉及长度、宽度和面积，因此本书也把这类设施用点要素来表达。

3）里程桩号

公路里程桩指公路路线上由起点至终点，沿每公里等长顺序设置的，标识农村和城镇郊区公路里程与编号的碑石群，用以计算路线或路段长度和标注公路上某一地点的沿线位置。公路里程桩是一种科学有效的公路定位手段，对驾驶者准确快速地在道路上进行位置定位具有非常重要的意义。

2.2.4　道路多维数据

道路多维数据是道路养护信息管理多维平台的核心。从广义来讲是大数据的概念，包含与道路相关的动态与静态的数据，如道路的基本信息、交通流信息等；从狭义来讲是指道路信息化过程中与道路本身相关的数据，主要包括道路管理的属性数据，二、三维地理信息数据等。本书主要研究狭义的多维数据。

道路多维数据从表现形式上可以分为空间数据、属性数据、文档和图表数据及其他媒体资料数据等。其中空间数据包含数字正射影像(DOM)、数字高程模型(DEM)、电子地图、市政设施空间数据库、公路三维模型数据库、市政管线空间数据库(三维模型)、城市建筑三维模型(政府机关、标志性建筑、标志性景点);属性数据包括道路基本信息属性库、外业实景影像数据库、市政设施属性数据库、市政管网信息属性库;其他媒体资料数据包含外业实景影像等。

道路多维数据以道路基础空间数据为基础,在二维矢量数据、影像数据、三维模型数据、定位测量数据、多媒体数据等数据类型的支持下,完成对道路多个维度的描述,并真实地表现道路实体的全貌,通过空间协同与其他附属信息深度集成,实现全方位展示道路各种相关信息的要求。

道路多维数据由多种数据类型构成,在空间协同的框架下,集成各种数据类型的特点,全面展示道路多个维度的信息。

(1)二维矢量数据

二维矢量数据是道路多维数据的空间基础,也是产生多维数据的骨架,其他类型数据依据该空间基础进行集成。具有点对象、线对象、面对象三种数据样式,并能准确描述道路主体与附属物之间的空间关系,也是二维地图可视化的数据基础。

(2)三维模型数据

三维模型数据用于模拟真实环境下的道路结构,特别是具有立体交叉的道路桥梁、隧道、围栏等附属物,增加道路数据的可视性,并能为道路的维修养护提供辅助决策,提高道路维修养护的效率。三维模型数据需结合基础空间数据、影像数据中的位置坐标和图像纹理数据,才能转换为三维道路模型数据,并集成应用于道路多维数据体系。

(3)遥感影像数据

凡是指记录各种地物电磁波大小的胶片(或相片),都称为遥感影像(Remote Sensing Image),在遥感中主要是指航空相片和卫星相片。卫星影像和遥感影像提供空间参考与坐标纠正参数,地面影像提供高分辨率道路表面等信息。

(4)数字高程模型数据

数字高程模型(Digital Elevation Model,简称 DEM),它是用一组有序数值阵列形式表示地面高程的一种实体地面模型,是数字地形模型(Digital Terrain Model,简称 DTM)的一个分支,其他各种地形特征值均可由此派生。一般认为,DTM 是描述包括高程在内的各种地貌因子,如坡度、坡向、坡度变化率等因子在内的线性和非线性组合的空间分布,其中 DEM 是单项数字地貌模型,其他如坡度、坡向及坡度变化率等地貌特性可在 DEM 的基础上派生。

(5)多媒体数据

多媒体(Multimedia)是指在计算机系统中组合两种或两种以上媒体的一种人机交互式信息交流和传播媒体。主要包括文字、图片、照片、声音(包含音乐、语音旁白、特殊音效)、动画和影片。多媒体数据是道路多维数据的重要内容,侧重于道路属性的表达。通过关键字和空间位置与道路数据进行集成使用。道路多维数据中一般包含道路全景影像照片(街景)、基础设施的一般照片、检测视频等数据。

(6)图表数据

图表泛指在屏幕中显示的,可直观展示统计信息属性(时间性、数量性等的),对知识挖掘和信息直观生动感受起关键作用的图形结构,是一种很好地将对象属性数据直观、形象地进行“可视化”的手段。图表设计隶属于视觉传达设计范畴。图表设计是通过图示、表格来表示某种事物的现象或某种思维的抽象观念。道路多维数据中一般包含道路、桥梁的设计图纸、设施信息表格等。

2.3　道路多维数据建设内容

2.3.1　多维数据建设整体框架

道路是城市空间数据基础建设的重要内容。随着社会的发展与进步,越来越多的部门要求在真实直观的三维空间中进行道路相关查询及分析,如在环境仿真、道路规划、道路交通设施管理、道路养护等方面,都需要复杂的模型分析、辅助决策和三维动态交互式系统的支持。道路多维数据的生产与持续更新可为上层应用平台提供统一的数据模型和应用基础,可以进一步规范道路规划,加强资源共建共享、避免重复建设,有效提高道路建设和管理效率。

传统的二维空间数据具有完整而规范的生产方法,但对道路多维数据而言,情况有很大的不同。一方面道路多维数据生产时具有多样的数据源,不同数据源具有不同的数据获取特点;另一方面,道路多维数据模型对象具有更复杂的特征,包含有几何、纹理、属性等不同的数据内容,因而其数据生产具有更为复杂的生产工艺与生产流程。

道路多维数据的生产流程从总体上可分为道路多维数据集成、数据存储以及数据更新三个阶段。在每一阶段都需要根据作业规划并按照相关规范进行数据生产。

1)道路多维数据生产集成

使用影像采集车、人工采集等方式获取数据,通过不同的软硬件平台进行数据处理、数据建模与数据集成,最终得到满足要求的道路多维数据产品,主要包括影像采集车载数据、定点人工采集数据、桥梁电子档案数据和道路三维模型数据等数据产品。

2)数据存储

通过数据接入网关(接口),接入由道路多维数据集成和数据更新两个环节生产的道路多维数据,针对数据类型与应用需求,构建跨结构化数据存储与组织,基于文件和数据库进行道路多维数据混合存储与管理,并在上层对外提供统一访问接口。

3)数据更新

对数据库中的变更数据进行再生产,质量检查合格后入库融合,实现道路多维数据的现势性更新和稳定性更新,三者之间联系如下:

(1)道路多维数据集成中各阶段形成的数据成果(或产品)入库存储;

(2)数据更新中生产的变更数据入库融合;

(3)数据库为数据更新策略确定提供数据服务;

(4)变更数据生产是针对变化的数据进行再生产(即道路多维数据集成过程)。

2.3.2　多维数据生产流程

道路多维数据集成中涉及大量不同类型的数据源、不同的软硬件技术平台、不同的产品形式。同时,对生产作业人员的要求常常也大不相同,需要多人分工、人机协同,最终得到满足要求的道路多维数据产品，主要包括影像采集车载数据、定点人工采集数据、桥梁电子档案数据和道路三维模型数据等数据产品。

道路多维数据集成流程按生产环节可以分为四个部分：数据采集和处理（外业生产）、数据建模和发布（内业生产）。具体流程如图 2-1 所示。

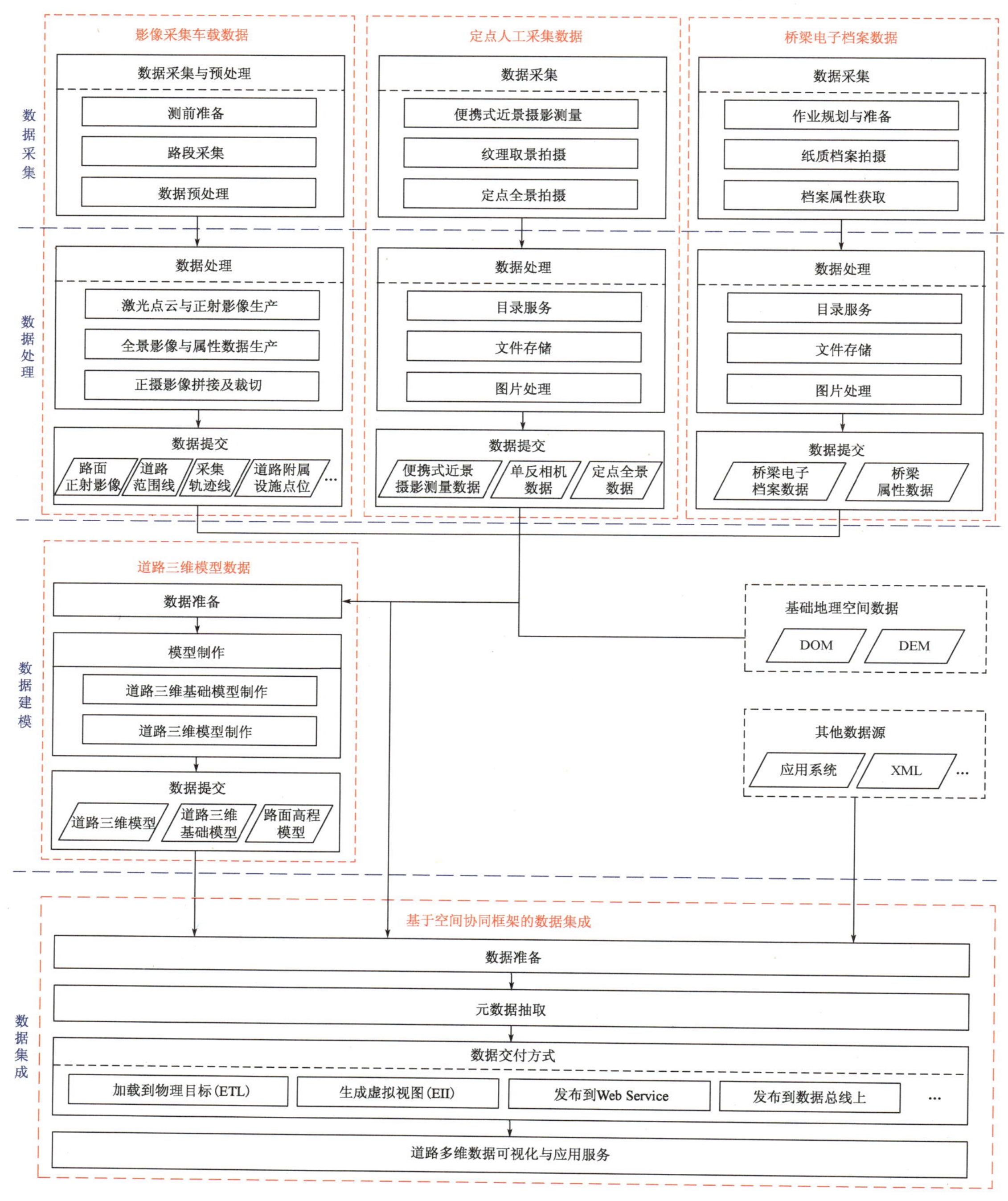

图 2-1　道路多维数据集成流程

(1)数据采集:通过影像采集车、人工作业等方式进行数据采集,获取影像采集车载数据、定点人工采集数据和桥梁电子档案数据生产中的原始数据类型。

(2)数据处理:针对数据采集环节的原始数据进行相对应的处理,为数据建模环节提供所需数据类型。

(3)数据建模:通过建模软件进行道路三维模型数据的制作,为上层应用平台提供统一的数据模型和应用基础。

(4)数据发布:基于空间协同的框架集成各种数据类型,以元数据为核心管理道路多维数据,提供道路多个维度的信息可视化与服务应用。

2.3.3　多维数据外业生产内容

1)外业生产总流程

根据任务整体要求,获取或协调外业作业资料、分析资料、编写整体的生产方案、最后进行任务分块分工,开始各个生产环节的任务生产工作(图 2-2)。

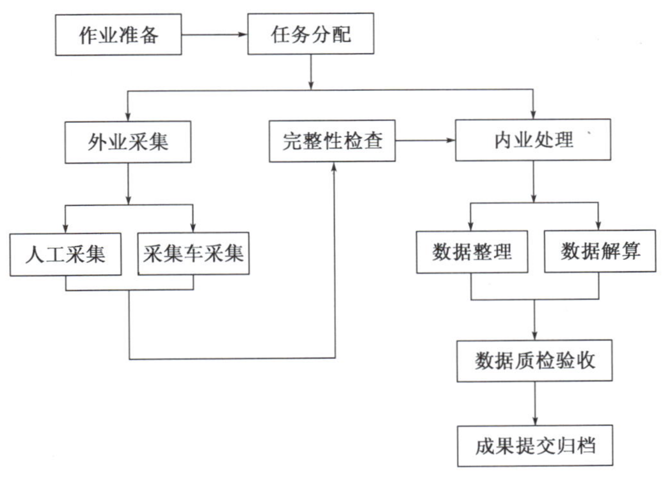

图 2-2　外业生产总流程

2)采集车采集

道路移动式 3D 数据智能化采集处理系统,简称采集车(图 2-3)。该采集车是以道路行驶车辆为载体,集全景相机、激光器、GPS 等多种传感器于一体,可以快速、高效、高精度地采集路网及其设施的影像数据、激光数据和位置信息数据。最大采集时速达到 50 千米/小时,最长连续采集时间不少于 2 小时,全景影像数据采集失帧率小于 2%,每日采集的里程数据存储量不少于 150 千米。数据成果有道路的街景数据、地理信息数据、激光数据和正射影像数

图 2-3　采集车

据。街景数据分辨率不低于1200万像素,街景间隔1米,可以360度无死角拍摄道路周围及地面的无遮挡地物,能满足三维模型数据制作需要。地理信息数据相对精度在0.05米之内,绝对精度在0.5米之内(绝大部分都在0.2米左右),道路正摄影像数据有效宽度不小于20米。

(1)采集内容

采集内容主要为道路及其沿线设施设备数据以及桥梁、天桥、地下通道数据(表2-1)。

采集设施数据内容　　表2-1

序号	分　类	子　类	子序号	内　容
1	路线及构造物	桥梁	1	桥梁概况
		隧道	2	隧道概况
		涵洞	3	涵洞概况
2	路政管理类	交通标志	4	交通标志
		路面标线	5	点状路面标线
			6	纵向路面标线
		防护设施	7	防护设施
			8	隔离栅
			9	隔音设施
			10	防眩设施
			11	轮廓标
			12	诱导设施
		外场设备	13	可变信息板
			14	视频监测器
			15	气象监测站
			16	交通流量观测站
			17	轴载交通量观测站
		绿化	18	绿化现状
		公路里程碑	19	公路里程碑
3	非公路设施类	管线	20	井盖
			21	电杆
			22	穿跨越公路管线
		交通信号灯	24	交通信号灯
		照明设施(路灯)	25	照明设施(路灯)
		控制区建筑	26	控制区主要建筑
4	路政许可类	非公路标志	27	非公路标志
		平交道口	28	平交道口(路侧开口)
		平交路口	29	平交路口(路线交叉口)

续上表

序号	分　类	子　类	子序号	内　容
5	综合类信息	公路管理机构	30	公路管理及下属机构
			31	公路服务站
			32	公路专养段
			33	应急物资储备站
			34	超限运输检测站
			35	公路收费站
		交通量	36	站点交通量观测站
			37	轴载交通量观测站
		大修情况	38	大修情况表
		档案	39	公路相关档案
			40	桥梁相关档案
			41	隧道相关档案
			42	涵洞相关档案
			43	公路用地相关档案
			44	外场设备相关档案
			45	管线相关档案
			46	非公路标志相关档案
			47	平交道口审批档案

(2)采集要求

①路段采集的基本要求。

a. 采集应按路段进行,每个路段作为一个单元工程;

b. 长度小于 15 千米的单条路段作为一个单元工程采集,长于 15 千米的道路每 10 千米作为一个单元工程;

c. 同一道路分段采集时衔接处的重叠范围不小于 50 米(特殊路段可以适当缩短,必须有重叠防止拼接有裂缝);

d. 采集一段数据前要进行静态采集,使得 GPS 能有固定解;

e. 采集路段时提前 50 ~ 100 米开始采集(车辆保持直行),路段终点延后 50 ~ 100 米结束采集;

f. 采集过程中不能倒车;

g. 影像数据一般采用距离间隔采集,采用 1 米一张;

h. GPS 信号较差时为了防止失锁严重,需要静止等待或者慢速拍摄(失锁不能超过 1 千米);

i. 差分解算的结果,输出固定解(Fix)以及浮点解(Float);

j. 采集时应作好《外业采集记录表》的记录;

k. 作业完成需检查影像、激光数据的创建时间以及 GPS 测量时间,以保证数据的一致性,确认拍摄的张数是否完整,必须保证没有丢帧情况。

②静态采集。

a. 静态采集是指在车辆停止不动的情况下进行的采集作业;

b. 数据采集开始前,通过桥梁、隧道后出现 GPS 失锁现象时应进行静态采集;

c. 静态采集应尽量选择开阔地域进行;

d. 静态采集时间为 1 ~2 分钟,待 GPS 状态稳定后方可启动车辆;

e. 静态采集时,作业人员不要随意拉开车门上下车,防止车身抖动。

③采集车道。

a. 车辆行驶时不能随意变换车道行驶,与前车保持 3 米以上车距;

b. 三车道以内(含三车道),采集中间车道,按行驶方向采集一次;

c. 四车道以上,每三车道采集一次,每两次采集应有一车道的重叠度;

d. 紧急停车带、非机动车道以及道路边沟,按一条车道处理;

e. 规模不大的平交道口(四车道以下)不单独采集;

f. 一般按单独道路采集的类型有:高速公路及城市快速路辅路、与主路之间有绿化隔离带的辅路、其他两车道以上辅路、长距离匝道、道路连接路、大型立交桥。

注意:如辅路不能行驶机动车辆,采集主路时要尽量靠近辅路。

④特殊路段数据采集。

a. 隧道:采集隧道时,GPS 一般处于失锁状态;500 米以上的长距离隧道按照一个单独路段进行采集;进入隧道前要保证有至少有 50 米以上信号良好的 GPS 数据;驶入隧道后及时调整相机增益及快门速度,保证影像质量;驶出隧道后将车辆停放在空旷开阔处,没有条件停车的情况下应控制车速,待 GPS 卫星重新锁定后再采集 50 米以上距离。

b. 树木、楼群密集区及高架桥或立交桥下。

以上两种情况进行数据采集时,GPS 信号一般遮挡较严重,要随时注意轨迹,必要时应将车辆驶到空旷处待 GPS 卫星接收正常后再进行数据采集。

(3)作业实施

①资料准备。

资料准备工作主要包括收集测区资料、编写实施方案和建立基准点。

②任务划分及作业规划。

a. 任务区域划分:作业进行前由项目负责人进行区域划分;选取主要道路作为接边道路时;以车天为单位划分作业区域;一个任务范围一般不超过 30 车天工作量。

b. 作业规划:作业开始前作业组长应进行作业规划;作业规划利用采集导航软件并附以文字说明;作业规划时要充分考虑道路车流量、作业季节与采集时间段对于影像质量的影响;作业规划要细致,内容要包括采集路线、顺序及时间等。

③测前检查。

每天采集出发前应对采集车状况进行检查,具体检查项目及要求有:电源工作状况检查、计算机检查、传感器检查、基准站架设与观测。

④路段采集。

根据规划进行当天的数据采集。路段采集出发前和收测后,作业人员、驾驶员要检测设备车辆,具体作业详见《车载街景影像及激光数据智能采集与处理系统作业手册》。

⑤处理和质检。

a. 数据解算:采集车获取的数据成果,通过现有的专用 GPS 解算软件生成原始成果数据,再过专用软件解算生成可测量和应用的外业成果数据具体内容,主要包括:道路正摄影像、GPS 轨迹(含高程)、街景照片和数字高程数据。并对这些成果数据进行整理验收并存档入库。

b. 数据验收:主要对数据的完整性、一致性、规范性和精度准确性四个方面进行抽检并全部验收。

3)人工采集——定点拍摄

人工采集数据包含以下三种类型:便携式近景摄影测量系统采集的数据、单反相机数据和定点全景数据。其中便携式近景摄影测量系统主要用于测量物体的长宽高;单反相机数据用于制作纹理贴图;定点全景数据为 360 度场景浏览的影像照片,拍摄范围为桥区、涵洞等,是车载全景数据的补充。

(1)采集内容

采集内容见表 2-2。

采集内容说明　　表 2-2

序号	内　容	说　明
1	立交桥	上部结构:主梁侧面、主梁底面、路缘石、步道、桥梁护栏等
		下部结构:挡土墙、墩台、桥墩、桥底地面
		引桥结构:主桥及匝道起止端结构,包括护栏、地面结构
		衔接结构:匝道与主桥之间衔接处主梁、挡墙、桥与地面衔接关系
		桥梁附件:楼梯、排水系统
		其他:长宽高尺寸超过 0.5 米的非临时性地物,根据外业实际情况适当采集
2	主线桥	同立交桥
3	人形天桥	桥地衔接处结构、桥墩、楼梯台阶、护栏
4	地下通道	通道入口:通道口地物、护栏、台阶等
		通道结构:通道顶面墙面、通道地面等
		跨径组合
5	公路管理机构	1. 在下属机构、公路服务站、公路专养段、应急物资储备站、超限运输检测站等管理机构的门口要拍摄反映全貌的照片; 2. 内部建筑物、景观、特殊地标等拍摄时前后左右都要到位,尽量选择正面拍摄,景观特殊的要多拍; 3. 景点绿化要进行单独拍摄
6	树种采集	公路管理机构内部及周边的树种要单独拍摄
7	涵洞	具体位置参考影像,种类不同的涵洞需人工分别拍摄,内业根据种类大致分类,可以与实际不保持一致

(2)采集要求

桥梁、涵洞结构,公路管理机构,公路养护范围内特殊建筑结构等数据都需满足制作纹理贴图取材的要求。

①桥梁采集要求。

a. 上部：要拍摄桥梁桩号、桥梁名称，从桥梁上部按照不同角度反映桥梁全貌，至少四张以上；

b. 下部：要反映出桥梁下部结构的全景，包括横梁、立柱的形状以及排列形式等，至少三张以上。

注意：地理环境险峻，无法到桥梁底部拍摄的，可参考类似材质的桥梁。

②公路管理机构采集要求。

a. 在下属机构、公路服务站、公路专养段、应急物资储备站、超限运输检测站等管理机构的门口要拍摄反映全貌的照片；

b. 内部建筑物、景观、特殊地标等拍摄时前后左右都要到位，尽量选择正面拍摄，景观特殊的要多拍；

c. 景点绿化要进行单独拍摄。

③其他采集要求。

a. 拍摄对象要求能反映建筑全貌；

b. 需正面平衡拍摄（特殊情况，可适当调整）；

c. 同类型墙面必须要有近距离特写照片；

d. 拍摄的照片要清晰，尽量避免遮挡物、曝光、模糊；

e. 照片必需够体现出物体长宽高的比例。对于复杂的物体，必要时要多拍，尽量全地反映物体全貌（特殊情况，按现场场景可适当调整）。

④定点全景的采集要求。

a. 定点全景拍摄范围必需覆盖整个拍摄场景，定点全景尽量反映所有地物之间的位置关系、体积的比例关系；

b. 定点全景成果数据中不得有地物丢漏；

c. 定点全景不得出现接缝错位、颜色分布不均等情况。

（3）数据处理和质检

采集完的外业数据，需经内业处理检查，并对这些成果数据进行整理验收并存档入库。

①便携式近景摄影测量系统分左相机和右相机，命名时左相机按照 L0001，L0002…依次排序；右相机按照 R0001，R0002…依次排序；左相机照片和右相机照片张数一致，且一一对应，无与作业无关的照片。

②定点全景命名方式见图 2-4。

图 2-4　命名方式

4）人工采集——桥梁档案拍摄

生成桥梁电子档案数据时，需要人工拍摄一些档案资料。

（1）采集内容

采集两种类型数据：桥梁竣工档案和桥梁维修记录档案。其中桥梁竣工档案包括桥梁竣工图、竣工相关资料、施工图、施工图相关资料；桥梁维修档案包括桥梁大修、小修等改造或加固工程的图纸及相关资料。

（2）采集要求

①拍摄档案内容包括：档案盒信息、档案封面信息、卷内目录、桥梁图纸、档案文件。

②拍摄档案图纸内容完整,无桥梁档案丢漏,无图纸丢漏。

③必须涵盖整个桥梁的各个构件,此类数据都需满足桥梁拆分式建模的参考需求,如档案中桥梁部件不完整必须确认档案完整。

④须从上往下正射拍摄,不能倾斜拍摄,被采档案要全部显示在照片中,不能有边角丢漏。

⑤拍摄的照片要清晰,能分辨档案所有图文内容,无曝光、无模糊。

⑥拍摄档案要连续,一盒档案拍摄完成后再开始拍摄下一盒,每一盒档案的照片都以档案盒为起始图片,用以区分不同档案盒内容,拍摄过程中禁止出现与外业无关的照片。

⑦拍摄档案图纸要连续,档案中档案内容的右下角有档案页码,拍摄照片的顺序按照档案页码依次拍摄,不得漏拍、跳拍。

⑧图纸较大无法一次采集的情况,必须先拍一张档案的全貌,然后将整张图纸进行分部位拍摄,每个部分之间要有重叠度。

⑨档案拍摄过程中必须填写拍摄记录,在桥梁采集档案记录表中填写路线名称、桥梁名称、档案号、案卷题名、档案类型、编制日期等信息。

(3)数据处理和质检

①桥梁采集完后要对照填写的拍摄记录进行后期整理,将不同的图片分别放到对应档案盒的文件夹下进行整理存放。

②将拍摄完的档案在 Photoshop 中进行明度调整,使档案图片明亮、对比度清晰。

③拍摄的档案图片要进行裁切处理,将图纸以外无效部分裁切掉,其中档案内容、档案页码不得有遗漏。

(4)图片要求

①图片名称不允许有重复,命名以拍摄原始名称即可。

②存放路径按以下规则进行:\行政区划名称\道路编码+道路名称\桥梁名称\档案类型\档案号\照片名称。

(5)照片规格

图片统一格式。

(6)数据路径

数据路径要求见图 2-5。

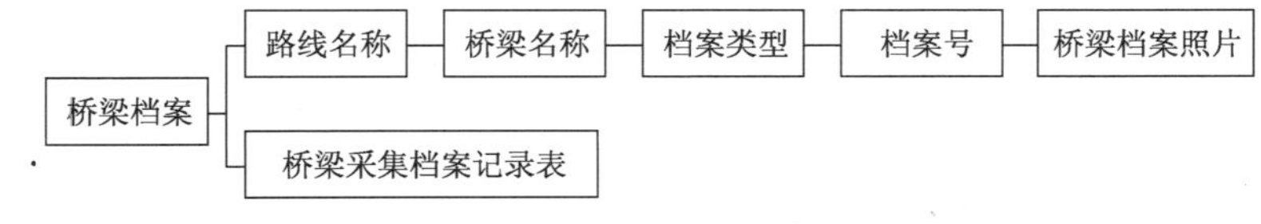

图 2-5 数据路径要求

(7)档案质量检查

根据作业内容和要求检查数据处理成果,重点检查数据拍摄质量和拍摄的完整性:

①档案拍摄完整、每页档案内容必须采集完全。

②采集前档案页面要摆放平整,不得卷曲、弯折。

③尽量避免遮挡物。

④无曝光过度、照片采光良好、清晰、无逆光。

2.3.4 多维数据内业生产内容

1)内业生产总流程

道路三维模型数据的生产主要包括数据准备、模型制作和数据提交三个环节:

(1)数据准备:根据模型制作所需要的各类数据,进行收集、整理等准备工作。

(2)模型制作:数据准备工作完成后要按照相关规范进行模型制作,主要可以分为两个部分,即道路三维基础模型和道路三维模型制作。

(3)数据提交:按照相关规范对质量检查合格的数据进行数据验收、备份与提交。具体流程如图2-6所示。

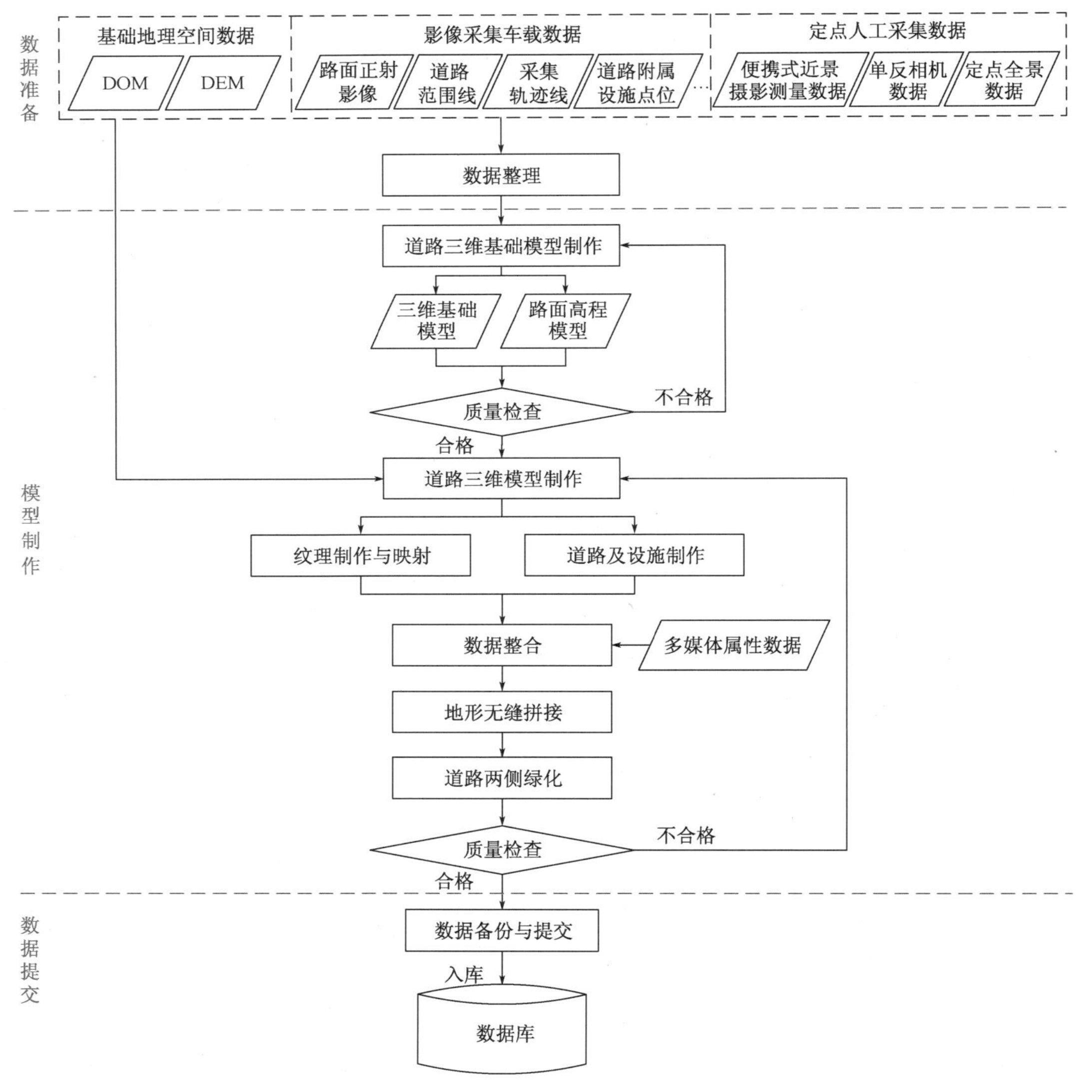

图2-6 内生产总流程图

2）基础背景数据生产

（1）生产内容

北京市行政区范围内，采集制作城郊区县的三维高程数字线画图（DLG）、正射影像（DOM）、数字高程模型（DEM）。采集范围见表 2-3。

采集范围 表 2-3

类型	采集范围	说明
高速/国道	公路外缘起 30 米以内	如遇围墙、建筑正好处于范围线边上，需采集完整
省道	公路外缘起 25 米以内，如遇围墙、建筑正好处于范围线边上，需采集完整	
县道	公路外缘起 20 米以内，如遇围墙、建筑正好处于范围线边上，需采集完整	

数据采集为道路两侧控制区范围内的三维构 TIN 基础线，该内容必需分图层放置。

（2）生产要求

①道路

道路作为地形图的骨架，统一处理完成后利于其他地物的采集，并可有效地减少丢漏等错误的发生。

a. 采集道路路边缘线时使用双线采集，道路尽头不封闭；道路边缘线遇到隧道要断开，用道路边缘线封闭。不采集土堤路的边缘线。

b. 采集宽度在 1.0 米以上的工厂、公园、住宅小区等范围内的道路，一般高速、国、省、县道上的路口都需采集，与建模道路相接的小路要尽量采集，路口要打通开口，范围线外侧较大的交叉路口要完整采集。

c. 山地、丘陵地的道路采集线，要把握好影像的道路中心与采集的道路中心一致。

d. 影像中为建设中道路的，参考路面正射影像所示位置采集（提供路面边缘线）。对被遮挡或阴影中辨别不清位置的道路采集时，参考路面正射影像所示位置采集（提供路面边缘线）。高架路下被部分遮挡的辅路可采集可见部分，另一侧偏移。

e. 道路边缘线、匝道边缘线的弧度要圆滑，不能有折角。街区道路的路口多为直角相交或 45°斜角，普通道路多为圆弧角，道路边缘线、匝道边缘线的高程要做平滑过渡，不能有忽高忽低现象。基础线的线条要简洁，无特殊情况线条不能有交叉。

f. 道路在与其他道路相交时，路口处保持连续，按照行政等级高的道路进行连接。路口断开的位置以人行横道线为界限；路口有人行横道线的，归属到道路行政级别高的；路口无人行横道线的，按照道路路肩外边线连续。同等级别的道路，以编码小的为准。行政等级按图 2-7 顺序排列。

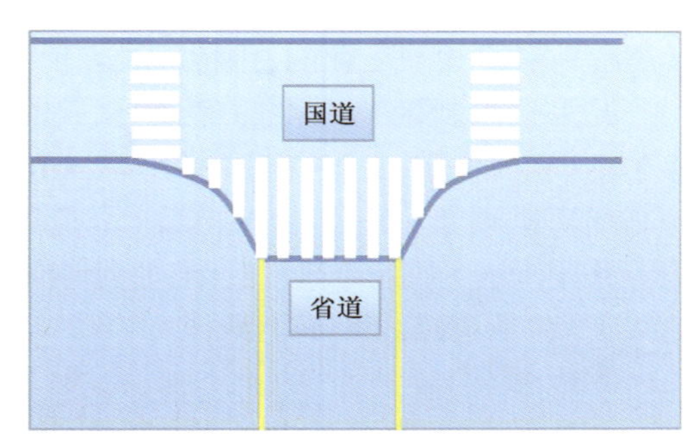

图 2-7 行政等级排序

②桥梁

桥梁边线与道路要连续，不能悬挂；护坡、桥台上较明显的平台要完整采集；桥面边缘线不参与构 TIN。

③水系

水系作为自然地貌的另一种骨架数据，在采集完道路后立即采集。只采集控制区范围内连续的双线河流的水系。遮挡处和山地的单线水可与其他地物一起采集（互相参照便于确定位置）。采集线要画流畅。

④建筑

采集完道路和水系后，进行建筑物的采集，参照作业底图以地块为单位进行采集。控制区范围内的建筑物要完整采集。宅基地边线超出范围线处封闭。房上房要单独采集。房屋为面状数据，采集其最大边缘，采集时要直角化。房屋采集时注意综合原则，一般对于同一住户，且粘连比较紧密的房屋可以适当综合。房屋采集时要注意其与其他地物之间的位置关系。采集完房屋后，仍需要按地块为单位处理。这样可以较好地避免遗漏。

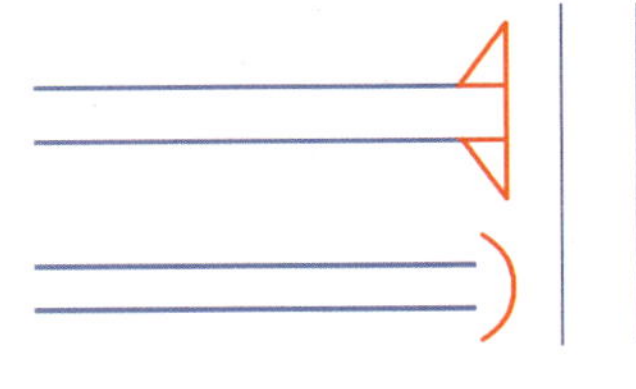

图 2-8　隧道出口示意图

⑤其他地物

a. 隧道出入口、涵洞需要采集。符号表示已射投影（图 2-8），依比例采集，但当正射投影小于图上 1.5 毫米（实际 3.75 米）时，不采集。

b. 堤坝：全部用真型采集，用特征线表示（图 2-9）。

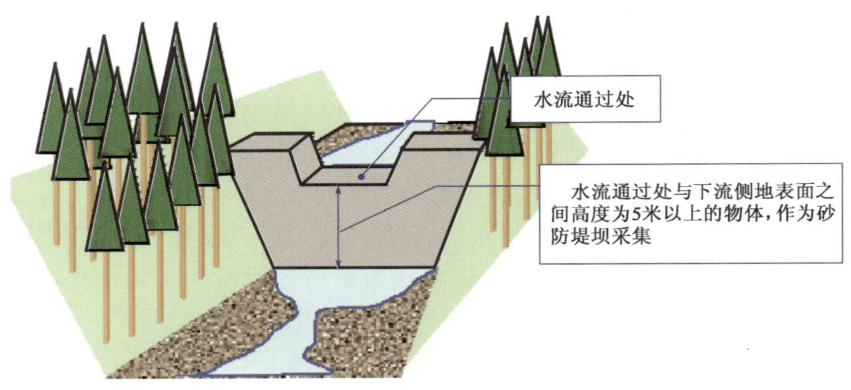

图 2-9　堤坝图

c. 路边的陡坎一般情况下都是与道路重复的，注意其表现。多数情况下，上下之间的平面及高程位移是规律变化的，用特征线表示时，应尽量处理为规则变化的，见图 2-10。

d. 采集控制区范围内的宅地、铁路、墓地、大片停车场（私人住宅、工场、店铺及 10 米 × 10 米以下的停车场不需采集）等，用地范围线（由道路、护坡、边沟等共同围成）要用特征线封闭；特征线要捕捉到其他线上（包括道路线），不能悬挂。

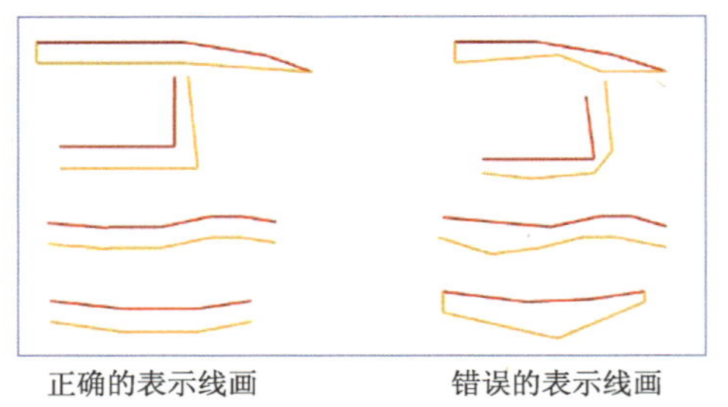

图 2-10　路边陡坎正确示意图

⑥地形

a. 等高线：只采集控制区范围内的等高线，等高线不能打折、自身相交和重复。峰线、谷线按地形正确表现：山谷为“V”形，山脊为“U”形（山谷要尖，山脊要圆）。等高线结束与地物相接。

b. 高程点：只采集控制区范围内的高程点。高程点只需要在特征明显的山顶、鞍部采集。高程点采集时注意与等高线的高程关系，不要出现点线矛盾。

（3）数据处理和质检

①处理要求

根据采集的三维建模基础线生成相关的数字高程模型和数字正射影像，并与周边地形接边；

a. 正射影像，1∶10000 比例尺的分辨率为 0.5 米；1∶2000 比例尺的分辨率为 0.2 米。

b. 构 TIN 特征线：区域内参与构 TIN 的三维特征线，格式为 DWG，坐标为 WGS-84 坐标系，投影为 UTM 平面。

c. 数字高程模型：是建模基础线和构 TIN 结构线生成的 DEM。格式为 ASC，坐标为 WGS-84 坐标系，投影为 UTM 平面。DEM 格网间距 5 米，分幅标准是按照 50 厘米 ×50 厘米（打印尺寸）分幅，不满幅的区域留白。数据大小不能超过 500 米。DEM 格网点高程中误差，平地、丘陵地不大于 2.5 米，山地为 5.0 米，高山地不大于 10.0 米。

d. 正射影像：格式为 TIF、TFW，坐标为 WGS-84 坐标系，投影为 UTM 平面，地面分辨率为 0.5 米/0.2 米。分幅标准按照 50 厘米 ×50 厘米（打印尺寸）分幅，不满幅的区域留白。数据大小不能超过 500 米。DOM 地物点相对于实地同名地物点的点位中误差，平地、丘陵地 1∶10000 不大于 5.0 米；山地、高山地 1∶10000 不大于 7.5 米。

e. 正射影像结合表：格式为 DWG，坐标为 WGS-84 坐标系，投影为 UTM 平面。

f. 成果数据的相关数据说明整理：主要包括原始参考数据年限、三维基础线坐标说明、数据遗留问题及其他必要描述。

②质检要求

根据生产和处理要求内容和相关指标进行二级质检验收，一级全查，二级抽查率不低于 60%，抽查内容主要检查数据的完整性、一致性、规范性和精度准确性四个方面，并分别形成质检验收报告。

3）三维数据生产

（1）生产内容

数据生产范围以道路红线为参考，道路红线范围内的区域即为建设范围。范围线不需要很规则，但要将公路两侧的设施表现全面，红线切到建筑的一部分，那么该建筑需要建模，其所在院落也需要建模。以国道为例，红线范围如图 2-11 所示。

①道路红线：公路两侧修建永久性工程设施范围规划线；

②道路红线的确定方法：公路边沟边缘外扩一定宽度，国道外扩不少于 20 米，省道外扩不少于 15 米，县道外扩不少于 10 米，乡道外扩不少于 5 米；此外城市道路红线以步道边缘为基准，如图 2-11 所示。

三维数据成产内容见表 2-4。

（2）生产要求

①生产软件要求

三维模型生产专用软件为 3ds max 9.0 版本，图像处理软件 Photoshop CS。

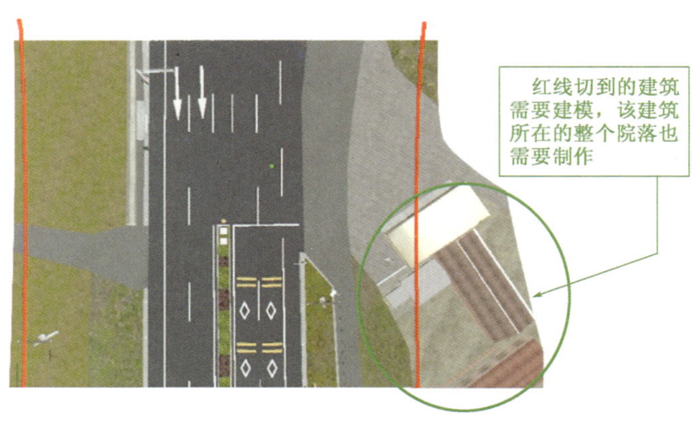

图 2-11　道路红线的确定方法

三维数据成产内容表

表 2-4

序号	分　类	子　　类	子序号	内　　容
1	路线	主路	1	路面、中央隔离带、绿篱、路崖、路肩等
		桥梁	2	桥面、桥梁护栏、伸缩缝、墩台、桥墩、桥铭牌、防护网、防眩、排水设施等
		隧道	3	路面、限高、防护、照明、排水等设施
		涵洞	4	路面、限高、防护、照明、排水等设施
2	路政管理类	公路用地	5	控制区
		交通标志	6	交通标志
		路面标线	7	点状路面标线
			8	纵向路面标线
		防护设施	9	防护设施
			10	隔离栅
			11	隔音设施
			12	防眩设施
			13	轮廓标
			14	诱导设施
		外场设备	15	可变信息板
			16	视频监测器
			17	气象监测站
			18	交通流量观测站
			19	轴载交通量观测站
		绿化	20	隔离带绿化，临街绿化带
		公路里程碑	21	公路里程碑

续上表

序号	分　类	子　　类	子序号	内　　容
3	非公路设施类	管线	22	电杆
			23	穿跨越公路管线
		交通信号灯	24	交通信号灯
		照明设施	25	照明设施(路灯)
		控制区建筑	26	红线范围内主要建筑
		临街建筑	27	红线范围外临街建筑
4	路政许可类	非公路标志	28	指路牌、地面牌、厂(店)名牌、宣传牌、广告牌、龙门架、霓虹灯、电子显示牌、橱窗、灯箱、其他标志等
		平交道口	29	平交道口(路侧开口)
		平交路口	30	平交路口(路线交叉口)
5	综合类信息	公路管理机构	31	公路管理及下属机构
			32	公路服务站
			33	公路专养段
			34	应急物资储备站
			35	超限运输检测站
			36	公路收费站
		交通量	37	站点交通量
			38	轴载交通量

注:1. 公路两侧红线范围内建设中及修整中的道路,原则上按照城市设计方案或建设单位提供的方案制作模型;
2. 临时性的道路、拟于近期拆除或正在拆除的道路不包含在本标准内(具体要按建设单位提供信息进行作业);
3. 正在施工的路面或地面根据实际情况平铺路面或铺砖;
4. 普通绿化只做简易地面,材质用草坪;
5. 护坡上的排水沟用统一材质表现,位置合理摆设;
6. 临时建筑、临时交通设施不做;
7. 广告牌要保证材质清晰、美观;
8. 中央隔离带为绿篱且连续,不能直接看出植被棵数的用模型表现;
9. 道路红线范围内的独特景观,如石林、雕塑等需要制作。

②三维图形综合表现要求

模型数据制作效果及表现要求标准见表 2-5、表 2-6。

模型数据制作效果及表现要求标准　　表 2-5

分　类	数 据 内 容		模型精度(米)	贴 图 原 则
主路沿线地物	路面		0.2	统一材质
	路肩		0.2	统一材质
	路肩外红线范围内设施		1	参考实景,适当处理
	路政管理类设施		0.5	统一材质
	非公路设施类设施		0.5	参考实景,适当处理
	两侧建筑	控制区建筑	2	参考实景,适当处理
		红线外临街建筑	5	适当处理

续上表

<table>
<tr><th>分　　类</th><th colspan="2">数 据 内 容</th><th>模型精度(米)</th><th>贴 图 原 则</th></tr>
<tr><td rowspan="3">管理机构建筑</td><td colspan="2">建筑物</td><td>0.5</td><td>女儿墙区分明暗材质;楼层线需要对齐;楼层数参考实景;外墙砖缝需要对齐</td></tr>
<tr><td rowspan="2">地物造型</td><td>规则物体</td><td>0.5</td><td>参考实景,适当处理</td></tr>
<tr><td>不规则物体</td><td>0.5</td><td>拆分、绘制 UV</td></tr>
<tr><td>其他</td><td colspan="2">红线范围内其他立状物体</td><td>1</td><td>参考实景,适当处理</td></tr>
</table>

注:1. 模型精度值是指模型尺寸的精度,大于模型精度用模型结构表示,小于对应精度的结构可用贴图表现;
2. 所有模型的材质都要区分顶面和立面的明暗关系;
3. 保持路面、公路管理机构、路政管理设施原有外观的真实性、完整性、统一性。

建筑类型参考面要求　　表 2-6

建筑物类型	参 考 面 数
1. 独立简单建筑物: 横截面为比较规则的、没有弧面的图形;屋顶为简单的平面组合,包括平顶、人字形或尖顶,无弧面	不大于 40 面(单层) 不大于 130 面(多层)
2. 带有附属设施的建筑: 建筑主体为独立简单建筑,但带有门厅、廊柱或附属楼等附属设施	一般面数为 130 ~ 400 个,对于少量较为复杂的面数,也不应超过 600 面
3. 多层叠加的建筑: 建筑主体为独立简单建筑,但在其上还叠加了面积较小的其他楼层(无复杂屋顶)	一般为 150 ~ 400 面
4. 有复杂屋顶的建筑: 包括了第 2 类和第 3 类,但屋顶存在不规则形状或弧面等复杂结构	一般为 400 ~ 800 面
5. 复杂外形的建筑: 包括第 2 类至第 4 类,但建筑外形复杂,有大量弧面、不规则结构,一般为高层建筑	700 面以上,一般不超过 1600 面,但对于特别复杂的外形可以适当酌情考虑
6. 特别复杂建筑物	2000 ~ 3000 面,一般不超过 4000 面

(3)道路要求

主路的基础模型为系统批量生成,部分路段高程有不合理的地方需参照全景影像进行手动调整平整。

①车道宽度标准

在作业时每条路都必须测量计算得出准确的车道宽度。

高速公路:每车道宽为 3.75 米,应急行车道为 1.5 ~ 2.5 米。必要时设立 3.5 米以上的超宽收费车道,宽度保持通畅公路。

国道主干道:每车道宽为 3.75 米,路肩 3.5 米,绿化带道口宽度根据实景情况制作。

三级以上多车道公路:每条机动车道宽度为 3.5 ~ 3.75 米。中央隔离带无统一标准,因地制宜,单纯的水泥制中央隔离带宽度为 1 米(中央隔离带两侧白实线之间的距离),如果是中央绿化隔离带,宽度就没有一个统一的标准,有的“形象工程”路可以做到几十米宽。城镇间的公路一般不设人行道(一般穿越城市段才设),城市干道必须设置人行道,城市干道人行道按实际人流量计算,一般最少 3 米宽,宽的可以达到 15 ~20 米。

城市道路:每车道宽度为 3.5 米,交叉路口分流车道每车道为 2.3 ~2.5 米。

②其他细节要求

需要利用外业数据,结合卫片影像,在主路基础模型上调整修改,如调整高程,添加出入口、开口带、绿化、交通设施等;其中主路基础模型只表现出路面、设施结构等有规律的物体,其内容包含路面、路肩、控制区、防护设施、主线桥及立交桥的基本结构等部分。

路口位置要和影像完全一致,路口宽度根据卫片判断,影像不清楚的,可以通过立体相机量测或参考周边地物估算,误差要控制在 1 米左右,本着与实景相符且美观的原则处理。

道路必须分段:每段长度不能超过 500 米,模型面不能超过 1 万面。如果 500 米内模型面超过 1 万,需把路基与护栏分离成独立对象,max 内模型数据长度以最优存储。

(4)建筑要求

①建模要求

a. 建筑的位置、结构参考卫片和外业数据;

b. 建筑精度参考模型表现标准;

c. 模型布线要精简。

②场景建模

a. 每个管理机构都要单独焊接为一个模型,并参照属性库命名;

b. 模型顶部结构要制作女儿墙,女儿墙侧面与顶面要明显区分;

c. 楼顶的女儿墙要用不同明度的贴图表现其立体感;

d. 模型质感表现要与现实一致或近似;

e. 场景内贴图要与实景照片材质一致,看不见地方合理处理即可;

f. 场景的围墙需要制作,围墙顶面等小面积结构的材质不要用影像图,直接找类似的材质表现即可,如图 2-12 所示;

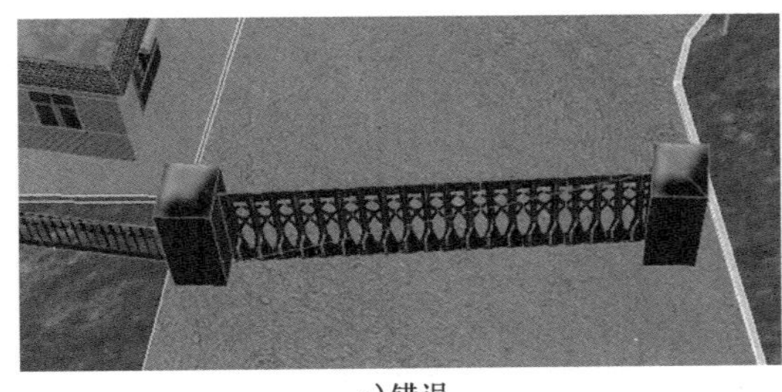
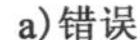
a)错误

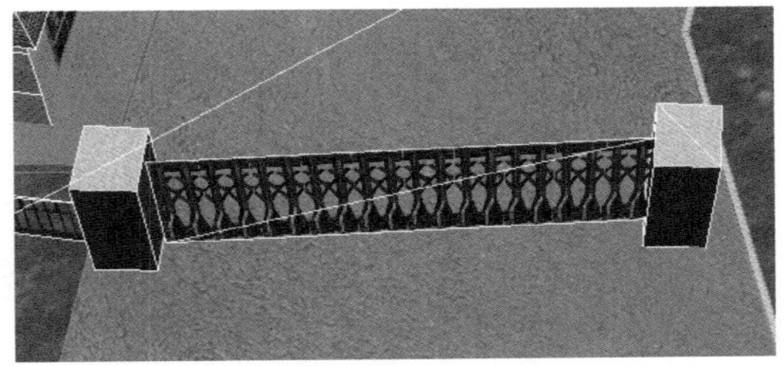
b)正确

图 2-12　场内围墙要求

g. 绿地要有路牙,且用明暗关系的一对贴图表现,如图 2-13 所示;

h. 钢架网结构模型采用透贴表现,个别不好表现的结构可采用实模,以减少数据量,如图 2-14所示。

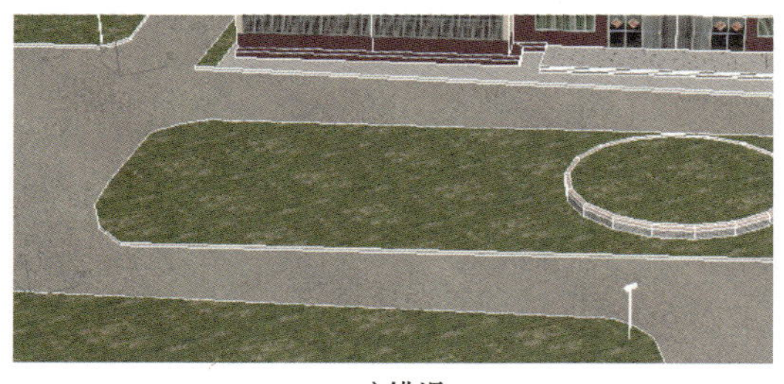

a) 错误

b) 正确

图 2-13　绿地要求

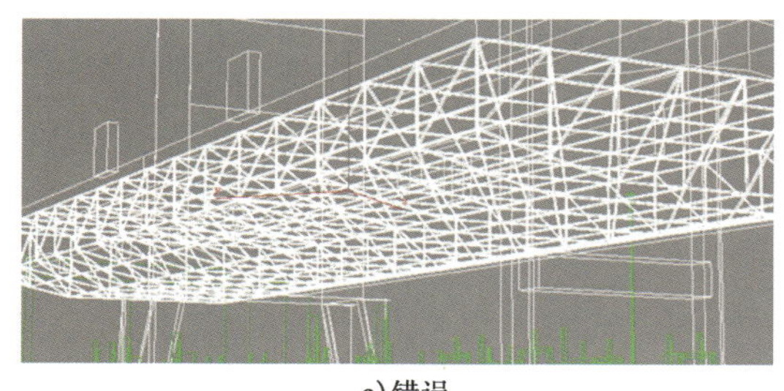

a) 错误

b) 正确

图 2-14　钢架网结构模型要求

(5) 桥梁及涵洞要求

①桥梁

a. 重点大桥、特大桥要精细制作，其他大桥要按照采集实景真实制作，结构数据效果达到最优；

b. 桥梁名称标牌、桥上护栏、桥面标线与桥梁合为一个物体，桥梁没有明显名字的可划归到道路里；

c. 桥梁结构要与实际结构相符，桥面、桥梁信息介绍牌、桥梁护栏、护栏扶手、桥梁伸缩缝、桥箱梁、桥墩、桥墩台等结构以外业数据实际情况为准；

d. 特殊的、造型奇特的桥梁，模型结构需与实际结构相符，部分细节需精细化表现；一般桥面都要做成直的，不能向下凹或向上拱，如图 2-15 所示；

图 2-15　特殊桥梁结构要求

e. 圆形和弧形结构需添加光滑组，如图 2-16 所示。

图 2-16　圆形和弧形结构要求

②涵洞

利用外业采集数据，结合卫片确定涵洞位置及方向。模型结构、尺寸参考实景影像。外业看不见的，可用其他涵洞的造型摆放，保证与周边地形合理衔接。

(6)设施设备

设施设备又称为小品，小品必须按照实际尺寸制作，同类型模型按照属性分类建层放置，版面内容由手工制作材质，版面材质色调统一，具体细节如下。

①图层管理

小品制作原则上要参考二维属性库的信息，在遇到二维属性库与实景矛盾、遗漏现象时，以实景为准；

max 中的模型分类必须分图层进行管理；

模型必须按照属性库的类别进行拆分放入对应的层中，并且每类模型按照道路的左侧、路中、右侧再分为三个部分；

所有小品必须按属性库图层分类进行层管理，其模型名称必须与属性库一一对应，严禁出现不同模型相同名称的现象。

②防护设施

防护设施要根据其实景造型、比例、尺寸来制作。

③防眩设施

a. 防眩设施分为防眩板、防眩栅、绿篱、其他等；

b. 制作防眩设施，参考车载立体相机拍取的照片，获取正确的尺寸数据对模型进行建造；

c. 以 1/2000 的 CAD 电子地图中的位置为坐标，进行对比，可采取放样阵列方式摆放防眩设施；

d. 道路中间的紧急门，必须按照参考资料，以车载立体相机拍取的照片为准，获取正确的尺寸数据对模型进行建造；

e. 同样以 1/2000 的 CAD 电子地图中的位置为参考，进行对比，摆放紧急门，要符合现场实际情况；

f. 防眩设施、紧急门，贴图材质来源于外业人员数码相机拍摄得取。光照明暗度、色相饱和度、色彩的逼真性、以最佳效果优先，(色彩尽量避免 Photoshop 二次调试)。

④交通信号灯

a. 各种信号灯按照标准资料进行建模(详情参考客户提供的资料);

b. 信号灯材质来源于人工拍摄的数码相片。灯亮颜色可在 Photoshop 处理中用相应的颜色填充表现;

c. 所放置的位置,参考车载立体相机拍取的照片,注意与现场实际情况相符合;

d. 十字交叉路口的信号灯,注意行驶方向的灯照信息。避免交通信息错乱,从而使四个方向同时出现同一种信号。

⑤视频检测设施

视频检测设施能表示出工作状态。作业中要与普通摄像机、标清摄像机,高清摄像机区分开来。

a. 云台监控摄像机:云台是承载摄像机进行水平和垂直两个方向转动的装置,把摄像机装云台上能使摄像机从多个角度进行摄像;

b. 交通卡口摄像机:卡口摄像机能识别车牌照号码、牌照颜色,实时监视车道图像;

c. 交通流量采集摄像机:能够及时反应公路路段车流量信息,能够科学地缓解交通压力(图 2-17)。

图 2-17　交通流量采集摄像机

⑥可变信息板

电子情报信息发布系统亦称之为诱导信息系统,是公路监控系统的重要组成部分。贴图作业时能显示指定文字、图片并有不同的显示效果,如上下滚动显示,能表示出工作状态。

⑦隔离设施

公路中间的隔离带宽度原则上要求与卫片一致,在卫片与现时地物不匹配时,用测量软件量测隔离带宽度或根据周边地物比例关系判读。

隔离带边上路崖倒角宽度为 0.05 米,路崖厚度为 0.2 米,隔离带上面的草坪参考车载立体相机照片实际情况进行平铺赋予。

⑧非公路标志

广告牌等非公路标志不清楚的,可人工采集照片或找相似的广告牌纹理贴图,但是要注意避免带有明显地域名之类的广告。

(7)绿化及地形

①绿篱

公路隔离带中的灌木、出入口匝道处绿化的灌木,若为修剪平整且不能数清棵数的,需用模型表现(图 2-18)。

②隔离带

无高度隔离带见图 2-19。

有高度隔离带见图 2-20。

a. 隔离带高度参考影像高度进行制作,材质纹理及色彩样式要与实际接近;

b. 绿篱分别采用顶面和侧面的一组贴图表现,或侧面采用透贴的表现方式;

c. 路缘石和路缘分别采用一组明暗关系的贴图表现。

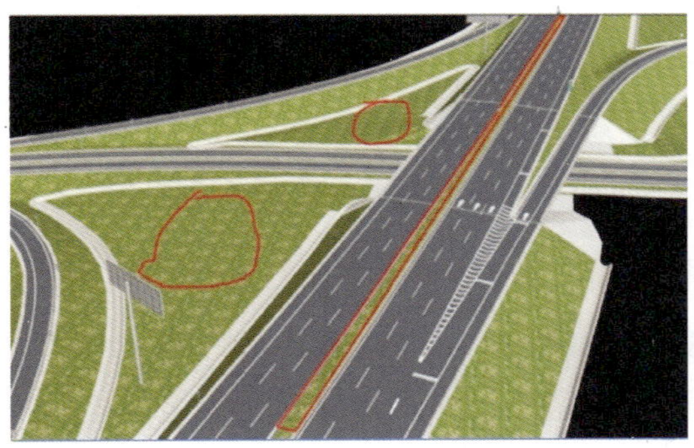

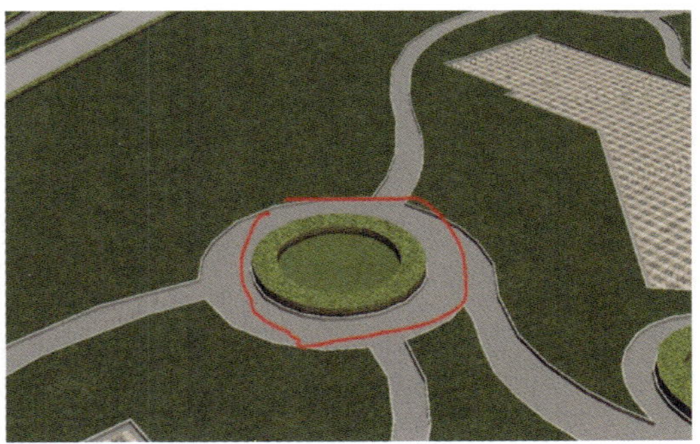

图 2-18　绿篱

图 2-19　隔离带

图 2-20　高度隔离带图

(8)地形

道路两边的地形须与实际地形基本相符，看不到的地方，地形须制作合理、符合逻辑(图 2-21)。

图 2-21　地形图

(9)模型结构

①一个设施的结构必须焊接为一个模型，不同设施必须分开。例如：公路服务站的所有模型都焊接在一起，而一个柱子上如有多个交通标志，则将其中任意一个与柱子焊接，其余标志相互分离(图 2-22)。

②提交模型中无用的点、线要除掉，所有的点必须焊接，焊接值为0.02。

③物体几何要素。

弧形结构最多6段表现，柱型结构最多12段表现，球形结构最多用24段表现，几何模型制作时禁止使用布尔运算。

④结构点线面。单个对象的Mesh顶点数不得超过30000。

将模型编辑改为Editable Mesh检查模型是否有黑面，并调整处理黑面出现的原因(图2-23)。

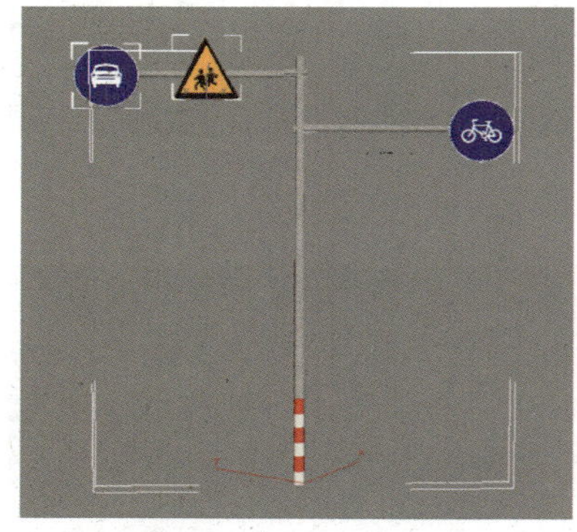

图2-22　三个标志分为三个独立模型

图2-23　黑面出现原因

⑤避免破面、漏面、漏缝以及游离点、边、面(图2-24)。

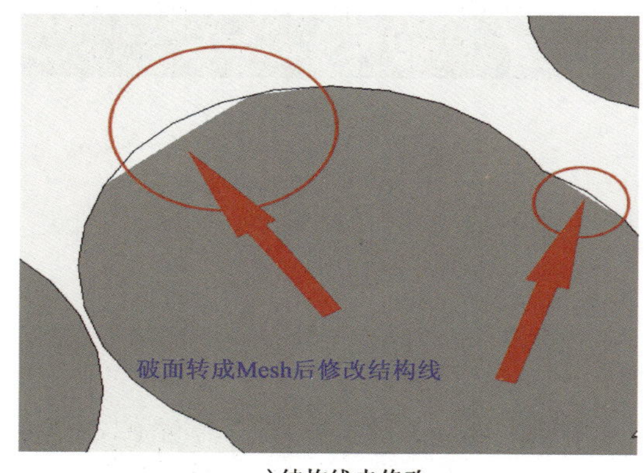

a)结构线未修改

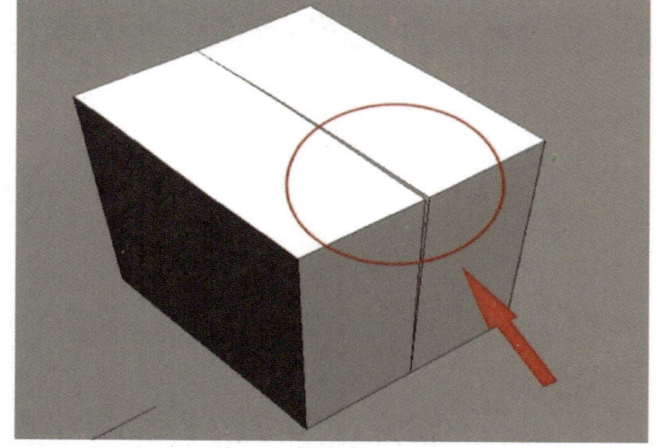

b)漏缝

图2-24　错误原因

⑥对象闪面处理。

同一法线方向的两个面之间的最小间距为30厘米，以避免共面闪烁(图2-25)。

⑦模型去除冗余的点、线、面和虚拟物体。冗余线是指同一面中重合的两条线或其空间距离不大于30厘米的两条平行线；重叠面是指同一建筑物模型中垂直距离不大于1米的两个面。

⑧道路模型内部接边处不存在缝隙，相交的点须焊接以确保相交点的空间拓扑关系严格重合。

⑨不能使用镜像复制物体，物体的缩放不能出现负值。

(10)贴图要求

①由管理人员制定一套共用贴图，并统一纹理的比例范围和适用区域；

②每张做完的贴图要经过亮度/对比度、色相饱和度、色阶等图像调整，要保证项目中所有材质的色调统一；

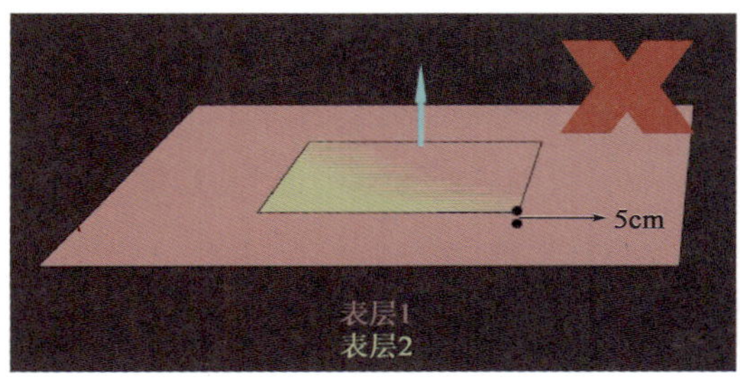

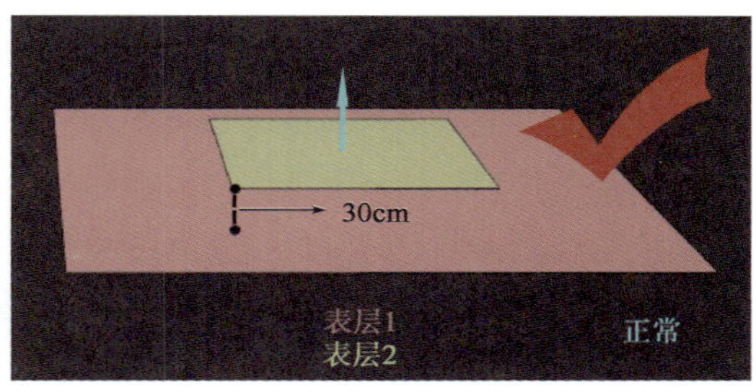

图 2-25 对象闪面处理

③贴图严禁出现同名不同图现象,其命名原则为:路线名称的首拼字母(小写) + 分配字段(两位字符) + 四位序列号;如京沈线分配字段为 aa 的第一张材质名称应为 jsaa0001. jpg;

④贴图尺寸为 2 的 n 次方,最大尺寸为 512 ×512,格式为 JPG,透贴 TGA;

⑤贴图长宽比差异不要较大;

⑥除地面、绿化等地方可使用材质平铺外,其他设施贴图要尽量符合实际纹理(图 2-26);

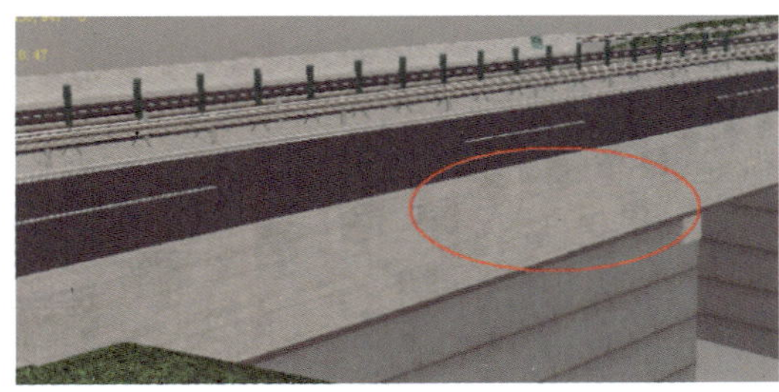

图 2-26 合理材质图

⑦贴图纹理要清晰干净,处理时要保留原贴图质感,减少处理贴图时造成的重复感,重复纹理需要处理接缝,不得出现纹理拉伸、漏贴;

⑧建筑遮挡物处理原则:管理机构需要处理,控制区建筑材质适当处理;红线范围外临街建筑材质简单处理,其中遮挡物包括衣服、行人、车辆、植物、电线杆、电线等物件(图 2-27);

a)处理前效果

b)处理后效果

图 2-27 遮挡处理图

⑨如有眩光的贴图必须对眩光进行效果处理。

(11)道路绿化

道路树是乔木绿化的一种表现形式,是在模型数据完成后进行的乔木绿化建设环节。平台种树是为使项目中有很好的视觉效果,因此项目中的树应以协调美观为原则,参照外业数据对公路里程范围内有树木的地方进行种树。

平台树纵向上沿着公路种植,横向上与模型搭配协调、美观即可,但不要超出红线范围100米。具体要求如下:

①树种库中的树种要和实景一致;

②种树效果要和模型搭配协调,整体效果要美观,不得有逻辑错误。如路面上不得有树,交通设施上不得有树,墙面上不得有树,水泥地上一般不会有树;

③如有树坑,则树要与树坑位置匹配;

④管理机构中的树要完全按照外业数据来种植。

4)数据处理和质检

(1)数据整理要求

①坐标系:采用 WGS-84 坐标系,UTM 投影;

②模型外观造型与现实接近,比例准确;

③将二维基础线导入到 max,在顶视图中,作业范围的外边线与基础数据的外边线位置一致;主路模型及附属模型的外边线高程与高程线一致。

(2)质检要求

路线及构造物、路政管理设施、非公路设施、路政许可设施、公路管理机构等三维模型成果数据和对应的数据说明,主要分为资料整体性检查,成果完整性、正确性和规范性检查。

①整体性检查

a.提交数据中除 max 模型、贴图和必要说明外,无多余文件。每个道路文件夹中只包含一个 max 文件及对应的 USX 文件、模型用到的贴图,不能存在其他没有用的 max、USX、贴图等;

b.所有贴图命名、尺寸、色调符合项目贴图要求;

c.每个 max 文件不能缺少贴图,模型数据在提交时要清除贴图路径;

d.模型位置必须与二维基础线相匹配;

e.不同类型模型必须分图层放置;

f.模型必须进过优化,优化内容有:清除参考线、清除光滑组(大型弧形建筑、桥墩等圆滑结构要保留)、删除多余材质节点、清除游离点、清除虚拟体、清除空物体;

g.平台树提交时必须提交种树原文件、树发布文件和树种库的放置路径。

②完整性检查

a.公路主线模型要连续无接缝,中间无断开、丢漏现象;

b.路线及构造物、路政管理设施、非公路设施、路政许可设施、公路管理机构等无丢漏现象;

c.路用地范围内所有物体必须制作,其中可移动的临时摆放设施除外;控制区范围内尺寸超过1米的设施必须制作;

d. 成果说明不能有误、丢漏、重复。

③规范性检查

a. 模型物体命名：模型命名必须保存唯一性，每个模型有且只有一个名称；路线及构造物、路政管理设施、非公路设施、路政许可设施、公路管理机构等模型必须根据二维数据库里交通信号的编码命名；主线道路命名规范为：路线名称的首拼字母_分段名（两位字符）_四位序列号；

b. max 文件命名；

c. 文件夹命名；

d. 目录结构：一级目录为道路名称；二级目录为公路分段名称；三级目录为 max 文件、USX 和材质文件，每个文件夹内包括本路段内的所有模型数据。

5）属性数据生产

（1）生产内容

生产内容见表 2-7。

生 产 内 容　　表 2-7

序号	分　类	子　类	子序号	内　容
1	路线及构造物	路线现状	1	路线现状
			2	分离式路段
			3	技术等级
			4	车道特征
			5	断链
			6	重复里程
			7	断头路段
			8	路面等级
			9	路面类型
			10	路面宽度
		桥梁	11	桥梁概况
		隧道	12	隧道概况
		涵洞	13	涵洞概况
2	路政管理类	公路用地	14	公路用地
		交通标志	15	交通标志
		路面标线	16	点状路面标线
			17	纵向路面标线
		防护设施	18	防护设施
			19	隔离栅
			20	隔音设施
			21	防眩设施
			22	轮廓标
			23	诱导设施

续上表

序号	分　类	子　类	子序号	内　容
2	路政管理类	外场设备	24	可变信息板
			25	视频监测器
			26	气象监测站
			27	交通流量观测站
			28	轴载交通量观测站
		绿化	29	绿化现状
		公路里程碑	30	公路里程碑
3	非公路设施类	管线	31	井盖
			32	电杆
			33	占用挖掘公路管线
			34	穿跨越公路管线
		交通信号灯	35	交通信号灯
		照明设施(路灯)	36	照明设施(路灯)
		控制区建筑	37	控制区主要建筑
4	路政许可类	非公路标志	38	非公路标志
		平交道口	39	平交道口(路侧开口)
		平交路口	40	平交路口(路线交叉口)
5	综合类信息	公路管理机构	41	公路管理及下属机构
			42	公路服务站
			43	公路专养段
			44	应急物资储备站
			45	超限运输检测站
			46	公路收费站
		交通量	47	站点交通量
			48	轴载交通量
		大修情况	49	大修情况表
		档案	50	公路相关档案
			51	桥梁相关档案
			52	隧道相关档案
			53	涵洞相关档案
			54	公路用地相关档案
			55	外场设备相关档案
			56	管线相关档案
			57	非公路标志相关档案
			58	平交道口审批档案

（2）生产要求

以全景影像和遥感影像为依据，通过专用属性数据生产软件进行人工录入，获得点线面等空间数据对应的属性信息。具体操作如下：

①使用属性数据库模板文件，为获取属性数据的字段内容依据；

②在专用浏览软件中新建工程，导入外业成果数据的四镜头立体相机主线数据（图 2-28）；

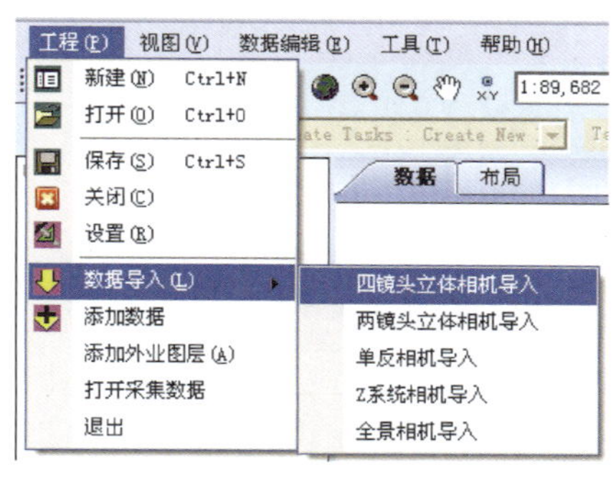

a）导入数据

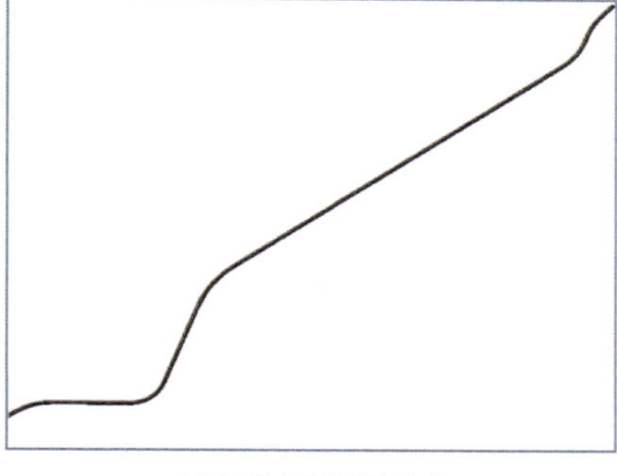

b）主线上下行轨迹点

图 2-28　导入数据

③添加属性作业地图，使之与轨迹点叠加（图 2-29）；

a）矢量数据添加

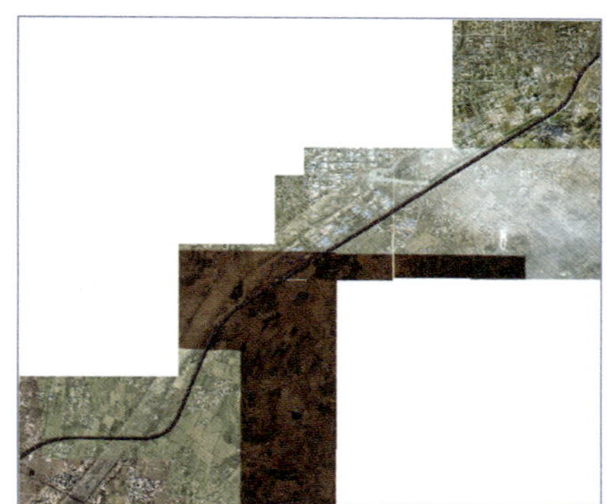

b）叠加影像后数据

图 2-29　叠加数据

④进行属性的录入工作，获得属性数据信息。

（3）数据处理和质检

录入完的数据表，按照地物分类要求分别整理，根据作业依据并进行数据完整性和正确性检查。

2.3.5　多维数据的质检验收

1）验收总流程

道路多维数据生产每个阶段形成的成果（或产品）均应进行质量检查（自检），质量合格后进行数据验收。每个阶段的数据验收流程没有差异性。数据验收主要包括三个部分：初检实施、验收实施和验收结束。

(1)初检实施：初检验收对象根据提交清单，检查提交的内容和清单是否一致，以及提交成果和相关文档是否完备，相关资料不全或数据不完整的，则返回重新整理提交，并限定再次提交的具体时间；

(2)验收实施：先进行数据备份，然后进行验收任务安排，对成果数据分类型进行全查或抽查，具体抽检比例视数据情况而定；

(3)验收结束：生成相应的验收文档，根据验收过程记录结果，对数据质量做出结论并提出改进建议，形成验收报告，基本流程如图2-30所示。

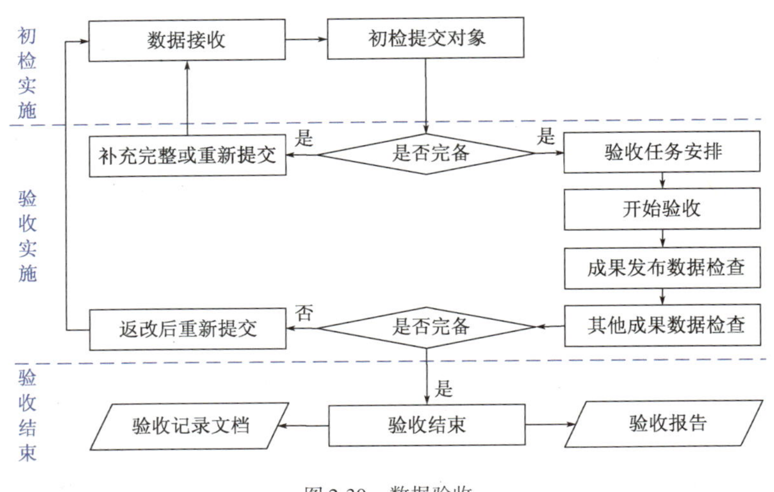

图2-30　数据验收

2)验收内容

根据数据作业方式不同，对数据的验收可以分为外业成果数据验收、内业成果数据验收和成果发布数据验收两大类。

(1)外业数据

外业数据经过外业采集、数据处理、质量检查等工序之后所产生的全部成果，一般包括：

①影像数据、GPS数据、激光点云数据、作业依据或作业说明要求以及各种数据说明性文档；

②档案资料、其他人工拍摄内容的外业数据和作业说明；

③外业任务成果质检报告；

④外业成果数据清单。

(2)内业数据

所有制作道路三维模型数据的资料处理、数据加工处理、质量检查等工序之后所产生的全部成果，一般包括：

①地形(DEM)和影像(DOM)处理成果及作业流程或说明(含修正说明)；

②二维属性处理成果及作业说明；

③模型(含材质)数据、作业依据或作业说明要求以及各种数据说明性文档；

④内业任务成果质检报告(含发布前后的数据质检报告)；

⑤内业成果数据清单。

(3)三维模型数据

①成果数据

a. 道路主路:路面、交通设施、防护设施、绿化等模型数据;

b. 道路附属设施:桥梁、隧道、涵洞、非公路标志、路侧开口、泵站等;

c. 其他设施:管理单位、服务站、出入口等设施,道路控制区范围内的建筑;

d. 模型数据必须包含有发布参数;

e. 属性数据库:道路及其设施设备等的属性数据。

②成果说明

a. 技术文档:三维模型作业处理规范、作业依据说明及补充性说明文档,至少包括模型制作方法及流程、命名规则、存储和发布过程及要点;

b. 质检报告:模型制作完成后乙方的质检报告文件,至少包括质检人员、质检时间、检查比例、质检内容、主要问题记录、检查结论;

c. 模型数据发布说明(或规范):至少包括图层设计规范、发布命名规范;

d. 数据说明文档:至少包括成果数据统计表、发布参数、完成情况说明;

e. 交接提交清单:数据和文档的提交清单和交接情况。

3)验收基本标准与评定

以内外业生产各环节的生产要求和作业依据为验收标准,开展数据质量检查。

(1)位置精度,如数学基础、平面精度、高程精度等的正确性,用以描述几何数据的质量;

(2)属性精度,如要素分类、属性编码、注记等的正确性,用以反映属性数据的质量;

(3)逻辑一致性,如多边形的闭合精度、节点匹配精度、拓扑关系的正确性、命名的一致性等;

(4)完备性,如数据分类、实体类型、属性数据的完备性,注记的完整性等;

(5)现势性,如数据的采集时间和更新时间等。

仅对抽样数据进行评价,评价结果在验收报告中体现,暂不对整体数据进行评价。

2.3.6 多维数据更新

数据更新就是入库后的数据(含空间数据、属性数据和其他相关数据)需要定期或不定期的修改。数据信息是有一定的生命周期,特别是道路地理数据。随着地理环境中的道路及其相关附属要素的变化,道路多维数据的及时、有效更新是城市基础地理信息建设可持续发展的重要条件。为了满足道路多维数据中各种专业数据管理的需要,针对不同的数据类型将有不同的数据更新方式。

1)现势性更新

现势性是一个地图学概念,指的是资料的新颖程度——距离目前的时间越短,现势性就越强,即数据与现实世界物体的一致性。

数据现势性更新基本是数据的局部更新,即按需、快速和及时更新相互结合的方式,保持道路多维数据整体的现势性,保证重要核心要素的实时性和使用性,便于管理者及时分析应用,做出管理决策。

2）稳定性更新

数据稳定性更新指的是大部分的数据生命周期较长，稳定性好，需要按照制定的更新周期、更新规则和流程进行系统性更新，保证数据整体的完整性和实用性，保证系统应用的逻辑一致性。

稳定性更新是一种批量变更的方法，适用于大数据量的变更。通常，稳定性更新是根据更新周期原则，综合考虑各地市、各部门的需求，结合本单位的实际情况，确定更新区域、周期及顺序。

3）数据更新流程

道路多维数据完整的更新流程主要包括四个部分，即更新策略确定、变更数据生产、质量检查和变更数据入库融合四个环节，每一个环节均由专人负责，可控性强。具体流程见图2-31。

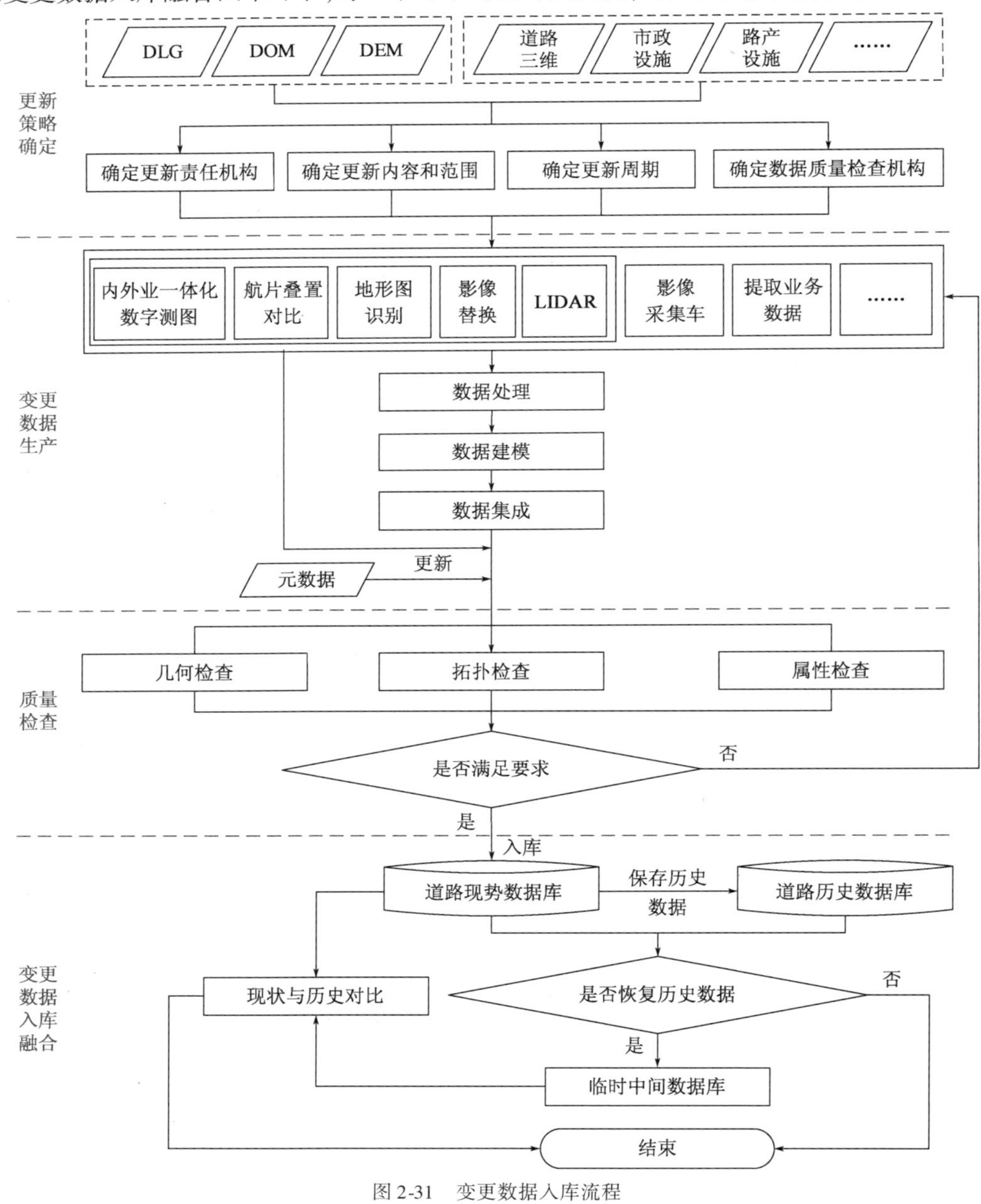

图2-31　变更数据入库流程

(1)更新策略确定。针对更新数据的类型,确定更新的任务、目标、方法等,并通过实地调查勘测,或与现势性比较强的遥感影像、航片等数据进行比较,确定局部变化,从而获得更新内容和范围。

(2)变更数据生产。利用影像采集车和数据处理与制作等软件,对道路变更信息进行数据采集、数据处理、数据建模及数据集成等。

(3)质量检查。从机制和内容两个方面对更新数据进行质量检查,确保变更数据符合数据质量控制的要求。

(4)变更数据入库。将检查合格的变更数据与数据库中未发生变化的数据进行融合,上传至道路现势数据库,被更新的历史数据迁入道路历史数据库,同时进行版本控制,便于历史数据的恢复、查询、统计、分析等。

4)更新机制

道路多维数据更新机制即是指数据的更新内容、更新要点及其内部关系(图 2-32)。

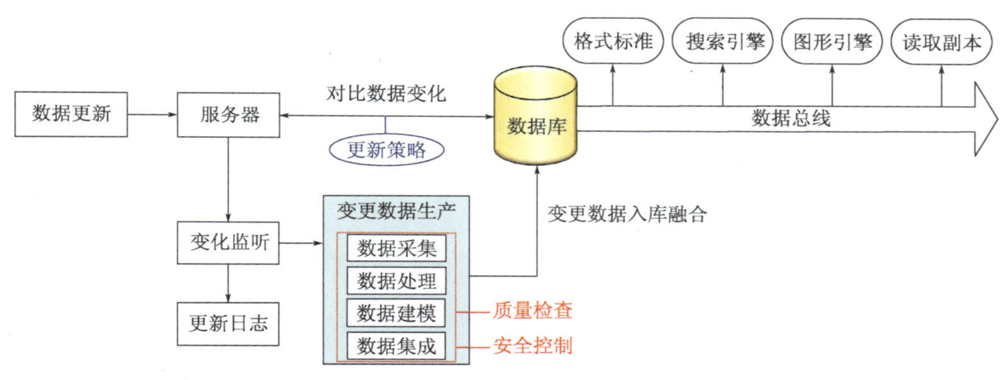

图 2-32　数据更新

(1)更新策略的确定

①更新责任机构。确认各类更新数据的业务归口部门。

②更新内容和范围。道路多维数据包括基础地理空间数据、全景影像数据、电子地图数据、三维模型数据、属性数据等建设内容。

③更新周期。对于基础地理空间数据采取稳定性更新,更新周期均为 2～3 年;其他道路多维数据,采取现势性更新模式,每年至少更新一次。

④数据质量检查机构。数据更新责任机构自检,主管部门复检。

(2)变更数据生产

从数据更新资料中提取每类数据的变化信息,对需要更新的变更数据进行数据采集、数据处理、数据建模和数据集成。

(3)质量检查

在数据更新和管理过程中进行质量检查,从机制和内容两个方面上对更新数据进行质量检查,反馈检查结果,出具检查意见,确保更新的变更数据符合数据质量控制的要求。

(4)变更数据入库

将检查合格的变更数据上传至道路现势数据库,被更新的历史数据迁入道路历史数据库,同时进行版本控制。通过分析数据库的更新日志,将所有的数据更新事件传输到数据总线上,进而通过其他各个服务更新数据。

(5)安全控制

根据用户对不同数据的更新维护情况,按照最小权限原则设计用户权限,在数据更新维护过程中起到整体安全监控作用。

5)数据更新质检

在数据更新和管理过程中进行更新质量检查,从机制和内容两个方面上对更新数据进行质量检查。

(1)从机制上划分

包括数据更新提供部门按照数据质量控制的要求,对更新的数据进行自检;数据更新接收部门利用计算机自动或人机交互等方式,按照数据质量控制的要求,对更新数据进行质量检查,反馈检查结果,出具检查意见。

(2)从内容上划分

包括拓扑检查,即检查图形数据与周围地物的拓扑关系以及建筑物各部分的拓扑关系是否正确;几何检查,即检查位置坐标信息是否正确;属性检查,即检查道路空间信息属性数据的完整性和正确性;几何属性一致性检查,包括几何信息与属性信息是否对应、有几何信息无属性信息、有属性信息无几何信息等。

2.4 道路多维数据的存储和发布

2.4.1 数据存储内容

本书只针对成果数据的永久性存储进行描述。

(1)统计表

统计明细表为 Excel 表格,它是对整个项目中制作数据的统计。统计表中第一个工作表为数据总汇,另一个是明细表。

统计表的内容是对国道、省道、县道、乡道、村道、专道等项目的具体情况进行统计,但至少应提供如下内容:路线名称、路线里程、起点桩号、起点地名、止点桩号、止点地名、交通枢纽数量、主线桥数量、公路管理及下属机构数、公路服务站数、公路专养段数、应急物资储备站数、超限原始检测站数、公路收费站数。

(2)资料

包含生产过程中涉及的主要资料,如:规范、作业流程、坐标说明等。

(3)地形

主要包括地形原始数据、发布数据、修正后数据、修正矢量数据和地形修正说明。

地形原始数据的内容随地形处理方式来确定。如制作地形方式,其原始数据为 max 地形、asc 地形。直接修正地形方式,其原始数据为 asc 地形。地形修正说明须记录地形修正的主要流程以及各主要环节详细参数。

(4)影像

主要包括原始影像及坐标数据、发布数据和影像说明。

影像说明须记录影像的分辨率、原始影像坐标系、投影及带度、发布级别、发布时接的上层数据等信息。

(5)外业数据

外业数据分为以下几类:

①车载过程数据:四镜头立体相机数据、全景相机数据;

②车载成果数据:四镜头立体相机数据、全景相机成果数据;

③人工成果数据:人工单反相机数据、人工系统相机数据、人工定点全景相机数据。

(6)内业数据

内业数据主要包括以下内容:

①二维基础线:即道路标记线;

②二维属性库:根据项目要求在外业数据中采集的属性库;

③模型:max 原始模型、发布模型、搜索模型;

④树:树种库、原件树、发布树、树文件说明。

(7)公用库

公用库有以下类别:

①材质库:项目公用贴图,格式有 jpg、tga 等;

②模型库:项目中制作过的模型,如:健身器材、公共设施及其他小品等;

③树种库:种树时使用的树种,文件格式包括 max、USX、png、tge、tree、mli。

2.4.2 命名和存储要求

1)全景影像数据(Panoramic jpg)

(1)概念:地理实体 360°全景照片图像。

(2)特点:影像间隔均匀、固定、分辨率高。

(3)存储方式:硬盘存储。

2)高精度 GPS 坐标数据(SynInfo. Pos)

高精度 GPS 坐标数据见图 2-33。

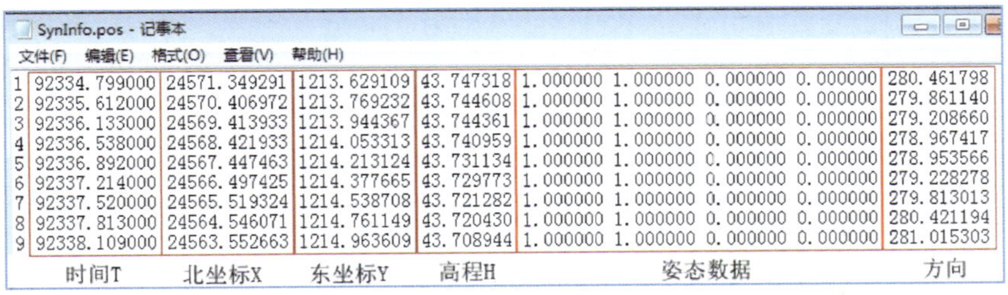

SynInfo.pos - 记事本

文件(F) 编辑(E) 格式(O) 查看(V) 帮助(H)

	时间T	北坐标X	东坐标Y	高程H	姿态数据				方向
1	92334.799000	24571.349291	1213.629109	43.747318	1.000000	1.000000	0.000000	0.000000	280.461798
2	92335.612000	24570.406972	1213.769232	43.744608	1.000000	1.000000	0.000000	0.000000	279.861140
3	92336.133000	24569.413933	1213.944367	43.744361	1.000000	1.000000	0.000000	0.000000	279.208660
4	92336.538000	24568.421933	1214.053313	43.740959	1.000000	1.000000	0.000000	0.000000	278.967417
5	92336.892000	24567.447463	1214.213124	43.731134	1.000000	1.000000	0.000000	0.000000	278.953566
6	92337.214000	24566.497425	1214.377665	43.729773	1.000000	1.000000	0.000000	0.000000	279.228278
7	92337.520000	24565.519324	1214.538708	43.721282	1.000000	1.000000	0.000000	0.000000	279.813013
8	92337.813000	24564.546071	1214.761149	43.720430	1.000000	1.000000	0.000000	0.000000	280.421194
9	92338.109000	24563.552663	1214.963609	43.708944	1.000000	1.000000	0.000000	0.000000	281.015303

图 2-33 高精度 GPS 坐标数据

(1)图 2-33 中的数据字段说明:

①时间 T 为 UTC 以星期日 00:00:00 开始的秒数;

②坐标 *XY* 为减去大坐标常数(4420000、420000)后的数据;

③姿态数据用以确定相机、激光、GPS 三者位置关系;

④方向为全景相机拍照角度。

(2)存储格式:现为文本格式,目标存储格式为 mdb。

(3)存储方式:硬盘存储。

(4)字段属性如表 2-8 所示。

高精度 GPS 坐标数据字段属性 表 2-8

数据类型	字段名称	字段类型	小数位数	备注
坐标文件 Mdb 数据	Time	单精度	6	时间 T
	X	单精度	6	北坐标
	Y	单精度	6	东坐标
	Z	单精度	6	高程
	ZT1	单精度	6	姿态数据
	ZT2	单精度	6	
	ZT3	单精度	6	
	ZT4	单精度	6	
	360°	单精度	6	方向/角度

(5)命名方式:如表 2-9 所示。

高精度 GPS 坐标数据命名方式 表 2-9

道路类型	命名规则	示例
郊区公路	道路编码_道路名称_(起-止)点桩号_XYZ	X205110115_长西路_K13-K18_XYZ. mdb
城市链接道路	1. 道路编码_道路名称_(起-止)点方位名_XYZ; 2. 道路编码_道路名称_(起-止)点方位名_行驶车道位置_XYZ; 3. 道路编码_道路名称_上行/下行_行驶车道位置_XYZ	1. 1082EW0020022_阜成路_西-东_XYZ. mdb; 2. 1082EW0020022_阜成路_西-东_第 1 车道_XYZ. mdb; 3. 1082EW0020022_阜成路_上行_第 3 车道_XYZ. mdb
环路	1. 道路编码_道路名称_内/外环主路_行驶车道位置_XYZ; 2. 道路编码_道路名称_内/外环辅路_XYZ	1. 0001HX3010003_北三环东路_内环主路_第 3 车道_XYZ. mdb; 2. 0002HX3010005_北三环东路_内环辅路_XYZ. mdb
桥梁	桥系名称+ZD+顺序号_(起-止)点方位名_XYZ	官园桥 ZD1_北-西_XYZ. mdb; 官园桥 ZD2_南-西_XYZ. mdb

注:1. 城市链接道路坐标数据命名方式

上下行共采集一次轨迹命名:道路编码_道路名称_(起-止)点方位名_XYZ;

上下行各采集一次轨迹命名:道路编码_道路名称_(起-止)点方位名_XYZ;

上下行各采集两次及以上命名:道路编码_道路名称_下行/上行_行驶车道位置_XYZ;

或道路编码_道路名称_(起-止)点方位名_行驶车道位置_XYZ。

2. 桥梁坐标数据命名方式

立交桥或高架桥下主辅路坐标文件跟随与其连接的道路一致,不作为桥梁的一部分单独命名存放。

3）路面正射影像（ROAD_DOM）

（1）概念：按照一定的路面范围裁剪生成的数字正射影像，是具备几何精度和影像特征的图像，范围一般约 5 千米。

（2）裁切：参见《外业特征线提取及正射影像处理方法》。

（3）存储各式：Tiff。

（4）存储方式：硬盘存储。

（5）命名方式如表 2-10 所示。

路面正射影像命名方式　　表 2-10

道路类型	命名规则	示例
郊区	道路编码_道路名称_（起－止）点桩号_DOM	X001110109_双峪路_K0－k1_DOM. tif; S210110000_三温路_K3＋5－K9_DOM. tif
城市链接道路	1. 道路编码_道路名称_下行/上行主/辅路_DOM; 2. 道路编码_道路名称_（起－止）点方位名_DOM	1. 1082EW0020022_阜成路_上行主路_DOM. tif; 2. 1082EW0020022_阜成路_西－东_DOM. tif
环路	1. 道路编码_道路名称_内/外环主路_DOM 2. 道路编码_道路名称_内/外环辅路_DOM	1. 0001HX3010003_北三环东路_内环主路_DOM. tif; 2. 0002HX3010005_北三环东路_内环辅路_DOM. tif
桥梁	桥系名称＋ZD＋顺序号_（起－止）点方位名_DOM	官园桥 ZD1_北－西_DOM. tif; 官园桥 ZD2_南－西_DOM. tif

注：1. 城市链接道路 DOM 命名

如果一条完整的道路，由多个 DOM 组成，那么按道路前进方向在道路名称后加顺序号。

如：道路编码_道路名称＋顺序号_下行/上行主辅路_DOM

1082EW0020022_阜成路 1_上行主路_DOM. tif

1082EW0020022_阜成路 2_上行主路_DOM. tif

2. 桥梁 DOM 命名方式

立交桥或高架桥下主辅路 DOM 跟随与其连接的道路，不作为桥梁的一部分单独命名存放。

4）道路范围线（ROAD_DLG）

（1）概念：路面边缘特征线。

（2）提取规则：参见《车采正射影像拼接及裁切实施方案》。

（3）存储格式：shp。

（4）存储方式：硬盘存储。

（5）字段属性如表 2-11 所示。

道路范围线字段属性　　表 2-11

数据类型	字段名称	字段类型	字段长度	备注
道路边线 shp	Name（矢量线名称）	文本	254	
	RdName（道路名称）	文本	254	按照《城市道路明细表》命名
	RdNO（道路编码）	文本	254	按照《城市道路明细表》编码
	Rdmile（道路里程）	文本	254	参考《城市道路明细表》填写
	QZStake（起止点桩号）	文本	254	郊区：K15＋8～K27＋6 城区：按照《城市道路明细表》起止点

续上表

数据类型	字 段 名 称	字段类型	字段长度	备 注
道路边线 shp	RdLine(边线性质)	文本	254	白实线、沥青边线、路肩等
	Site(上下行位置)	文本	254	上行第 1 车道、上行第 2 车道(由道路中心隔离带起向外顺序为 1、2、3…);辅路和匝道如果只采集一次的,次字段为空
	Memo(备注)	文本	254	
桥梁匝道 shp 边线	QLName	文本	254	桥系名称
	QLNO	文本	254	如果桥系含多个桥梁,则此处编码用主线桥的桥梁编码;如果主线桥分南北或东西多个,则用编码小的一个
	RdMile	文本	254	道路里程
	QZStake	文本	254	机场高速 - 东直门北大街或东 - 北;北 - 西;西 - 北等
	RdLine(边线性质)	文本	254	白实线、沥青边线、路肩等
	QLSite(桥梁所在位置)	文本	254	东二环,西二环,北三环或连接线等;也可以为空
	Memo(备注)	文本	254	

(6)命名方式:如表 2-12 所示。

道路范围线命名方式 表 2-12

道路类型	命 名 规 则	示 例
郊区	道路编码_道路名称_(起 - 止)点桩号_边线	X001110109_双峪路_K0 - K1_边线. shp S210110000_三温路_K3 + 5 - K9_边线. shp
城市链接道路	道路编码_道路名称_下行/上行主路/辅路_边线 道路编码_道路名称_(起 - 止)点方位名_边线	1082EW0020022_阜成路_上行主路_边线. shp 1082EW0020022_阜成路_西 - 东_边线. shp
环路	道路编码_道路名称_内/外环主路_边线 道路编码_道路名称_内/外环辅路_边线	0001HX3010003_北三环东路_内环主路_边线. shp 0002HX3010005_北三环东路_内环辅路_边线. shp
桥梁	桥系名称 + ZD + 顺序号_(起 - 止)点方位名_边线	官园桥 ZD1_北 - 西_边线. shp 官园桥 ZD2_南 - 西_边线. shp

注:1. 城市链接道路边线命名

如果一条完整的道路,由多个路段边线组成,那么按道路前进方向在道路名称后加顺序号。

如:道路编码_道路名称 + 顺序号_下行/上行主路/辅路_边线

1082EW0020022_阜成路 1_上行主路_边线. shp

1082EW0020022_阜成路 2_上行主路_边线. shp

2. 桥梁边线命名方式

立交桥或高架桥下主辅路路面边线跟随与其连接的道路,不作为桥梁的一部分单独命名存放。

5)道路中心线

(1)概念:道路前进方向左侧边线。

(2)存储格式:shp。

(3)存储方式:硬盘存储。

(4)字段属性如表 2-13 所示。

道路中心线字段属性 表 2-13

数据类型	字段名称	字段类型	字段长度	备注
道路 shp 特征线	RdName(道路名称)	文本	254	
	RdNO(道路编码)	文本	254	
	RdMile(道路里程)	文本	254	
	QZStake(起止点桩号/名称)	文本	254	郊区:K15 +8 ~ K27 +6 城区:西直门桥 – 白石桥
	GLType(隔离类型)	文本	254	双白线、双黄线、单黄线、绿化带、铁栅栏等
	Memo(备注)	文本	254	
桥梁匝道 shp 特征线	QLName(桥梁名称)	文本	254	
	QLNO(桥梁编码)	文本	254	
	QLMile(里程)	文本	254	
	QZStake(起止点名称)	文本	254	机场高速 – 东直门北大街或东 – 北;北 – 西;西 – 北等
	GLType(隔离类型)	文本	254	双白线、双黄线、单黄线、绿化带、铁栅栏等;也可以为空
	Memo(备注)	文本	254	

(5)命名方式如表 2-14 所示。

道路中心线命名方式 表 2-14

道路类型	命名规则	示例
郊区公路	道路编码_道路名称_(起 – 止)点桩号_中线	X001110109_双峪路_K0 – K1_中线. shp S210110000_三温路_K3 +5 – K9_中线. shp
城市链接道路	道路编码_道路名称_下行/上行主路/辅路_中线 道路编码_道路名称_(起 – 止)点方位名_中线	1082EW0020022_阜成路_上行主路_中线. shp 1082EW0020022_阜成路_西 – 东_中线. shp
环路	道路编码_道路名称_内/外环主路_中线 道路编码_道路名称_内/外环辅路_中线	0001HX3010003_北三环东路_内环主路_中线. shp 0002HX3010005_北三环东路_内环辅路_中线. shp
桥梁	桥系名称 + ZD + 顺序号_(起 – 止)点方位名_中线	官园桥 ZD1_北 – 西_中线. shp 官园桥 ZD2_南 – 西_中线. shp

6)公路里程碑桩号

(1)概念:里程碑是标志公路及城市郊区道路里程的碑石,每1000米设一块,桩号是里程碑上标记里程的数字。

(2)存储格式:shp。

(3)存储方式:硬盘存储。

(4)字段属性如表2-15所示。

公路里程碑桩号字段属性 表2-15

数据类型	字段名称	字段类型	字段长度	备注
shp里程桩号	RdName	文本	254	道路名称
	RdNO	文本	254	道路编码
	KMStake	短整型	0	里程桩号
	Memo	文本	254	

(5)命名方式如表2-16所示。

公路里程碑桩号命名方式 表2-16

区域类型	命名规则	示例
郊区	道路编码_道路名称_(起-止)点桩号_公里桩	X001110109_双峪路_K0-K1_公里桩.shp S210110000_三温路_K3+5-K9_公里桩.shp

7)桥梁定点全景

(1)概念:360度场景浏览的影像照片,拍摄范围为桥区。

(2)特点:无缝拼接,高清分辨率。

(3)存储方式:硬盘存储。

(4)命名方式如表2-17所示。

桥梁定点全景命名方式 表2-17

命名规则	示例
桥梁名称_拍摄日期_方位编码_全景	官园桥_20131126_0_全景.jpg 官园桥_20131126_1_全景.jpg
右图为桥梁方位编码示意图: 0表示桥梁中心位置,1~8分别表示相对桥梁中心位置的其他8个方向位置(1~8个方位都是参照桥梁中心位置的相对位置)	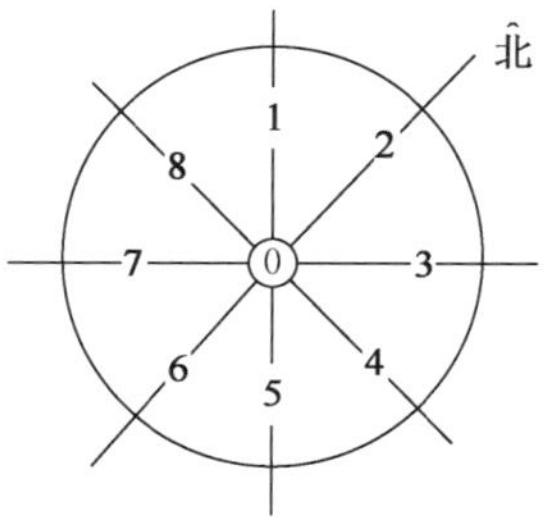 北 1 2 3 4 5 6 7 8 0

8)桥梁电子档案

(1)获取方式:通过人工手动拍摄,获取桥梁相关档案。

(2)存储方式:硬盘存储。

(3)存储路径:详见本节“成果数据存储路径”内容。

(4)格式:jpg。

(5)属性表名:桥梁相关档案,字段属性内容中不允许有空格,涉及符号必须使用英文半角符号,如表 2-18 所示。

桥梁电子档案字段属性 表 2-18

字段名	数据类型	单位	数据项
唯一标识码	Long int(10)		ID
档案类型	text(10)	指分类	F001
内容	text(50)		F002
档案号	text(50)		ROADSTART
档案管号	text(50)		ROADENDS
缩微号	text(10)	千米	F005
案卷题名	text(50)		F006
编制单位	text(20)		F007
编制日期	D(8)		F008
保管期限	text(20)		F009
密级	text(10)		F010
档案存储地	text(100)		F011
档案路径	text(100)		F012
桥梁代码	text(50)		F013
路线编码	text(254)		F014
管养单位代码	text(50)		F015
备注	text(50)		F017

(6)命名方式如表 2-19 所示。

桥梁电子档案命名方式 表 2-19

文件类型	命名规则	示例
文件夹	桥梁名称_档案类型 + 档案	官园桥_竣工档案 官园桥_设计档案
电子图片	档案号_施工方式编码_四位流水号 档案号_施工方式编码_四位流水号	JSG110016_1_0001 JSG110016_2_0001

注:施工方式编码,0 表示设计施工;1 表示大修;2 表示部件新增或维护等,可以根据实际情况合理编码。

9)成果数据存储路径

(1)存储路径目录:行政区划代码\路线代码\上、下行\路线(桥梁、匝道)代码_起点桩号-止点桩号_采集顺序代码_采集日期。

注意:现有路径中多余目录、备注性文字、空格等,必须都要去掉。

(2)存储路径目录中各级文件夹说明,如表 2-20 所示。

目录中各级文件夹说明

表 2-20

目录级	目录文件	目录文件夹说明	目录命名样例	来　源
第一级	行政区划代码	道路起点所在行政区划的编码	110108	《城市道路明细表》
第二级	路线代码	现路径中的“道路名称”改为“道路代码”	1082NS0020034	《城市道路明细表》
第三级	上、下行	“上行”改为“up”；“下行”改为“down”	up 或 down	根据外业采集的起止点判断，西－东、南－北为上行，反则为下行
第四级	桥梁代码	现路径中的“桥梁名称”改为“桥梁代码”	10602001Q0201	《城市桥梁明细表》
	起点桩号－止点桩号	外业采集的起点到终点的虚拟桩号	K0～K3.9 K3.9～K10 K10～K0	由起点桩号加上或减去采集道路里程
	采集顺序代码	拍摄的位置代码	_1_、_2_、_3_	由隔离带向边沟方向增长数值来代表采集车拍摄的位置；辅路，若无自身编码则按照同向行驶路的最外侧车道处理；桥梁的匝道统一赋值为1
	采集日期	拍摄的时间	20131213	保持原目录中的采集日期不变

(3)存储路径(公路及城市郊区)，如图 2-34 所示。

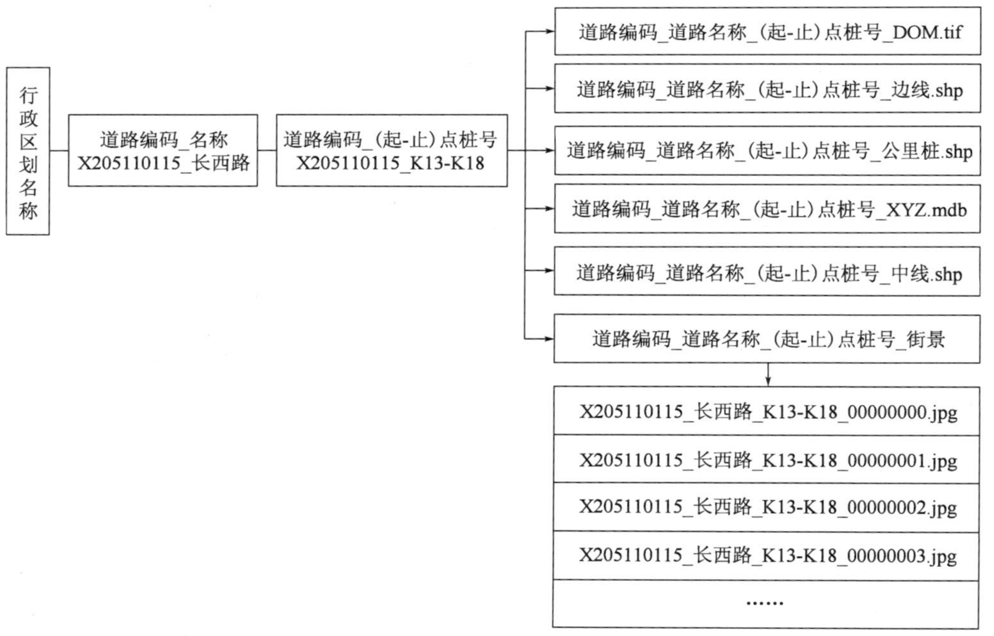

图 2-34　存储路径(公路及城市郊区)

2.4.3　存储备份

为方便以后查询或使用,成果数据储存时须按以下要求备份。

(1)影像数据原文件和外业数据两类成果数据可单独备份并系统管理。

(2)统计表、项目资料、地形、内业数据等成果数据在备份时必须按其内容进行分类后再储存。

2.4.4　安全控制

由于道路多维数据的生产制作、后期更新等,都涉及各类数据的修改、删除等操作,而且是分布在不同地点的用户对同一个数据库进行更新管理,因此数据的安全性非常重要。

根据用户对不同数据的更新维护情况,按照最小权限原则设计用户权限。部门内部设管理员和其他人员,管理员可对数据进行修改、添加、删除等操作;其他人员则只能对数据进行允许范围内的采集和察看。在使用数据注意遵循以下几点:

(1)取用数据备份盘时必须经相关负责人同意,在作业员签字并注明用途备案后才能使用。

(2)规划数据盘时,注明是否修改、删减本盘内的数据内容,并作简单的数据更新说明,数据所在位置的根目录下必需附带盘符数据说明,介绍本盘数据信息和使用记录。

(3)数据管理员制定数据清单及使用记录,注明数据所在机器、硬盘或光盘,并及时更新。

(4)数据管理员每个月定期检查使用较频繁的数据,确保数据的完整性,并做好数据的及时备份工作。

2.4.5　数据发布

多维数据利用数据编译软件或者工具,通过一定的算法和规则转换成三维浏览数据,在系统平台中可视化。

模型数据的编译发布包括投影变换、编译、发布和搜索数据四个阶段。数据在发布时遵循一定的空间参考标准进行数据编译发布:

1)发布参数

(1)投影参数:设置数据投影变换所需的坐标转换参数。

(2)椭球参数:支持 WGS－84 坐标系、2000 国家坐标系、西安 80 坐标系和北京 54 坐标系。

(3)投影类型:支持高斯投影、UTM 投影、墨卡托投影和自定义投影,其中高斯投影和 UTM 投影均支持自定义本地投影。

(4)分带类型:投影类型为高斯投影和 UTM 投影时有效,高斯投影支持 3 度分带和 6 度分带,UTM 支持 6 度分带。

(5)分带索引:3 度分带或 6 度分带的索引号。

(6)中央子午线:高斯投影(本地)、UTM 投影(本地)和墨卡托投影允许自定义中央子午线。

(7)基准纬度:在莫克托投影时,还必须要定义基准纬度。

(8)高级:允许自定义投影坐标系中的北向偏移、东向偏移、投影面高程和缩放参数,这些参数一般采用默认值。

(9)坐标偏移:设置坐标偏移参数,可以分别设置或同时设置经纬度偏移值和平面坐标偏移值(影像数据设置高程偏移值无效)。

(10)坐标变换:设置城市自定义坐标系。

(11)四参数:在投影参数界面投影类型中选择“高斯投影(本地)”时可设置四参数。

(12)七参数:在投影参数界面投影类型中选择“高斯投影(本地)”时可设置七参数。

2)数据发布类型

(1)三维模型数据

①建筑模型:将建筑等体量较大的模型发布成建筑模型图层,数据格式支持＊.X、＊.USX、＊.USB;

②地面模型:将全地面模型等发布成地面模型图层,该图层能与地形一样进行半透明显示和开挖分析,数据格式支持＊.X、＊.USX、＊.USB;

③附件模型:将采用3DMax方式建模的多片树、花台、椅子、雕塑、垃圾桶等体量较小、数量较多的地面附着物(小品)发布成附件模型图层,以提高客户端浏览效率,数据格式支持＊.X、＊.USX、＊.USB;

④水面模型:将拟渲染成动态水的模型单独发布成水面模型图层,该图层具有折、反射和水波纹等特效,数据格式支持＊.USW;

⑤动画模型:将动画形式的的模型发布成单独的模型图层,该图层具有移动等特效,数据支持格式＊.X;

⑥BIM模型:将BIM形式的模型发布成单独的模型图层,数据支持格式＊.USX。

(2)基础数据

①DOM数据:根据系统的实际需要可以发布＊.TIF(8位/无压缩/16位/32位)(bigTIF)、＊.IMG(无压缩/16位/32位)、＊.JPG、＊.BMP格式的三种规格的影像数据;

②DEM数据:根据系统的实际需要可以发布成＊.ASC和＊.DEM格式的数据,这两种数据均是高程点信息构成;

③二维数据:包括基础地理信息的点线面几何特征的数据。

第3章 多维基础平台建设

3.1 数据库简介

通俗地讲，数据库就是按照数据结构来组织、存储和管理数据的仓库。它产生于20世纪60年代，随着信息技术和市场的发展，特别是20世纪90年代以后，数据管理不再仅仅是存储和管理数据，而转变成用户所需要的各种数据管理的方式。当人们意识到收集了大量的数据后，不应该仅仅是把数据存放在文件柜中，而是应该把它们保存起来进入近一步的处理，进一步地抽取更有用的信息。随着社会的发展，数据量急剧增长，借助计算机和数据库技术科学地保存大量的数据，形成海量数据库已成为数据存储的必然结果。

数据库有很多种类型，从最简单的存储有各种数据的表格到能够进行海量数据存储的大型数据库系统，都在各个方面得到了广泛的应用。在信息化社会，充分有效地管理和利用各类信息资源，是进行科学研究和决策管理的前提条件。数据库技术是管理信息系统、办公自动化系统、决策支持系统等各类信息系统的核心部分，是进行科学研究和决策管理的重要技术手段。

数据库技术随着当代信息化需求的发展，可概括性地划分为如下几个阶段：人工管理阶段、文件系统阶段、数据库系统阶段、高级数据库阶段。

1）人工管理阶段

20世纪50年代中期之前，计算机的软硬件均不完善。硬件存储设备只有磁带、卡片和纸带，软件方面还没有操作系统，当时的计算机主要用于科学计算。这个阶段由于还没有软件系统对数据进行管理，程序员在程序中不仅要规定数据的逻辑结构，还要设计其物理结构，包括存储结构、存取方法、输入输出方式等。当数据的物理组织或存储设备改变时，用户程序就必须重新编制。由于数据的组织面向应用，不同的计算程序之间不能共享数据，使得不同的应用之间存在大量的重复数据，很难维护应用程序之间数据的一致性。人工管理阶段主要特征如下：

（1）数据无独立性，不能单独保存数据。计算机中没有支持数据管理的软件，计算机系统不提供对用户数据的管理功能，应用程序只包含自己要用到的全部数据，在程序中要规定数据的逻辑结构和物理结构，数据与程序不独立。数据与程序是一个整体，数据只为本程序所使用，所以，使用价值很局限。

（2）数据不能共享。不同的程序均有各自的数据格式，这些数据对不同的程序通常是不相同的，即使不同的程序使用了相同的一组数据，这些数据也不能共享，程序中仍然需要各自加入这组数据,哪个部分都不能省略。基于这种数据的不可共享性,必然导致程序与程序之间存在大量的重复数据,浪费存储空间。

2)文件系统阶段

这一阶段的主要标志是计算机中有了专门管理数据库的软件,那就是操作系统(文件管理)。20世纪50年代后期到60年代中期,由于计算机大容量直接存储设备如硬盘、磁鼓的出现,推动了软件技术的发展,出现了操作系统和高级软件,操作系统中的文件系统是专门管理外存的数据管理软件,操作系统为用户使用文件提供了友好界面。在文件系统阶段,数据以文件为单位存储在外存,且由操作系统统一管理,文件是操作系统管理的重要资源之一。操作系统的出现完全弥补了人工管理阶段的所有缺陷,标志着数据管理步入一个新的阶段。

3)数据库系统阶段

20世纪60年代后期,随着计算机在数据管理领域的普遍应用,人们对数据管理技术提出了更高的要求:希望面向企业或部门,以数据为中心组织数据,减少数据的冗余,提供更高的数据共享能力,同时要求程序和数据具有较高的独立性,当数据的逻辑结构改变时,不涉及数据的物理结构,也不影响应用程序,以降低应用程序研制与维护的费用。从发展的历史看,数据库是数据管理的高级阶段,它是由文件管理系统发展起来的。

数据库系统克服了文件系统的缺陷,提供了对数据更高级、更有效的管理。这个阶段的程序和数据的联系通过数据库管理系统来实现(DBMS)(图3-1)。

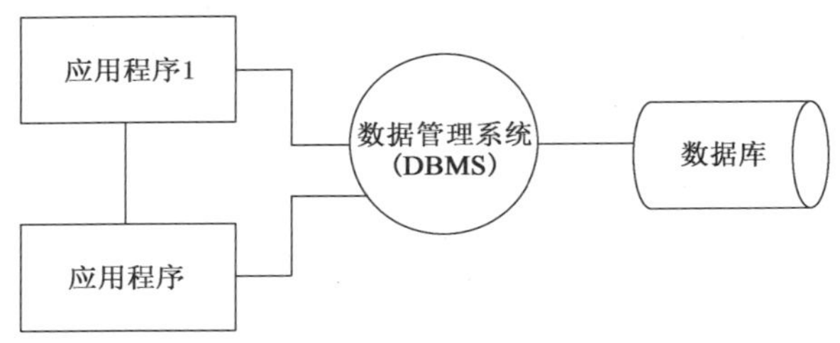

图3-1 程序和数据之间的关系

数据库系统阶段的数据管理具有以下特点:

(1)采用数据模型表示复杂的数据结构。数据模型不仅描述数据本身的特征,还要描述数据之间的联系,通过所有存储路径表示自然的数据联系是数据库与传统文件的根本区别。这样,数据不再面向特定的某个或多个应用,而是面对整个应用系统,数据冗余明显减少,实现了数据共享。如面向企业或部门,以数据为中心组织数据,形成综合性的数据库,为各应用共享。

(2)由于面对整个应用系统,使得数据冗余小、易修改、易扩充,实现了数据共享。不同的应用程序根据处理要求,从数据库中获取需要的数据,这样就减少了数据的重复存储,也便于增加新的数据结构,便于维护数据的一致性。

(3)数据库系统提供了对数据进行统一管理和控制的功能。数据库的并发控制:对程序的并发操作加以控制,防止数据库被破坏,杜绝提供给用户不正确的数据;数据库的恢复:在数据库被破坏或数据不可靠时,系统有能力把数据库恢复到最近某个正确状态;数据完整性:保证数据库中数据始终是正确的;数据安全性:保证数据的安全,防止数据的丢失、破坏。

(4)程序和数据有较高的独立性。数据的逻辑结构与物理结构之间的差别可以很大,用户以简单的逻辑结构操作数据而无须考虑数据的物理结构。数据库的结构分成用户的局部逻辑结构、数据库的整体逻辑结构和物理结构三级。用户(应用程序或终端用户)的数据和外存中的数据之间的转换由数据库管理系统实现。

(5)数据库系统为用户提供了方便的用户接口。用户可以使用查询语言或终端命令操作数据库,也可以用程序操作数据库。

从文件系统发展到数据库系统,这在信息领域中具有里程碑的意义。在文件系统阶段,人们在信息处理中关注的中心问题是系统功能的设计,因此程序设计占主导地位;而在数据库方式下,数据开始占据了中心位置,数据的结构设计成为信息系统首先关心的问题,而应用程序则以既定的数据结构为基础进行设计。

随着信息管理内容的不断扩展,出现了丰富多样的数据模型(层次模型、网状模型、关系模型、面向对象模型、半结构化模型等),新技术也层出不穷(数据流、Web 数据管理、数据挖掘等)。

3.1.1　数据库定义

数据库(database)就是一个存放数据的仓库,这个仓库是按照一定的数据结构(数据结构是指数据的组织形式或数据之间的联系)来组织、存储数据的,我们可以通过数据提供的多种方法来管理数据库里的数据。

简单来说,数据库本身可视为电子化的文件柜——存储电子文件的处所,用户可以对文件中的数据进行新增、截取、更新、删除等操作。在日常工作中,常常需要把某些相关的数据放进这样的“仓库”,并根据管理的需要进行相应的处理。

严格来说,数据库是长期储存在计算机内、有组织的、可共享的数据集合。数据库中的数据指的是以一定的数据模型组织、描述和储存在一起,具有尽可能小的冗余度、较高的数据独立性和易扩展性的特点并可在一定范围内为多个用户共享的数据。

3.1.2　数据库基本结构

数据库的基本结构分三个层次,反映了观察数据库的三种不同角度。以内模式为框架所组成的数据库叫作物理数据库;以概念模式为框架所组成的数据库叫概念数据库;以外模式为框架所组成的数据库叫用户数据库。

(1)物理数据层

它是数据库的最内层,是物理存储设备上实际存储的数据的集合。这些数据是原始数据,是用户加工的对象,由内部模式描述的指令操作处理的位串、字符和字组成。

(2)概念数据层

它是数据库的中间一层,是数据库的整体逻辑表示。指出了每个数据的逻辑定义及数据间的逻辑联系,是存储记录的集合。它所涉及的是数据库所有对象的逻辑关系,而不是它们的物理情况,是数据库管理员概念下的数据库。

(3)用户数据层

它是用户所看到和使用的数据库,表示了一个或一些特定用户使用的数据集合,即逻辑记录的集合。

数据库不同层次之间的联系是通过映射进行转换的。

3.1.3 数据库主要特点

(1)实现数据共享

数据共享包含所有用户可同时存取数据库中的数据,也包括用户可以用各种方式通过接口使用数据库,并提供数据共享。

(2)减少数据的冗余度

同文件系统相比,由于数据库实现了数据共享,从而避免了用户各自建立应用文件,减少了大量重复数据,减少了数据冗余,维护了数据的一致性。

(3)数据的独立性

数据的独立性包括逻辑独立性(数据库中数据的逻辑结构和应用程序相互独立)和物理独立性(数据物理结构的变化不影响数据的逻辑结构)。

(4)数据实现集中控制

文件管理方式中,数据处于一种分散的状态,不同的用户或同一用户在不同处理中,其文件之间毫无关系。利用数据库可对数据进行集中控制和管理,并通过数据模型表示各种数据的组织以及数据间的联系。

(5)数据一致性和可维护性,以确保数据的安全性和可靠性

主要包括:①安全性控制:以防止数据丢失、错误更新和越权使用;②完整性控制:保证数据的正确性、有效性和相容性;③并发控制:使在同一时间周期内,允许对数据实现多路存取,又能防止用户之间的不正常交互作用。

(6)故障恢复

由数据库管理系统提供一套方法,可及时发现故障和修复故障,从而防止数据被破坏。数据库系统能尽快恢复数据库系统运行时出现的故障,可能是物理上或是逻辑上的错误。比如对系统的误操作造成的数据错误等。

3.1.4 数据库分类

数据库是按不同的数据结构来联系和组织的,所谓数据结构是指数据的组织形式或数据之间的联系,而数据结构又分为数据的逻辑结构和数据的物理结构(图 3-2),本书中所涉及的数据库均是数据的逻辑结构来联系和组织的。

数据模型通常由数据结构、数据操作和完整性约束三部分组成,分别描述数据库系统的静态特性、动态特性和完整性约束条件。到目前为止,数据库系统的数据模型经历了层次结构模型、网状结构模型、关系结构模型及面向对象模型等。

(1)层次结构模型

20 世纪 60 年代末 70 年代初,层次模型和网状模型被提出。层次结构模型是将数据库数据按层次结构(树结构)的形式构造数据模型,其数据库的基本数据结构为树结构,一个数据模型就是若干棵树的集合。按照层次模型建立的数据库系统称为层次数据库系统,其典型代表是 IBM 公司著名的 IMS 数据库,它是最早且直至目前仍在使用的一种模型。

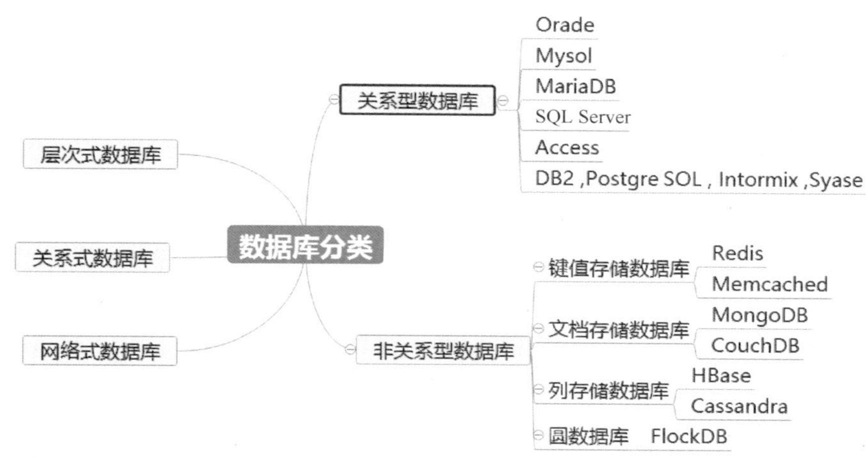

图 3-2 数据库分类

(2)网状结构模型

网状结构数据模型是将数据按“有向图”的形式构造数据模型。网状数据模型也是一种较早出现的数据模型,按照网状数据结构建立的数据库系统称为网状数据库系统,其典型代表是 DBTG 数据模型。目前实际运行的大多数网状数据库系统都是按 DBTG 规范实现的。

(3)关系结构模型

在 20 世纪 70 年代初,关系数据理论被提出,自 80 年代以来,关系结构数据模型的数据库系统逐步取代了层次模型和网状模型的数据库。关系数据模型是两大经典模型中较晚开发出来的,它把一些复杂的数据结构归结为简单的二元关系(即二维表格形式)。可以简单地说,用二维表格数据来表示实体与实体间联系的模型叫关系数据模型。关系模型建立在集合代数的基础之上,用二维表来描述现实世界客观事物,表之间的数据联系通过一个表的主码与另一个表的外码的连接来体现。

由关系数据结构组成的数据库系统被称为关系数据库系统,关系数据库是采用关系方法组织数据的数据库管理系统。在关系数据库中,对数据的操作几乎全部建立在一个或多个关系表格上,通过对这些关系表格的分类、合并、连接或选取等运算来实现数据的管理。由于关系模型有严格的数学基础,概念简单清晰,非过程化程度高,数据独立性强,具有较强的建模能力。因此关系型数据库系统的发展非常迅速,20 世纪 80 年代以来,计算机厂商新推出的数据库管理系统几乎都是支持关系模型的,从而获得了极为广泛的应用,大大促进了商务数据处理应用的飞速发展,如 Oracle、Sybase、Microsoft SQL Server、Informix、DB2 和 DBase 等。

(4)面向对象模型

面向对象模型支持面向对象技术,面向对象数据库是数据库技术与面向对象程序设计方法相结合的产物,是支持非常规应用领域的新一代数据库系统。

随着像 CAD、CASE、图象处理、GIS 等新的应用领域的发展,以及传统应用领域中应用的深化(例如处理多媒体信息),要求数据管理软件管理复杂对象,模拟复杂对象的复杂行为(对数据实施较为复杂的操作)。于是,在20世纪80年代中后期产生了面向对象数据库系统,把面向对象技术与数据库技术结合起来,利用类的设施来描述复杂对象,利用类中封装的方法来模拟对象的复杂行为,利用继承性来实现对象的结构和方法的重用。在面向对象技术与数据库技术结合的过程中,基本上是沿着两种途径发展的:一种是建立纯粹的面向对象数据库管理系统(即OODBMS),这种途径往往是以一种面向对象语言为基础,增加数据库的功能,主要是支持持久对象和实现数据共享。另一种途径是从传统的关系数据库加以扩展,增加面向对象特性,把面向对象技术与关系数据库技术相结合,建立对象。对象关系数据库管理系统(即ORDBMS)既支持已被广泛使用的SQL,具有良好的通用性,又具有面向对象特性,支持复杂对象和复杂对象的复杂行为。

当今的互联网时代,最常用的数据库模型主要是关系型数据库。虽然网状数据库和层次数据库已经很好地解决了数据的集中和共享问题,但是在数据库独立性和抽象级别上仍有很大欠缺。用户在对这两种数据库进行存取时,仍然需要明确数据的存储结构,指出存取路径。而关系型数据库就可以较好地解决这些问题。

3.2 常用的数据库管理系统

3.2.1 SQL Server

SQL Server 是微软公司开发的大型关系型数据库系统。SQL Server 的功能比较全面、效率高,可以作为大中型企业或单位的数据库平台。SQL Server 在可伸缩性与可靠性方面做了许多工作,近年来在许多企业的高端服务器上得到了广泛的应用。同时,该产品继承了微软产品界面友好、易学易用的特点,与其他大型数据库产品相比,在操作性和交互性方面独树一帜。SQL Server 可以与 Windows 操作系统紧密集成,这种安排使 SQL Server 能充分利用操作系统所提供的特性,不论是应用程序开发速度还是系统事务处理运行速度,都能得到较大的提升。另外,SQL Server 可以借助浏览器实现数据库查询功能,并支持内容丰富的扩展标记语言(XML),提供了全面支持 Web 功能的数据库解决方案。对于在 Windows 平台上开发的各种企业级信息管理系统来说,不论是 C/S(客户机/服务器)架构还是 B/S(浏览器/服务器)架构,SQL Server 都是一个很好的选择。

SQL Server 是一个关系数据库管理系统。具有使用方便、可伸缩性好、与相关软件集成程度高等优点,是一个全面的数据库平台,使用集成的商业智能工具提供了企业级的数据管理。SQL Server 数据库引擎为关系型数据和结构化数据提供了更安全可靠的存储功能,使用户可以构建和管理用于业务的高可用和高性能的数据应用程序。

SQL Server 数据库系统有如下特点:

(1)高度可用性。借助日志传送、在线备份和故障群集,实现业务应用程序可用性的最大化目标。SQL Server 的故障转移集群和数据库镜像技术确保企业向员工、客户和合作伙伴提交高度可靠和可用的应用系统。

(2)安全性。借助基于角色的安全特性和网络加密功能,确保应用程序能够在任何网络环境下均处于安全状态。由于 Internet 的出现而带来了全球数据访问也同时增加了潜在的安全危险。SQL Server 7.0 还没有获得任何类型的安全证书。

(3) 分布式分区视图。可以在多个服务器之间针对工作负载进行分配，获得额外的可伸缩性。

(4) 索引化视图。通过存储查询结果并缩短响应时间的方式从现有硬件设备中挖掘系统性能。

(5) 虚拟接口系统局域网络。借助针对虚拟接口系统局域网络(VI SAN)的内部支持特性，改善系统整体性能表现。

(6) 复制特性。借助 SQL Server 实现与异类系统间的合并、事务处理与快照复制特性。

(7) 纯文本搜索。可同时对结构化和非结构化数据进行使用与管理，并能够在 Microsoft Office 文档间执行搜索操作。

(8) 内容丰富的 XML 支持特性。通过使用 XML 的方式，简化后端系统与跨防火墙数据传输操作之间的集成处理过程。

(9) 与 Microsoft BizTalk Server 和 Microsoft Commerce Server 这两种. NET 企业服务器实现集成。SQL Server 可与其他 Microsoft 服务器产品高度集成，提供电子商务解决方案。

(10) 支持 Web 功能的分析特性。可对 Web 访问功能的远程 OLAP 多维数据集的数据资料进行分析。

(11) Web 数据访问。在无须进行额外编程工作的前提下，以快捷的方式，借助 Web 实现与 SQL Server 数据库和 OLAP 多维数据集之间的网络连接。如今 Internet 是一个令人激动的新世界，它具有鲜明的图像、实时的视频点播、高保真的语音和声音以及诸如金融数据趋势和地理编码之类的复杂信息。通过集中管理文本、图像、音频、视频和地理信息，Oracle 的 intermedia 使客户能够利用 Web 的多媒体特性。相比之下，Microsoft SQL Server 7.0 对非传统的数据类型缺乏内置的支持。作为一种替代的策略，Microsoft 提倡将非传统的数据存储到单独的服务器里的平面(flat)文件中，然后使用 OLE-DB 将它们链接在一起。使用这种策略，集成在 Web 中发现的各种数据类型，将会产生复杂的、不安全的、维护量大的数据包(mess)，这种数据包缺乏事物的完整性。

(12) 应用程序托管。具备多实例支持特性，使硬件投资得以全面利用，以确保多个应用程序的顺利导出或在单一服务器上的稳定运行。

(13) 点击流分析。获得有关在线客户行为的深入理解，以制定出更加理想的业务决策。

3.2.2　Oracle

Oracle Database，又名 Oracle RDBMS，或简称 Oracle，是由甲骨文公司开发的一款关系型数据库管理系统，也是目前市场占有率最大的数据库，是一个协调服务器和用于支持任务决定型应用程序的开放型 RDBMS。支持对称多处理器、群集多处理器、大规模处理器等，并提供广泛的国际语言支持。

Oracle 具有如下特点：

1) 完整的数据管理功能

(1) 数据的大量性；

Oracle 7.0 以来引入了共享 SQL 和多线索服务器体系结构。这减少了 Oracle 的资源占用,并增强了 Oracle 的能力,使之在低档软硬件平台上用较少的资源就可以支持更多的用户,而在高档平台上可以支持成百上千个用户;

(2)数据保存的持久性;

(3)数据的共享性;

(4)数据的可靠性。

提供了基于角色(ROLE)分工的安全保密管理。在数据库管理功能、完整性检查、安全性、一致性方面都有良好的表现。

2)完备关系的产品

(1)信息准则:关系型 DBMS 的所有信息都应在逻辑上用一种方法,即表中的值显式地表示;

(2)保证访问的准则;

(3)视图更新准则:只要形成视图的表中的数据变化了,相应的视图中的数据同时变化;

(4)数据物理性和逻辑性独立准则。

3)分布式处理功能

Oracle 数据库自第 5 版起就提供了分布式处理能力,到第 7 版就有比较完善的分布式数据库功能了。一个 Oracle 分布式数据库由 Oracle RDBMS、sql * Net、SQL * CONNECT 和其他非 Oracle 的关系型产品构成。可通过网络较方便地读写远端数据库里的数据,并有对称复制的技术。

4)用 Oracle 能轻松地实现数据仓库的操作

Oracle 也许是最流行的数据库,占有最大的市场份额,它被广泛用于各个市场领域,满足一系列的存储需求,例如财务记录、人力资源及订单编制等,造成这种现象的原因之一在于 Oracle 较早地进入 RDBMS(关系型数据库管理系统)领域,并且提供可运行于大多数操作系统上的数据库版本,虽然 Oracle 的首选操作系统似乎正由 Solaris 转为 Linux,但是 Oracle 仍然在进行与其他操作系统的兼容工作,尽管 Oracle 经常在 UNIX 或是 Linux 平台上运行,但是也有大量的 Oracle 在 HP-UX 和 AIX 上运行,随着几年前电子商务的激增,将会驱使 Oracle 成为 Web 应用所需数据库的选择,这使数据库更容易受攻击者的控制。事实上,一旦 Oracle 从后台进入前端,那么人们会更多地关注它的安全方面。

3.2.3 DB2

DB2 是 IBM 公司的产品,是一个多媒体、Web 关系型数据库管理系统,其功能足以满足大中公司的需要,并可灵活地服务于中小型电子商务解决方案。DB2 数据库系统采用多进程多线索体系结构,可以运行于多种操作系统之上,并分别根据相应平台环境作了调整和优化,以便能够达到较好的性能。DB2 目前支持从 PC 到 Unix,从中小型机到大型机,从 IBM 到非 IBM(HP 及 SUN Unix 系统等)的各种操作平台,可以在主机上以主/从方式独立运行,也可以在客户机/服务器环境中运行。

DB2 数据库系统的特点:

(1)支持面向对象的编程。支持复杂的数据结构,如无结构文本对象,可以对无结构文本对象进行布尔匹配、最接近匹配和任意匹配等搜索。可以建立用户数据类型和用户自定义函数。

(2)支持多媒体应用程序。支持大二分对象(BLOB),允许在数据库中存取二进制大对象和文本大对象。其中,二进制大对象可以用来存储多媒体对象具有强大的备份和恢复能力。

(3)支持存储过程和触发器。用户可以在建表时定义复杂的完整性规则。支持标准 SQL 语言和 ODBC、JDBC 接口。

(4)支持异构分布式数据库访问。具有与异种数据库相连的 GATEWAY,便于进行数据库互访。

(5)支持数据复制。

(6)并行性较好。采用并行的、多节点的环境,数据库分区是数据库的一部分,包含自己的数据、索引、配置文件和事务日志。

3.2.4 Access

Microsoft Office Access 是由微软发布的关系数据库管理系统。它结合了 Microsoft Jet Database Engine 和图形用户界面两项特点,是微软把数据库引擎的图形用户界面和软件开发工具结合在一起的一个数据库管理系统。它是微软 Office 的一个成员, 在包括专业版和更高版本的 office 版本里面被单独出售。

MS Access 以它自己的格式将数据存储在基于 Access Jet 的数据库引擎里。它还可以直接导入或者链接数据(这些数据存储在其他应用程序和数据库)。

Access 数据库系统的用途如下:

(1)进行数据分析

Access 有强大的数据处理、统计分析能力,利用 Access 的查询功能,可以方便地进行各类汇总、平均等统计,并可灵活设置统计的条件。比如在统计分析上万条记录、十几万条记录及以上的数据时速度快且操作方便,这一点是 Excel 无法与之相比的。这一点体现在:会用 Access,将提高工作效率和工作能力。

(2)开发软件

Access 用来开发软件,比如生产管理、销售管理、库存管理等各类企业管理软件,其最大的优点是易学,非计算机专业的人员也能学会。低成本地满足了那些从事企业管理工作的人员的管理需要,通过软件来规范同事、下属的行为,推行其管理思想。这一点体现在:实现了管理人员(非计算机专业毕业)开发出软件的“梦想”,从而转型为“懂管理 + 会编程”的复合型人才。

(3)表格模板

只需键入需要跟踪的内容,Access 便会使用表格模板提供能够完成相关任务的应用程序。Access 可处理字段、关系和规则的复杂计算,以便您能够集中精力处理项目。您将拥有一个全新的应用程序,其中包含能够立即启动并运行的自然 UI。

(4)创建和运行旧数据库

Access 是一款数据库应用的开发工具软件,其开发对象主要是 Microsoft JET 数据库和 Microsoft SQL Server 数据库。由于在 Office 97 及以前的版本中,Microsoft JET 3.51 及以前版本的数据库引擎是随 Access 一起安装和发布的,JET 数据库与 Access 就有了天生的血缘关系,并且 Access 对 JET 数据库做了很多的扩充,如,在 Access 的环境中,可以在查询中使用自己编写的 VBA 函数,Access 的窗体、报表、宏和模块是作为一种特殊数据存储在 JET 数据库文件(.mdb)中,只有在 Access 环境中才能使用这些对象。随着 Microsoft Windows 操作系统版本的不断升级和改良,在 Windows XP 以后版本中,Microsoft 将 JET 数据库引擎集成在 Windows 操作系统中作为系统组件的一部分一起发布(主要原因是 Windows 中还有很多组件需要使用 JET 引擎,活动目录等)。从此 JET 数据库引擎从 Access 中分离出来,而 Access 也就成了一个专门的数据库应用开发工具。

3.2.5 MySQL

MySQL 是一个小型关系型数据库管理系统,由瑞典 MySQL AB 公司开发,目前属于 Oracle 旗下产品。MySQL 是最流行的关系型数据库管理系统之一,在 WEB 应用方面,MySQL 是最好的 RDBMS (Relational Database Management System,关系数据库管理系统) 应用软件。

MySQL 所使用的 SQL 语言是用于访问数据库的最常用标准化语言。MySQL 软件采用了双授权政策,分为社区版和商业版,由于其体积小、速度快、总体拥有成本低,尤其是开放源码这一特点,一般中小型网站的开发都选择 MySQL 作为网站数据库。

由于其社区版的性能卓越,搭配 PHP 和 Apache 可组成良好的开发环境。

1)MySQL 数据库管理系统特点

(1)使用 C 和 C++编写,并使用了多种编译器进行测试,保证了源代码的可移植性。

(2)支持 AIX、FreeBSD、HP-UX、Linux、Mac OS、NovellNetware、OpenBSD、OS/2 Wrap、Solaris、Windows 等多种操作系统。

(3)为多种编程语言提供了 API。这些编程语言包括 C、C++、Python、Java、Perl、PHP、Eiffel、Ruby、NET 和 Tcl 等。

(4)支持多线程,充分利用 CPU 资源。

(5)优化的 SQL 查询算法可有效地提高查询速度。

(6)既能够作为一个单独的应用程序应用在客户端服务器网络环境中,也能够作为一个库而嵌入到其他的软件中。

(7)提供多语言支持,常见的编码如中文的 GB 2312、BIG5,日文的 Shift_JIS 等都可以用作数据表名和数据列名。

(8)提供 TCP/IP、ODBC 和 JDBC 等多种数据库连接途径。提供用于管理、检查、优化数据库操作的管理工具。

(9)支持大型的数据库。可以处理拥有上千万条记录的大型数据库,支持多种存储引擎。

(10)MySQL 是开源的,所以你不需要支付额外的费用。MySQL 使用标准的 SQL 数据语言形式。MySQL 对目前最流行的 Web 开发语言。PHP 有很好的支持。

(11)MySQL 是可以定制的,采用了 GPL 协议,用户可以修改源码来开发自己的 MySQL 系统。数据架构支持动态应用程序和开发人员灵活性。

(12)支持 MySQL_upgrade 升级程序。

(13)更快的性能、新的优化器、原生 JSON 支持、多源复制、GIS 的空间扩展。

2）MySQL 新特性

（1）表和索引的分区；

（2）行级复制；

（3）MySQL 基群基于磁盘的数据支持；

（4）MySQL 集群复制；

（5）增强的全文本搜索函数；

（6）增强的信息模式（数据字典）；

（7）可插入的 API；

（8）服务器日志表；

（9）XML（标准通用标记语言的子集）/ XPath 支持；

（10）实例管理器；

（11）表空间备份；

（12）MySQL_upgrade 升级程序；

（13）内部任务/事件调度器；

（14）新的性能工具和选项。

3.2.6　PostgreSQL

PostgreSQL 是以加州大学伯克利分校计算机系开发的数据库。PostgreSQL 支持大部分 SQL 标准并且提供了许多其他现代特性：复杂查询、外键、触发器、视图、事务完整性、MVCC。同样，PostgreSQL 可以用许多方法扩展，比如，通过增加新的数据类型、函数、操作符、聚集函数、索引。

PostgreSQL 是一个自由的对象－关系数据库服务器（数据库管理系统），它在灵活的 BSD 风格许可证下发行。它提供了相对其他开放源代码数据库系统和专有系统之外的另一种选择。

从技术角度来讲，PostgreSQL 采用的是比较经典的 C/S（client/server）结构，也就是一个客户端对应一个服务器端守护进程的模式，这个守护进程分析客户端来的查询请求，生成规划树，进行数据检索并最终把结果格式化输出后返回给客户端。为了便于客户端程序的编写，由数据库服务器提供了统一的客户端 C 接口。而不同的客户端接口都是源自这个 C 接口，同时也要指出的是，PostgreSQL 对接口的支持也是非常丰富的，几乎支持所有类型的数据库客户端接口。这一点也可以说是 PostgreSQL 一大优点。

PostgreSQL 数据库管理系统的特点：

（1）PostgreSQL 是一个包含关系模型和支持 SQL 标准查询语言的 DBMS（数据库管理系统）。

（2）PostgreSQL 非常先进和可靠，并且性能非常高。它基本上可以在任何 Unix 平台上运行，包含类 Unix 系统，比如 FreeBSD、Linux 和 MacOSX。它也可以在 Microsoft Windows NT/2000/2003 服务器版本上运行，甚至可以在 Windows XP 上进行开发。并且，就像本章开始提及的，它免费且开源。

（3）PostgreSQL 可以与其他 DBMS 相比较。PostgreSQL 的性能在每次发布都有提升，最新的基准测试显示，在某些条件下，它可以同商业产品相媲美。一些非全功能的数据库系统性能会比它高出一些，因为这些数据库没有全功能带来的性能损耗。当然，对于足够简单的应用，可以使用扁平文件的数据库系统。

3.2.7 BeyonDB

博阳数据库管理系统（BeyonDB）是国内首款具有自主知识产权、企业级、跨平台、分布式、高安全的地理空间数据库管理系统平台软件。产品包含部门级应用（标准版）、企业级应用（企业版）和保密级应用（安全版）三个版本，已通过空间信息软件测评中心评测和国家公安部国标第三级安全体系认证。

BeyonDB 系统主要由数据库服务器 BeyonDB Database Server、网络服务器 BeyonDB Network Server、分布式数据库系统 BeyonDB Distributor、数据库集群系统 BeyonDB Cluster、数据库复制系统 BeyonDB Replicator、数据库访问接口 BeyonDB DAI、数据库可视化集成管理工具平台 BeyonDB Visual Manager 和数据库管理控制台 BeyonDB Console Tools 构成。系统符合 SQL92、ISO SQL/MM Spatial 和 OGC SFSQL 1.1 标准体系，采用了多线程数据库服务器体系结构，支持 32/64 位运算，可以稳定运行于 Windows、Linux、Unix 以及国产中标、银河麒麟、红旗等多种操作系统平台下，具备分布式查询与处理、数据库集群、内置一体化空间数据处理引擎等高级特性。产品安全级别达到《信息安全技术　数据库管理系统安全技术要求》（GB/T 20273—2006）第三级（相当于 TCSEC B1 级），并具备空间安全访问等更高级特性，能够满足包括国防、军工、政府等关键部门的高安全空间数据管理需求。

1）BeyonDB 数据库管理系统产品结构

（1）底层跨操作系统平台

支持 32/64 位运算，可安装和运行于 Win/Linux/Unix 等多种操作系统平台下，实现跨平台系统。

（2）分布式、高安全地理空间数据库系统

①由支持多线程数据库服务器体系结构的 BeyonDB Server 服务器群、支持分布式和集群地理空间数据管理的分布式扩展系统：BeyonDB Distributor、BeyonDB Cluster 和 BeyonDB Replicator 构成，可建立通用空间数据库或高安全级空间数据库；

②提供丰富的数据库访问接口（C、C++、JAVA、.NET 等）；

③提供 GIS 平台软件对接库（SuperMap、MapGIS、ArcGIS 等）。

（3）支持各类数据库访问前端

①图形化数据库管理工具：BeyonDB Visual Manager；

②控制台数据库管理工具：BeyonDB Console Tools；

③GIS 平台桌面；

④Web 客户端。

2）BeyonDB 数据库管理系统的产品特性

（1）综合数据管理容器

支持在统一的数据库平台下，管理常规数据以及完整 4D 空间数据产品：DLG/DRG/DOM/DEM，支持国外 ArcGIS、MapInfo、Oracle Spatial、PostGIS、Google、Erdas、ENVI 以及国内

SuperMap、MapGIS 等不同 DBMS/GIS/RS 平台空间数据格式的装载与融合，支持矢栅一体化检索、分析与查询。

(2)超大对象、海量空间数据的高效存取

数据库矢量单表容量仅受物理磁盘限制，内置高效空间索引，能够实现单表亿级记录行的快速放大、缩小、漫游；空间对象查询即点即中；超大无缝栅格影像实现行级存储，理论上影像大小几乎不受限制；百 GB 量级的无缝栅格影像实现瞬时读取、快速查询与处理；支持大规模文件型栅格数据(Geotiff 等)基于数据库的高效存取和统一管理。

(3)高安全空间数据访问控制

在国三级标准安全功能基础上，在数据库内核层次构建了“图层 - 区域 - 要素”的多层次空间安全访问控制体系，支持空间自主与强制访问控制，控制力度最小达到“要素级”，真正从数据库内核层次消除了空间数据访问的安全威胁。

(4)标准化空间数据访问与接口

支持简单易用的空间结构化查询语言 GeoSQL，具备符合国际 ISO SQL/MM Spatial 和 OGC SFSQL1.1 设计标准的空间操作算子和分析函数，同时提供 ODBC/JDBC/.NET 等通用编程访问接口，能够方便地将基于标准接口的其他数据库应用移植到 BeyonDB 数据库上。

(5)插线板软件管理模式

打破了常规大型数据库管理系统软件(DBMS)运行系统庞大、定制力度弱、组件耦合性强等弊端，构建了“DBMS 系统 = DBMS 核心 + 模块插头”的插线板式 DBMS 框架，实现了模块功能的按需拔插和动态组装。

(6)企业级数据库高级特性

支持大表分区、并行查询、MVCC 等数据库高级特性，设计具有全局概念模式的分布式数据库系统 BeyonDB Distributor、高性能复制器 BeyonDB Replicator 和高可用数据库集群系统 BeyonDB Cluster，支持分布式两阶段提交协议(2PC)、分布式查询与处理以及异构数据库集群管理。

(7)可视化集成管理工具平台

为各类空间数据、关系型数据及其安全管理提供了一站式集成管理环境，支持对不同类型空间数据的导入导出、可视化表达与操作，系统界面美观、易学易用，极大方便了空间 DBA 的日常管理工作。

3.2.8 SQLite

SQLite 是一款轻型的数据库，是遵守 ACID 的关系型数据库管理系统，它包含在一个相对小的 C 库中，它是 D. RichardHipp 建立的公有领域项目，第一个 Alpha 版本诞生于 2000 年 5 月。它的设计目标是嵌入式的，而且目前已经在很多嵌入式产品中得到应用。它占用资源非常低，在嵌入式设备中，可能只需要几百 K 的内存就够了。它能够支持 Windows/Linux/Unix 等主流的操作系统，同时能够跟很多程序语言相结合，比如 Tcl、C#、PHP、Java 等，还有 ODBC 接口，同样比起 MySQL、PostgreSQL 这两款开源的世界著名数据库管理系统，它的处理速度比他们都快。

SQLite 数据库管理系统功能特性：

(1)ACID 事务;
(2)零配置,无须安装和管理配置;
(3)储存在单一磁盘文件中的一个完整的数据库;
(4)数据库文件可以在不同字节顺序的机器间自由共享;
(5)支持数据库大小至 2TB;
(6)足够小, 大致 13 万行 C 代码占用 4.43M 空间;
(7)比一些流行的数据库操作要快;
(8)简单, 轻松的 API;
(9)包含 TCL 绑定, 同时通过 Wrapper 支持其他语言的绑定;
(10)良好注释的源代码, 并且有着 90% 以上的测试覆盖率;
(11)独立——没有额外依赖;
(12)源码完全的开源, 你可以用于任何用途, 包括出售它;
(13)支持多种开发语言、C、C++、PHP、PerlJava、C#、Python、Ruby 等。

SQLite 虽然很小巧,但是支持的 SQL 语句不会逊色于其他开源数据库,它支持事务处理功能等。也有人说它像 Microsoft 的 Access,但是事实上它们区别很大。比如 SQLite 支持跨平台,操作简单,能够使用很多语言直接创建数据库,而不像 Access 一样需要 Office 的支持。如果用来做很小型的应用,或者想做嵌入式开发,没有合适的数据库系统,那么就可以考虑使用 SQLite。

3.3 中间件简介

中间件的技术体系是伴随着网络应用的发展而逐渐成长起来的,随着网络应用需求的不断变化,不同系统之间存在各方面的问题,例如网络通信的安全性、传输的可靠性、事务的性能、语义的解析、数据和应用的整合等一系列的因素,成了推动中间件发展的驱动力。就现在而言,中间件软件已经成为网络应用系统开发、集成、部署、运行和管理必不可少的工具,它可以支撑开放的、动态的、多变的互联网环境中的复杂应用系统,推动着无边界的信息流,能够对分布于互联网之上的各种自治信息资源进行高效能及低成本的集成,使得各种信息资源简单、标准、快速、灵活、可信,实现信息资源的协同和综合利用,降低了总体的运维成本,促进了 IT 技术与业务之间的交流,提高了组织 IT 基础设施业务的敏捷性。中间件技术正在朝着业务化、服务化、一体化、虚拟化等新的趋势发展。

3.3.1 中间件定义

关于中间件的定义有很多种,表达方式也多种多样,现在比较普遍接受的是 IDC(国际数据集团)的表述:中间件是一种独立的系统软件或服务程序,分布式应用软件借助这类软件在不同的技术之间共享资源。中间件位于客户机/服务器的操作系统之上,管理计算资源和网络通信。

中间件的定义表明,中间件并不仅仅指一种软件,而是一类计算机基础软件,属于可复用软件的范畴。顾名思义，中间件是介于操作系统和各种分布式应用程序之间的一个软件层。它包括一系列的服务，以便通过网络使运行在一台或多台机器上的多个软件进行交互，这种技术所具有的互操作性，能够推动一致分布式体系架构的演进，使架构用于支持分布式应用程序并可以降低程序复杂度。在具体实现上，中间件是一个用应用程序接口定义的分布式软件管理框架，具有强大的通信能力和良好的可扩展性。与此相似，中间件技术也可以应用在异构数据库之间，用来屏蔽异构数据库的复杂性，使数据迁移和数据转换变的简单易行。

中间件的结构图如图 3-3 所示。

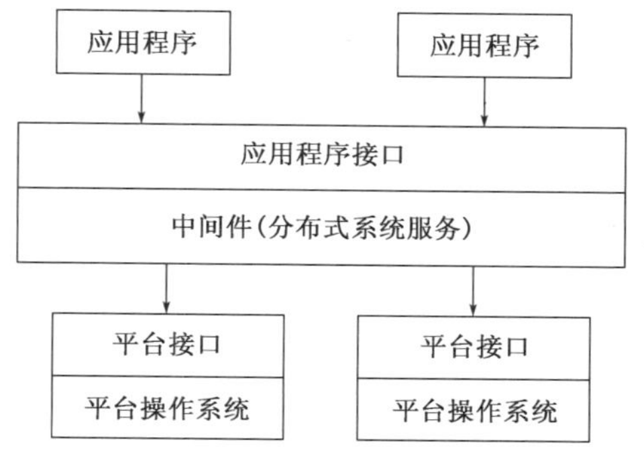

图 3-3　中间件结构图

3.3.2　中间件体系结构

中间件的体系结构分为以下四层：

(1)基础设施层。位于操作系统之上，提供系统级的 API 用来隐藏硬件、操作系统和网络协议的异构性。

(2)分布式对象层。提供高层的编程对象，包括众多的远程对象。对远程对象的操作如同在本地操作。常见的 CORBA/CCM、COM/DCOM、EJB/RMI 都在该层。分布式对象层也包括了分布式构件子层。

(3)通用服务层。提供多种核心的基础服务，包括命名服务、事件服务、通知服务、容错服务、安全服务和事务服务等通用服务。

(4)领域服务层。面向不同应用领域，例如：电信应用、金融应用、电力应用和天气预测等大型应用以及视频应用、图像处理和娱乐等小型应用，提供特定领域相关的服务。

3.3.3　中间件主要特点

数据中间件能够实现数据资源共享、屏蔽数据库异构性，为企事业单位和公司的各种业务带来很大的便利性，因此数据中间件一般应满足如下几方面的特点：

(1)能够满足系统应用的需要，实现异构数据库的数据迁移；

(2)它能够支持标准的协议和接口，满足系统的可移植性和互操作性；

(3)中间件可以运行于多种硬件和系统平台之上，可以支持分布式计算，提供跨网络、硬件和系统平台的透明性的应用和交互服务功能。

现在很多企业对标准都比较重视，因为标准接口和标准协议对于系统的可移植性和互操作性具有非常重要的作用，因此中间件标准已成为许多标准化工作的主要部分。对于应用软件开发来说，数据中间件的作用远比操作系统和网络服务等更为重要，因为数据中间件提供的标准程序接口定义了一个高层应用环境，这种应用环境相对来说比较稳定，所以不管底层的计算机硬件和系统软件怎样更新换代，只需将数据中间件进行升级更新和相应的维护等操作，同时保持数据中间件对外的接口定义不变，应用软件几乎就不需要做任何修改就可以继续使用，从而保护了系统的数据，降低了企业在应用软件开发和维护中的投资。

3.3.4 中间件分类

现在市场上的中间件产品种类多种多样，根据不同企业的应用需求涌现出了很多各具特色的产品，但到目前为止还没有一个比较精确的定义，从不同的角度和层次上来说，中间件的分类也体现出不同的特点。随着计算机软件和硬件技术的发展，中间件技术也已日渐成熟，出现了很多中间件产品，它们具有不同的层次和类型。中间件有很多种类的产品，也有很多种分类方式，不过按照国际数据组织的分类标准，中间件一般可分为以下几种类型：

(1)数据库中间件

数据库中间件适用于应用程序与数据源之间的互操作模型，它的操作模式是用户通过客户端或者客户端浏览器使用面向数据库的接口，向服务器发出直接访问和更新服务器的数据源的申请，然后服务器做出各种逻辑操作，最后将操作结果返回给客户端，供用户进行下一步的操作和处理。这类中间件大部分都是采用同步通信方式，然后通过 SQL 语句来进行各种通信和操作的，使用此类中间件能使应用开发变的简单化，但如果过多地使用交互 SQL 语句会使数据流量过大，同时对数据的加密和压缩带来很大不便。数据库中间件访问的数据源可以有各种类型，包括关系型、非关系型和对象型等，在所有中间件应用最广泛，技术最为成熟。

(2)对象中间件

近些年来，面向对象的技术发展越来越快，传统的面向对象技术具备封装性、继承性及多态性特征，为系统数据代码的重用提供了良好的功能。但这种技术也使得系统存在很多的问题，例如在面向对象的系统中，很多对象被封装在一个程序中，外界的方法和函数并不知道它们存在什么地方，也无法对它们进行访问和操作。基于这种因素，对象中间件慢慢地发展起来，它可以提供一个标准的构件框架，使不同的软件通过不同的方式进行交互访问，可以为软件用户及开发者提供一种即插即用的互操作性软件。用户在使用时只需通过接口进行调用而不必关心中间件具体实现细节，整个构件的具体实现方法、在整个系统中的位置以及所使用的操作系统对用户来说都是透明的。

(3)消息中间件

随着分布式系统的应用越来越广泛，消息中间件也受到越来越多的重视，现在很多分布式应用都采用消息中间件来构建系统，然后通过消息中间件把各种应用分布到不同的网络环境和各种操作系统中。消息中间件一般应用于事件驱动中，当事件被驱动时，消息中间件就可以通过一些列的方式通知服务器进行各种操作。消息中间件的核心是在需要进行消息传递的系统中建立连接，形成逻辑通道，然后再由消息中间件发送消息。消息中间件的机制是点到点的通信，同时可以支持同步和异步两种通信方式，因而适用于面向对象编程完成的系统。

(4)基于对象请求代理的中间件

近年来一项新技术发展得也比较快，那就是对象请求代理技术，它可以看作是面向对象的远程过程调用应用，推动了从面向对象过渡到分布式计算的快速发展，和编程语言无关。如果从管理和封装的层次上来分析，对象请求代理和远程过程调用有很多相似的地方，不过对象请求代理可以适用于结构化和关系型的数据，也可以包含更加复杂的信息。

(5)远程过程调用中间件

远程过程调用机制发展的比较早，技术也比较成熟，主要是应用于开发分布式应用系统时经常采用的一种同步式的请求应答协议。远程过程调用机制扩展了过程语言中的功能调用和结果返回的机制，这样它就可以应用于远程环境中，当系统程序员在编写客户的应用时，如果需要的话就可以通过这种协议来调用位于远端服务器上的过程进行操作，完成系统中的功能。由于远程过程调用机制是在同步方式下工作的，因而要求客户端和服务器都能正确工作时才能很好地运行，如果其中的一方不能正常工作都将导致远程过程调用不能正常进行。另外，它也很难应用在面向对象的编程当中，因为大多数的远程过程调用机制很难建立点到点的对应关系。

(6)终端仿真与屏幕转换中间件

终端仿真与屏幕转换中间件的主要作用是用来实现客户端的图形接口和现有字符接口方式的服务器端应用程序间的互操作。

3.3.5 中间件优势及作用

中间件是一种位于具体应用软件和底层操作系统之间的软件，它在整个软件体系中所起的作用主要是连接应用程序和底层软硬件基础设施，用以协调应用系统各部分的连接和互操作，使系统开发者能够实现系统各种应用的集成，并简化基于不同技术的服务组件之间的操作。

1)中间件一般具备的优点

(1)对软件开发者来说，数据中间件能够屏蔽底层的、复杂繁琐的、易出错的异构平台的细节，减少应用开发的复杂性，使软件开发者在进行软件开发时更加简单易行。

(2)数据中间件能提供大量的、可复用的、构件化的服务，从而在进行软件开发时能够加快应用开发周期，降低开发成本。

(3)数据中间件能为各种应用提供一个面向网络的高层抽象的集合，这种高层抽象能简化分布式应用系统的开发，节约成本。

(4)数据中间件能够协调应用系统各部分之间的连接和互操作，使得从组件模块到企业应用实体所提供的服务都能够进行集成，并且可以简化这种集成。

2)中间件的主要作用

(1)数据中间件可以支持分布软件资源的交互与访问。分布式软件一般都包含了各种分布式操作，这些软件通常需要与其他分布软件或者各种服务进行通信交互，还需要访问分布式的资源。而以现在的技术来说，现代操作系统还不能解决这些互连和互操作的问题，而数据中间件系统就能够提供高层次的抽象和封装，用来解决分布软件的通信交互和分布资源的访问问题。

(2)能够屏蔽各种异构操作。随着现在各种网络和系统集成的发展，网络和系统的分布应用面临着多种多样的异构问题，要能够实现分布应用的正确交互，就必须制定相应的机制来解决这些异构问题。而中间件系统的主要作用就是提供这些方面的不同层次的抽象机制，屏蔽各种异构操作，解决异构问题，提高分布式应用的互操作性。

(3)数据中间件能够提供公共服务。所谓公共服务就是对分布式应用共性功能的抽取，它有两个方面的优点：第一个方面是中间件统一提供共性功能的抽取，这样做就可以减少系统开发的工作量，加快系统的开发进度；另一方面是它可以使得应用开发者更加关注系统的业务功能,对业务功能分析得更加透彻,有助于提高软件的总体质量。

(4)数据中间件能够提供运行管理的功能。数据中间件就像是一个交互枢纽,它能够支持分布式应用的连接交互,支撑整个分布式应用的运行,在分布式系统应用运行时,数据中间件可以对其通信能力进行调度、对数据资源进行管理、对负载能力进行均衡调整、对各种进程和线程进行调度等等。数据中间件不仅能够提供这些管理能力,最重要的作用是这些管理活动大多是由中间件系统自动进行,这样就大大降低了系统管理的复杂度,极大地提高了系统的可靠性。

3.4 地理信息系统

3.4.1 二维地理信息系统

1)百度地图

百度地图是百度公司提供的一项网络地图搜索服务,覆盖了国内近400个城市、数千个区县。在百度地图里,用户可以查询街道、商场、楼盘的地理位置,也可以找到距离用户最近的餐馆、学校、银行、公园等。百度地图是一项新兴的电子地图,其拥有电子网络上的特色以及信息化特点,随着移动设备的智能化以及网络速度的提升,以百度地图为首的电子产品更加贴近大众的生活,并蕴含有巨大的潜力。百度地图提供了丰富的公交换乘、驾车导航的查询功能,为用户提供最合适的路线规划,使用户不仅知道要找的地点在哪,还可以知道如何前往。同时,百度地图还为用户提供了完备的地图功能(如搜索提示、视野内检索、全屏、测距等),便于更好地使用地图,便捷地找到所求。

(1)百度地图基本功能

①百度地图的搜索功能

a.地点搜索

百度地图提供了普通搜索、周边搜索和视野内搜索三种方法,帮用户迅速准确地找到所需要的地点。普通搜索指的是百度地图提供地点搜索功能,方便搜索目的地,在搜索框为搜索状态下,输入要查询地点的名称或地址,即可得到想要的结果。周边搜索指的是百度地图提供的周边服务搜索,查找周边,一网打尽。在弹出的气泡中,选择“在附近找”,点击或输入想要查找的内容即可看到结果。百度地图提供视野内搜索,更加精确目标地点位置。此外,百度地图含有三维功能。

b.公交搜索

百度地图提供了公交方案查询、公交线路查询和地铁专题图三种途径,满足生活中的公交出行需求。

c.驾车搜索

百度地图提供驾车方案查询(包含跨城市驾车),并能添加途径点。

②百度地图步行导航功能

百度地图增加了对步行服务的导航,对于步行出行很重要的天桥、地下通道、人行道、广场、公园、阶梯等设施，能更智能、更准确地给出导航路线，且不断优化步行导航线路，做到照顾细微、精益求精。

③百度地图基础功能

百度地图基础功能有交通流量查询、全屏功能、测距功能、截图功能、获取链接功能、默认城市功能、三维模式等。

(2)百度地图评价

①百度地图搜索服务的网址结构和长度比较简单，容易记忆。

②百度地图搜索服务的界面布局较显人性化，从总体视觉效果看，百度地图以蓝色及黄色为主要用色，显得更加柔和。

③百度地图的驾车路线规划服务具有路线查询、总里程显示、总用时显示、收费路段提示、拖动更该路段、直接打印文本等功能，较为全面，但是还是有个别属性未涉及。

④百度地图的公交搜索服务对于线路描述、总里程显示、总用时显示、步行距离、最少换乘、最短时间、直接打印文本等项目均有涉及，且查询速度很快。

⑤百度地图的距离测量服务操作较简单，具有清除、总距离显示、段距离显示和多路径显示等功能。

⑥百度地图的生活搜索服务，能够提供便捷生活的搜索服务，有“在视野内搜索”的特色，提供餐饮服务、生活便利、宾馆住宿及休闲娱乐等四大类的生活相关的信息服务，较为方便、贴心。

2)高德地图

高德公司是中国领先的数字地图内容、导航和位置服务解决方案提供商。公司于 2010 年登陆美国纳斯达克全球精选市场。高德拥有导航电子地图甲级测绘资质、测绘航空摄影甲级资质和互联网地图服务甲级测绘资质“三甲”资质，其优质的电子地图数据库成为公司的核心竞争力。

高德地图基础功能如下：

(1)最新的地图浏览器：最新矢量地图渲染，最高质量地图效果、最丰富数据信息、最快速操作体验、最节省数据流量。

(2)专业地图服务：实地采集、网络采集，行业领先。2000 万 POI 信息，每年四次信息更新。

(3)在线导航功能：最新的高德在线导航引擎，具有全程语音指引提示以及完善的偏航判定和偏航重导功能覆盖全国 364 个城市，道路里程达 352 万千米。

(4)AR 虚拟实景：AR 功能结合手机摄像头和用户位置、方向等信息，将信息点以更直观的方式展现给用户。

(5)丰富的出行查询功能高德地图具有：地名信息查询、分类信息查询、公交换乘、驾车路线规划、公交线路查询、位置收藏夹等丰富的出行查询功能。

(6)锁屏语音提示：即使手机在锁屏状态也能听到高德导航的语音提示，不用担心耗电过快。

(7)夜间导航 HUD 抬头提示：打开高德导航并开启 HUD，把手机放到汽车挡风玻璃下，高德导航会把路线提示倒映到汽车挡风玻璃上，看起来特别方便，不用担心低头看手机影响驾驶。

3)谷歌地图

谷歌地图是 Google 公司提供的电子地图服务,包括局部详细的卫星照片。此款服务可以提供含有政区和交通以及商业信息的矢量地图、不同分辨率的卫星照片和可以用来显示地形和等高线地形视图。2014 年 3 月 5 日,谷歌表示印度 22 个城市的用户已经可以访问谷歌地图中 75 个在当地比较流行的室内场地地图,包括位于古尔冈的 mbience Mall,以及德里的 Select City Walk 购物中心等。

(1)谷歌地图电脑版

2010 年 11 月 30 日,谷歌正式推出最新版地图服务“谷歌地球 6.0”(Google Earth 6),新版整合了街景和 3D 技术,可为用户提供逼真的浏览体验(表 3-1)。新版本支持 Windows、OSX 和 Linux 操作系统。

谷歌地图电脑版功能简介 表 3-1

功能名称	功能简介
3D 功能	6.0 中提供了超过 50 种不同树木的 3D 模拟图片,它们的数量超过 8000 万棵。添加街景内容;支持全局鸟瞰视图,用户只需移动键盘方向键和鼠标即可获得全方位的视觉体验
谷歌地球	虚拟地球仪软件,它把卫星照片、航空照相和 GIS 布置在一个地球的三维模型上。用户们可以通过一个下载到自己电脑上的客户端软件,免费浏览全球各地的高清晰度卫星图片
天气图层	谷歌地图中新增了天气图层,从英国伦敦到美国新墨西哥州小城镇的天气情况都可以显示出来。在谷歌地图中,右上角将显示一个下拉菜单工具,用户可在其中选择天气情况图层
语音搜索	Google 地图增加语音搜索功能,提供给用户一个更快的地图搜索方式。 用户点击麦克风图标,就会弹出“Speak Now(提醒用户发声)”对话框。用户报出地点后,地图便会显示位置。 用户还可以报出自己所住的街道,Google 街景会显示大街、邻居等
店铺内部展示功能	谷歌为其地图服务增加了一项新功能,允许用户 360 度观看店铺内部。 这项新功能将被整合到谷歌本地企业服务 Places 之中,它将允许本地店铺所有者 360 度展示店铺内部情况
谷歌地图公交线路功能	2012 年 8 月 16 日,谷歌针对移动设备升级了地图服务,本次升级的重点是增加了全球将近 500 个城市的公交选择列表,包含全球 100 多万个公交站的始发时间和行进路线。谷歌还将针对部分车站提供室内导航,帮助乘车者寻找路线
室内地图功能	包括大型商店和机场的室内地图功能。 随着更多商店和交通枢纽的所有方和运营方提交内部楼层图,谷歌未来将在更多场所中提供该功能。Android 智能手机和平板电脑的用户已可以查看谷歌的室内地图

(2)谷歌地图 iOS 版

iOS 6 之后,苹果将谷歌地图在 iOS 中删除,谷歌地图也彻底离开了 iOS。2012 年 12 月 13 日,谷歌带着谷歌地图回归到 iOS 中,并在 appstore 中开放下载。谷歌地图 iOS 版功能见表 3-2。

谷歌地图 iOS 版功能简介　　表 3-2

功能名称	功能介绍
搜索	使用 Google 本地搜索查找世界各地的地址、地点和商家； 参考评分和当地人的评价，发现吃喝玩乐的最佳去处； 登录账户即可在计算机和手机之间同步搜索、路线和最喜爱的去处信息
路线	获取语音行车路线导航； 查找乘坐火车、公交车和地铁的路线，或者查找步行路线； 访问全球各个城市的实时路况信息
街景视图和图像	在街景视图中查看世界各地的 360 度全景图； 浏览全球超过 100000 个商家的内部环境； 欣赏全球各个地方的高分辨率卫星图像

(3)谷歌地图安卓版

Google Maps 是一款基于 Android 平台谷歌官方的地图应用，具有保存地图缓存到 SD 卡等功能(表 3-3)。

谷歌地图安卓版功能简介　　表 3-3

功能名称	功能简介
软件功能	使用谷歌地图指导国际导航； 保存地图图块数据到 SD 卡； 强制开启多点触控； 强制开启 Buzz 功能； 修正地图在中国的漂移问题； 隐藏缩放按钮选项； 可以安装在没有 ROOT 的机器上
加强版功能	全球导航； 强制 Buzz 开启； 强制多点触摸； 强制矢量地图； 强制允许缓存

(4)谷歌地图 WP 版

基于 Windows Phone 7 平台的全功能谷歌地图，具有保存地图缓存到 SD 卡等功能。

(5)谷歌地图 JAVA 版本

①我的方位：即便用户没有 GPS，也能够在地图中检查个人的方位；

②商户信息：查找用户重视的恣意商户或种类；

③行车道路：凭借“我的方位”功用，用户可以不用输入起点；

④公交道路：获取游览所需的地铁、公交和步行道路以及关联时刻表；

⑤图层参看：检查各种地理信息(例如，我的地图、维基百科和 Google 公交)的图层；

⑥实时路况：实时路况信息可协助用户找到最方便的道路；

⑦谷歌地图飞行模拟器：可以在 Google 地球中使用飞行模拟器功能飞遍地球，可使用鼠标或其他控制器控制模拟飞机。

4)“天地图”地图

“天地图”运行于互联网、移动通信网等公共网络，以门户网站和服务接口两种形式向公众、企业、专业部门、政府部门提供24小时不间断"一站式"地理信息服务。

国家地理信息公共服务平台包括公众版、政务版、涉密版三个版本,"天地图"就是公众版成果,是由国家测绘局主导建设的为公众、企业提供权威、可信、统一地理信息服务的大型互联网地理信息服务网站,旨在使测绘成果更好地服务大众。

各类用户可以通过"天地图"的门户网站进行基于地理位置的信息浏览、查询、搜索、量算以及路线规划等各类应用;也可以利用服务接口调用"天地图"的地理信息服务,并利用编程接口将"天地图"的服务资源嵌入到已有的各类应用系统(网站)中,并以"天地图"的服务为支撑开展各类增值服务与应用,从而有效缓解地理信息资源开发利用中技术难度大、建设成本高、动态更新难等突出问题。

(1)"天地图"功能

"天地图"网站装载了覆盖全球的地理信息数据,这些数据以矢量、影像、三维3种模式进行全方位、多角度的展现,可漫游、能缩放。其中中国的数据覆盖了从宏观的中国全境到微观的乡镇、村庄。普通公众登录"天地图"网站,即可看到覆盖全球范围的1:100万矢量数据和500米分辨率卫星遥感影像,覆盖全国范围的1:25万公众版地图数据、导航电子地图数据、15米和2.5米分辨率卫星遥感影像,覆盖全国300多个地级以上城市的0.6米分辨率卫星遥感影像等地理信息数据,是目前中国区域内数据资源最全的地理信息服务网站。

通过"天地图"门户网站,用户接入互联网可以方便地实现各级、各类地理信息数据的二维、三维浏览,可以进行地名搜索定位、距离和面积量算、兴趣点标注、屏幕截图打印等常用操作。公众还可以以超链接的方式接入已建成的省市地理信息服务门户,获得各地更具个性化的服务,畅享省市直通。此外,在"天地图"上,用户也可以访问国家测绘成果目录服务系统,了解掌握国家和各省(区)、市的测绘成果情况,并能够链接国家测绘局相关地理信息服务网站,获取包括"动态地图""地图见证辉煌"等专题地理信息。

(2)"天地图"特点

区别于普通地图网站,"天地图"是以门户网站和服务接口两种形式提供服务。普通公众接入互联网就可以方便地实现各种地理信息数据的二维、三维浏览,进行地名搜索定位、距离和面积量算、兴趣点标注、屏幕截图打印等操作。而导航、餐饮、宾馆酒店等商业网站经过授权后,可以自由调用相关地理信息服务资源,进行专题信息加载、增值服务功能开发,从而大大节省地理信息采集更新维护所需的成本。

5)腾讯地图

腾讯地图是腾讯公司提供的包含地图浏览、地址查询、兴趣点搜索、公交换乘、驾车导航、公交线路及站点查询等多项服务的一项互联网地图服务,覆盖了全国近400个城市。用户可以从地图中看到普通的矩形地图、卫星地图和街景地图,也可以使用地图查询银行、医院、宾馆、公园等地理位置,满足平时生活出行所需。

(1)腾讯地图主要功能

①街景地图。

用户可以使用卫星地图和由专业设备采集的腾讯街景地图用以查找更精确的位置和目标,观看覆盖城市的高清全景图像。

a.地点查询:快速灵活准确的定位,帮助用户在地图上找到所在的位置;

b. 路线查询:提供出租车、公交、自驾多种路线查询,支持全国近200个城市的出租估价、210个城市的公交路线查询和近400个城市的自驾路线查询;

c. 实时路况:提供城市主要道路的实时路况信息,提供驾车导航服务避免拥堵,支持的城市多达18个;

d. 周边查询:帮助用户搜寻周边最近的餐馆、酒店、加油站等,提供新鲜周全的吃喝玩乐地点信息。

②零流量地图。

零流量地图自身带有零流量模式开关,下载离线数据包后,用户可自行关闭流量使用地图浏览、地理定位、地点搜索、公交信息查询以及驾车导航等功能,即使是在野外等弱网环境下或非服务区内也可以实现定位、找路、导航功能。据介绍,数据包体积较其他产品缩减达60%,相同城市的离线数据远比市场同类产品精简。

③街景周边功能。

用户在可以使用SOSO街景地图体验经过精心设计的细腻用户体验。在访问速度、街景地图与传统地图结合、用户使用街景地图标注地点、与好友分享等方面,2013年12月12日发布的SOSO街景地图均进行了精巧编排,力求为用户提供最佳体验。

(2)腾讯地图适用范围

①腾讯地图目前有手机地图:IOS的手机地图,适用于iPhone;Android的手机地图,适用于Android系统的手机;Symbian的手机地图,适用于Symbian系统的手机;

②腾讯地图的Web页面地图:拥有上线的卫星地图,卫星图清晰度在业界属名列前茅;

③街景地图是用专业摄影机录制的真实地图,看街景地图,就像看监控摄像头一样;

④线框图:可以查询公交站和公交路线、驾车路线、地点、位置定位,查看周边团购信息、实时路况、天气、测距等信息。

3.4.2 三维地理信息系统

1)SuperMap

SuperMap GIS是北京超图软件股份有限公司在业界率先推出“二三维一体化”的Realspace技术体系,并将此技术融入SuperMap GIS 6R(2012)全系列产品之中。SuperMap GIS 6R(2012)消除了三维GIS深度应用的障碍,实现了二维与三维在数据管理、符号系统、分析功能、应用开发等方面真正意义上的无缝整合,除了在视觉效果上提供动画模型、粒子系统、水面倒影、太阳阴影、立体显示等各类三维特效,还实现了夜景、太空、海底、地下等全方位三维场景,使三维GIS从简单的“看一看”升华为面向业务深度应用的真三维空间信息管理系统,同时也大大提升系统部署效率,降低三维应用成本。借助强大的二三维一体化技术特性,用户可以实现在数字城市、模拟仿真、景观展示等领域进行兼顾海量数据性能与场景显示精细度的应用。

(1)SuperMap主要特点

全面基于SOA的架构体系,方便系统集成和扩展;开放式的服务架构,满足任意层次的开发需求;灵活的企业级应用系统部署;共相式GIS思想的核心技术,为跨平台提供了基础;以服务的方式提供完整的 GIS 功能,允许在权限范围内被广泛地访问和使用;基于网络的 GIS 服务,允许分布于各地且采用不同技术的资源协同工作;松散耦合的服务,允许与其他标准业务系统集成;支持多源服务无缝聚合,便于 GIS 数据和 GIS 功能共享;分布式多层次空间服务集群,通过多个 GIS 服务器的资源整合提高服务性能;支持广泛的应用开发环境,包括 Java、. NET、AJAX、Flex、Silverlight 、html5 等。

平台支持二三维一体化的构建、二维与三维 GIS 技术的无缝融合,包括:在数据模型、数据存储方案、数据管理、可视化和分析功能的二三维一体化,直接在三维场景中提供海量二维数据的高性能可视化,二维分析功能在三维场景中的直接操作等。在 Web 客户端能够完全支持三维相关功能,支持符号化三维建模、支持矢量数据拉伸三维建模,并且全套产品(服务端、客户端、桌面、移动端)都包含三维功能。

(2)主要功能

①组件产品 :SuperMap Objects. NET & Java 6R(2012);

②桌面产品 :SuperMap Deskpro. NET 6R(2012);

③服务器产品:SuperMap iServer Java 6R(2012);

④客户端产品:SuperMap iClient 6R(2012) for Realspace;

⑤max 插件:SuperMap MaxPlugIn 6R(2012)。

2)Stamp

StampGIS 是国际领先的具有完全自主知识产权的大型 3D GIS 平台软件,其在精细化大场景渲染性能、真实美观的可视化效果、地上地下一体化海量空间数据管理、三维数据全要素实时在线更新和三维地下管线自动化生成等方面具有核心技术竞争优势,支持倾斜摄影测量数据、分布式部署、物联网集成和云计算架构,可无缝聚合 ArcGIS、“天地图”等第三方服务。平台采用开放的软件架构体系,可实现开发环境(SDK)与运行环境(Run Time)的统一,并提供丰富的二次开发接口(COM)。

(1)平台技术架构

多维数据基础平台采用基于 B/S 方式的四层体系架构与基于中间件技术的开发模式,软件开发采用 Java 工具、Ajax 技术,数据库使用大型企业级数据库 SQL Server。不仅自身拥有一套数据生产、数据发布、数据浏览的工具,还整合了 ArcSDE 的空间数据引擎,实现了对三维海量数据的浏览、查询、分析服务。

平台包括服务端和客户端。服务端集成了地形、影像、模型、矢量数据等,使用自身的数据服务引擎,也结合了 ArcServer 的数据服务,使平台可以提供各种数据访问服务、数据分析服务等;客户端包括显示控件和提供数据访问的类库,支持 B/S 结构和 C/S 结构,用户可以根据自己的业务需求,调用不同控件,进行二次开发(图 3-4)。

(2)系统平台优势

针对多维数据的集成、整合与浏览,该系统需具备的基本功能如下:

①拥有精湛、真实的三维场景。

具有特有的基于数字摄影测量技术的三维模型数据快速生产工艺,实现具有测绘精度的城市级三维模型数据的高质量和快速低成本生产。支持光照贴图,使场景具有非常逼真的静态光影效果。支持多层纹理(LightMap)、骨骼动画、普通动画、动画纹理(GIF、MNG)、视频纹理、片状树等三维渲染效果,可实现三维动态水面(折射、反射水波纹)、三维粒子系统(如雨、雪、雾、火焰、烟、喷泉等)的生成和编辑。

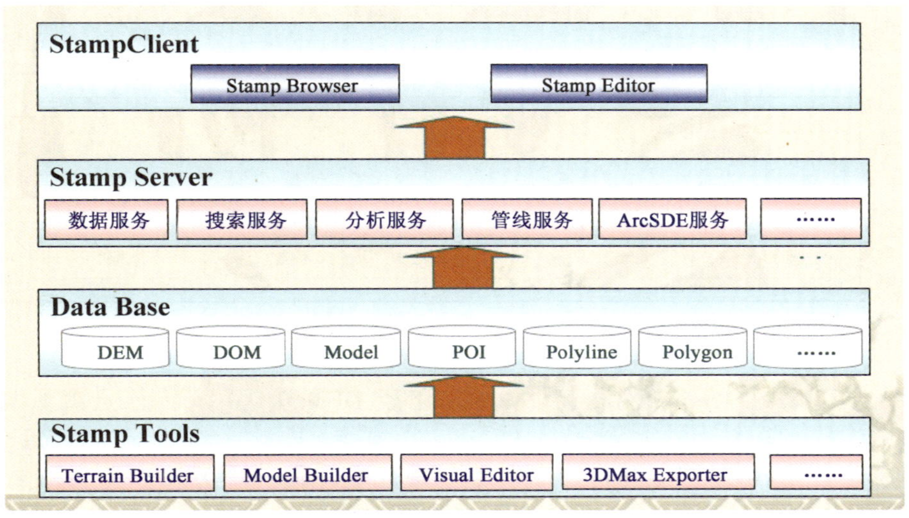

图 3-4　平台架构图

②卓越的海量数据管理和服务。

平台具有城市级的海量数据实时处理能力,在全球的城市、街区、室内进行连续、实时和平滑浏览,满足快速加载和实时浏览海量三维场景数据的基本要求。

③面向服务的架构和网络应用环境。

用户可自定义扩展服务,跨网络、跨平台无缝聚合第三方服务;支持数据分布式部署和服务分布式部署,以构建企业级分布式体系结构。

④开放的软件架构。

Stamp 平台提供丰富的 JavaScript API 和 COM 二次开发接口,支持基于脚本语言功能的扩张,用户可方便地建立自己的应用系统,或开发自主版权的专业软件产品。

⑤支持大众化硬件配置。

支持键盘鼠标、三维鼠标、操作杆、立体眼镜等外设。客户端、服务器和编译机器均支持普通 PC,显卡支持主流 NVIDIA、AMD 独立显卡以及 INTER 集成显卡。提供与物联网系统进行互联互通的接口,包括智能设备的接入、监控摄像头的三维标定,并支持监控视频实时回帖到三维场景。

⑥支持数据库管理与更新数据。

支持基于文件和基于数据库两种方式的数据管理与更新,编辑体系与浏览体系一体化。

Stamp 平台是多维数据的管理平台,为各业务应用系统提供三维地图服务,也是道路多维平台建设的基础平台。该平台在国土、智慧城市中有成熟的应用,完全支持交通行业的应用,支持定制开发。

(3)系统之产品体系(图 3-5)

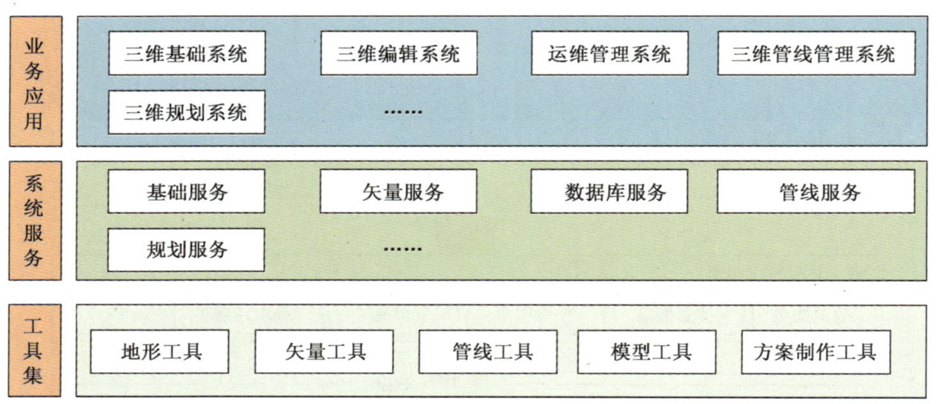

图 3-5　产品体系结构图

地形发布工具(Terrain Builder):主要是用于 DEM、DOM 及特征点线数据的地形发布;

矢量发布工具(Vector Builder):主要是将矢量点、线、面以及“天地图”栅格地图瓦片进行发布处理;

模型发布工具(Model Builder):主要是将 BIM 数据、传统模型数据以及倾斜摄影测量数量处理发布到三维场景中;

管线发布工具(Pipeline Builder):主要包括管线生成发布工具、管线编辑更新以及管线的检查优化与实时更新工具;

规划方案制作工具(Visual Editor):主要是对三维规划方案的制作发布。

3)Skyline

Skyline Globe Enterprise Solution(Skyline Globe 企业解决方案)是美国 Skyline 公司推出的三维可视化地理信息系统。Skyline 公司成立于 1997 年,致力于研究基于网络的三维 GIS 软件平台,是基于网络 3DEarth 可视化软件与服务的领导者。自 Skyline 进入中国市场以来,一直积极参与三维数字城市建设与三维互联网产业服务,得到广泛的认可。

凭借其国际领先的三维数字化显示技术,Skyline Globe 可以利用海量的遥感航测影像数据、数字高程数据以及其他二、三维地理空间和属性数据,创建自定义的虚拟现实三维可视化场景,进行浏览、查询、分析和网络发布共享。Skyline Globe 还可以提供所有的 API,用户能够根据自身的业务需求开发定制功能,建立网络环境或单机应用的三维地理信息系统。

Skyline Globe 提供了集应用程序、生产工具和服务于一体的三维地理信息云服务平台,能够创建和发布逼真的交互式三维场景,进行倾斜全自动三维建模。Skyline Globe 软件提供了标准的三维桌面端和基于网络的应用程序,主要供行业用户使用,用户可使用 Skyline Globe 创建、编辑、导航、查询和分析真实的三维场景,并可以快速有效地将三维场景分发给其他用户。但是,由于 Skyline 软件接口颗粒度较大,使用 Skyline 平台能够进行简单的二次开发,如果进行深入的开发则需要借助其他 GIS 平台或者直接从底层写起,而 Skyline 的底层源代码对国内用户开放程度不够,所以二次开发能力较弱。另外,由于 Skyline 软件价格昂贵,因此主要适合研究经费充足的用户,导致用户群范围较小。

(1)Skyline Globe 平台特点

①产品线齐全,涵盖了三维场景的制作、网络发布、嵌入式二次开发整个流程;

②支持多种数据源的接入,其中包括 WFS、WMS、GML、KML、Shp、SDE、Oracle,Excel 以及 3DMX、sketch up 等,方便信息集成;

③通过流访问方式可集成海量的数据,它可制作小到城市,大到全球的三维场景;

④飞行漫游运行流畅,具有良好的用户体验;

⑤支持在网页上嵌入三维场景,制作网络应用程序。

(2)Skyline 功能展示

①三维交互浏览

系统可以通过鼠标、键盘、操纵杆、控制面板或者任意组合方式来控制飞行的速度、高度视角,使得用户可以灵活、便捷地在三维场景中浏览漫游,操作简单,易于使用。随着鼠标的移动显示到达的地域名称、状态栏坐标切换显示(图 3-6)。

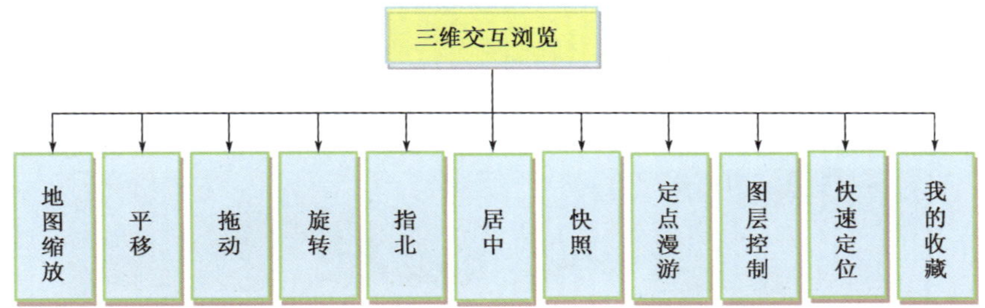

图 3-6 三维交互浏览

②系统管理

系统管理包括用户管理、参数设置、日志管理、数据备份和恢复等功能(图 3-7)。

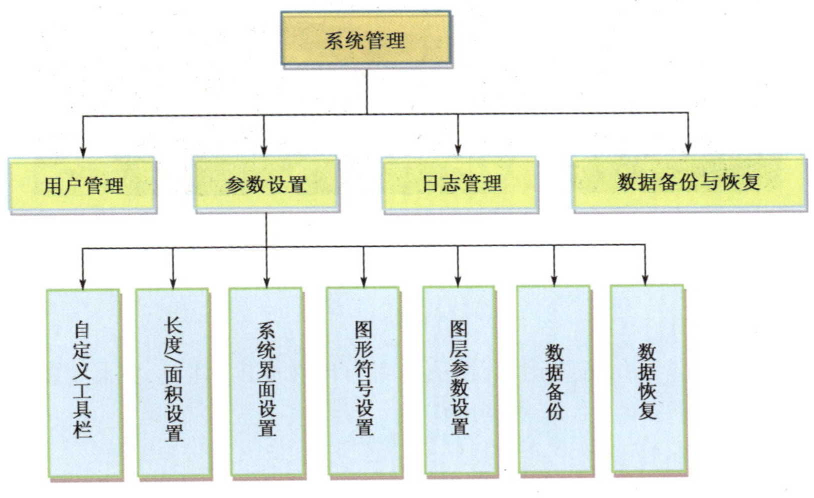

图 3-7 系统管理

③查询统计与分析功能(图 3-8)

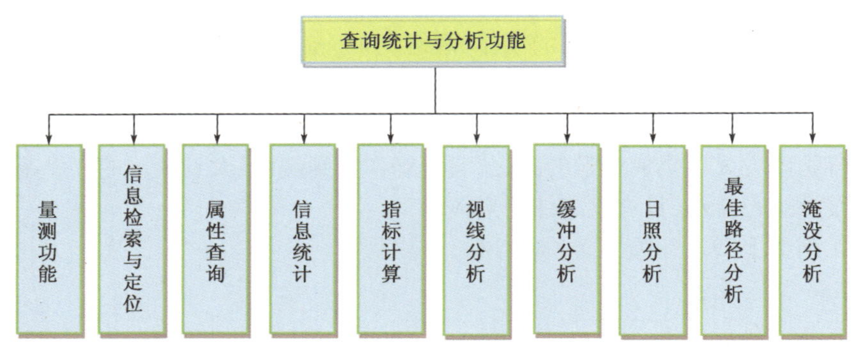

图 3-8　查询统计与功能分析

④二三维联动

实现和原有的二维地理信息系统联动。既可以同时打开二维系统和三维系统,进行并列联动操作,也可以分别打开二维系统和三维系统进行叠加联动操作。

⑤三维地下管网功能(图 3-9)

图 3-9　地下管线分布

⑥辅助决策(图 3-10)

将不同的方案调入该系统进行比较,使决策者可以在高度、体量、色彩、视域关系等方面有一个客观真实的认识,为决策工作提供辅助作用。

(3)平台之产品体系

Skyline Globe 通过 Terra Builder、Terra Explorer 和 Skyline Globe Server 三个系列产品,简便而有序地实现了数据生产、三维可视化和网络发布功能。

①Terra Builder

融合海量的遥感航测影像数据、高程和矢量数据，以此来创建有精确三维模型景区的地形数据库。

②Terra Explorer

它是一个桌面工具应用程序，使得用户可以浏览、分析空间数据，并对其进行编辑，添加二维或者是三维的物体、路径、场所以及地理信息文件。Terra Explorer 与 Terra Builder 所创建的地形库相连接，并且可以在网络上直接加入 GIS 层。

③Terra Gate

它是一个发布地形数据库的服务器，允许用户通过网络来访问地形数据库。

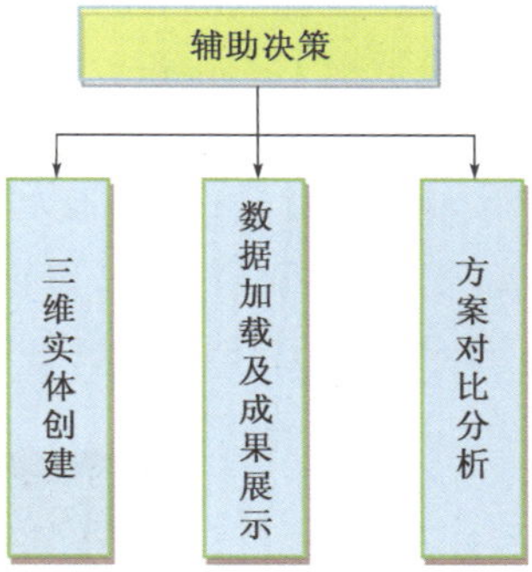

辅助决策

三维实体创建

数据加载及成果展示

方案对比分析

图 3-10　辅助决策

4) Unity 3D

Unity 3D 是由 Unity Technologies 开发的一个可以创建三维视频游戏、建筑可视化、实时三维动画等类型互动内容的多平台的综合型游戏开发工具，是一个全面整合的专业三维游戏引擎，不仅拥有友好易用的编辑器平台和丰富的组件库，还拥有极强的扩展性。

Unity 3D 具有更优越的效果和更高的扩展空间，它对和 DirectX 和 OpenGL 拥有高度优化的图形渲染管道。Unity 支持所有主要文件格式，并能和大部分相关应用程序协同工作，使得低端硬件亦可流畅运行广阔复杂的场景。Unity 内置的 NVIDIA、PhysX 物理引擎能够带来逼真的互动感觉、实时三维图形混合音频流和视频流。Unity 提供了具有柔和阴影与烘焙 lightmaps 的高度完善的光影渲染系统。Unity 3D 引擎具备开发过程技术要求高，高级渲染效果和用户定制支持远远高于其他同类型工具的优势，非常适合产品的虚拟展示在交互访问和逼真表现上的需求。

新版本的 Unity 主要特性：

(1) 带有全新的内建 Shader 系统

新 Shader 系统将可以制作更真实的物理 Shader，在任何光源之下有助于制作真实质感的物件，同时也优化了整体工作流程。Unity 5 还导入了延迟上色（Full deferred shading）和动态反射侦测（Baked reflection probes）功能，用于制作反射真实环境的效果（图 3-11）。

图 3-11　反射真实环境效果

(2)Enlighten 即时全域光源

为了把 Geomerics 的即时全域光源技术 Enlighten 导入 Unity 5,Unity 与 Geomerics 建立了进一步的合作关系。Enlighten 是目前针对跨平台最好的即时动态光源方案,不管是动态光源还是材质效果、环境光源甚至是大量即时的动态物件,都处理得很棒。Enlighten 的导入也会改善工作流程,让美术和企划能够直接在 Unity 5 的编辑器中直接设定出逼真的视觉效果(图 3-12)。这个技术也是现今市面上畅销游戏大量采用的光源解决方案。

图 3-12 动态光源展示效果图

(3)即时光照贴图预览

通过与 Imagination Technologies 合作,Unity 将导入 Imagination 的 PowerVR 光源追踪技术,Unity 5 将成为首个附带编辑器中实现即时光照贴图预览的开发平台。这为游戏带来更即时的交互光源追踪,代表未来通过在编辑器的场景视图中显示游戏中最后的光照贴图精确预览。这个功能可即时反馈全域光源所产生的光照贴图的更改,美术人员可以大量减少调整最终场景所需的时间。

(4)革命的音源系统

为了提高效率和灵活性,Unity 5 重写了整个音源底层。革新的一大步就是用全新的混音器来实现复杂又即时的场景音源定位效果。音效师可以透过混音器针对游戏执行中的各种音效进行动态调整。

(5)WebGL 套件

Unity 的跨平台功能是最具价值的功能之一, Unity 和 Mozilla 合作推出相容于 Unity 的 WebGL 以及 asm. js 支援。从 Unity 5.0 起,开发者获得发布 WebGL 套件,未来将可以发布不需要安装播放器(Unity web player) 的产品,制造更棒的产品体验。

Unity 3D 平台主要优势:

①易于操作、教程丰富、学习成本较低;

②第三方插件丰富、易于扩展,且更新速度快;

③极强的跨平台发布能力,兼容几乎所有流行软硬件平台,包括移动平台、桌面平台、游戏主机、浏览器等;

④渲染技术先进、表现力出色,是最先进的三维引擎之一。

5)Google Earth

Google Earth 以三维地球的形式把大量卫星图片、航拍照片和模拟三维图像组织在一起,使用户从不同角度浏览地球。Google Earth 的数据主要来源于高精度的商业遥感卫星影像和航片，包括 Quick Bird，IKONOS、SPOT5 等。目前提供高精度影像的城市集中在北美和欧洲，以及其他地区的重要城市。Google Earth 客户端软件提供三种版本：个人免费版、Plus 版、Pro 版。另外，Google Earth 还提供了一个企业级的解决方案，用于在企业内部部署 Google Earth 应用。

作为一款功能强大的桌面地球浏览器，自推出至今展现出了巨大的魅力，征服了无数用户。凭借着其强大技术实力与经验，为企业提供各种级别的解决方案，并取得了不俗的业绩，可以肯定未来 Google Earth 在各个行业的应用广度、深度将不断增加潜力巨大。但是与 Virtual Earth、World Wind 一样，Google Earth 均还不具备空间分析、大型数据库管理的功能。

6）World Wind

World Wind 是美国宇航局的一个开放源代码的项目软件。通过 World Wind 可以免费使用 NASA 发布的海量数据，包括卫星影像、雷达遥感数据和气象数据等。World Wind 作为可视化三维地球浏览平台，具有三维可视化的功能，采用了先进的流传输技术。World Wind 是个完全免费的软件，主要面向科学家、研究工作者和学生群体。

World Wind 在功能方面存在着影像浏览速度慢、三维模型支持能力稍差、矢量支持和 KML 支持方面效果不好、DEM 显示存在缺陷、影像边缘有很明显黑边等不足，这些功能上的缺陷导致 World Wind 很难广泛应用到行业之中。

7）EV-Globe

EV-Globe 是北京国遥新天地信息技术有限公司开发的具有自主知识产权的三维海量空间信息平台。EV-Globe 由 EV Globe SDK 二次开发包、EV-Globe Served 服务端、EV-Globe Pro 桌面平台、EV-Globe Datasets 影像数据集、EV-Globe Creater 数据处理工具 5 部分组成。

EV-Globe 自推出以来，就广泛应用于安全监督和管理、指挥调度、资源开发整合、资源综合利用、环境保护检查等领域。EV-Globe 在海量数据浏览效率、矢量数据的查询、三维分析功能、安全性等方面相比国内其他同类产品有着较为明显的优势。

EV-Globe 解决海量数据的能力较弱，影像数据管理一般，不具备地形数据压缩技术，没有 Streaming 技术，矢量数据管理一般，不能实现三维地形数据的实时动态更新。EV-Globe 三维开发引擎基于 World Wind 开源代码修改，在应用性和效率存在一定的技术门槛，在商业应用方面也存在一定的版权问题。

EV-Globe 产品体系如下：

（1）EV-Globe Server：EV-Globe 提供数据的服务器；

（2）EV-Globe Pro：EV-Globe 的桌面版数据浏览工具；

（3）EV-Globe Datasets：EV-Globe 已制作完的影像数据集，目前已经完成全球 2000 年、中国 1990 年的陆地卫星真彩色数据（分辨率 30 米），制作完成的总数据量超过 200G，这些数据集供用户根据需要进行选择；

（4）EV-Globe Creator：EV-Globe 的数据制作工具；

（5）EV-Globe SDK：EV-Globe 的二次开发包；

（6）EV-Globe Web 在线平台：EV-Globe 的网络版三维数据浏览工具。

8) GeoGlobe

2006 年 4 月,武汉武大吉奥公司推出了网络环境下全球海量无缝空间数据组织、管理与可视化软件——GeoGlobe。它包括三部分:GeoGlobe Server、GeoGlobe Builder 和 GeoGlobe Viewer。GeoGlobe Server 通过分布式空间数据引擎,管理所有注册的空间数据,并提供实时多源空间数据的服务功能;GeoGlobe Builder 实现对海量影像数据、地形数据和三维城市模型数据的高效多级多层组织,为实现全球无级连续可视化提供数据基础;GeoGlobe ViewerSU 装在客户端,通过网络获取服务器端数据,并可以进行三维实时显示、查询、分析。GeoGlobe 软件提供了二次开发功能,用户可以根据应用的需要自行设计界面,调用所提供的动态库进行二次开发,应用十分方便。

9) ArcGloble

ArcGlobe 是 ArcGIS 桌面系统中 3D 分析扩展模块中的一个部分,提供了全球地理信息的连续、多分辨率的交互式浏览功能。像 ArcMap 一样,ArcGlobe 也是使用 GIS 数据层,显示 geodatabase 和所有支持的 GIS 数据格式中的信息。ArcGlobe 具有地理信息的动态 3D 视图。ArcGlobe 图层放在一个单独的内容表中,将所有的 GIS 数据源整合到一个通用的全球的框架中。它能处理数据的多分辨率显示,使数据集能够在适当的比例尺和详细程度上可见。

ArcGlobe 的统一交互式地理信息视图使得 GIS 用户整合并使用不同 GIS 数据的能力大大提高。ArcGlobe 将成为广受欢迎的应用平台,完成编辑、空间数据分析、制图和可视化等通用 GIS 工作。

由于 ArcGlobe 可集成 SuperMap、ArcGIS 二维平台,实现二三维一体化应用,适于海量数据量大范围场景的展示,尤其是大数据量的栅格数据展示,因此很适合于很多关注大范围的项目,在军事、林业、水利、交通、测绘、石油等很多行业均有明显优势。但是,ArcGlobe 不支持动态效果(如动态粒子、路径浏览)、不支持空间参考,且对复杂的三维场景和海量数据的支持上存在效率慢的问题,特别是在海量的数据管理和发布上存在很多问题,不适合大数据量的三维展示和查询。另外三维引擎是基于 OGRE 开源代码进行修改,在应用性和效率上存在一定的技术门槛,在商业应用方面也存在一定的版权问题。

10) Evia Earth

Evia Earth(易景地球平台)是北京易伟航科技有限公司自主开发的具有独立知识产权的三维 GIS 平台,把全球地形、影像、矢量、模型、POI 点等各种数据进行融合处理,同时可加载易景二三维平台数据和通用二三维 GIS 软件格式数据,如 shp、tab 等数据,并提供数据浏览、查询、编辑和发布功能。

该平台以海量数据整合为基础,提供二次开发 API 接口,立足于解决海量地形数据、影像数据、三维模型数据、业务专题数据、POI 数据和专业模型数据的无缝整合和一体化管理,在突破 TB 级地形影像数据、精细模型加载、海量矢量切片技术、WMS 服务加载技术、多源数据加载等技术难点的基础上,有效利用用户业务数据、专业模型及成果驱动数据,缩短三维系统开发成本,提高用户管理决策水平,使得各行业信息化水平得到显著的提高。

易景地球平台从 2010 年正式推出以来,主要应用于水利、林业、军事、规划、环保、交通等行业,在国家重大水专项(流域水生态集成、水动力水质模型集成可视化展现、闸坝调度可视化系统、环境与健康数据库分析系统等)、林业(林业资源三维可视化管理、全国林业一张图等)、军事(军事可视化电子沙盘、对战态势等)、规划(辅助决策可视化)方面均有成功案例。

(1)易景地球平台产品线

三维平台(Evia Earth Platform):三维地理信息系统基础平台,提供海量 DOM(影像数据)、DEM(地形数据)、3D-Model(三维模型数据)、DLG(矢量数据)、Label(注记)、VR-Effect(VR 特效)等空间信息数据的集成、编辑、场景构建功能;

地形编译工具(Evia Terrain Builder):海量地形编译工具,提供强大的地形数据(DEM)的转换、编译、编辑和入库功能,实现多分辨率,多时段数据的融合、提取,快速建立海量地形数据库;

影像编译工具(Evia DOM Builder):海量影像编译工具,提供强大的影像数据(DOM)的转换、编译、编辑和入库功能,实现多分辨率、多时段数据的融合、提取,快速建立海量影像数据库;

矢量编译工具(Evia Vector Builder):海量矢量数据制作工具,提供强大的矢量数据的编译和入库功能,快速建立海量矢量数据库;

易景服务(Evia Server):网络二、三维地理信息系统(WebGIS)平台,实现三维空间数据(影像、地形、模型、GIS 矢量数据、注记、VR 特效,即 DOM、DEM、3D-MODEL、DLG、LABEL、VR-EFFECT)的集成、管理、发布与应用服务。

(2)易景地球平台功能模块

①海量数据编译工具集(海量地形/影像/矢量/模型处理工具、矢量格式转换工具、矢量体块批量导入);

②场景数据的交互式浏览;

③实现基本的信息查询、基本的空间分析;

④VR 要素添加:晴、雨、雪、雾、天空等;

⑤例子系统:火、烟、冰冻等;

⑥GIS 分析:测量距离/面积、通视分析、缓冲分析、水淹分析;

⑦WMS 服务支持;

⑧扩展功能管理;

⑨动画制作(路径动画、闪烁动画、属性动画、PPT 动画等);

⑩支持主流 Web 墨卡托云端数据实时加载(Google Map、ArcGIS、BING、Open Street、Nokia、天地图等)。

3.4.3　二三维一体化信息系统

1)T-GIS

T-GIS 平台是上海亿用信息科技有限公司基于 StampGIS 三维平台从底层开发的二三位一体化共享及服务平台。平台以多维地理信息技术、数字测绘、数据库管理技术、互联网技术为基础,融合道路基础属性、卫星航空影像、街景影像、三维矢量电子地图、设施设备数据等多维数据信息为一体的综合业务管理平台。

T-GIS 平台能够为业务系统提供统一、标准化的道路信息管理服务,实现对路网数据、影像数据、三维模型数据等数据的管理和发布服务,实现统一调用接口,未来建设成城市交通、轨道交通、高速公路、航空、水运和港口等泛交通行业的“交通天地一张图”，支撑各业务系统实现道路信息一致性的基础平台。可为路政及交通行业各业务提供 GIS 服务。主要功能有：实现数据的标准化管理；实现二维数据、三维数据、影像数据的统一更新、展示及管理；提供统一接口，实现业务应用集成快速开发；为各个业务系统提供道路及相关设施的基础属性数据。

（1）T-GIS 平台技术架构（图 3-13）

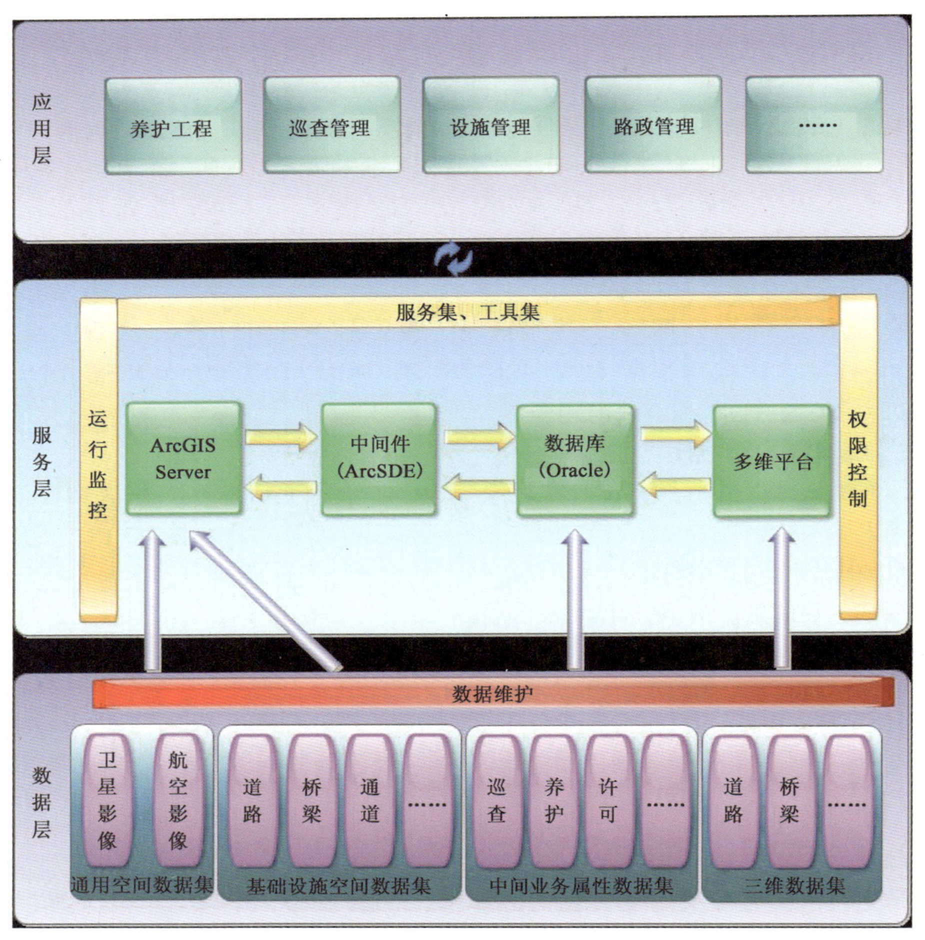

图 3-13 T-GIS 平台技术架构

（2）T-GIS 平台功能（图 3-14）

①二维路网地图服务。

地图标注服务：支持位置标注及大小、颜色设置等功能；

地图测量服务：支持在地图上对各种实体进行量测；

空间查询服务：支持范围内特定对象的查询（如标牌、路口等）；

缓冲分析服务：提供基于点、线、面的缓冲分析，支持对地理对象附近的地理要素进行搜索的功能。

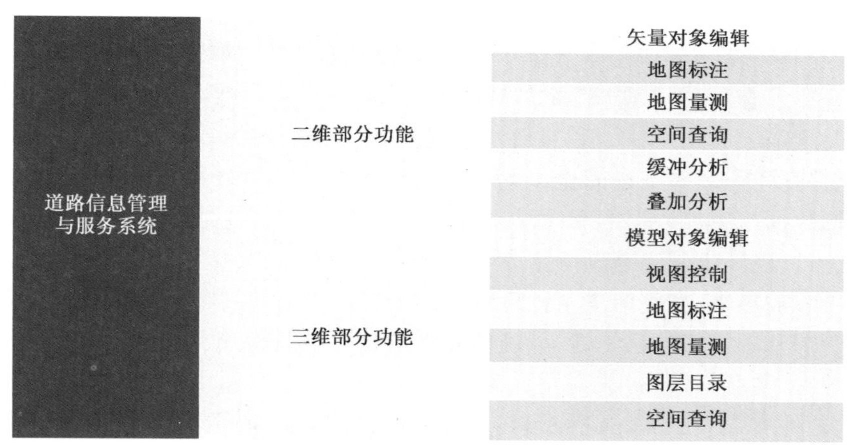

图 3-14　T-GIS 平台功能

②三维场景浏览及模型属性数据查询。

基于三维模型数据,可实现任意两点的空间测量,可实现任意区域的面积量测;

浏览查看,可实现针对三维场景的空中巡视。

(3)应用服务

①栅格地图服务。

本服务可以通过前台加载点、线、面等方式实现基于前台管理的图层控制。由于栅格地图服务的预缓存机制,中间业务数据集的实时更新信息,不能在本服务中显示。该功能需求,可以调用下述的 WMS 或 REST 服务实现。

②WMS 地图服务接口。

WMS 服务提供了支持 OGC(开放地理信息系统协会)制定的 WMS(Web 地图服务)服务接口规范的开发说明,并且为支持 WMS 服务规范而定义了 IMS 服务接口规范,实现了异构 WebGIS 系统之间的互操作以及实时地图绘制。

③REST 架构的地图服务接口。

REST(Representational State Transfer)架构服务基于 HTTP 协议,相比 SOAP 和 XML-RPC,它更加简洁、高效,越来越多的大型网站正在使用 REST 风格来设计和实现。

④数字高程服务。

数字高程模型(Digital Elevation Model,简称 DEM),它是用一组有序数值阵列形式表示地面高程的一种实体地面模型,是数字地形模型(Digital Terrain Model,简称 DTM)的一个分支,其他各种地形特征值均可由此派生。一般认为,DTM 是描述包括高程在内的各种地貌因子(如坡度、坡向、坡度变化率等因子)的线性和非线性组合的空间分布,其中 DEM 是零阶单纯的单项数字地貌模型,其他如坡度、坡向及坡度变化率等地貌特性可在 DEM 的基础上派生。

⑤影像和模型服务。

基于激光点云技术使用采集车采集道路、桥梁、通道等基础设施数据,在三维建模软件中建立真实比例的三维模型,并采用 LOD 技术发布成多维平台支持的三维模型数据。

2）NewMap

NewMap 土地勘测定界成图系统是中国土地勘测规划院、河南省国土资源调查规划院和河南天信信息技术有限公司基于 AutoCAD2000/ 2002/2004/2005/2010 平台上联合开发的建设项目土地勘测定界成图软件。其主要功能是面向国土资源部门建设项目土地勘测定界工作，以最大化提高作业效率与最简化作业员操作为原则，采用后台数据库管理技术，以 GIS 概念实现了图形数据与属性数据的双向联动，使用户在绘制数字化地形图、地籍图和土地勘测定界图、界址点点址以及编制土地勘测定界项目报告书的工作中，从大量重复性绘制与计算统计等密集劳动中解放出来，彻底解决了计算统计数据容易出错的问题，为国土资源管理部门用地审批和地籍管理基础资料的科学性、准确性提供了有力的保障，推动了国土资源信息化管理的进程。

另外，此软件有强大的 MapGIS 接口，可以从已存的 MapGIS 数据库中提取所需的属性，使勘测定界更为简单。为了使办公自动化和信息化，软件和如今的国土资源部的电子报盘系统有很好的数据接口，可以顺利地把现有的 DWG 成果及面积统计表、报告等自动导入到电子报盘系统，并可以网络报盘。

地理信息应用从提供数据发展到提供服务的新阶段，NewMap 软件起了很大的推动作用。平台的应用服务模式对全国数字城市的地理空间框架建设具有典型的示范作用和推广价值。

NewMap 软件是具有完全自主知识产权的新一代大型地理信息系统软件，包括基于 SOA 架构的服务底层、客户端开发包（AjaxAPL、FlexAPI、3DAPI）及相关的空间数据生产、加工和管理工具。经过不断技术创新、市场开拓和多年技术经验的积累，NewMap 软件已经成为产品门类齐全、功能强大、覆盖行业范围广泛、满足各类信息系统建设的 GIS 软件品牌，并深入应用到国内各个 GIS 行业。

（1）主要功能

①编绘土地勘测定界图；

②输出土地勘测定界技术报告书；

③输出到建设用地电子报盘软件；

④编绘数字地形图、地籍图、宗地图；

⑤输出地籍表格；

⑥管理各种数据文件（主要应用测量放样、数据管理）；

⑦与 MapGIS、ArcGIS、SuperMap 土地利用现状数据库接口。

（2）软件特点

①全面采用 ObjectARX + MFC 开发技术；

②自动标注点号、自动边界搜索、自动生成报告；

③地形、地籍、土地勘测定界一体化；

④严格依照《土地勘测定界规程》的要求进行作业；

⑤自动生成点号，自动标注地块编号并依照地类、权属自动进行面积计算与汇总；

⑥自动生成勘测定界技术报告书；

⑦与建设用地电子报盘软件全面接口，直接导入；

⑧与 MapGIS 土地利用现状数据库全面接口；

⑨提供多种数据录入方法,界面友好,操作方便;

⑩完全适用公路、铁路等大型工程土地勘测定界工作;

⑪功能强大、操作便捷的图幅整饰功能;

⑫更加方便的“点之记”绘制工作;

⑬提供多种常用的外业测量计算工具;

⑭强大的地形图、地籍图、宗地图编辑功能。

3)CleverGIS

HT-二三维一体化平台(以下简称HT-CleverGIS)是保定市宏图科技发展有限公司开发的一个不需要插件就可在浏览器中创建3D地球和2D地图的JavaScript库。它使用WebGL来进行硬件加速图形,具有跨平台、跨浏览器、适应于动态数据可视化的特点。HT-CleverGIS是一个基于JavaScript编写的使用WebGL的地图引擎。平台支持3D、2D、2.5D形式的地图展示,可以自行绘制图形、高亮区域,并提供良好的触摸支持,且支持绝大多数的浏览器和移动设备。

HT-CleverGIS支持载入3D模型,不过只支持gltf格式。gltf是khronos组织(起草OpenGL标准的组织)定义的一种交换格式,用于在互联网或移动设备上展现3D内容,充分支持OpenGL、WebGL、OpenGLES图形加速标准。

该平台利用二维地理信息技术、三维地理信息技术(遥感影像和三维仿真技术)、实景影像技术、实时摄像头监控技术与基础数据库相结合的方法,构建了三维实景地理信息应用平台。该平台具有场景真实、定位准确、表现直观、可进行多种空间分析与管理等功能,二维、三维、实景、监控可根据需求调用,三维实景应用平台让我们既有身临其境的真实感觉,又可以通过各种数据库监控摄像头的链接,以立体真实的表现方式对事件的时间和空间位置加以统计和分析,得出有价值的规律,通过网络对其进行宏观管理和远程指挥,并为事务管理、社会服务、科学决策、日常办公、应急监测等各项工作提供全新管理模式。

(1)平台特点

①一个API的三种视图。

支持三维地球(3D)、二维地图(2D)以及2.5D哥伦布视图(2.5D)。

②动态地理空间数据的可视化。

通过CZML创建数据驱动的时间动态场景;高分辨率的世界地形可视化;使用WMS、TMS、openstreetmaps、Bind以及ESRI的标准绘制影像图层;使用KML、GeoJSON和TopoJSON绘制矢量数据;使用COLLADA和gltf绘制3D模型。

③内置的高性能和高精度。

优化的WebGL,充分利用硬件渲染图形,使用低级别的几何和渲染程序;绘制大范围的折线、多边形、广告牌、标签、走廊;控制摄像头和创造飞行路径;使用动画控件控制动画时间。

(2)平台功能

系统运行展示以二、三维地图可视化系统作为软件平台,将二维、三维地图管理运行系统和360度实景可视化子系统有机结合起来。

①图层管理。

基础地形图包括:矢量数据、地面影像、属性数据、分类展示数据;模型属性图层包括:重点建筑的相关信息(如名称、功能等信息)。以工程文件进行工作区文件管理,能将带有标绘信息场景、当前用户视点、视域的多源文件,以工程文件形式保存、打开,方便用户下次调用。

②图形浏览。

a. 图形快速缩放:能对场景进行快速放大、缩小、返回初始状态等功能;

b. 图形平滑漫游:系统为用户提供平滑的漫游功能,并实现无缝、无刷新的视觉效果,便于用户浏览及快速定位;

c. 图形显示“鹰眼”功能:系统可同时显示全景图视窗和局部区域图视窗。在全景图上可移动当前视窗所处的地理位置,而在局部区域图上进行缩放及移动又可以在全景图上得以反映,用户可方便地了解全局和局部的关系,具有局部放大镜功能;

d. 载负信息平衡:系统在进行无级缩放时,可自动根据当前视窗的比例尺,调整显示图层数和某一图层中的信息量,达到在屏幕上显示的信息具有最佳的载负量;

e. 注记动态配置:动态配置各要素的注记,始终保证注记完整可见与互相不遮盖。

③数据输出。

具有飞行路径设定和场景输出功能,当视点进行漫游时,可以开启存储视点的位置影像,通过路径的设置,保存该路径,可以方便下次系统自动按此路径漫游。

④矢量数据加载编辑与目标符号化。

系统可将矢量数据加载到三维场景中,主要用于二维信息在三维表面的叠加,依据相应标准符号化目标,以达到二维和三维的统一,如注释、2D 的线、填充区、各种线划、区域等。

⑤三维模型加载。

通过各应用客户端在线编辑制作三维数据,提交服务器共享使用,即实现三维数据的共建共享。通过加载提供一定格式的外部三维模型数据,同时采用三维实物模型匹配矢量数据的技术,将模型与地形表面进行准确配准,生成的景观具有极高的精细程度。根据目标对象的实际三维地理坐标,导入与管理模型批量数据,构建真实的三维景观模型。在此三维景观模型中,模型之间的空间位置关系与实地完全对应,实现了真实三维景观的再现,同时链接响应的属性信息,实现在空间上进行多层次的查询与管理。

⑥场景浏览。

三维场景的浏览可分为自由漫游、路径漫游等方式,能实现场景的 360 度旋转及平移、视距远近调整、景观高低调整以及场景缩放等。用户可直接使用相应的操作键,完成 3D 场景的漫游工作。另外,可以通过停放、点击标志点,读取相应数据库并显示相关信息,包括人文、标志性建筑等。

⑦空间分析。

包括通视分析、距离量测、淹没模型、剖面分析等。

⑧视频监控管理。

通过点击三维可视化软件系统中的摄像头等“热点”标志以实现动态视频监控、集成 GPS 定位等功能，完成整体环境尤其是重点部门的监控管理。

⑨数据管理。

结合业务数据库的内容，集成到一体化平台中管理。

⑩信息查询。

三维空间数据库将各种数据源关联起来，方便了用户的信息查询。通过三维图形点击访问数据库信息，可实现单点数据库信息显示、条件查询、地理查询等功能，包括矩形框选、圆选、多边形选择等方式，返回结果按列表显示，也可以精细化查询目标，并完成目标的准确定位。

⑪全景可视化子系统。

360 度实景可视化子系统采用动态全景影像、激光点云与全景影像融合处理技术实现动态全景漫游，既能充分体现虚拟技术的沉浸性和交互性，又能使用户达到身临其境的感受。将此系统嵌入到三维可视化平台中，依据标识点击进入到实景窗口，它的基本设计思想是将实景向虚拟空间移植并再现，同时使用户能够在这个虚拟空间中进行互动操作。

⑫二维系统与三维系统的同步调用。

实现了网络中多客户端的协同会商功能，即：由其中指定主服务器端操作控制，其他授权参与客户端同步显示，数据动态传输。在二维系统中，点击三维图标，即可调用三维系统，并展示与三维系统等范围的现实区域，还可直接调用实景数据，可以以多角度、全方位对目标区域进行管理与调用，并通过网络实现上下级的数据同步通信，协同调用指挥。

⑬地下三维功能。

实现了地下三维功能应用，支持地下工程、通信、地铁线路等激光扫描数据快速生成，实现数据导入、编辑管理等。

⑭数据库查询功能。

包括属性查找图形、图形查询等。

⑮建筑数据库录入编辑。

包括信息录入和修改、信息查询等。

3.5　多维基础平台建设

北京市多维路政信息管理与服务平台（简称“多维平台”）建设被列入北京市交通委“十二五”信息化重点建设项目。旨在通过该平台建设，解决未来全市公路桥梁养护多元化信息资源的整合问题，提高业务处理效率，初步形成交通服务行业统一的数据平台，对首都交通及公路养护等多元化现代信息化建设有指导性意义，其中多维基础平台建设是多维平台建设的主要内容之一。

多维基础平台在充分考虑平台造价及行业中用户对数据及空间范围的需求基础上，参考行业用户对数据体量的需求，将多维平台划分为城市级（500 千米及以上）、区县级（250 ~ 500

千米)、乡镇级(50~250千米)三个层级;按照服务对象,将多维平台分为局域网(政务网、专网、内网)平台和互联网平台,以满足不同用户的应用需求。

3.5.1 数据库选型

根据不同级别多维基础平台对数据库信息系统功能和性能方面的要求,择优选择。众所周知,正确的评估、选型与数据库技术本身同样重要。在挑选和评估过程中,首要目标是选择一款能够满足甚至超过预定要求的技术或解决方案。那么我们可以从SQL Server、Oracle、MS Access、MySQL、DB2、SQLite等数据库管理平台中选择一款构建不同级别的多维基础平台,这些数据库厂商都是世界知名品牌,他们的产品已经无可置疑,而选型的正确方法能够使用户在面对众多产品时,提高其做出最佳选择的能力。

数据库选型时,必须考虑的因素如下:

1)开发要求

首先,需要清楚自己究竟想使用什么开发技术。例如,是要以ADO.NET访问传统的关系型数据库,还是要以纯面向对象技术构建J2EE应用平台,又或是需要建设XML Web Services。如果要实现的是纯关系型的开发典范,那么实际要使用的受支持的标准(和非标准)SQL功能有多少等。

如果要规划的是面向对象开发策略,那么在原计划里的数据库支持真正的面向对象吗,它是如何支持的,若有需要,它能同时提供SQL的功能吗,数据库支持这个功能吗,虽然,有些关系型数据库声称支持对象开发,但实际上并不是直接支持的。这种非直接的体系结构将导致更多的事务处理故障,以及潜在的可升级性和性能问题。

另外还需要确定自己的前端技术如何与后端进行“对话”,业务逻辑是放在客户机一端呢,还是放在服务器一端,要使用哪些脚本语言,它们与后端服务器的兼容性如何,它们是快速应用开发(RAD)环境等问题。

目前,实现基于关系型数据库的应用可以选择传统的主流品牌,这些数据库产品有着很成熟的关系技术以及广泛的应用资源。但是,如果实现的是基于面向对象技术的应用,又或是数据结构更为复杂时,不妨考虑目前一些公司推出的所谓后关系数据库。它所代表的正好是关系数据库和面向对象技术的融合,以多维数据引擎作为核心,从根本上支持复杂的对象存储及主流的二维表,同时也已经配备了功能强大的应用服务引擎,可作对象逻辑操作的平台。它的出现已经对传统数据库领域带来了冲击,在面向对象数据库方面更是广受欢迎。

2)性能/成本

测量数据库性能最常见的方法是TPC基准。TPC明确地定义了数据库方案、数据量以及SQL查询。选型时可以在特定的操作系统上配置特定的数据库版本,设定在不同的硬件环境下,估算每项事务的成本,其中每一项事务都可以是TPC测试中定义的任何数据库操作。

从理论上来讲,这类基准旨在提供不同产品间客观的比较值。但在现实中,这些方案又有多少能准确反映并回答在挑选技术时所存在的疑惑?其次,所有技术厂商发布的TPC基准都会超过以前发布的结果。这样,TPC基准在更大程度上反映的是为解决问题而投入的内存和

CPU 量,而不是数据库性能的任何真实表现。

以笔者多年所见,只有在真实的环境中进行实际的比较测试才可以推断出数据库的预期性能及评估所需成本。常用的方法是平衡移植,把原来的数据转移到类似硬件上的另一套数据库,然后以真实的客户端连接这套测试对象。又或是以数据产生器针对真实的数据模型,建立出庞大的数据量,再以客户端连接作测试。

这种做法跟实验室中的做法的不同之处有以下几点:第一,试验中的硬件构架跟你预期的方案不会有太大的差别;第二,所测试的事务在宽度和深度方面跟未来计划也差不太远;第三,如果是硬件条件一样,我们可以直接看出测试对象跟原来方案有着多少差异。

掌握了以上结论之后,我们应该可以更精明地为所需的性能投入相应的成本。换句话说,我们将能够更准确地预测各种数据库的性能与相应的成本。

3)数据库运行和管理

所有数据库都需要进行管理。数据库管理涉及以下问题:

(1)操作任务:备份、故障切换、灾难恢复等;

(2)整理系统:分段、存档;

(3)访问控制:定义、监控;

(4)性能:保持系统在线和优化运行;

(5)数据库方案变更:更改数据库结构、更新索引、数据库同步。

有些数据库需要比其他数据库投入更多管理资源,业界通常以一家公司必须雇用的数据库管理员(DBA)人数的多少来做比较,这是因为只有雇用足够数量的管理员才能在确保系统运行平稳的同时,又能维持数据库的完整性。

过去选择数据库时,因为别无他选,大部分项目经理、信息主任在考虑问题时已经不再看重以上因素,理由是不管选哪一品牌的产品,他们还是要长时间地付出同样昂贵的维护及管理费用。而目前市面上出现的一些新的数据库为行业带来了一定的冲击,除速度和处理能力之外,更重要的是,为信息主任们分担了大部分繁杂的工序,过去一些必然的管理和优化操作,现在全自动完成,已招聘的人力资源可改而投入单位里其他岗位,创造更大的价值。因此,在数据库选型时应考虑以下问题:产品需要多少数据库管理员;他们负责什么;什么任务需要停机;停机时间会有多长;这些任务的困难或复杂程度有多大,执行这些任务需要什么技术等。

4)可升级性

随着对数据库应用软件使用的不断增加,很可能某一时刻当前的硬件配置就不够用了,这时你就需要对硬件进行检查。升级可以朝两个方向发展:垂直升级(使用更大或更多的处理器)和水平升级(使用与当前平台同一规格的更多的计算机或处理器)。

在考虑可升级性时,用户应首先回答以下问题:

(1)业务逻辑能和数据是否分离;

(2)业务逻辑是否能拆分;

(3)数据库是否能分段;

(4)这些任务执行起来是否容易;

(5)执行上述任一操作后对性能是否有提升;

(6)如果当前的配置成倍增长,那么性能是否也会成倍增长;

(7)升级到所需的数量或容量时有哪些体系结构可以选择;

(8)需要对用户接口前端做哪些更改才能接纳这些不同的选择,这些更改有多复杂,需要什么技术,更改的成本是多少等;

(9)在开发和部署方面有哪些需要注意的事项。

虽然所有供应商都声称自己提供的是“具有巨大升级空间”的技术,但最重要的还是你要调查高容量升级所引发的直接、间接及隐藏成本。对与“服务器群(Server Farms)”一词相关的技术切勿掉以轻心。那些好的数据库所带来的机遇应该基于它所支持的各种主流的操作系统平台,以及研发多年成熟和稳定的网络分布式数据缓冲技术,确保在垂直升级时不用对应用程序做任何修订,更可在不影响日常业务运作的情况下,实时调整服务器群的规模。

5)总体拥有成本

总体拥有成本(Total Cost of Ownership)是你做决策时必须首先面对的问题。作为一个专业的决策人员,不能只因为单项优势(如软件价格)就加以采纳,所部署的解决方案创建出来的价值理应超过它的成本。

目前的困难在于许多成本和优势都是无形的,因此难以量化并且难以测量。不过,在对评估的各个产品进行 TCO 审查时,一定要将数量和客观的估计值包括在内。否则不仅对产品的情况掌握得不够完整,还有可能导致结论不够全面,从而产生负面结果。需要考虑的一些成本和优势如表 3-4、表 3-5 所示。

数据库选型中的成本和优势 表 3-4

成　本	优　势	成　本	优　势
预付的软件授权、开发许可证等成本	缩短数据库维护时间	市场切入所需时间	远程管理
维护成本	减少维护需求	功能的广度和深度	分布式数据库
软件升级	增加数据访问频率	软件演进、发展和定制	数据库弹性
数据库管理	易于使用	数据结构模式的演进	
开发时间	连接性		

数据库 A 和 B 的 TCO 计算 表 3-5

名　称	以数据库 A 的方案(元)	以数据库 B 的方案(元)
硬件	1000000	500000
软件	100000	500000
实施	100000	300000
维护(5 年的总和)	$5000 \times 2 \times 12 \times 5 = 600000$	$5000 \times 1 \times 12 \times 5 = 300000$
总结	1800000	1600000
每年平均	360000	320000

从表面上看来,数据库 A 价格便宜、实施的成本也相对的低一些。但要达到预期的服务水平,硬件和维护的成本却要高很多。相反,数据库 B 售价高昂,实施时的风险高一点,所以

成本也高很多，但因为它的技术水平比较高，相对的硬件和维护成本就要低很多。结果是，数据库 B 的方案，长远来讲反而更有利。

备选数据库管理系统，优缺点比较见表 3-6。

数据库管理系统优缺点对比 表 3-6

数据库类型	优 点	缺 点
MS Access	部署简单方便；文件运用较灵活；可以开发基于自己的桌面数据库应用（UI），也可以作为前端开发工具与其他数据库搭配开发应用程序	数据储存量小；安全性不够高，用户级密码容易破解；只支持 Windows 系统；对高强度操作适应性差；Access 数据库有一定的极限，如果数据达到 100M 左右，容易造成服务器假死，或者消耗掉服务器的内存导致服务器崩溃
SQL Server	安全性较高；真正的客户机/服务器体系结构；图形化用户界面，操作更加直观、简单；丰富的编程接口工具为用户进行程序设计提供了更大的选择余地；具有很好的伸缩性，可跨越多种平台使用；SQL Server 还提供数据仓库功能，这个功能只在 Oracle 和其他更昂贵的 DBMS 中才有	因功能强大，所以操作较 Access 复杂，只支持 Windows 操作系统；并行实施不成熟，伸缩性有限
Oracle	运行稳定、功能齐全、性能强大、技术领先；获得最高级别的 ISO 标准安全性认证；支持多种操作系统	对硬件要求很高，价格比较昂贵，操作比较复杂，需要技术含量较高
MySQL	体积小、速度快、总体拥有成本低，开源；支持多种存储引擎、支持多种操作系统；提供的接口支持多种语言连接操作；支持大型的数据库，可以方便地支持上千万条记录的数据库；有一个非常快速而且稳定的基于线程的内存分配系统，GIS 的空间扩展	不支持热备份，安全性较差，没有一种存储过程语言
DB2	可以在所有主流平台上运行，适用于海量数据，在企业级的应用最为广泛，具有良好的并行性，获得最高级别的 ISO 标准安全性认证	在 API 与函数的提供上还不完善，比其他数据库系统操作复杂很多，并发访问的锁机制，可用性不高
SQ Lite	轻量级、绿色版、不依赖第三方软件；单一文件、跨平台/可移植性强；操作简单，开源免费	并发访问的锁机制、SQL 标准支持不全

不同的数据库管理软件，塑造了不同的数据库文件内部结构，从而决定其生成的数据库类型也各有特点。现今市面主要有以下几款常用的数据库系统软件：

通过对以上几款数据库管理系统优缺点的对比，同时考虑到工作实际需要和经费的预算情况，初步选定 Oracle 作为城市级（即海量级大平台）数据库系统管理平台，SQL Server 作为区县级（即 TB 级中等平台）数据量存储及管理数据库系统平台，MySQL/SQ Lite 作为乡镇级（即小平台）数据库系统管理平台。

3.5.2 中间件选型

越来越多的应用、更复杂的数据、跨系统和跨组织的业务流程优化等要求，都需要更灵活可靠的系统架构来实现。中间件已经逐渐拥有和操作系统一样重要的地位了，尤其是对于一个企业级应用系统来说，中间件的地位已经日益重要。而每一家中间件厂商都有自己的一套数据以及拥有优势的地方，我们要在 IBM、BEA、Oracle、Fix BPMCS 众多 SOA（面向服务的架构）中间件系统中选择出一种或多种来构建多维基础平台。

1）中间件选型遵循基本原则

（1）市场占有率和企业形象；

（2）性能和技术指标；

（3）可扩展性；

（4）符合标准；

（5）易用性；

（6）价格。

2）中间件应用需求

（1）简单、速度快、性能稳定，拥有简单而强有力的基于文件的配置过程；

（2）支持最新的 HTTP/1.1 通信协议，支持通用网关接口，支持基于 IP 和基于域名的虚拟主机；

（3）支持跨平台应用（可以运行在几乎所有的 Unix、Windows、Linux 系统平台上）；

（4）标准技术规范，支持多种方式的 HTTP 认证；

（5）造价低，易维护。

对于以上应用需求，通过对多种 Web 服务器中间件进行比较，最终选用 Apache 组织开发的 tomcat 应用服务器。

3）Tomcat 功能及特点

（1）Apache Tomcat 是世界上最流行的 Web 服务器软件之一。它可以运行在几乎所有广泛使用的计算机平台上；

（2）Apache Tomcat 的特点是简单、速度快、性能稳定，并可做代理服务器来使用。Apache 对 Linux 的支持相当完美；

（3）Apache Tomcat 包含了一个配置管理工具，可以通过编辑 XML 格式的配置文件来进行配置；

（4）Apache Tomcat 是一个开放源代码、运行 Servlet 和 JSP Web 应用软件的基于 Java 的 Web 应用软件容器；

（5）Apache Tomcat 是基于 Apache 许可证下开发的自由软件。

Tomcat 使用了 Apache 服务适配器。随着 Catalina Servlet 引擎的出现，Tomcat 第四版号的性能得到提升，使得它成为一个值得考虑的 Servlet/JSP 容器，因此目前许多 Web 服务器都是采用 Tomcat。同时 Tomcat 内置数据库连接池（DBCP）能够负责分配、管理和释放数据库连接，可以明显提高对数据库操作的性能。

3.5.3 平台选型

多维基础平台作为道路行业应用基础,主要目的是提供道路多维数据成果展示和标准化应用开发接口,为各业务系统建设提供标准的数据服务和开发接口支撑。

1)多维基础平台选型指标

(1)功能及效果

实现对多维道路管理与业务建设的一体化解决方案的服务资源发布与集成的整套解决方案;实现成本控制下的应用与良好的展示效果,不需要额外付费的支撑软件。

(2)运行效率

移动端、PC端平台运行效率,根据数据承载量重点针对三维数据进行优选,通过性能比对测试完成。

(3)行业定制

支持二三维地图基础功能;实现对业务系统的接口支持;支持交通流量线的实时更新显示;部分符合条件的建筑物显示;单独建筑物的高亮显示;支持全景图片与三维的比对。

(4)移动端

为支持移动端的在线与离线应用系统提供接口(移动端要求支持二维功能接口和三维功能接口)。

2)多维基础平台选型原则

(1)三维平台服务商在行业的口碑

三维GIS平台服务商在行业内的口碑关系到产品质量及服务质量,良好的口碑关系到长期合作的成败。重要的是三维GIS平台服务商的已有客户对其系统、服务以及实际使用效果的评价等。

(2)三维平台在同行业项目中的市场占有率

是否已经拥有众多建设好的成功案例,是否通过借鉴其他省市、其他用户的经验,这样可以有效降低用户方的采购风险,使得自身的项目得到稳定、有序地进行,实现最终目的。

(3)三维平台产品的成熟度

三维GIS平台产品是否是成熟的产品,产品能否做到可持续改进和升级,其产品到底有多少同类客户在使用,以便印证产品成熟度。

(4)三维平台产品的技术特性

在充分分析项目建设要求下,同时吸取同行业相关项目建设经验,对于即将建设的项目,在三维平台的选择时,对于平台的技术特性要求,具体体现在如下几个方面:

①能否具备海量数据的支撑能力;

②空间数据管理、分析功能是否强大;

③是否具备与现有系统的集成能力和可扩展性及可开发性;

④三维建筑模型支撑能力符合;

⑤大范围的数据更新是否快捷、高效,是否需要预处理;

⑥能否实现地表、地上、地下的全方位一体化真三维的空间数据管理、查询和分析;

⑦是否具备支撑多级网络的数据共享和应用服务能力。

(5)三维平台产品的性价比

在选购三维 GIS 平台时,不仅要考虑是否能够满足目前项目的功能和要求,还要考虑三维 GIS 平台能否满足未来项目发展的需求,因此需要在全面对比、考量各个平台的技术指标后,对于满足项目建设要求的平台进行价格比选,尽量减少预算投入,实现平台采购的最佳性价比。

3)符合要求多维基础平台可用性比对

平台选型不仅仅是选择满足条件的软件,还要考虑整体发展的建设需求,重要的是要选择一个满意的合作伙伴,能够进行可持续合作。纵观整个行业应用情况和发展历程,通过本书中"3.4.2 三维地理信息系统"对国内外经典三维平台的总体分析、功能及特点的介绍,对符合要求的几款三维平台进一步加以比较,详见附表一。

结合自身的需求出发,初步选定 Stamp 作为城市级(500 千米及以上)基础服务平台;选定 NewMap 作为区县级(200 ~ 500 千米)和乡镇级(50 ~ 200 千米)基础服务平台,当然 Stamp 亦可用来构建区县级平台;同时,根据平台自身的优势,初步选择 NewMap 平台作为互联网数据发布平台。

3.6 三维 GIS 平台对比

三维 GIS 平台对比见表 3-7。

三维 GIS 平台对比表 表 3-7

功 能	SuperMap	Evia Earth	Stamp	Skyline	NewMap
解决海量数据的技术特点	在国土行业有 45TB 级应用。拥有并行切图技术,解决大数据切图问题	支持全球范围内高精度地形、影像、矢量和模型数据管理、发布和展示;数据采用大文件形式存储,方便企业级客户拷贝和存储备份;基于云结构实现数据的多级管理和发布,避免某台服务器数据分发负担过重	数据量无上限(采用实时加载技术);数据管理模式采用数据库管理、成果数据管理模式;图层管理支持图层任意嵌套,支持图层双击定位、范围显示提供权限管理模块,用户可自定义数据内容	具备国际专利的海量影像、地形数据压缩技术;大数据量的矢量数据支撑能力强,具有最先进的静态矢量缓存技术;实时信息流通信技术;模型数据具有细节分级显示技术;实现基于网络的三维地形数据的实时动态更新	分布式、集群瓦片生成技术;模型 LOD 技术;模型简化技术;DEM 金字塔级别管理存储技术;矢量数据分级存储与拓扑关联技术;渐进传输技术;模型综合技术;智能遮挡技术
影像、高程	无资料	支持影像数据格式 jpg、png、bmp、tif、img;支持地形格式 asc/img	支持的影像数据格式:tif、jpg;支持高程数据格式 *.asc、*.dem;支持特征点线.dxf	支持的影像数据格式:img、ecw 、Sid	支持影像和高程格式 img、tif

续上表

功　能	SuperMap	Evia Earth	Stamp	Skyline	NewMap
矢量数据、三维模型、空间数据库等多源数据支持能力	二维与三维在数据模型、数据存储方案、数据管理、可视化和分析功能的一体化,提供海量二维数据直接在三维场景中的高性能可视化、二维分析功能在三维场景中的直接操作	对矢量数据采用空间网格管理,能够实现全球矢量数据的管理、发布和浏览。并且实现了对矢量数据的 SQL 查询。数据浏览基于现有的普通台式机或笔记本配置可以实现快速无缝浏览	矢量数据支持.shp 格式;支持 WGS-84 坐标系、2000 国家坐标系、西安 80 坐标系和北京 54 坐标系;支持高斯投影、UTM 投影、墨卡托投影和自定义投影,其中高斯投影和 UTM 投影均支持自定义本地投影;三维数据间无缝对接;二维导航、实景数据与三维数据之间无缝互动	影像和地形数据自动识别金字塔级别,地形数据集与原始数据的压缩比例约为 1:10,且不损失数据精度;三维地形场景无缝浏览、矢量和三维模型等采用流方式提高浏览效率,三维模型浏览效率有待增强	支持多种矢量数据,并且通过数据处理,支持多种模型数据和空间数据库;支持倾斜摄影,BIM 等三维模型数据。 只要存储空间足够,对数据量没有限制
空间成果管理和展示	支持透视分析、三维网络分析、可视域分析、日照分析、缓冲区分析、三维距离测量、空间面积测量等	可实现地表、地上、地下三维立体空间管理,有效集成多领域的空间数据和属性信息;实现地下空间设施的浏览、查询、分析等功能	地上地下一体化;室内室外一体化、二维三维一体化;三维全景一体化;支持历史数据的管理	可实现地表、地上、地下三维立体空间管理,有效集成多领域的空间数据和属性信息;实现地下空间设施的浏览、查询、分析等功能	可实现地上、地下、室内、室外二三维一体化集成管理,有效集成多领域的空间数据和属性信息,满足各行业应用需求
三维展示效果	支持水面效果、粒子效果(雾、雨、花瓣、火焰等)、动画效果(包括骨骼动画)、立体显示效果等;提供丰富的三维专题图(单值、分段、标签、统计等)功能	可实现地表、地上、地下三维立体空间管理,有效集成多领域的空间数据和属性信息;实现地下空间设施的浏览、查询、分析等功能;自然环境效果;支持多窗口显示	支持动态水面、天空背景等效果;支持粒子效果(模拟爆炸、烟雾、火焰、雨、雪等特效);支持模型人物骨骼动画(人、路政车、飞机、船等动态模型);支持动画及高分辨率图片输出	自然环境效果:模拟白天、黑夜、日出、日落自然效果;支持基于实际作为位置随时间变化的光照阴影变化仿真;实现静态云层、动态云层仿真;动态水面;阴影机制	支持从地上到地下,从室内到室外等美观精细的三维场景渲染,支持动态对象渲染;支持流动水、动态水面;大规模光照分析;喷泉、火焰、雨、雪、骨骼动画等效果的表达
数据标准的开放性,能否支持空间数据共享与服务	平台无须虚拟技术,直接支持跨平台。支持多种操作系统,可以运行于 Windows、Linux、AIX、Solaris 操作系统	产品基于服务的 SOA 构架能够很好地支持空间数据的共享与服务,并有成功案例; 遵循 OGC 标准,支持基于服务的数据交换(WMS、WFS、KML)	基于 WebService,采用 HTTP + XML 与 ArcGIS Server 无缝集成;支持自定义扩展服务;以网络为纽带,实现基础地理信息数据的共享共用;无缝聚合第三方服务 WMS、WMTS	产品基于服务的 SOA 构架能够很好地支持空间数据的共享与服务,并有成功案例;遵循 OGC 标准,支持基于服务的数据交换(WMS、WFS、KML)	采用 WebServices 实现数据的服务发布,遵循 OGC 标准,支持基于服务的数据交换(WMS、WFS、KML)。 有对应的转换工具,实现模型数据的转换

续上表

功　能	SuperMap	Evia Earth	Stamp	Skyline	NewMap
平台与其他系统集成能力	对于体系架构中的每一个模块都提供了扩展的能力，方便二次开发用户的扩展开发，以及与自身业务系统的集成等	可集成 ArcGIS、MapInfo 二维 GIS 系统数据	集二三维空间数据、办公信息、安全信息、能耗信息、服务信息等于一张图，建立集成 2D GIS、3D GIS、MIS、视频、会议系统等于一体的统一平台	可集成 SurperMap、ArcGIS、MapInfo 等二维 GIS 系统及其数据，可集成规划审批平台系统、电子政务平台系统、现行办公自动化系统等	可集成 google、天地图等数据源数据，方便集成业务专题数据，在数字城市、城市规划、地下管线、安保、地下轨道交通等领域有深入研究和应用案例
是否提供组件式二次开发，可定制开发功能	采用面向服务的架构进行设计和实现，其能力不仅仅提供服务供用户使用，还提供了整套的 SDK	是成熟标准化的商业平台，提供大量的 API，具有二次开发定制功能；不可以随意修改底层代码。开发环境为 JavaScript、C#、C++、VB、ASP、ASP. net	全开放的平台架构，提供相应的 SDK 包，支持多语言的二次开发，应用层源代码免费开放，可跨平台开发，扩展性强	是成熟标准化的商业平台，提供大量的 API，具有二次开发定制功能；不可以随意修改底层代码，开发环境为 JavaScript、C#、C++、VB、ASP、. net	成熟标准化的商业平台，提供大量的 API，完善的开发文档、丰富的二次开发案例、活跃的二次开发交流群、良好的反馈机制。开发环境为 JavaScript、C#、C++、VB、ASP、ASP. net
多级网络共享能力	采用云端一体化架构，支持智能集群、并行计算、二三维一体化、跨平台（于 2005 年用 C++ 重构产品内核，实现内核级跨平台）	能够支持多用户并发访问，支持负载均衡以及网络集群计算服务；可实现多个领域的多级网络的三维空间数据共享服务	数据分布式部署与服务分布式部署，客户端访问量无上限支持云平台、云中心	能够支持多用户并发访问，支持负载均衡以及网络集群计算服务，可实现多个领域的多级网络的三维空间数据共享服务，可实现网络化实时动态更新，提供网络化运营的系统开发定制	能够支持多用户并发访问，支持负载均衡以及网络集群计算服务；支持云部署，有效利用了分布式计算和弹性服务；多级安全认证体系，保证了共享数据的安全性
三维开发引擎	有统一的空间数据库引擎 SDX+，提供强大的空间数据分析能力，无需安装，直接集成于各平台中，各产品间数据无需转换处理可直接应用	底层采用 C++ 和 D3D 实现三维渲染，能够根据国内应用需求调整三维渲染功能，在其渲染效率上有很大的优势	1. 采用 B/S、C/S 结合开发模式开发，支持大规模数据处理应用。 2. 服务端采用 JAVA 开发语言和 J2EE 中间件平台。 桌面端端采用 C++ 开发语言和 Direct3D 以及先进的图形引擎	Skyline 底层采用 C++ 与 D3D 实现三维渲染，经过多年的发展，具有好的稳定性	采用 C/C++ 与 OpenGL 从底层研发，支持 C/S、B/S、移动端等多种方式，经过软件测试和众多城市、行业应用，在稳定性、效率上处于国际领先

续上表

功 能	SuperMap	Evia Earth	Stamp	Skyline	NewMap
渲染效果	三星	二星	五星	三星	四星
行业定制	用户定制专业GIS应用模块、提供成熟的行业应用源代码和解决方案	无资料	用户定制专业GIS应用模块,提供标准的行业应用源代码和解决方案	Skyline的底层源代码对国内用户开放程度不够,所以二次开发能力较弱	用户定制专业GIS应用模块,提供行业应用定制开发和解决方案
运行效率	四星	三星	四星	五星	四星
造价	较高	无资料	适中	昂贵	相对较低
移动端	支持ios、Android、Windows操作系统	无资料	支持Windows操作系统	提供安卓版本SDK	支持手机及平板设备安卓4.3及以上,自有SDK支持二三维在线调用,具备三维离线能力

注:以上各平台对比情况表,基于笔者对业界的了解所总结,只是个人观点,可能有不符合之处。

第4章　机房及网络建设

4.1　基础设施建设

机房基础设施建设包括监控系统、消防系统、装修系统、照明系统、供电系统、门禁系统、空调系统、防雷系统、电磁保护系统建设。

4.1.1　安保系统

考虑到主要设备放置在机房内，除机房门的值守人员外，还设计安装电子西门子门禁系统和相应的安保监控报警系统。门禁系统只为计算机机房提供服务，设备设置在监控室内；同时安保监控系统也设置在监控室；门禁与安保系统实现联动，发生安保报警时，可强行关闭门禁系统，并提示报警。

安保监控系统外设为半球摄像装置，统一接入到机房环境监控系统中，实现系统的监视、录像、回放等功能，完全满足系统30天以上的实时录像存储时间。

4.1.2　防雷击系统

为防止机房设备的损坏和数据的丢失，机房防雷尤其重要。按国家建筑物防雷设计规范，将机房内设备的金属外壳、金属管道、金属线槽连接上形成等电位网，独立接入楼体，同时与PE端相连。防雷接地电阻要求小于10欧，并在相应的设备上要安装防雷设备（浪涌保护器）。

4.1.3　消防系统

消防自动报警及控制系统的组成：

（1）消防控制中心包括智能火灾报警控制主机，用于集中报警及控制。

（2）数据中心机房内设置火灾自动报警与消防联动控制系统。

整个机房设计采用火灾报警系统一套，设置2个火灾报警区，1个区主要管空调配电区设备，1个区管网络机房设备，满足机房火灾报警需求。机房环境西侧使用防火中空双层玻璃，机房内三侧使用防静电铝塑板，两侧门为防火门，使用气体灭火。

火灾自动报警系统采用总线制报警，在房间内设置感烟和感温两种探测器，防护区内设置声音报警器，当房间内感烟感温探测器动作后，发出声音警告，同时自动启动相应灭火装置（设置六氟丙烷等灭火气体，确保机房设备安全）。

4.1.4　防水和防潮

针对机房存在的防水与防潮安全防护问题，并结合《信息系统安全等级保护基本要求》第二级的要求中机房给水排水要求进行防水和防潮工作。

4.1.5　电磁保护系统

计算机房的屏蔽与接地是极为重要的关键措施，屏蔽机房一方面可以防止外界电磁场干扰或破坏计算机系统的工作，另一方面又可以防止机房内计算机信息的泄漏与失密。要求在机房建设过程中保证附近无大功率发射设备，无大功率的工、科、医射频设备，无高压线输电线与大型负载，绝对保证在计算机房的附近环境空间场强控制在 1 伏/米，稳定磁场强度在 100 e 以下。同时避开大型震动源，特别是铁路沿线及工业生产震动，冲击设备应当绝对避开。采取以下措施：

(1)采取完善的屏蔽技术，实现整个屏蔽机房电气一体化。所有电源线路必须滤波，使用高抗干扰电源。

(2)良好的接地技术，交流接地、直流接地、防雷接地、电磁接地等接地线设计合理、分别设置、互不相连、互不代替。

4.1.6　供电系统

总接入 3×35+2×25，380V 进线，每个机柜(3×4)平方米电缆。双路供电。1 路市电 1 路 ups，根据现场测算 1 号机柜做网络(路由器、交换机、程控交换机)机房视频监控共约 2kW，2 号柜 -8 号柜设计 4kW，预留 1kW，按每个服务器 500W 计算，每个机柜 8 台服务器，共 4kW。

2 -8 机柜，实际：28kW +1 号机柜 2kW，设计 60kV · A，60×0.7 =42kW > 30kW 所以 UPS 设计满足实际需求。

4.1.7　空调系统

机房内温、湿度应满足下列要求：

(1)开机时电子计算机机房内的温、湿度，应符合表 4-1 的规定。

机房温度、湿度规定　　表 4-1

项　　目	A 级		B 级
	夏季	冬季	
温度	22℃ +/ -2℃	20℃ +/ -2℃	18℃ ~28℃
相对湿度	45% ~65%		40% ~70%
温度变化率	<5℃/h 并不得结露		<10℃/h 并不得结露
适用房间	主机房		
	基本工作间(根据设备要求采用 A 级或 B 级)		
备注	辅助房间按工艺要求确定		

(2)主机房内的空气含尘浓度，在静态条件下测试，每升空气中大于或等于0.5μM的尘粒数，应少于18000粒。

(3)主机房维持一定的正压。主机房与其他房间、走廊间的压差不应小于4.9Pa，与室外静压差不应小于9.8Pa。

(4)空调系统的新风量应取下列三项中的最大值：

①室内总送风量的5%；

②按工作人员每人40m³/h；

③维持室内正压所需风量。

当前机房配置的制冷量为28.8kW，配置1台艾默生PEX1030；UPS房间配置1台艾默生DME12机房精密空调(单台机组制冷量为12.5kW)。

4.2 服务器、存储简介

4.2.1 服务器搭建

1)服务器功能

资源服务器主要用于三维地理信息系统对外发布数据支持，三台Web服务器主要用对外信息发布，三台Web服务器+资源服务器共十台服务器通过Resin集群选用Java平台，实现统一通外IP。数据库服务器用于多维平台的主数据库，主数据库服务器和备份数据库服务器共两台通过Rose方式做系统热备，一台三维服务器是为地图服务平台对外服务为Web对外服务提供数据支持。其他7台服务器主要用于机房搬迁原有老旧服务器更换。

2)服务器部署

(1)服务器按需要配置14台：数据库服务器2台，应用服务器12台，磁盘阵列2台，此次使用设备为全新采购，没有可利旧设备。

(2)考虑到楼体每平方的承重和机房内环境和温湿度要求，将按照6台机器一面机柜的布置方案，分置于3面机柜内，机柜顶端留有空间位置用于柜内温度导流。新服务器上架后将会有72小时的待机测试环节，机房内温度及新风也将根据测试情况进行相应的调整。

(3)国标《建筑结构荷载规范》(GB 50009—2012)中规定：办公楼等场所的楼面载荷是2.0千牛/平方米，项目所在楼层每平方米所能承受的质量大约400千克，按照每台服务器质量约为30千克，在柜体单面机≤1.0/平方米的空间内放置6台服务器，在安全载荷范围内。

服务器具体部署见下表4-2：

服务器部署　　表4-2

序号	服务器	配置	业务应用	机柜位置号
1	服务器	E5-2650 * 2 16G 900G	Web服务器1	1
2	服务器	E5-2650 * 2 16G 900G	Web服务器2	1
3	服务器	E5-2650 * 2 16G 900G	Web服务器3	1

续上表

序号	服　务　器	配　　置	业 务 应 用	机柜位置号
4	服务器	E5-2650 * 2 16G 4T	资源服务器	1
5	服务器	E5-2650 * 2 32G 900G	主数据库	2
6	服务器	E5-2650 * 2 32G 900G	备份数据库	2
7	服务器	E5-2650 * 216G　4T	三维服务器	2
8	存储	双控制器 50T 净容量	生产存储	2
9	存储	双控制器 20T 净容量	备份存储	2
10	服务器	E5-2620 * 216G 600G	无线视频服务器	3
11	服务器	E5-2620 * 2 16G 600G	视频会议服务器	3
12	服务器	E5-2620 * 2 16G 600G	公司 OA 服务器	3
13	服务器	E5-2620 * 2 16G 600G	公司网站服务器	3
14	服务器	E5-2620 * 2 16G 600G	巡查系统服务器	3
15	服务器	E5-2620 * 2 16G 600G	地理信息服务器 1	3
16	服务器	E5-2620 * 2 16G 600G	地理信息服务器 2	3

4.2.2　数据存储系统

1）系统结构

（1）基于 SAN 的解决架构

针对用户目前的存储状况以及发展趋势，我们建议用户采用以数据和存储为中心的系统结构。以数据和存储为中心可以极大地保护用户的投资，有效利用存储空间，降低用户管理费用，从而确保整体成本最低，降低管理难度，维护数据管理的统一性，提高了电子化数据管理的可靠性。数据的集中化管理，能够确保数据的一致性和完整性，保证电子化数据的可靠性。

以数据和存储为中心必然对整个存储系统性能有很高的要求，所以我们建议用户选用集中式、高性能、大容量、智能化的存储区域网（Storage Area Network，简称 SAN）来构建新一代计算中心存储环境。存储区域网是未来存储系统发展的方向。所谓存储区域网是指在服务器之后的高速子网络，它利用硬件、软件和光纤通道技术把所有与存储设备相关的处理工作移往一个集中的环境，使数据网络可以处理关键性任务。而信息存储则可通过存储区域网通信，从而消除 I/O 瓶颈，提高系统性能。SAN 一改过去以服务器为中心的存储模式，以数据存储为中心，采用伸缩的网络拓扑结构，通过具有高传输速度的光通道直接连接方式，提供 SAN 内部任意节点之间的多路可选择的数据交换，并且将数据存储管理集中在相对独立的局域网内。SAN 的最终目标是实现在异构环境中最大限度的数据共享和可管理性。

建议未来要实现用 SAN 的架构进行企业存储集中。SAN 存储集中如图 4-1 所示。

（2）基于 ISCSI 的解决架构

鉴于如今的 IT 环境充斥着多种服务器和数据增长，从 SMB 到企业等组织意识到联网在管理应用程序和企业数据方面的价值。如今，存储设备的连通性必须实现比直连存储设备

(DAS)更高的可扩展性、可用性和可管理性。数据要得到充分利用,必须可供需要数据的人员进行访问。通过网络来整合数据是实现此目标的最佳方法。

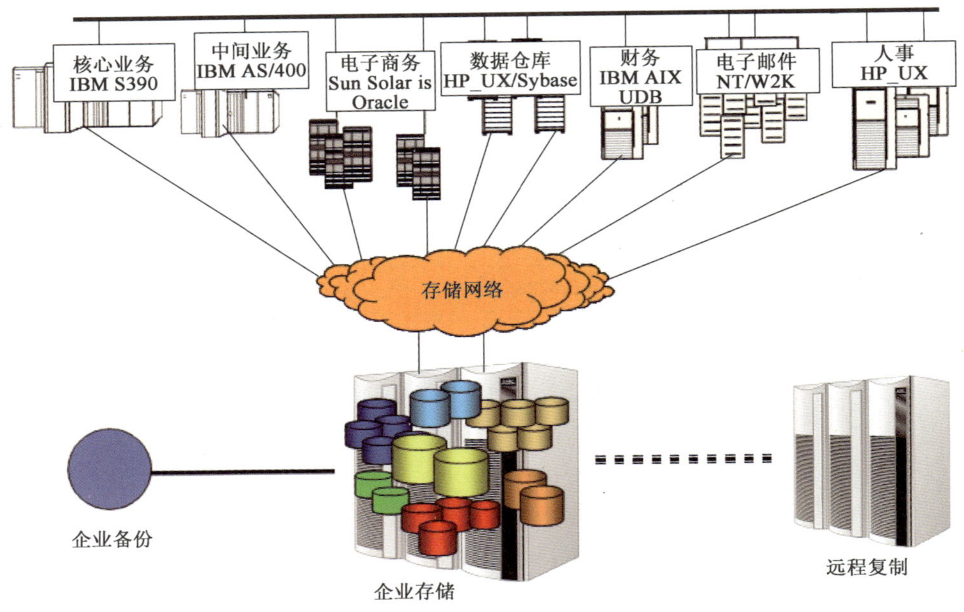

图 4-1 基于 SAN 的存储网络

IBM 在外部存储系统开发方面的专业技术是 IBM System Storage™ DS3300 的智能基础,提供了尖端技术和高可靠性。DS3300 旨在满足各种用户的可用性和整合需要。DS3300 旨在为组织提供价格合理、可靠并且可扩展的存储解决方案,此解决方案利用的是其当前的 IP 基础架构设备和内部专业技术。

IBM DS3300 设计和定价旨在解决各种企业的需要。易捷版型号将 DS3300 存储系统与 IBM iSCSI 卸载 HBA 和以太网电缆结合,用于实现快速简单的设置和管理(图 4-2)。

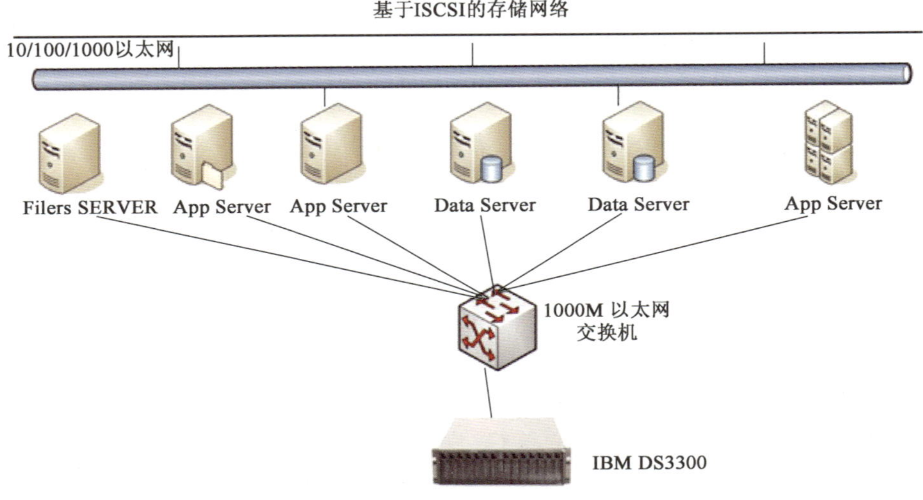

图 4-2 基于 ISCSI 的存储网络

2)技术特征

(1)开放的标准,适合于服务器和存储设备之间的共享:SAN 标准最早就是为了多个服务器之间通过专用的高速网络来共享存储和更加有效地管理存储设备所设计,经过近十年的发展,已经成为非常完善的标准。各主流厂商均遵循开放的观念,保证各家设备之间的互连性。在物理连接上是采用已经成熟的光纤技术实现。

(2)高性能的数据存取:SAN 采用的链路连接是通过光纤,光纤本身具有抗干扰能力强、传输距离长、传输速度快的特点,目前具有的速度是 1Gbit/s 或 2Gbit/s。而且最关键的是,基于 SAN 架构,服务器和存储设备之间的协议是专为数据密集型存取所设计。

(3)具有高度的可扩充性:基于 SAN 架构的存储设备,本身具有可扩充性,而且一旦 SAN 架构构建以后,可以很容易增加存储设备,并且这些存储设备均可以作为一个整体来共享,它们可以作为一个卷或多个卷来共享。在 SAN 的架构下,存储是独立于应用的。

(4)具有无与伦比的可靠性:作为关键性应用中,设备的可靠性是必须考虑的。在 SAN 架构中,主机和光纤交换机,和存储设备之间的连接均是冗余的,冗余的通路带来的好处,在正常情况下是带宽的扩充,实现自动负载均衡,如果某一通路出现问题,它又可以作为另一选择路径,保证系统的可用性。SAN 的存储设备内部,本身也考虑很多系统的高可用性,系统中的磁盘是连接到两个光纤环路上和两个控制器上,电源、风扇等均是冗余的、无单点故障的。

(5)基于 SAN 的备份恢复、灾难恢复等多种解决方案:目前具有多种基于 SAN 架构的解决方案,比较典型的是包括远程容灾解决方案和零停机时间备份。它可以通过异地远程的两台阵列实现数据的同步,独立于操作系统和应用,一旦某地的系统出现问题,可以很快地切换到异地,保证系统的应用。数据的备份和恢复也是一个数据密集型访问的应用,如果基于 LAN,要占用企业内部大量的带宽,前台响应将极为缓慢,因此,在 SAN 的架构下,可以实现 LANfree 的备份解决方案、Severless 的备份解决方案和零停机时间的备份解决方案。

(6)集中式管理:分布式的设备,包括主机系统、存储系统、交换机等,均可以通过图形界面的管理程序进行管理或者通过 SNMP 协议,与网管软件结合实现整个系统的中央管理。

3)技术对比

(1)企业在面临 iSCSI SAN 存储解决方案时,会拿 FC SAN 及 NAS 与其比较。在此先就 FC 与 iSCSI 做一比较,基本两者同属走块协议的 SAN 架构,只不过前者透过 FC,后者由 IP 传输数据罢了,而两者在管理及应用上也大同小异,其间只不过优劣好坏的差异。

(2)至于 SAN 与 NAS 的差异而言,许多 iSCSI 厂商都认为 SAN 与 NAS 是完全不同架构的存储方案,前者支持块协议,后者则支持文件协议,所以拿两个完全不同协议及架构的标准相比,是不太适宜的。

(3)SAN 的精髓在于分享存储设备(Sharing Storages);NAS 则在于分享数据(Sharing Data)。总而言之,NAS 与 SAN 因为架构及应用领域的不同,所以不会相互取代,而会共存于企业存储网络之中。

(4)接口技术:iSCSI 和 NAS 一样透过 IP 网络来传输数据,FC 则不一样,数据是透过光纤通道(Fibre Channel)来传递。

(5)数据传输方式:同为 SAN 的 iSCSI 及 FC 都采用块协议方式,而 NAS 则采用文件协议。

(6)传输速度:就目前的传输速度而言是 FC(2Gb)最快、iSCSI(1Gb)次之,NAS 居末。基本上,FC 及 iSCSI 的块协议会比 NAS 的文件协议来得快,这是因为在操作系统的管理上,前者是一个“本地磁盘”,后者则会以“网络磁盘”的名义显示。所以在大量数据的传输上,iSCSI 绝对会比 NAS 快得多。

(7)资源共享:iSCSI 和 NAS 共享的是存储资源,NAS 共享的是数据。

(8)管理门坎:iSCSI 和 NAS 都采用 IP 网络的现有成熟架构。所以可延用既有成熟的网络管理机制,不论是建置、管理或维护上,都非常方便及容易。而 FC 则完全独立于一般网络系统架构,所以需由 FC 供货商分别提供专属管理工具软件。

(9)管理架构:透过网络交换机,iSCSI 及 FC 可有效集中控管多台主机对存储资源的存取及利用,善用资源的调配及分享,同时速度上也快于网络磁盘的 NAS。但是由于技术限制,使用 ISCSI 设备目前无法满足企业正常三级容灾备份需要,同时在架设时容易出现单点故障,引起整个业务系统瘫痪。

(10)传输带宽问题:目前的 1Gb 带宽,尚不及 FC 的 2Gb,这方面待要等到 10Gb 以太网络普及之后,才有可能赶上。但就目前企业的网络状况来看,GbE 以太网络的普及率都有待加强了,所以 10Gb 何时来临,还是未定之数。

(11)流量控制问题:这方面也没有 FC 来得好。

(12)I/O 端的速度限制:Brocade 指出在 Host 主机及 Target 存储设备两处的 I/O 端速度一直不上来,所以即使 10Gb 以太网络真的普及,I/O 端的速度瓶颈仍然会拖垮这个传输效能。

(13)软件 iSCSI Initiator 效能不佳:其透过软件仿真来执行 SCSI 指令,所以会耗费掉大量的 CPU 资源,造成整体效能的低落。这个问题可以透过安装频率较高的 CPU 来解决。

(14)支持的平台及软硬件仍少:虽然目前 Windows、Linux、UNIX、Netware 都已陆续推出软硬件的 Initiator,但数量及完备性仍不足,尤其是版本特多的 Linux,目前只有 SuSE 及 Redhat 有解决方案;其中,SuSE 只有软件、Redhat 只有硬件。此外,HP - UX 及 Novell Netware 只有软件,SUN Solaris 则只有硬件,而且一些平台上的设置十分复杂困难。换句话说,目前只有微软 Windows 平台具备最完备的支持性。但是目前业界及政府机构的数据中心,有相当数量是采用非 Windows 操作系统,再加上也有不少公司内部系统是属于多种操作系统环境,所以各平台解决方案的提出,仍是 iSCSI 急待解决的重要课题。

(15)令人质疑的安全性:IP 网络环境复杂,再加上懂 IP 的人相对的多,所以安全性也相对地令人质疑。

(16)无法兼顾效能及跨平台性:前面已提到 iSCSI Initiator 可分为三种,亦即软件 Initiator 驱动程序、硬件的 TOE HBA 卡及 iSCSI HBA 卡。就效能而言,Initiator 驱动程序最差、TOE 居中、iSCSI HBA 卡最佳。但是 iSCSI HBA 只能走 iSCSI 协议,而无法透过 NFS(Network File System,SUN 制定)或 CIFS(Common Internet File System,微软制定)等档案系统协议与应用服务器沟通。但 Initiator 驱动程序及 TOE 则同时支持 iSCSI、NFS 及 CIFS 三种协议。

4)设备选型

基于 SAN 的解决方案设备配置如表 4-3 所示。

基于 SAN 的解决方案设备配置　　表 4-3

	IBM Series List		
编号	Description	数量	备注
1814-70A	DS4700 Express Model 70（2 GB Cache）	1	DS4700 主机
2410	(26K7941)SW 4Gbps SFP transcvr pair	4	短波模块
5222	(39M4590)2 Gbps FC,146.8 GB/10K E-DDM	10	FC 硬盘
5605	(39M5697)Fiber Cable 5m Multimode (LC-LC)	4	连接线
7711	(41Y5184)DS4700 AIX Host Kit	1	系统支持
8850	DS4700 Mod 70 2-Storage Partitions Activation	1	分区协议
9202	Field Integrate DS4700	1	协议
9840	(02K0546)Power Cord 250V/10A,P. R. China	1	电源管理
2005-B16	IBM TotalStorage SAN16B-2	2	FC 交换机
2414	4 Gbps SW SFP Transceivers - 4 Pack	12	短波模块
5605	Fibre Cable LC/LC 5m multimode	14	连接线
3573-L2U	TS3100 Tape Library Express	1	备份磁带库
6013	13m LC/LC Fibre Channel Cable	1	连接线
8002	Ultrium Cleaning Cartridge L1 UCC	1	清洗磁带
8144	Ultrium 4 Fibre Channel Drive	1	驱动器
8305	Ultrium 3 Data Cartridge (5pk)	1	数据磁带
9600	Attached to IBM AIX System	1	系统支持
9840	2.8m Power Cord 250V China (PRC)	1	电源管理
	服务器专用光纤连接卡	12	连接卡
D56FELL	IBM Tivoli Storage Manager Extended Edition 10 Value UnitsLicense + SW Maintenance 12 Months	6	存储管理服务器模块
D56FPLL	IBM Tivoli Storage Manager Storage Area Networks 10 Value Units License + SW Maintenance 12 Months	1	SAN 存储管理模块
D56F7LL	IBM Tivoli Storage Manager for Enterprise Resource Planning 10 Value Units License + SW Maintenance 12 Months	1	ERP 在线备份模块
D56D7LL	IBM Tivoli Storage Manager for Application Servers 10 Value Units License + SW Maintenance 12 Months	1	应用服务器在线备份模块
D56D9LL	IBM Tivoli Storage Manager for Databases 10 Value Units License + SW Maintenance 12 Months	1	数据库在线备份模块

基于ISCSI的解决方案设备配置如表4-4所示。

基于ISCSI的解决方案设备配置　　表4-4

	IBM Series List		
编号	Description	数量	备注
172632X	DS3300 dual controller	1	DS3300
40K1046	300GB 15k Hot Swap SAS	10	硬盘
39R6531	3m SAS Cable	6	连接线
39R6509	DS3200 SAS 2 端口扩展子卡	2	端口扩展卡
39R6536	分区许可协议	1	分区协议
25R8060	PCI-E SAS HBA	6	主机连接卡
PN00000	以太网交换机	1	

4.3 网络系统

4.3.1 运行网络系统

1)网络系统概述

目前网络情况一般是生产网和办公网合二为一,生产数据安全得不到有效保障,由于办公网内有生产数据、视频会议数据、邮件数据等各种业务数据加上前期交换设备比较老旧,导致网络经常出现拥堵现象,在网络高峰期容易形成网络风暴导致网络系统瘫痪,影响科研中心正常业务运作。前期网络方案设计中没有考虑科研中心、养护、路政局之间大流量业务来往,特别是数字视频会议系统。

目前,旧的互联网带宽已不能满足实际需求,需充分考虑办公网络改造、生产网络建设,规划养护和科研中心之间专用网络建设、规划路政局和科研中心专用网络建设。

2)办公网络建设

双网隔离后的办公网络见图4-3。

100M带宽的外网通过路由器接入到防火墙,防火墙接入到核心交换机(全千兆端)各服务器接入到千兆交换机中进行数据交换。

(1)企业级路由器使用多核CPU提高数据、语音的并发处理能力,为大容量业务的全方位部署创造条件,如无阻塞交换、业务转发无瓶颈协议管理、业务和数据交换的独立分布处理。

(2)企业级防火墙32G防火墙吞吐,10GVPN吞吐,超大容量NAT转换能力;全系列支持万兆接,最高可扩展56千兆+14万兆接;关键部件冗余配置,成熟的链路转换机制,电信级可靠性。

(3)交换机采用智能交换机,产品提供了48个以太网10/100/1000Mb/s端和2个上行链路端,具备丰富的智能功能,通过高级QOS(网络服务质量)精确速率限制、ACL(访问控制列表)和组播(点对多点的网络连接)服务,实现了网络控制和带宽优化,为网络边缘提供智能服务。

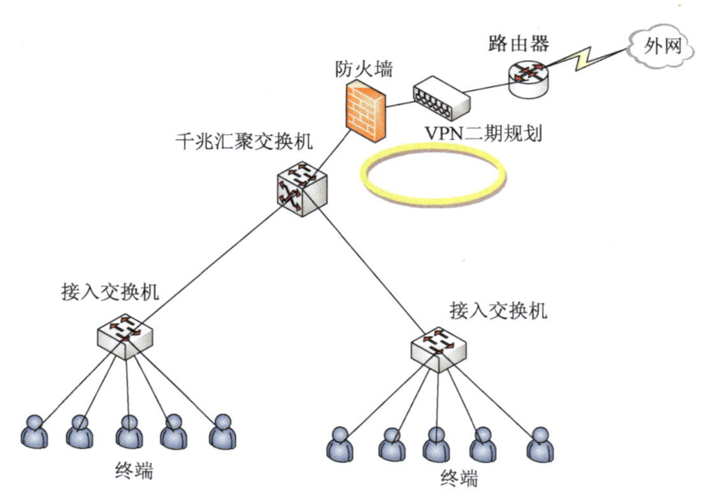

图 4-3　双网隔离后的办公网络

此网络设计可以改变目前网络中出现在的阻塞延时等现象,全千兆交换机有足够的处理能力,能更快捷处理内部业务数据,网关能更好地保护办公网络安全,为后期科研中心与集团建设局域网,科研中心与路政局建立专网打下了物理基础。

3)生产网络建设

生产网络通过独立交换机和终端连接(图 4-4),生产网络和办公网络实现物理层隔离有效保证生产数据安全。生产数据采用硬盘定期备份方式,生产数据硬盘全部保存在电磁屏蔽柜。

4)专用网络建设

(1)数据强加密

VPN 支持 DES、3DES、AES、RC4 等多种国际主流的加密算法,是基于 IPSec 国家标准的和 SSL 国家标准的 IPSec/SSL 一体化设备。对数据的强加密保证数据的绝对安全性。

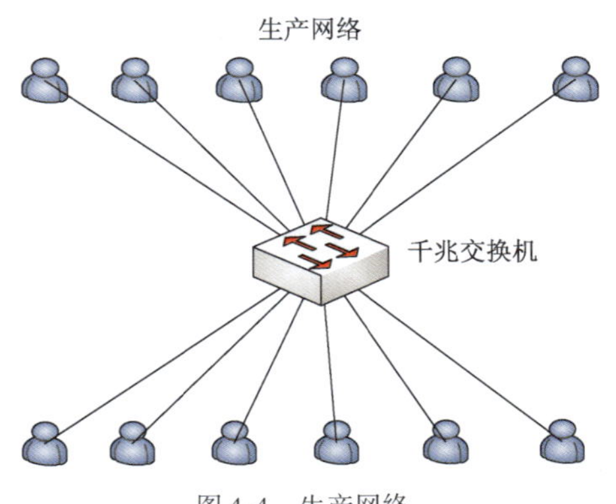

图 4-4　生产网络

(2)全网"局域网"构建

在养护集团与科研中心之间通过 IPSec VPN 构建虚拟专用网络,并启用隧道间路,由构建分公司到分公司的 IPSec 隧道实现整个养护集团的全网 VPN"局域网"构建。同时 VPN 设备为 IPSec/SSL 二合一 VPN 设备,在实现网与网之间的 IPSec VPN 隧道建立的同时,支持在外出差人员和小分支员工通过浏览器建立一条访问应用服务器所在网络的 SSL VPN 通道,走到哪里就能让局域网"延伸"到哪里,真正实现了整个公司的全网"局域网"。

(3)细致权限划分

IPSec VPN 实现基于服务、用户的权限划分,细致到 IP 和端。SSL VPN 通过“角色”的设置,进行用户、用户组、应用资源的绑定,并可通过基于时间的客户端检查授权规则赋予用户、用户组不同时间的不用应用的访问权限,实现基于用户、用户组、时间、应用的细致权限划分。互相结合,构建权限安全的互联网络。

(4)融合多种加速技术

VPN 结合了多种加速技术,分别从数据削减、线路优化、传输提速三方面全面地提升数据传输速度。通过流缓存技术、B/S、C/S 压缩将削减冗余数据,通过 HTP 快速传输协议、畅联技术(FLASH LINK)针对丢包延时现象进行线路优化,使用多线路技术、Web 优化、WebCache、资源负载均衡、IP 服务加速进行数据传输的提速,打造“最快速”的 VPN 应用访问。

(5)多种认证方式相结合

针对移动用户的单一用户名/密码认证安全强度不足的问题,VPN 支持多种认证方式的“与”“或”方式相结合,包括短信认证、CA 认证、LDAP、RADIUS、动态令牌卡的多种方式,加强了认证的安全性。

(6)客户端安全检查

VPN 支持客户端的安全检测策略,通过检查终端的操作系统、注册表、进程、文件、接入线路的 IP、接入线路的时间、登录 IP 等各项信息对客户端进行全面检测,并进行允许/不允许接入或授予不同的应用访问权限的操作。从源头对终端接入带来的安全风险进行控制,保障了总部的安全。

(7)安全桌面技术

可指定部分或全部对数据安全性要求较高的应用必须置于安全桌面中访问。当客户端登录 SSL VPN 后,该应用将置于一个通过虚拟技术在客户端生成的封闭式安全桌面使用,应用与服务器所交互的数据将被强加密处理。在使用时该安全桌面中的数据不可拷贝到默认桌面中,不可通过网络与局域网主机或外网进行通讯,不可通过 USB 等外设拷贝出去。当用户退出 SSL VPN 后,所有安全桌面中数据将一并销毁,将通过 SSL VPN 访问应用的各种数据彻底清理出本机,保证了应用访问过程中与 SSL VPN 退出后数据的安全性。

(8)终端易用性

IPSec VPN 通过对接入用户开放网络层的连接,构建“大局域网”,无须在客户端上进行任何配置,实现用户的透明互访。SSL VPN 通过浏览器就能实现对内网资源的访问,无须安装客户端软件。并支持 B/S 和 C/S 应用的单点登录,用户通过认证并登录到 SSL VPN 后,直接可以打开相应的资源进行内网应用的访问,不需要再反复的输入用户名密码,大大降低在终端上访问内网办公的复杂程度。

(9)管理员分级管理

VPN 支持设置多达 16 级的多级管理员,上级管理员可对其下级管理员进行相应的权限设置和配置的强制继承,既切合组织网络管理的结构,又保证了管理配置上的一致性。

(10)网络具体设计

网络具体设计见图 4-5。

①通过网关/路由/单臂方式在养护部部署 SSL/IPSec 二合一 VPN,科研中心等部署 VPN 设备与总部构建 IPSec VPN 通道,对分支用户实现透明的访问。

②针对移动办公人员,通过开通 SSL VPN 授权实现在电脑、PDA、智能手机等终端与养护集团 VPN 设置构建 SSL VPN 通道,实现分支和移动用户对总部应用的访问。

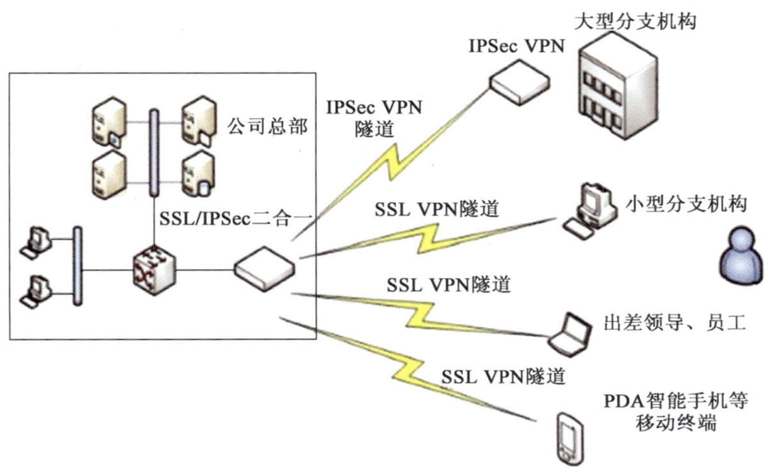

图 4-5　网络设计

5)互联网宽带接入

对互联网带宽接入要充分考虑到多维应用网络需求、办公业务需求、视频会议业务需求、集团业务需求、路政局业务需求等。根据实际需求预留业务可扩展空间来申请带宽接入量,拟采用网通 100M。测算方案如下:

(1)电信带宽以 Bit 为计量单位,电脑文件是以 Byte 为计量单位,1Byte = 8Bit,接入光纤的带宽/8 = 实际使用带宽。

光纤 50M/8 = 6.25M

光纤 100M/8 = 12.5M

(2)宽带使用范围。

包括多套业务系统(包含地图访问)、多维平台、视频、办公系统。

(3)需求测算。

浏览业务系统一次一般 20k;

浏览三维场景一次一般 500k;

视频交互一般 100k。

(4)最大并发用户量。

最大并发用户量见表 4-5。

最大并发用户量(单位:个)　　表 4-5

带　宽	业务系统	三维场景	视　频
50M/6.25M	320	12	64
100M/12.5M	640	25	128

考虑到企业光纤实际使用宽带情况，比上述可使用宽带高。

4.3.2 运行环境

1）运行环境介绍

多维平台运行环境主要是为多维平台提供基础硬件、网络支撑，为数据提供大容量存储以及各类数据保密措施，实现科研中心机房相关软件系统的应用和对外服务的发布，为多维平台的数据生产建立物理隔离的数据共享网络。同时规划科研中心与养护集团之间专用网络通道实现互联互通，规划科研中心和路政局之间专用网络通道实现互联互通。具体建设目标如下：

（1）搭建多维平台的对外服务网络，实现办公网络内部互联互通，组建独立的生产网络，实现生产网络与办公网络物理隔离，规划科研中心与养护集团之间专用网络通道实现互联互通，规划科研中心和路政局之间专用网络通道实现互联互通。

（2）为多维平台搭建机房服务器等硬件环境，包括3台Web应用服务器和1台资源服务器，4台服务器采用Resin集群管理，由资源服务器统一对外发布。2台数据库服务器采用Rose双机热备软件进行管理。重要数据采用大容量存储磁盘阵列进行备份存储。

2）运行环境组成及功能

机房与网络系统包括主要硬件和软件及各自的功能如下：

（1）硬件组成

①交换机：提供了以太网端口和上行链路端口，通过高级QOS（网络服务质量）精确速率限制、ACL（访问控制列表）和组播（点对多点的网络连接）服务，实现网络控制和带宽优化，为网络边缘提供智能服务；

②路由设备：集成多业务路由提高了语音、视频、安全、无线、移动性和数据服务的级别；

③防火墙：智能上网行为管理、Web过滤；

④服务器：具有强大的网络I/O能力；

⑤磁盘阵列：数据存储平台；

⑥硬盘储存柜：用于存放纸制文件和磁盘、光盘、磁带介质等档案资料，具有防磁、防火、防尘、防光、防污染、防静电等功能；

⑦KVM切换器：用于管理服务器。

（2）软件组成

①微软Windows Server；

②ROSE；

③Linux CentOS；

④赛门铁克杀毒软件；

⑤数据库软件。

4.3.3 运行环境安全

1）网络安全

随着网络中多媒体的应用越来越多，这类应用对服务质量的要求较高，网络系统应能保证QOS以支持这类应用。

网络系统应具有良好的安全性，由于网络连接内部所有用户，安全管理十分重要。网络系统应具有防止及便于捕杀病毒功能，应支持VLAN的划分，并能在VLAN之间进行第三层交换时进行有效的安全控制，以保证系统的安全性。

安全性是网络设计要考虑的最重要的因素之一，设计中充分考虑了网络的安全性，具体体现在以下几个方面：

(1)通过VLAN的划分，限制了不同VLAN之间的互访，从而保证了不同网络之间不会发生未经授权的非法访问。

(2)在核心节点可提供基于地址的Access-list，以控制用户对于关键资源的访问。通过在汇聚和核心交换机上设置VLAN路由以及访问过滤，保证了在VLAN之间只有被允许的访问才能发生，而未经授权的访问都会被禁止。

(3)通过对上网的安全教育，提高安全意识，特别是增强计算机操作人员的密码管理意识，以防止由于操作员密码有意或无意泄露给他人而造成的损失。

(4)制定严格的安全制度，包括人员审查制度、岗位定职定责制度、使用计算机的权限制度以及防病毒制度，从制度上保证网络安全性得以实现。

(5)可以对所有的重要事件进行记录，这样方便网络管理员进行故障查找。

(6)可以对所有的Telnet以及SNMP的访问进行限制，从而最大程度地保证汇聚层系统的安全。

(7)可以在接入层中通过限制MAC地址的访问提高网络安全。

2)数据安全

数据安全是系统安全的主要方面，数据对于业务来说是至关重要的要素。故项目的业务数据必须保证安全可靠，主要从以下几个方面考虑：

(1)数据机密性

需要使用通用数据库，但对其中的重要数据做加密存放，并且在不同表、不同库之间做一致性检查，一旦发现有人进行篡改和删除时，系统需要立即检测，并向有关的部门自动报告，防止私自修改数据。保证了数据从源头到最终使用的都是最真实、最可靠的有效数据。

(2)数据完整性

需要防止数据库中存在不符合语义规定的数据和防止因错误信息的输入输出造成的无效操作或错误信息。需要从实体完整性、域完整性、参照完整性、用户定义的完整性四方面进行考录。

(3)数据可用性

需要对数据库中的数据进行校对、类比以保证调取时可以正确地调取数据库中的数据。

(4)数据备份和恢复

需要考虑到数据的备份和恢复，在软件开发中需要考虑到减少数据风险的发生，并且在系统部署时提供数据备份和恢复策略，一旦服务器发生故障，可以在第一时间恢复系统数据，保证系统正常运行。

3)系统安全策略

(1)物理安全策略

物理安全是指在物理介质层次上对存储和传输的网络信息进行安全保护，是网络信息安全的基本保障。建立物理安全体系结构应从 3 个方面考虑:一是自然灾害(地震、火灾、洪水)、物理损坏(硬盘损坏、设备使用到期、外力损坏)和设备故障(停电断电、电磁干扰);二是电磁辐射、乘虚而入、痕迹泄漏等;三是操作失误(格式硬盘、线路拆除)、意外疏漏等。

主要通过对网络安全进行检测与评估来实现。

①网络设备。

重点检测与评估连接不同网段的设备和连接广域网(WAN)的设备,如 Switch、网桥和路由器等。这些网络设备都有一些基本的安全功能,如密码设置、存取控制列表、VLAN 等,首先应充分利用这些设备的功能。

②网络操作系统。

网络操作系统是网络信息系统的核心,其安全性占据十分重要的地位。根据美国的"可信计算机系统评估准则",把计算机系统的安全性从高到低分为 4 个等级:A、B、C、D。DOS、Windows 3X/95、MacOS 7.1 等属于 D 级,即最不安全的系统。Windows NT/2000/XP、Unix、Netware 等则属于 C2 级,一些专用的操作系统可能会达到 B 级。C2 级操作系统已经有了许多安全特性,但必须对其进行合理的设置和管理,才能使其发挥作用。如在 Windows NT 下设置共享权限时,缺省设置是所有用户都是"Full Control"权限,必须对其进行更改。

③数据库及应用软件。

数据库在信息系统中的应用越来越广泛,其重要性也越来越强。数据库也具有许多安全特性,如用户的权限设置、数据表的安全性、备份特性等,利用好这些特性也是同网络安全系统很好配合的关键。

④E-mail 系统。

E-mail 系统比数据库应用还要广泛,而网络中的绝大部分病毒是由 E-mail 带来的,因此,其检测与评估也变得十分重要。

⑤Web 站点。

许多 Web Server 软件有许多安全漏洞,相应的产品供应商也在不断解决这些问题。通过检测与评估,进行合理的设置与安全补丁程序,可以把不安全危险尽量降低。

(2)访问控制策略

访问控制策略是网络安全防范和保护的主要策略,其任务是保证网络资源不被非法使用和非法访问。各种网络安全策略必须相互配合才能真正起到保护作用,而访问控制是保证网络安全最重要的核心策略之一。访问控制策略包括入网访问控制策略、操作权限控制策略、目录安全控制策略、属性安全控制策略、网络服务器安全控制策略、网络监测、锁定控制策略和防火墙控制策略 7 个方面的内容。

①入网访问控制策略。

入网访问控制是网络访问的第 1 层安全机制。它控制哪些用户能够登录到服务器并获准使用网络资源,控制准许用户入网的时间和位置。用户的入网访问控制通常分为三步执行:用户名的识别与验证、用户口令的识别与验证、用户账户的默认权限检查。三道控制关卡中只要任何一关未过,该用户便不能进入网络。

对网络用户的用户名和口令进行验证是防止非法访问的第一道关卡。用户登录时首先输入用户名和口令,服务器将验证所输入的用户名是否合法。用户的口令是用户入网的关键所在。口令最好是数字、字母和其他字符的组合,长度应不少于6个字符,必须经过加密。口令加密的方法很多,最常见的方法有基于单向函数的口令加密、基于测试模式的口令加密、基于公钥加密方案的口令加密、基于平方剩余的口令加密、基于多项式共享的口令加密、基于数字签名方案的口令加密等。经过各种方法加密的口令,即使是网络管理员也不能够得到。系统还可采用一次性用户口令,或使用如智能卡等便携式验证设施来验证用户的身份。

网络管理员应该可对用户账户的使用、用户访问网络的时间和方式进行控制和限制。用户名或用户账户是所有计算机系统中最基本的安全形式。用户账户应只有网络管理员才能建立。用户口令是用户访问网络所必须提交的准入证。用户应该可以修改自己的口令,网络管理员对口令的控制功能包括限制口令的最小长度、强制用户修改口令的时间间隔、口令的唯一性、口令过期失效后允许入网的宽限次数。针对用户登录时多次输入口令不正确的情况,系统应按照非法用户入侵对待并给出报警信息,同时应该能够对允许用户输入口令的次数给予限制。

用户名和口令通过验证之后,系统需要进一步对用户账户的默认权限进行检查。网络应能控制用户登录入网的位置、限制用户登录入网的时间、限制用户入网的主机数量。当交费网络的用户登录时,如果系统发现"资费"用尽,还应能对用户的操作进行限制。

②操作权限控制策略。

操作权限控制是针对可能出现的网络非法操作而采取的安全保护措施。用户和用户组被赋予一定的操作权限,网络管理员能够通过设置,指定用户和用户组可以访问网络中的哪些服务器和计算机,可以在服务器或计算机上操控哪些程序,访问哪些目录、子目录、文件和其他资源。网络管理员还应该可以根据访问权限将用户分为特殊用户、普通用户和审计用户,可以设定用户对可以访问的文件、目录、设备能够执行何种操作。特殊用户是指包括网络管理员的对网络、系统和应用软件服务有特权操作许可的用户;普通用户是指那些由网络管理员根据实际需要为其分配操作权限的用户;审计用户负责网络的安全控制与资源使用情况的审计。系统通常通过访问控制表来描述用户对网络资源的操作权限。

③目录安全控制策略。

访问控制策略应该允许网络管理员控制用户对目录、文件、设备的操作。目录安全允许用户在目录一级的操作,对目录中的所有文件和子目录都有效。用户还可进一步自行设置对目录下的子控制目录和文件的权限。对目录和文件的常规操作有:读取(Read)、写入(Write)、创建(Create)、删除(Delete)、修改(Modify)等。网络管理员应当为用户设置适当的操作权限,操作权限的有效组合可以让用户有效地完成工作,同时又能有效地控制用户对网络资源的访问。

④属性安全控制策略。

访问控制策略还应该允许网络管理员在系统一级对文件、目录等指定访问属性。属性安全控制策略允许将设定的访问属性与网络服务器的文件、目录和网络设备联系起来。属性安全策略在操作权限安全策略的基础上,提供更进一步的网络安全保障。网络上的资源都应预先标出一组安全属性,用户对网络资源的操作权限对应一张访问控制表,属性安全控制级别高于用户操作权限设置级别。属性设置经常控制的权限包括:向文件或目录写入、文件复制、目录或文件删除、查看目录或文件、执行文件、隐含文件、共享文件或目录等。允许网络管理员在系统一级控制文件或目录等的访问属性,可以保护网络系统中重要的目录和文件,维持系统对普通用户的控制权，防止用户对目录和文件的误删除等操作。

⑤网络服务器安全控制策略。

网络系统允许在服务器控制台上执行一系列操作。用户通过控制台可以加载和卸载系统模块，可以安装和删除软件。网络服务器的安全控制包括可以设置口令锁定服务器控制台，以防止非法用户修改系统、删除重要信息或破坏数据。系统应该提供服务器登录限制、非法访问者检测等功能。

⑥网络监测和锁定控制策略。

网络管理员应能够对网络实施监控。网络服务器应对用户访问网络资源的情况进行记录。对于非法的网络访问，服务器应以图形、文字或声音等形式报警，引起网络管理员的注意。对于不法分子试图进入网络的活动，网络服务器应能够自动记录这种活动的次数，当次数达到设定数值，该用户账户将被自动锁定。

⑦防火墙控制策略。

防火墙是一种保护计算机网络安全的技术性措施，是用来阻止网络黑客进入企业内部网的屏障。防火墙分为专门设备构成的硬件防火墙和运行在服务器或计算机上的软件防火墙。无论哪一种，防火墙通常都安置在网络边界上，通过网络通信监控系统隔离内部网络和外部网络，以阻挡来自外部网络的入侵。

4.4 信息安全等级测评及等级保护

4.4.1 资质

信息系统安全等级测评是测评机构依据国家信息安全等级保护制度规定，按照有关管理规范和技术标准，对非涉及国家机密的信息系统安全状况进行检测评估的活动。信息系统安全等级测评主要检测和评估信息系统在安全技术、安全管理等方面是否符合已确定的安全等级的要求。对于尚未符合要求的信息系统，进行分析和评估其潜在威胁、薄弱环节以及现有安全防护措施，综合考虑信息系统的重要性和面临的安全威胁等因素，提出相应的整改建议，并在系统整改后进行复测确认，以确保整改措施符合相应安全等级的基本要求(图4-6)。

4.4.2 等级保护三级

信息安全等级保护分为定级备案、安全建设规划、安全等级现状测评、信息系统安全整改和信息安全等级测评五个方面。

完成项目首先要进行系统定级、安全建设规划，在系统建设完成后完成安全评估差距分析、整改建议等工作，在系统整改完成后完成信息安全等级测评工作，出具等保测评报告。

按照《信息系统安全等级保护测评要求》从以下方面进行等级测评：

(1)技术安全测评。

包括物理安全、网络安全、主机安全、数据安全、应用安全。

图4-6　资质认证

(2)管理安全测评。

包括安全管理制度、安全管理机构、人员安全管理、系统建设管理、系统运维管理。

(3)综合测评。

包括安全控制间安全测评、层面间安全测评、区域间安全测评、系统结构安全测评。

(4)对每个保护类的子项给出测评结果,分别提出改进建议。

(5)三等级系统所需的安全设备、网络设备通常比二等级系统多。

(6)在三等级系统测评通过后,后续使用运行过程中,应至少每年对系统进行一次等级测评(有费用产生),发现不符合相应等级保护标准要求要及时整改。二级是每两年一次。

(7)三等级对基础类的硬件设备并没有国产化的要求,如服务器存储等产品,只对于与安全相关的设备有国产化的规定。

(8)公安部门对于通过(三级以上,含三级)资质的单位,发生信息案件时给予立案。

(9)信息系统备案按业务划分,一个业务系统独立定级备案。

(10)对于多个业务系统运行在同一个网络环境下,复用的部分不重复测评,也不重复收费,每个业务系统单独出等级保护报告。

(11)交付成果为《信息系统等级测评报告》。

4.4.3　等级保护服务

以等级保护差距分析结果为依据,依照安全保障体系设计所提及的建设内容,按照等级保护标准要求,制定等级保护管理体系框架,明确管理方针、策略,以及相应的规定、操作规程、业务流程和记录表单;测评机构从结合信息系统实际业务流程的原则出发,指导系统运维方按照等级保护对应等级的管理标准,编写管理制度文件,并进行反复沟通和修订,确保所制定的文件的适用性,且满足各系统相应保护等级的安全管理要求。

制定和完善与信息系统的安全保护等级相适应的配套管理制度,制度相关内容如下:

(1)安全管理机构:加强和完善安全机构的建设,设立指导和管理信息安全工作的信息安全领导小组,设立安全主管、安全管理各个方面的负责人,明确定义各个工作岗位的职责。建立各种安全管理活动的审批程序,明确对内对外的沟通协作方式,建立对各项安全管理活动的监督审核机制。

(2)安全管理制度：在差距分析的基础上，建立信息安全工作总体方针、安全策略，以方针策略为依据建立配套的安全管理制度及流程规范，由专门的组织机构负责管理制度的制订、发布和贯彻落实。定期对制度进行评审和修订，确保管理制度的适用性。

(3)人员安全管理：主要涉及两方面，对内部人员的安全管理和对外部人员的安全管理。具体包括人员录用、人员离岗、人员考核、安全意识教育培训和外部人员访问管理等方面。

(4)系统建设管理：为了建设符合安全等级保护要求的信息系统，系统建设管理主要关注的是信息系统生命周期中的前三个阶段(即设计、采购、实施)中各项安全管理活动，使得信息系统的安全管理贯穿系统的整个生命周期。系统建设管理分别从工程实施建设前、建设过程以及建设完毕交付等三方面考虑，具体包括系统定级、安全方案设计、产品采购和使用、自行软件开发、外包软件开发、工程实施、测试验收、系统交付、系统备案、等级测评和安全服务商选择等方面。

(5)系统运维管理：系统运行涉及很多管理方面，要保证系统始终处于相应安全保护等级的安全状态中。要监控系统发生的重大变化，以便修改对应的安全措施。系统运维管理主要包括环境管理、资产管理、介质管理、设备管理、监控管理和安全管理中心、网络安全管理、系统安全管理、恶意代码防范管理、密码管理、变更管理、备份与恢复管理、安全事件处置、应急预案管理等方面。

4.5 云平台介绍

下面以阿里云服务器为例介绍云平台。

4.5.1 云服务器定义

云服务器是一种可弹性伸缩的计算服务。只需花费数分钟即可在线创建多台云服务器，通过 Web 或 API 等方式轻松实现自助管理，快速部署 Web 站点、应用程序和分布式系统等各种软件，并且可以根据业务的负载情况动态调整配置、增减数量。

云服务器建立在飞天大规模分布式系统和先进的虚拟化技术之上，由专业的运维团队管理，安全稳定、性能优越，帮助用户专注于业务本身的开发，迅速响应业务需求。

4.5.2 云平台特性

(1)分布式存储

采用大规模分布式存储系统，将整个集群中的存储资源虚拟化后，统一对外提供存储服务。云服务器的磁盘数据存储在分布式存储系统中，每份数据都提供多重副本，单份数据损坏后可自动进行修复。

(2)磁盘架构

阿里云抛弃了数据容易产生损坏的本地磁盘，基于分布式存储实现了全新的网络磁盘架构。新的磁盘架构允许云服务器可以轻松进行故障迁移和在线迁移，不用再担心有数据损坏的风险。

(3)安全组

安全组是针对云服务器设置的防火墙,用来隔离不同用户的云服务器或同一用户的多台云服务器,用户可通过自定义安全规则授权安全组之间的网络访问权限,可以有效杜绝伪造MAC、伪造 IP、ARP 欺骗等攻击。云服务器在同一安全组内,它们之间的网络是互通的,但不同安全组之间是相隔离的;同一安全组内,云服务器之间的网络是互通的,不同的安全组,云服务器之间的网络是相隔离的。

(4)故障恢复

硬件故障是无法避免的,阿里云基于分布式系统,自动检测硬件故障,发现故障时可在短时间内自动恢复故障,磁盘数据不丢失,云服务器的 IP/MAC/磁盘等信息不变。

(5)快照

磁盘快照是磁盘设备在某一特定时间点的副本,是保留和恢复磁盘数据非常有效的方法之一。除第一次快照为全量快照外,之后均为增量快照。通过快照可以方便地将磁盘设备快速回滚到之前的任一快照版本,也可将快照挂载成一个额外的磁盘。

(6)自定义镜像

镜像是云服务器的系统盘快照,是创建云服务器的基础。基础镜像是用户在购买云服务器时选择的包含有操作系统的镜像,该镜像将作为云服务器的系统盘部署。自定义镜像是在基础镜像的基础上,加入用户自定义的程序定制。通过此功能可轻松实现特定系统的快速部署以及多次部署同样配置的云服务器、游戏快速开区、SAAS 软件快速分发、业务井喷快速支撑等。

第 5 章　公路路产电子档案管理系统

5.1　公路路产管理概况

5.1.1　公路路产相关概念

1）公路

在《中华人民共和国公路管理条例实施细则》（以下简称《公路管理条例》）中，“公路”是指在中华人民共和国境内，由交通行政主管部门下属的公路建设、养护与管理部门按《公路工程技术标准》（JTG B01—2014）修建的，主要供汽车行驶并具备一定技术标准和设施的，连接城市间、城乡间、乡村间供汽车行驶的公共道路，包括公路桥梁、公路隧道和公路道口。

公路分为国家干线公路（以下简称国道），省、自治区、直辖市干线公路（以下简称省道），县公路（以下简称县道），乡公路（以下简称乡道）和专用公路五个行政等级。

国道，是指具有全国性政治、经济意义的主要干线公路，包括重要的国际公路，国防公路，连接首都与各省、自治区、直辖市首府的公路，连接各大经济中心、港站枢纽、商品生产基地和战略要地的公路。国道中跨省的高速公路由交通部批准的专门机构负责修建、养护和管理。

省道，又称省级干线公路。在省公路网中，具有全省性的政治、经济、国防意义，并经省、市、自治区统一规划确定为省级干线公路。省道由全省（自治区、直辖市）公路主管部门负责修建、养护和管理。国道中跨省的高速公路由交通部批准的专门机构负责修建、养护和管理。

县道，是指具有全县（旗、县级市）政治、经济意义，联结县城和县内主要乡（镇）、主要商品生产和集散地的公路，以及不属于国道、省道的县际间的公路。

乡道，是指主要为乡（镇）内部经济、文化、行政服务的公路，以及不属于县道以上公路的乡与乡之间及乡与外部联络的公路。一般宽度大约在 5 米之间，是乡镇通往各地点的保障，建筑材料为黑色沥青，加热后平铺于地面，再用压力机平整压过去，厚度大约为 8 厘米。乡道大多是建于每个村庄的连接。

专用公路，是指专供或主要供厂矿、林区、油田、农场、旅游区、军事要地等与外部联络的公路。

2）公路路产

（1）公路路产的传统定义

从公路发展史来看，公路路产自民国就有，但是对公路路产的定义是在 20 世纪 80 年代提出的。1983 年 7 月 9 日，国务院发布的《关于加强路政管理保障公路安全畅通的通知》做出 10

条规定，第一条是“ 公路及其附属设施，包括两旁已划定的土地，都是国家财产” ，这是首次对路产的解释。具有法规性质的定义是 1988 年交通部发布的《中华人民共和国公路管理条例实施细则》第三十四条的规定“公路、公路用地和公路设施简称路产。”1990 年交通部印发的《公路路政管理规定》也使用了同一概念。1998 年 1 月实行的《中华人民共和国公路法》（以下简称《公路法》）没有解释公路路产的条款。交通部颁布使用的《公路养护会计制度》对公路设施的解释为公路为社会公共财产。

(2)从国有资产管理角度定义公路路产

公路国有资产有两部分组成：一是各类公路建设管理养护单位用于公路建设、施工养护管理的各种生产资料，这类资产所有权归国家所有，各级公路部门使用，赋有保值增值的责任；二是公路设施，它是国家所有，社会使用，公路部门受国家委托来管理，为便于与前者区分，结合传统的路产概念，故此定义为路产；第三在习惯上铁路系统也将铁路资产称为路产，为与之区别，对公路设施确定为公路国有路产（以下简称：公路路产）。

具体地讲，公路设施是指公路的路基路面、桥涵构造物交叉道口、界碑、测桩、安全设施、通讯设施、检测及监控设施、养护及服务设施、渡口、路树、花草、专用房屋、公路用地等。

可见，传统公路路产只体现公路实物形态的管理，忽视公路无形路产的管理，同时，公路路产是以传统的路政管理为依据的，局限一种的行政管理。而从国有资产管理角度定义公路路产不但反映的是实物量，而且反映价值量，既有有形路产的管理，而又有无形路产的管理，是一种崭新的管理理论。

(3)公路路产的分类

①按公路路产的实物形态分类可分为公路有形路产与无形路产。

公路有形路产主要是指实物形态的资产，即公路设施、公路用地和公路附属设施；公路无形路产即路权，指建立在有形路产基础上的一种权利。其特征一是不存在实物形态，但有价值形态。二是在长时期内能为投资者带来收益，三是不能单纯的存在而是依附在有形资产之上。公路无形路产包括公路的特许经营权、专利权、非专利技术土地使用权、公路桥梁冠名权、出让媒体权、商誉等。

②按路产的经济用途可分为经营性路产与非经营性路产。

经营性路产，是指经国家有关部门批准的有国家投资的收费公路与桥梁；非经营性路产是指一般的公路、桥梁。

③按投资主体划分为中央投资路产与地方投资路产。

中央投资路产是国家财政、交通部直接投资或补助建设的跨省（自治区、直辖市）的国家公路主干线而形成的路产；地方投资路产是指省市县三级政府或其交通公路部门投资而形成的公路路产。

④公路路产的特点。

a. 公路路产是不动产。公路作为构建的一种线形构造物是固定在地表面上的，是不可移动的国有不动产。

b. 公路设施分布广泛。由于它建筑在地表面且分布广泛，受自然环境影响与侵蚀。

c. 公路路产的易损性。公路路面作为承受车辆的载体，反复承受行驶车辆的作用，极易损坏。

3)公路路产管理

公路路产的管理经历了由经验管理到法制管理的过程,它是利用各种行政手段,通过行政命令、指示来维护公路路产的安全。公路路产管理体系如下:

(1)公路路产保值体系即公路养护体系

公路养护是路产管理的基础,其任务是经常保证公路及其设施的完好状态,及时修复损坏部分,保证行车安全、舒适、畅通。

(2)公路路产增值体系即公路路产投资体系

它是公路路产增值的物质基础,其任务是做好公路路网的规划,规范公路路产的投资行为,提高公路工程质量,建设优质工程,为路产保值体系交付工程质量优良的路产。

(3)公路路产维护体系即路政管理体系

路政管理体系是公路路产保值增值的保证,它能维护路产不受侵犯,确保路产的完整。这三个体系相互依存,相互促进,形成路产管理的有机整体。

4)路权

路权即交通参与者的权利,是交通参与者根据交通法规的规定,于一定空间和时间内在道路上进行道路交通活动的权利。路权可分为上路行驶权、通行权、先行权、占用权。

5)路政

路政是交通系统的一支执法队伍,主要负责依法保护路产路权,依法查处各类违反路政管理法律、法规和规章规定的行为,检查监督公路养护作业、道路施工,依法开展公路两侧建筑控制区管理,检查监督所辖路段公路标志标线设置情况等工作。路政执法队伍的前身就是公路派出所。

《中华人民共和国公路法》规定,县级以上地方人民政府交通主管部门主管本行政区域内的公路工作,可以决定由公路管理机构依法行使公路行政管理职责;收费公路的路政管理职责,由县级以上地方人民政府交通主管部门或者公路管理机构的派出机构人员行使。主要职责有:

(1)许可挖掘、占用、利用公路的申请事项,制止和查处破坏、损坏或者非法占用公路的行为;

(2)许可超限运输申请事项,制止和查处违法超限运输行为;

(3)管理公路附属设施的设置和维护;

(4)管理公路两侧建筑控制区;

(5)管理公路施工秩序;

(6)参与公路工程中涉及路政管理事项的设计审查、竣工验收;

(7)实施公路路政巡查;

(8)法律、法规规定的其他职责。

6)路政管理

路政管理是我国行政管理的组成部分,交通主管部门或者被授权的公路管理机构,根据国家的法律、法规和规章,对公路进行的行政管理,目的是为了保障公路使用的质量,提高公路的社会经济效益。路政管理的对象包括自然人、法人及其他组织、物质资助(路产)、时空资源(路权)和信息资源。

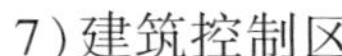
7）建筑控制区

《公路安全保护条例》（以下简称《条例》）在《公路法》基础上对公路建筑控制区、集镇规范控制区等保障公路安全、畅通的区域范围作了细化的规定。《条例》第十一条规定："公路建筑控制区范围，从公路用地外缘起向外的距离标准为：国道不少于 20 米；省道不少于 15 米；县道不少于 10 米；乡道不少于 5 米。"

5.1.2　公路路产管理特点

（1）公路路产管理具有国有资产管理的性质。

所谓公路路产的财产所有权是对路产的占用、使用、经营收益和处置的权利。《中华人民共和国物权法》规定："铁路、公路、电力设施、电信设施和油气管道等基础设施，依照法律规定为国家所有的，属于国家所有。"国家作为公路的所有者，委托公路部门来管理或委托某个单位来经营，公路管理机构在对公路行使管理权时就是在行使对国有资产管理的权利。《条例》规定："国务院交通运输主管部门主管全国公路保护工作。公路管理机构依照本条例的规定具体负责公路保护的监督管理工作。"同时，公路作为社会公共基础设施，是提供给社会各个单位与个人使用的。这样就体现出了公路所有者、使用者、管理者相分离的特征。

（2）公路路产管理具有社会服务的性质。

公路作为社会公共基础设施，是为社会服务、为人民群众服务的。公路管理机构受国家的委托对公路进行管理，保证公路的安全畅通，是为人民群众提供便利，为社会发展服务的。因此，社会服务性也是公路路产管理的重要特征。

（3）公路路产管理是一种综合性的管理。

受委托的公路管理机构依法行使权利管理公路，而这里的公路管理机构包括了公路的规划、建设部门、公路养护部门、路政部门等，形成了多部门分工的同时，又需要各部门相互配合、协调管理的一种局面，充分体现了公路路产管理的综合性。

5.1.3　公路路产管理现状及趋势

"十二五"时期，是公路行业由建设为重走向建养管并重的过渡期，也是社会各界对公路服务水平的高度关注时期。据交通部发布的《2016 年交通运输行业发展统计公报》，中国公路总里程达到 469.63 万公里，二级及以上公路里程达到 60.12 万公里，国省道总体技术状况达到良等水平。其中，高速公路总里程将达到 9.92 万公里，农村公路总里程达到 395.98 万公里，预计公路养护的需求市场将进一步扩大。

由计划经济体制向市场经济体制的转变，是实现我国未来战略性目标的前提和基础。对于公路养护管理体制改革也是如此，为促进公路养护行业持续、健康、快速的发展，提高公路养护水平、养护质量和养护效率，充分发挥养护投资效益，建立公路养护市场，规范市场行为，公路养护体制改革后所形成的养护企业，必须搞好发展战略管理，才能在激烈的市场竞争中生存和发展。

近年来，随着公路交通基础设施建设步伐的加快，如何加强公路的路基路面、桥涵、绿化花坛、沿线设施及建筑控制区等公路路产的管理，确保公路违法行为得到有效控制，已成为近年来公路管理部门探讨的一大课题。公路管理工作在现代化、科技化方面也取得了很大进步，给公路管理工作带来了新的气象，但部分突出问题成为制约公路管理工作良性发展的瓶颈。

如何管理好公路路产、搞好公路的养护管理工作,是摆在公路管理部门及经营企业面前一项长期而艰巨的任务。如今,处于“互联网 + 创新”的科技时代,运用资产管理的理念,从服务公路养护、路政管理的业务角度出发,实现公路路产科学、长效、精细化的管理已成为我国公路养护管理行业的前景和趋势。

5.2 系统建设背景及意义

在《公路管理条例》中,第二十八条明确了各级公路管理机构应当加强对公路路基、路面、桥涵等构造物、排水设备、防护设施、绿化带,以及有关交通工程设施的日常巡视和检查;第三十四条明确了公路主管部门和其授权的公路管理机构负责管理和保护公路、公路用地和公路设施(以下简称路产),依法查处各种违章利用、侵占、污染、毁坏路产的行为,控制公路两侧建筑红线,审理跨越公路的其他设施建筑事宜,核批公路的特殊利用、占用和超限运输,维持公路渡和公路养护施工作业的正常秩序,保护公路管理机构及其工作人员的合法权益等。

“十三五”的五年,我国公路基础设施仍处于集中建设的关键阶段,加上历史的沉淀,已形成了海量的道路资产。由于缺乏有效的管理手段,路产底数不清、权属不明,而各类破坏、损毁、非法占用公路及附属设施的现象也层出不穷,一定程度上影响公路通行安全,降低公信度。

为了解决以上问题,也为了更好落实《公路管理条例》,增强公路管理部门对公路路产的掌控能力,进一步提高公路管理的信息化水平,在“十一五期间”,北京市交通委路政局建设了公路养护系统和路政管理系统,取得了一定的成果,但是也存在着一些问题:

(1)在公路专题地图方面使用的是二维电子地图,无法精细展现平交道、管线与公路的关系;

(2)地图可视化展示效果不佳,路政管理类设施的数据库未建立,无法实现精细化的审批管理功能;

(3)各部门数据不能共享。由于建设时技术路线的不同,养护集团的巡视数据无法顺畅实现与养护系统数据互联互通,造成了在数据共享方面的不完善,也较难实现路产或路政新增设施的快速增加及共享;

(4)资料查阅不便。公路管理单位在历年的管理过程中,积累了大量的档案资料,包括工程建设图纸、路产审批档案、路政审批档案等,这些资料在实际管理中有重要的作用,现在存在着数量大、查阅不便等问题。

作为养护着北京市 90% 以上公路和城市道路的管理企业,北京养护集团为了解决现阶段公路路产存在的问题,运用资产管理的理念,从服务公路养护、路政管理的业务角度出发,以实现公路路产科学、长效、精细的管理为目的,开发公路路产电子档案管理系统。

公路路产电子档案管理系统中基本涵盖了公路管理所需要的数据,包含航片影像数据、实景影像数据、三维模型数据、设施属性数据等多维地理信息数据,以及公路、桥梁档案数据。以这些数据为基础建立路产管理应用系统,系统可以实现严格公路建筑控制区管理,改善路政执法条件,提高公路路产的整体管理水平,对加强国有资产管理,维护公路的合法权益,确保公路的畅通具有重要的意义。

5.3 系统开发技术方案

5.3.1 系统总体设计

公路路产电子档案管理系统基于 J2EE 体系架构，具有良好的开放性、灵活性及可扩展性，平台由核心平台及业务子系统构成，核心平台部分是集成平台的主体，通过良好封装的组件技术，以 GIS、ESB、Workflow 为基础，融合 SOA 架构及 XML 技术，实现数据采集、数据融合处理、用户管理、指挥调度、信息发布、设施设备管理等业务功能，并通过良好封装的适配接口与不同的业务子系统进行集成、数据交换、消息集成。

1）体系结构设计

系统采用三层结构建立（图 5-1），所有用户都根据权限，通过 Web 中间件访问数据库，不能直接对数据库进行操作，保证了系统数据的安全性。

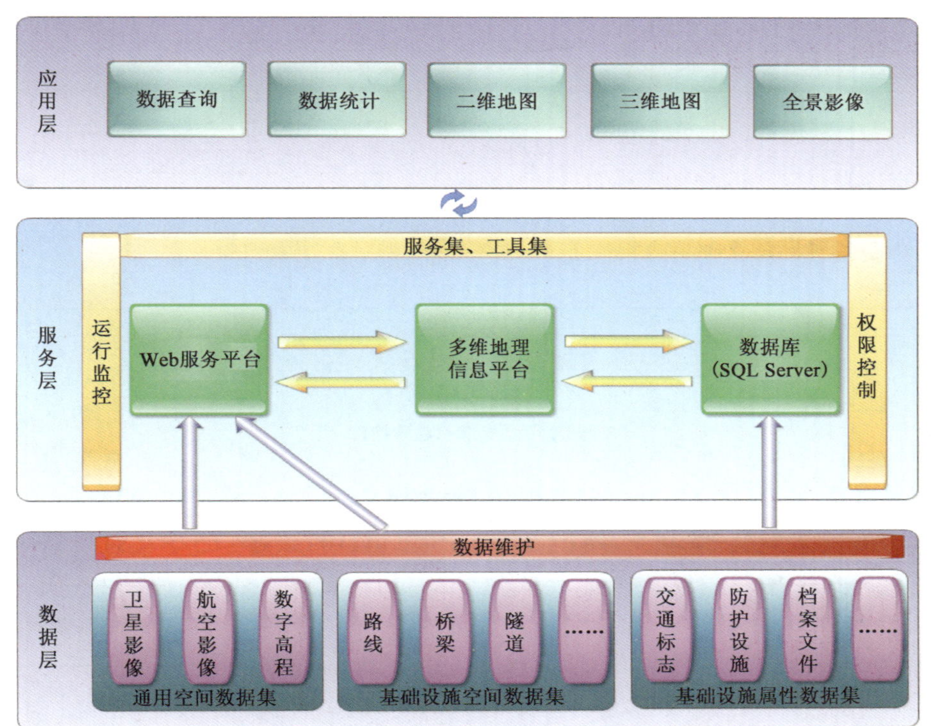

图 5-1 体系结构设计

所有用户都直接使用 IE 进行公路数据的统计和查询，无须安装任何数据库软件，减少了系统投资和安装调试工作，操作简单，系统管理和维护方便。

系统基于局域网或互联网使用，不受地点和距离限制，方便各级领导随时统计查询查看高速公路数据。

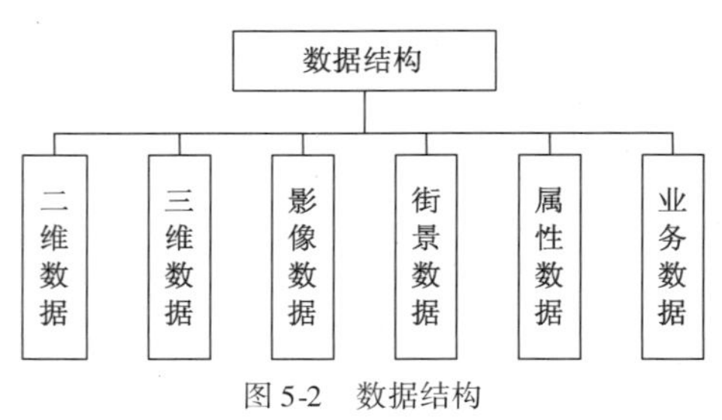

图5-2 数据结构

系统跨平台能力强，在各种操作系统下都可使用，为以后系统提升打下了良好基础。

2）数据结构设计

数据结构由以下部分组成：三维空间数据、属性数据、业务数据，如图5-2所示。

3）系统接口设计

系统内部接口见表5-1。

系统内部接口 表5-1

序号	接口需求名称/标识	接口描述	接口类型	优先级
1	资源类别检索接口/WT-JK-ZYLBJK	可供查询，操作的资源类别集合	WebService	高
2	资源类别所含表集合检索接口/ WT-JK-ZYLBJHJK	本类资源可供用户查询，操作的表集合	WebService	高
3	表结构及所含代码检索接口/ WT-JK-BJGJK	本表可供用户查询，操作的表字段及其定义集合。字段的定义	WebService	高
4	多媒体数据检索接口/ WT-JK-DMTJK	多媒体数据	WebService	高
5	表数据操作接口/ WT-JK-BSJCZJK	操作成功与否标志	WebService	高
6	多媒体数据上传接口/ WT-JK-DMTSJJK	操作成功与否标志，多媒体数据唯一标志符	WebService	高
7	管理接口/ WT-JK-GLJK	包含用户的密码修改等	WebService	高

系统外部接口见图5-3。

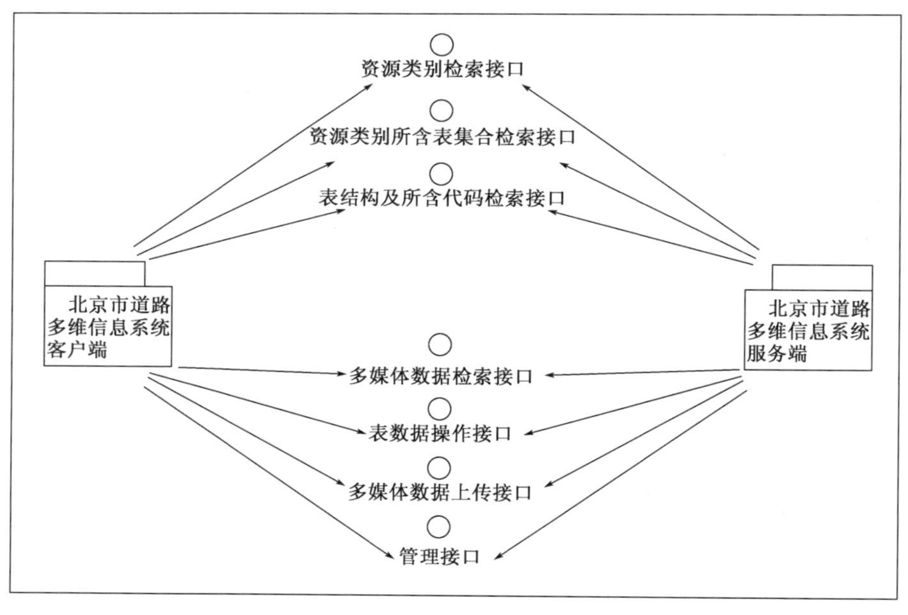

图5-3 系统外部接口

4)系统功能设计

公路路产电子档案管理系统涵盖二维 GIS 的所有功能,具有更加丰富的可视化效果,同时具备桩号精准定位功能,实现三维环境下的多种分析,主要包括路线及路产台账管理、档案电子化管理、二维地图调用、三维地图浏览、实景影像调用、路产数据查询统计等功能。

5)系统开发技术路线

(1)系统采用 B/S 三层结构,用户通过 IE 访问系统;

(2)数据库使用大型数据库 SqlServer2008;

(3)GIS 平台采用二维平台与三维平台融合的方式,实现基于二维和三维电子地图的全面融合应用,体现公路交通的特点。

5.3.2　数据库标准设计

1)数据库建库类型

在路政局指导下初步拟定了多维数据库建设规范(表 5-2),包含 5 大类、22 个小类、58 张子表。

多维数据库建设规范　　表 5-2

大　　类	小　　类
路线及构造物	路线现状、桥梁、隧道、涵洞
道路设施	交通标志、路面标线、防护设施、外场设备、绿化、公路里程碑
非公路设施	交通信号灯、照明设施
路政管理	非公路标志、平交道、平交路、公路用地、管线、控制区建筑
综合信息	管理机构、交通量、大修情况、档案

2)数据库分类结构表(表 5-3)

数据库分类结构表　　表 5-3

序号	分　　类	子　　类	子序号	内　　容
1	路线及构造物	路线现状	1	路线现状
			2	分离式路段
			3	技术等级
			4	车道特征
			5	断链
			6	重复里程
			7	断头路段
			8	路面等级
			9	路面类型
			10	路面宽度
		桥梁	11	桥梁概况
		隧道	12	隧道概况
		涵洞	13	涵洞概况

续上表

序号	分类	子类	子序号	内容
2	路政管理类	公路用地	14	公路用地
		交通标志	15	交通标志
		路面标线	16	点状路面标线
			17	纵向路面标线
		防护设施	18	防护设施
			19	隔离栅
			20	隔音设施
			21	防眩设施
			22	轮廓标
			23	诱导设施
		外场设备	24	可变信息板
			25	视频检测器
			26	气象检测站
			27	交通流量观测站
			28	轴载交通量观测站
		绿化	29	绿化现状
		公路里程碑	30	公路里程碑
3	非公路设施类	管线	31	井盖
			32	电杆
			33	占用挖掘公路管线
			34	穿跨越公路管线
		交通信号灯	35	交通信号灯
		照明设施	36	路灯
		控制区建筑	37	控制区主要建筑
4	路政许可类	非公路标志	38	非公路标志
		平交道口	39	平交道口(路侧开口)
		平交路口	40	平交路口(路线交叉口)
5	综合类信息	公路管理机构	41	公路管理及下属机构
			42	公路服务站
			43	公路专养段
			44	应急物资储备站
			45	超限运输检测站
			46	公路收费站
		交通量	47	站点交通量
			48	轴载交通量

续上表

序号	分　类	子　类	子序号	内　容
5	综合类信息	大修情况	49	大修情况表
			50	公路相关档案
		档案	51	桥梁相关档案
			52	隧道相关档案
			53	涵洞相关档案
			54	公路用地相关档案
			55	外场设备相关档案
			56	管线相关档案
			57	非公路标志相关档案
			58	平交道口审批档案

3)数据库分类明细表

公路路产设施数据库分类明细表详见《公路路产电子档案数据库建设规范》。

5.4　系统功能展示

5.4.1　台账管理

1)道路台账管理

道路台账主要含路线概况、路基、路面、主要构筑物、沿线设施、沿线环境等(图 5-4)。

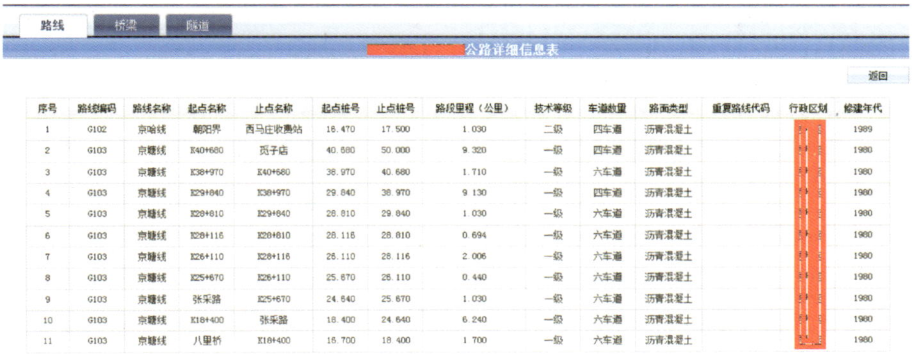

路线　桥梁　隧道

公路详细信息表

返回

序号	路线编码	路线名称	起点名称	止点名称	起点桩号	止点桩号	路段里程(公里)	技术等级	车道数量	路面类型	重复路线代码	行政区划	修建年代
1	G102	京哈线	朝阳界	西马庄收费站	16.470	17.500	1.030	二级	四车道	沥青混凝土			1989
2	G103	京塘线	K40+680	觅子店	40.680	50.000	9.320	一级	四车道	沥青混凝土			1980
3	G103	京塘线	K38+970	K40+680	38.970	40.680	1.710	一级	六车道	沥青混凝土			1980
4	G103	京塘线	K29+840	K38+970	29.840	38.970	9.130	一级	四车道	沥青混凝土			1980
5	G103	京塘线	K28+810	K29+840	28.810	29.840	1.030	一级	六车道	沥青混凝土			1980
6	G103	京塘线	K28+116	K28+810	28.116	28.810	0.694	一级	六车道	沥青混凝土			1980
7	G103	京塘线	K26+110	K28+116	26.110	28.116	2.006	一级	六车道	沥青混凝土			1980
8	G103	京塘线	K25+670	K26+110	25.670	26.110	0.440	一级	六车道	沥青混凝土			1980
9	G103	京塘线	张采路	K25+670	24.640	25.670	1.030	一级	六车道	沥青混凝土			1980
10	G103	京塘线	K18+400	张采路	18.400	24.640	6.240	一级	六车道	沥青混凝土			1980
11	G103	京塘线	八里桥	K18+400	16.700	18.400	1.700	一级	六车道	沥青混凝土			1980

图 5-4　道路台账管理样图

路线综合台账主要汇总交叉路口、公路技术等级、分离式路段、右侧路肩、左侧路肩、断链、横断面、用地宽度、纵坡、纵曲线、路线现状、车道特征、道路名称、重复里程等基础信息。

实现路线代码、路线全称、路线简称、路线起点桩号、路线起点名称、路线止点桩号、路线止点名称、路段地方名称、路段起点桩号、路段起点名称、路段止点桩号、路段止点名称、通车日期等信息的管理。

2)桥梁台账管理(图5-5)

实现桥梁代码、路线名称、路线代码、路线名称、桥梁全长、跨径总长、跨径组合、桥梁全宽、桥面净宽、桥梁类型、主桥结构、桥墩类型、设计荷载、抗震等级、跨越地物类型、跨越地物名称、通航等级、收费性质、技术等级、技术评定日期、改造年代、改造部位、完工日期、行政区划、建设单位、设计单位、施工单位、监理单位、管养单位等信息的管理。

序号	定位	照片信息	桥梁代码	桥梁名称	中心桩号	路线代码	路线名称	桥梁全长	跨径总长	单孔最大跨径	跨径组合	桥梁全宽	桥面净宽	桥梁类型	主桥结构	主桥材料	主桥孔数	主桥边跨	前引桥长	后引桥长	桥下净空
1	定位	照片	S308110116L0070	峪庄桥	10.914	S308	怀长路	44.500	27.200		4*6.8		7.000	小桥	整体现浇板		0	0.000	0.000	0.000	0.000
2	定位	照片	S227110116L0020	沙河桥	5.538	S227	杨雁路	155.100	150.000		6*25		26.600	大桥	T梁		0	0.000	0.000	0.000	0.000
3	定位	照片	S310110116L0010	石拱桥	6.079	S310	琉辛路	24.700	10.000		1*10		8.000	小桥	板拱		0	0.000	0.000	0.000	0.000
4	定位	照片	S213110116L0170	九渡河桥	55.627	S213	安四路	120.100	111.000		5*22.2		7.000	大桥	T梁		0	0.000	0.000	0.000	0.000
5	定位	照片	S213110116L0220	试验桥	61.628	S213	安四路	13.200	10.260		1*10.26		7.300	小桥	T梁		0	0.000	0.000	0.000	0.000
6	定位	照片	S323110116L0120	三岔西桥	66.301	S323	延琉路	27.500	20.000		2*10		7.000	小桥	空心板梁		0	0.000	0.000	0.000	0.000
7	定位	照片	S323110116L0130	三岔桥	67.109	S323	延琉路	20.000	20.000		2*10		7.000	小桥	整体现浇板		0	0.000	0.000	0.000	0.000
8	定位	照片	S309110116L0090	盘道沟一桥	99.283	S309	滦赤路	6.400	6.000		1*6		7.600	小桥	整体现浇板		0	0.000	0.000	0.000	0.000
9	定位	照片	S309110116L0100	盘道沟二桥	100.457	S309	滦赤路	6.000	5.000		1*5		7.200	小桥	整体现浇板		0	0.000	0.000	0.000	0.000
10	定位	照片	S308110116L0060	斜板一桥	10.211	S308	怀长路	6.000	5.000		1*5		7.000	小桥	整体现浇板		0	0.000	0.000	0.000	0.000
11	定位	照片	S308110116L0080	斜板二桥	12.242	S308	怀长路	7.800	6.300		1*6.3		7.000	小桥	整体现浇板		0	0.000	0.000	0.000	0.000
12	定位	照片	S323110116L0180	斜板二桥	80.412	S323	延琉路	6.800	6.500		1*6.5		8.000	小桥	整体现浇板		0	0.000	0.000	0.000	0.000
13	定位	照片	S323110116L0190	斜板一桥	90.871	S323	延琉路	9.800	6.800		1*6.8		7.000	小桥	空心板梁		0	0.000	0.000	0.000	0.000
14	定位	照片	S323110116L0200	斜板三桥	82.301	S323	延琉路	8.100	6.800		1*6.8		7.200	小桥	整体现浇板		0	0.000	0.000	0.000	0.000
15	定位	照片	S308110116L0090	一渡河桥	15.540	S308	怀长路	62.000	56.000		8*7		8.000	中桥	整体现浇板		0	0.000	0.000	0.000	0.000

共 2056 项记录　　首页:2345678910后十页尾页上一页下一页

图5-5　桥梁台账管理样图

3)隧道台账管理

实现隧道代码、隧道名称、入口桩号、路线代码、路线名称、隧道长度、隧道净宽、隧道净高、隧道类型、是否水下隧道、修建年代、改建年代、建成通车日期、所属行政区划、建设单位、设计单位、施工单位、监理单位、管养单位等信息的管理(图5-6)。

序号	定位	隧道代码	隧道名称	入口桩号	路线代码	路线名称	隧道长度	隧道净宽	隧道净高	隧道类型	是否水下隧道	修建年度	改建年度	建成通车日期
1	定位	X002110117U0010	黄土梁隧道	20.575	X002110117	胡关路	375.000	7.000	7.000	短隧道	否	2004	2010	2004
2	定位	G108110109U0010	松树岭隧道	39.846	G108	京昆线	289.000	8.000	6.000	短隧道	否	1965		2003
3	定位	G109110109U0010	担礼隧道	28.813	G109	京拉线	35.000	7.000	6.300	短隧道	否	1965		2003
4	定位	X010110109U0010	东方红隧道	7.407	X010110109	下安路	526.000	7.000	5.900	中隧道	否	1965	2013	2003
5	定位	X022110109U0010	黎园岭隧道	6.653	X022110109	双大路	720.000	9.000	5.000	中隧道	否	2007		2007
6	定位	X022110109U0020	柏峪隧道	22.557	X022110109	双大路	254.000	7.000	5.000	短隧道	否	2007		2007
7	定位	X004110109U0020	铁路隧道	27.148	X004110109	潭王路	20.000	5.000	5.000	短隧道	否	1989		198910
8	定位	X004110109U0010	铁路隧道	27.147	X004110109	潭王路	20.000	5.000	5.000	短隧道	否	1989		198910
9	定位	X018110111U0010	五合Ⅰ隧道	3.516	X018110111	六石路	114.000	8.500	7.200	短隧道	否	1977	2009	1977
10	定位	X018110111U0020	五合Ⅱ隧道	4.064	X018110111	六石路	79.000	8.500	7.200	短隧道	否	1977	2009	1977
11	定位	X018110111U0030	栗元厂隧道	11.662	X018110111	六石路	68.000	8.500	7.200	短隧道	否	1977	2009	1977
12	定位	S320110111U0010	长操隧道	15.880	S320	G108复线	808.000	9.000	7.200	中隧道	否	2009		2009
13	定位	S320110111U0020	二道河隧道	16.991	S320	G108复线	657.000	9.000	7.200	中隧道	否	2009		2009
14	定位	S320110111U0030	九道河隧道	18.466	S320	G108复线	298.000	9.000	7.200	短隧道	否	2009		2009
15	定位	X043110111U0010	铁路隧道	6.260	X043110111	羊南路	20.000	5.000	5.000	短隧道	否	2000		20001010

共 60 项记录

图5-6　隧道台账管理样图

4)设施台账管理

设备资产能有明确的设备分类、对资产做到台账明确、信息电子化,满足各级业务主管部门查询。主要包括非公路标志、里程碑、路面标线、报亭、交通标志、交通信号灯、路灯、电杆、防护设施、诱导设施等台账，实现对设施编码、设施名称、设施类型、路线代码、路线名称、位置桩号、版面形状、板面材质、版面尺寸、支撑方式、管养单位等信息的管理（图 5-7）。

序号	定位	标志编码	标志名称	标志类型	路线代码	路线名称	位置桩号	版面形状	版面材质	版面尺寸	支撑方式
1	定位	G101BZ0001X110113	指路标志	指路标志	G101	京沈线	24.971	矩形	铝合金板	4.06*2.24	悬臂式
2	定位	G101BZ0001X110116	指路标志	指路标志	G101	京沈线	51.302	矩形	铝合金板	1.5*4	单柱式
3	定位	G101BZ0001X110228	指路标志	指路标志	G101	京沈线	100.052	矩形	铝合金板	2.02*2.05	双柱式
4	定位	G101BZ0002X110113	指路标志	指路标志	G101	京沈线	24.972	矩形	铝合金板	1.05*2.05	悬臂式
5	定位	G101BZ0002X110116	注意合流与分离式道路标志	警告标志	G101	京沈线	51.331	正三角形	铝合金板	0.9	单柱式
6	定位	G101BZ0003X110113	减速让行	禁令标志	G101	京沈线	28.995	正三角形	铝合金板	0.9	单柱式
7	定位	G101BZ0003X110116	指路标志	指路标志	G101	京沈线	51.759	矩形	铝合金板	4.2*2.1	其它
8	定位	G101BZ0004X110113	禁止通行	禁令标志	G101	京沈线	28.995	圆形	铝合金板	1	单柱式
9	定位	G101BZ0004X110116	指路标志	指路标志	G101	京沈线	51.759	矩形	铝合金板	4.2*2.1	其它
10	定位	G101BZ0005X110113	指路标志	指路标志	G101	京沈线	27.195	矩形	铝合金板	1*.35	单柱式
11	定位	G101BZ0005X110116	注意合流与分离式道路标志	警告标志	G101	京沈线	51.813	正三角形	铝合金板	0.9	单柱式
12	定位	G101BZ0005X110228	人行横道标志	指示标志	G101	京沈线	120.860	矩形	铝合金板	.9*.9	单柱式
13	定位	G101BZ0006X110113	直行与靠左或靠右行驶标志	指示标志	G101	京沈线	27.215	圆形	铝合金板	1	单柱式
14	定位	G101BZ0006X110116	直行与靠左或靠右行驶标志	指示标志	G101	京沈线	51.895	圆形	铝合金板	1.0	单柱式
15	定位	G101BZ0006X110228	人行横道标志	指示标志	G101	京沈线	120.860	矩形	铝合金板	9*.9	单柱式

图 5-7　设施台账管理样图

5.4.2　档案管理

档案管理包括设计档案、施工档案、竣工档案及验收档案等的管理。档案管理对接入的电子化资产档案成果进行管理，建立档案索引，实现档案快速查询阅览功能。档案管理功能提供文件归档、档案管理、电子文件管理、报表打印、档案信息利用、档案统计、系统个性化设置等全部档案业务，从查询方式上提供了数据模糊检索、分类检索、电子文件全文检索等多种查询方式（图 5-8、图 5-9）。

关键字：　　查找　删除

序号	桥梁代码	桥梁名称	档案名称	档案号	编制单位	编制日期	保管期限	操作
1	S216110114L0020	二拨子桥	设计档案	RT010S216001	瑞通养护集团	2013年6月19日 15:53:53	永久	修改 图纸 图纸上传 图纸编辑
2	G110110114L0050	北沟桥	设计档案	RT010S216002	北京养护集团	2013年6月19日 15:53:53	永久	修改 图纸 图纸上传 图纸编辑
3	G110110114L0040	黄花峪桥	设计档案	RT010S216003	瑞通养护集团	2013年10月11日 15:06:29	永久	修改 图纸 图纸上传 图纸编辑
4	G110110114L0050	北沟桥	竣工图	RT010S216003	瑞通养护集团	2013年10月17日 14:14:24	永久	修改 图纸 图纸上传 图纸编辑

图 5-8　档案查询

桥梁信息修改

档案类型	设计档案	桥梁代码	S216110114L0020
档案号	RT010S216001	档案管号	001
缩微号	001	案卷题名	桥梁设计档案
编制单位	瑞通养护集团	编制日期	2013年6月19日 15:53:53
保管期限	永久	密级	保密
档案存储地	北京养护集团	内容	

提交　取消

图 5-9　档案信息修改

5.4.3 二维地图管理

（1）可实现路产的精细化管理及道路路产设施的分图层定位功能。二维电子地图提供电子地图浏览、搜索查询、空间定位、统计分析等功能，实现业务工作的可视化要求。

（2）可基于二维GIS实现路、桥、隧等定位（图5-10）。

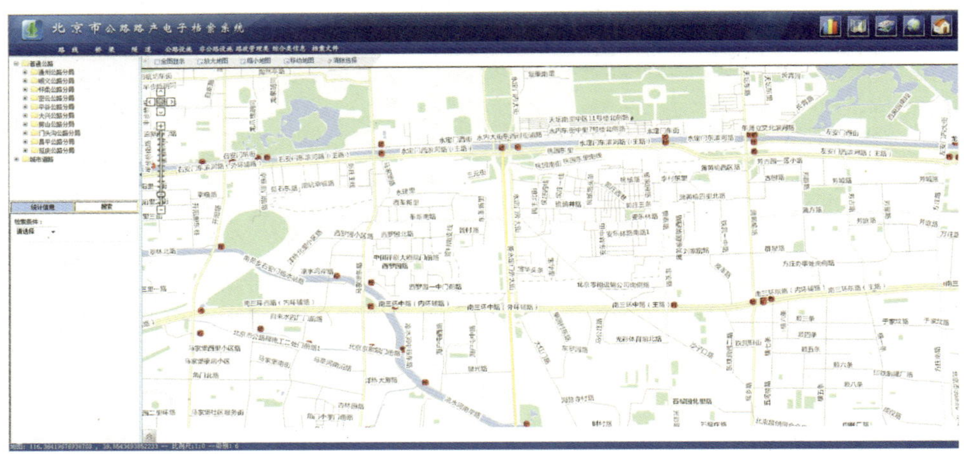

图5-10 路、桥、隧定位

（3）按照设施种类、管理单位、所在道路、类型等多条件查询（图5-11）。

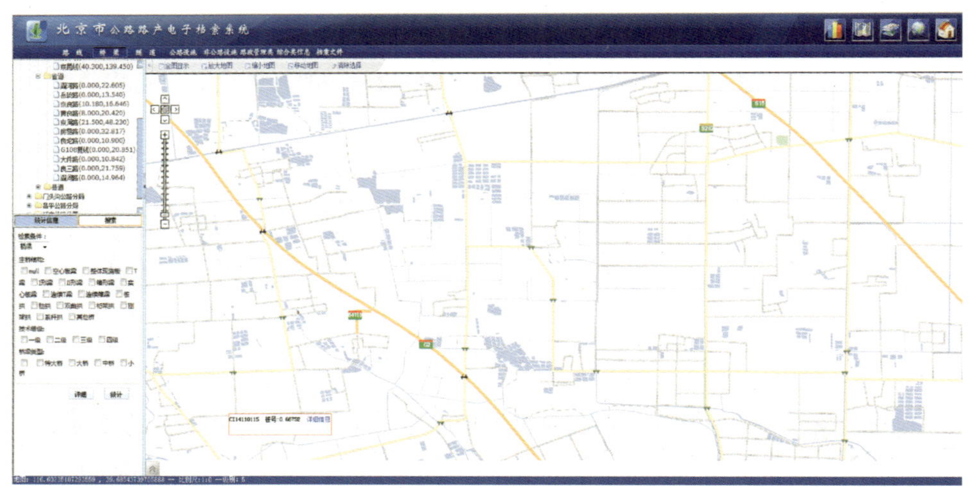

图5-11 多条件查询

（4）可在二维GIS环境下实现路产设施设备的属性查询（图5-12）。

5.4.4 卫星影像调用

卫星影像地图提供真实的路产信息影像，辅助补充二维地图现实的不足，图5-13中可标记出道路路产位置。

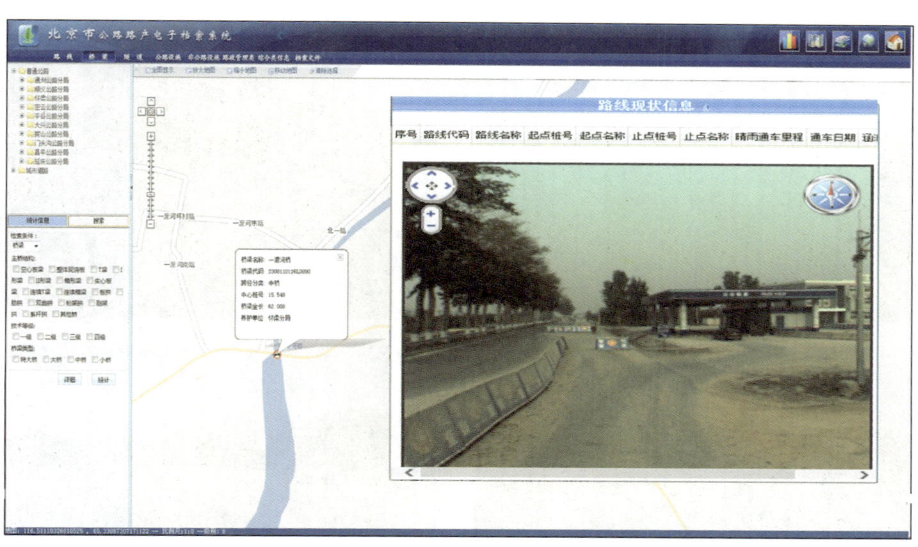

图 5-12　属性查询

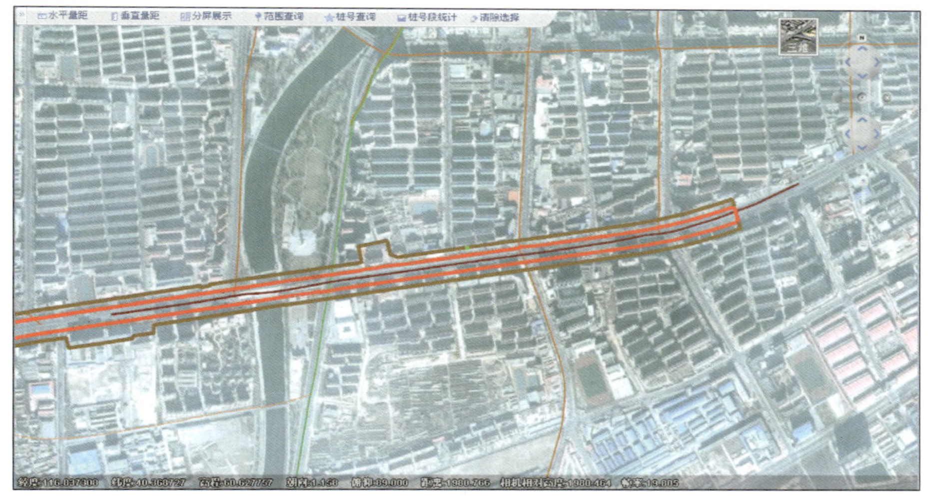

图 5-13　卫星影像地图展示

5.4.5　三维地图管理

(1)三维电子地图提供电子地图浏览、基础量具、分屏显示、查询空间分析等功能,实现路产管理工作的可视化要求(图 5-14)。

(2)具有更加丰富的可视化效果,实现公路设施(如桥梁)的多角度浏览(图 5-15)。

5.4.6　多媒体管理

1)360 度街景影像调取

全景影像能够反应道路、桥梁及设施设备的现场情况,实现真实位置和视角下的路产信息资料,实现路产管理工作的可视化要求(图 5-16)。

图 5-14　三维地图展示

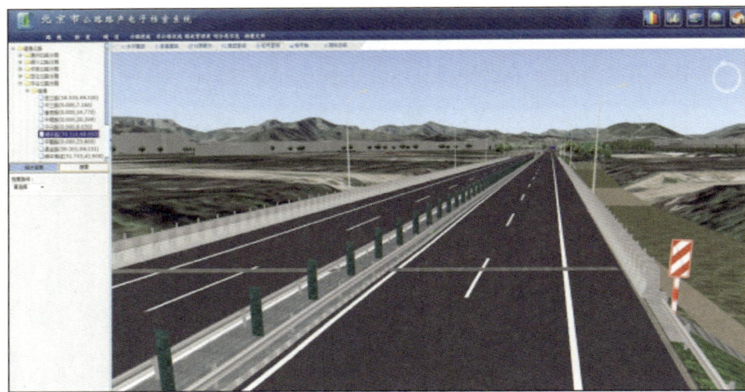

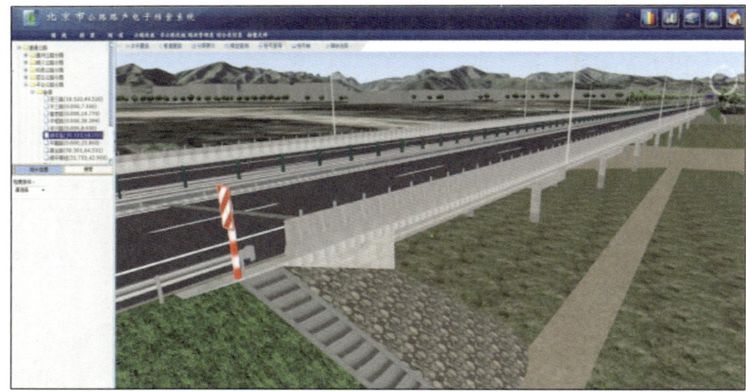

图 5-15　多角度浏览

图 5-16　街景影像展示

2）桥梁结构及设施照片库

通过桥梁及设施三维模型数据进行点选属性查询，进而调取桥梁结构照片或设施照片，进一步查看桥梁结构和设施的现实情况。

5.4.7　基础数据查询

基础设施数据查询包括：路线、桥梁、隧道、涵洞、公路用地、交通标志、平交道口、平交路口、非公路标志、绿化、路政管理类、非公路设施、综合信息类、档案文件。

1）基于二维地图的信息查询

鼠标在图上停留片刻，可显示路线、桥梁代码，桩号等信息，点击“详细”，可查看属性信息和对应位置的全景影像（图 5-17）。

图 5-17　二维地图的数据查询

2）基于三维地图的信息查询

可进行范围框选查询被选区域设施数据及明细数据，也可单独点选查询某个物体的属性信息，同时能够调用该设施的实景照片（图 5-18）。

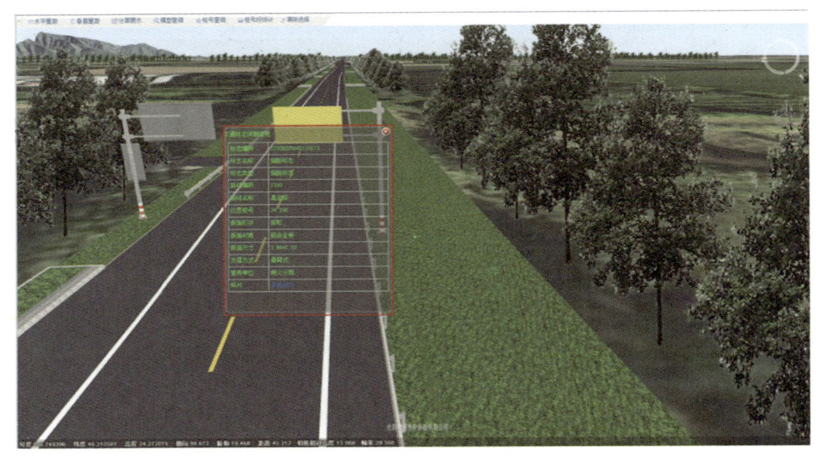

图 5-18　三维地图的数据查询

5.4.8　空间量算

可对任意设施设备进行垂直量距、水平量距、空间量距等(图 5-19)。

图 5-19　空间量算

5.4.9　双屏比对

三维和全景双屏联动查询对比路产状况(图 5-20)。

5.4.10　桩号轴

建立桩号库,实现公路里程碑与地理空间坐标的精确对应,消除传统里程桩定位的误差。二、三维场景中都可以调取公路桩号轴,实现基于桩号系统的快速拖动、精确定位(图 5-21)。

5.4.11　综合数据统计

用户可根据不同的路产设施进行相应的统计分析功能,包括道路、桥梁设施等的多维度统计。综合统计分析,选择统计类型,生成综合统计报表,汇总统计得到的结果,亦可查看详细内容,为用户提供全面、详细的设施统计清单(图 5-22)。

图 5-20　双屏同步效果展示

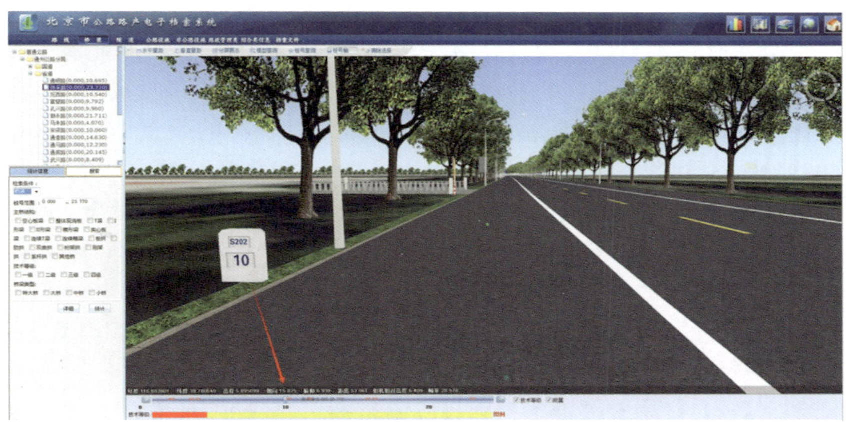

图 5-21　基于三维的桩号轴展示

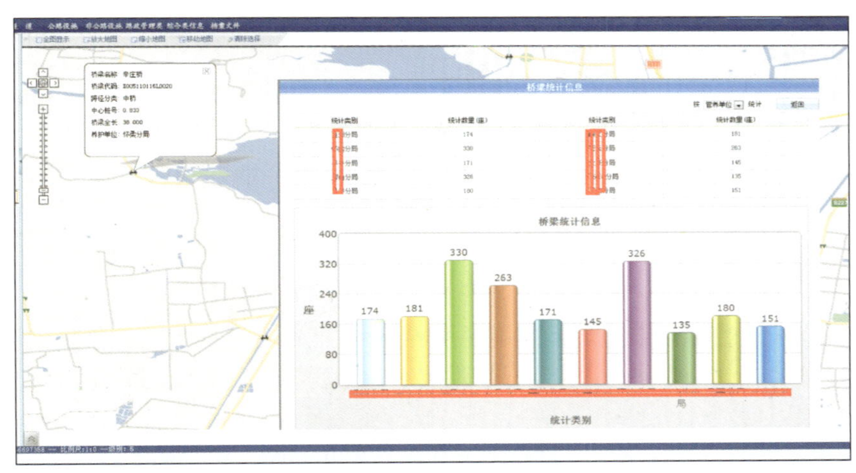

图 5-22　统计分析

5.5 系统应用前景

5.5.1 与档案管理相结合,实现三维数字化移交

在大数据时代背景下,各行各业都面临着对庞大而复杂的数据进行有效管理的巨大挑战,人们越来越认识到对自身产生和拥有的大数据进行有效管理的重要性和迫切性,档案行业也不例外。档案行业以保存社会档案并提供档案为社会利用为己任,直接面对着对社会原始记录的收集、整理、鉴定、保管、检索、利用等任务,在大数据时代,社会每天产生的原始记录的量和种类与过去不可同日而语,加上各类型的档案馆(室)现有的档案数据,档案工作者已经明显感觉到任务的艰巨,而且很多时候面对汹涌而来的大数据,档案工作者已经不知道如何应对,因此,档案界很有必要探讨一下大数据时代背景下该如何进行档案管理。

2013 年 1 月 29 日,住房和城乡建设部公布了首批 90 个智慧城市试点,由国家统一规划和施行的智慧城市建设正式起步。建设智慧城市要遵循“多用信息少用能源”、“多用信息少受灾害”以及“多用信息多利民众”几项原则。档案馆作为永久保存档案,并提供档案为社会服务的科学文化事业机构,储存有海量的信息资源,是信息资源的聚焦体,但是由于管理方式的落后、人才的欠缺、社会档案意识的低下等原因,这些信息资源宝藏并没有得到有效的开发和利用。智慧城市的建设是档案信息资源得以更好开发和利用的真正机会,是档案馆真正融入城市、提高形象的难得机遇。智慧城市依赖信息的使用,档案馆要想真正融入智慧城市的建设,就需要盘活档案馆保存的信息,使这些信息融入智慧城市的信息流,为决策层、公众所用。要盘活各个档案馆保存的海量的档案信息,挖掘出其中蕴藏着的宝贵知识财富,光靠人是无法完成的,必须借助技术,而大数据处理技术是不二的选择。

大数据时代的来临,对档案管理工作来说既是机遇也是挑战,档案行业需要努力抓住这个机遇,同时也要严肃对待挑战,随着大数据技术的发展和完善,大数据必有广阔的应用前景,档案管理在大数据时代将获得巨大的突破,档案信息资源中蕴藏着的巨大知识宝藏将会真正得以开发和利用。

可喜的是目前已开发出基于三维数据的公路电子档案管理系统并投入运营,初步达到了对路政及档案管理的设计效果,但在如下方面还有待于进一步完善:

(1)根据路产管理的业务需求,完善系统的功能模块,特别是数据入库、更新等功能的人性化、易用性操作;

(2)开发移动端数据采集终端,实现设施动态数据的及时、方便、高效的更新;

(3)结合病害养护巡查业务,实现常态化数据获取更新模式。

近几十年我国交通基础设施建设速度居世界前列,然而对这些宝贵的信息资源,目前并没有一套有效完整的存储和保护方案,尤其是对数字化工程资料的移交和管理,目前技术上还有很多不足和缺陷:

(1)移交介质不统一,部分介质依然采用纸质文档和光盘。

(2)移交资料格式单一,只能对. doe、. pdf 等格式进行支持,对于设计图纸和三维模型

不能有效支持。

(3)移交内容没有统一的验证规则检测,移交资料质量参次不齐。

(4)对移交资料没有统一的管理体系,查询和使用很不方便,宝贵的资源无法有效地共享和利用,没有发挥更好的作用。

(5)没有统一的权限控制,资料失密情况时有发生。

因此,结合目前交通基础工程管理的现状,完成对信息数字化管理系统的研究和实现,可在现有电子档案管理系统基础之上开发数字化档案移交管理系统,数字化档案移交管理系统主要研究内容有:

(1)对工程全生命周期中的工程设计资料(可研、初设、施工和竣工等相关资料)进行数字化移交和管理,实现数字化设计成果的统一管理、整体移交。

(2)系统针对不同的移交阶段,制定相应的移交资料卷册目录结构,保障了移交资料完整规范。

(3)全面支持各种二维文档和三维模型图纸等资料的移交和管理,使宝贵的档案不用因为移交而不得不转换格式,损失了大量原有的信息。

(4)利用国家最新颁布的规范进行移交约束检查,使档案管理规范化、标准化。

本系统可为工程数字化资料提供一个统一的存储、移交、管理、共享、检索、在线预览、下载等多功能综合利用平台,从而提高了数字化成果的质量和利用程度。

5.5.2　与城市绿化管理相结合,实现绿化覆盖率的测算

近几年 3S 技术发展的日趋成熟,其在城市规划建设和管理各领域得到了广泛的应用,极大地提高了政府的管理效能和管理水平。

1)基本思路

高分辨率卫星遥感影像数据由于其较高的空间识别能力、较广的覆盖范围、较短的获取数据周期以及较少的工作量投入,已成为城市园林绿地调查、监测和评价和管理的主要数据源。利用由遥感影像获取的绿化覆盖数据进行 GIS 分析和表现,通过各种专题图和统计图的制作,进行形象直观的分析,可以为城市园林管理部门进行城市绿化现状评估、绿化业务规划提供科学的决策支持。

2)系统目标

本系统的设计目标是采用计算机技术、地理信息系统技术等先进的技术手段来实现对绿地覆盖数据的动态管理和实际应用,方便园林绿化管理部门通过查询、统计、分析等手段对绿化现状数据整体把握,并在此基础上实现园林绿化的后期规划和管理,为园林管理部门提供辅助决策支持。具体而言,建成后的城市绿化地理信息系统应达到如下目标:

(1)利用 GIS 技术等先进的信息技术手段实现对城市园林绿化覆盖现状数据的管理与维护。

(2)实现城市绿地覆盖现状数据的不同条件和不同方式的查询和统计。例如,对各景点公园、各居民小区道路以及任意范围进行绿化覆盖率统计。

(3)对各类统计结果进行分类管理,并将统计结果进行报表输出。

(4)对历史统计数据进行管理,包括查询、对比、打印输出。

(5)基础地理信息查询定位,如道路、公园、地名、河流等基础地理要素的查询定位。

本系统在系统设计时充分考虑了用户的应用需求,提供了非常友好的界面交互功能,例如用户自定义统计范围、自定义统计范围的任意修改以及统计结果的分类整理、历史比对等非常实用的功能,在园林绿化管理部门对现状绿化覆盖情况的调查、对后期园林建设的规划等方面发挥了重要作用。

3)数据获取

绿化覆盖数据是以 Quick Bird 高分辨率卫星遥感图像数据为基础,充分发挥快鸟卫星数据全色波段和多光谱波段的优势,利用 Erdas Image、eCognition 等遥感处理、分类软件,对卫星数据的全色波段和多光谱波段进行融合,利用多光谱波段的光谱特性,对城市绿地信息进行提取,并经过实地的核实和人工修正,得到最终成果数据,数据获取流程见图 5-23。

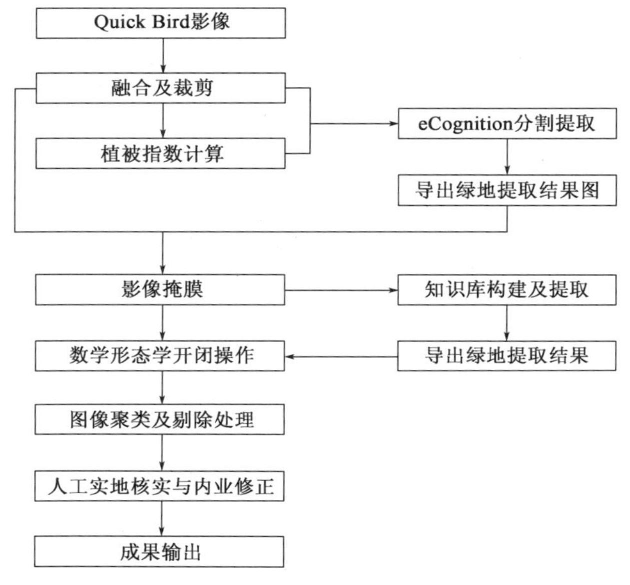

图 5-23 数据获取流程

利用遥感影像进行识别与判读得到的绿化覆盖数据的最主要的特点是图形异常复杂,对象节点多达几十万甚至上百万。因此计算效率的提高是本系统要解决的关键问题之一。本系统在利用成果数据时,采用道格拉斯数据压缩算法,在不扰乱拓扑关系和精度允许的前提下,对多边形节点进行合理的抽稀,对提高系统的效率起到了重要作用。

利用数字化航空遥感影像进行城市绿化调查,与人工实地量算相比,效率大为提高,而且量算精度也更为精准。利用遥感获取绿化覆盖面积数据后,利用本系统只需点击一下鼠标就可以轻松、快速、准确地获得任意区域的绿化覆盖率数据,对于城市绿化管理部门在获取绿化数据进行辅助决策具有重要意义。

5.5.3 与物联网技术相结合,实现路产信息动态管理

基于路产管理系统,与物联网技术相结合,实现对公路路产的信息的动态管理,确保路政管理部门及时准确地掌握公路路产的实时状态信息。

第6章 城市道路养护巡查系统

6.1 道路养护巡查系统概述

6.1.1 系统建设背景

近年来,我国交通基础建设工作迅猛发展,新增道路里程显著,在经历了较大规模的建设任务之后,随之而来的则是繁重复杂的养护和管理工作。因此,为了全面提升道路管理养护的整体水平,更好地实现为国民经济发展与建设提供更为优质服务这一重大任务目标,我国多数省份的道路养护管理部门都加大力度启动了以信息化技术为核心的道路养护管理信息化建设项目。同时,这些项目的主要目标是要通过整合道路的信息资源,以提高道路管理养护信息资源的利用效率,实现道路信息资源的共享使用,从而增加道路养护和管理任务的技术含量,提高公路养护和管理的质量及效率。

实际上,我国对道路信息化建设已经进行了相当长的研究。在硬件设备的集成和配套软件等方面都取得了较快的发展,并在一些道路管理业务上得到了较好的应用。目前,我国研究的公路管理信息化系统主要是基于地理信息系统(Geographic Information System,简称GIS)的相关技术上开发出来的模块化、多层次的公路信息管理系统。它是一种运用计算机硬件、软件和网络技术相结合的方式,实现对公路各种空间、非空间数据进行输入、存储、查询、检索、处理、分析、显示、更新和提供应用等功能,是道路现代化管理、养护、规划和科学决策的先进手段。"七五"期间在引进消化信息化技术的基础上,通过国家重点攻关课题"干线公路路面评价养护系统成套技术"的研究,建立了我国干线公路路面评价养护系管理统,即路面管理系统CPMS(Chinese Pavement Management System,简称CPMS)。

道路养护管理信息化建设的主要内容是由基础信息平台建设、应用扩展建设和推广应用及服务延伸三部分构成。项目的主要目标内容是建成道路信息化系统平台,主要内容包括了整合干线道路的基础数据库、附属构造物数据库以及养护管理系统数据库等相关业务应用系统,建成公路基本状况调查的信息中心,并建立有效的运行保障体系,从而有效降低养护管理的生产成本,提高道路养护业务处理的效率。

但是,在道路养护管理信息化的建设中,通常是系统平台都能很快很好地搭建起来,而在实际应用中却出现了各种各样的问题和难点,往往使得信息化系统的运用效率得不到有效发挥,客观上也阻碍了信息化技术在公路管理应用中的推广。

针对以上问题,为使得道路信息化技术在养护施工管理中能够获得较充足的应用,达到道路信息化建设的总体目标和水平，需要在以下几个方面进行重视和完善：

(1)加强道路养护管理数据的研究，有针对性地对影响道路使用情况的各种因素进行系统分析研究，以获得第一手基础资料，对各种道路数据进行较为系统的排查，找出真正具有代表性的基础道路数据，建立能够真实反映道路实际状况的数据模型，从理论上解决目前道路管理养护决策所需的技术难点。

(2)加强信息化系统建设的人员培养，尤其是加强信息化相关技术人员与一线养护业务人员的联系沟通，通过彼此双方的交流与相互的了解，可以有针对性地设计信息化系统的基础数据库结构和相关内容，从而全面了解系统使用者在工作中的应用需求和工作习惯，开发出界面友好、功能专一、实际操作简单的信息化应用系统，指导具有决策针对性强的应用系统。

(3)加快引进和吸收国外先进的道路养护数据采集技术，提高道路管理部门的数据采集水平，改变目前以人工观察为主的数据采集手段，尽快实现道路养护数据采集的自动化、机械化，以及数据的标准化、数据处理的信息化水平。

(4)加强人才培训，提高道路养护管理人员和一线队伍的信息化知识水平。一方面要求相关人员能够熟悉一般的计算机应用知识和应用软件的基本操作方法，另一方面应该在现代道路养护管理理念和现代信息化养护管理方法等诸多方面进行必要的知识拓展，树立现代化道路管理的新思路。另外，在设计道路信息化管理系统时，应充分考虑现有的道路养护业务人员的作业习惯和作业模式，结合相关人员的现有养护管理工作习惯，达到系统应用界面的人性化和简易化操作模式，使信息化系统的使用者能够在较短的时间内掌握该项技术，使信息化技术在道路养护管理中能够得到充分的利用。

综上所述，信息化养护管理技术在道路养护管理中的应用不仅涉及信息化系统平台和应用管理系统本身的建设，而且还要要求研究道路养护技术的科研单位、信息系统的设计者、建设者和使用者统一步调，加强沟通合作，以现代系统工程的方法进行统筹规划、合理实施，才能使这一具有现代化管理水平的先进科学技术得以真正有效地服务于道路养护管理事业。

6.1.2 系统建设意义

1)城市道路管理系统

城市道路是市政和交通基础设施的重要组成部分，是城市运行、交通运输和经济社会发展的重要载体平台。城市道路巡查养护业务是保持设施完好、道路安全，保证城市功能的充分发挥，也是保障市民生活环境条件的基础性工作。然而，在城市道路养护工作方面尚存在病害上报不及时、处置响应速度慢、管理决策困难等诸多问题。

针对以上问题及信息化在道路管理中的发展方向，实现城市道路管理系统的整体设计，要着力解决养护预测理论、决策理论研究深度不够、养护数据的采集不规范，采集技术、方法落后等问题。在界面设计上充分考虑其友好性和可操作性，充分解决养护管理人员信息化管理知识缺乏，应用现代技术能力较弱等问题，应以地理信息系统(GIS)技术为支撑，采用网格化管理思想，为城市道路养护巡查建立一套科学、高效、智能的信息化管理系统，帮助管理人员实时掌控全局路况信息，实现案件的快速上报、快速派发和快速解决，提高作业人员的工作效率，为道路管理、养护、规划提供直观而且有效的管理手段，为道路稽查人员提供科学的决策支持，从而提高道路养护的管理效率和质量。

道路养护巡查业务的工作包括路产管理、病害巡查发现、病害派发和病害修复处理等。道路养护巡查业务所面临的困难主要体现在道路病害发现不及时、处置响应速度慢、缺少数据支撑的管理决策困难等问题。道路管理的信息化建设在道路病害数据获取、数据管理派发、修复信息上报等所起到重要作用，融合地理信息系统（GIS）可实现设施、病害、人员及车辆的分布定位等。

基于以上道路养护巡查业务的特点及所面临的问题，本章提出的城市道路管理的道路养护巡查系统包含了四大功能模块：病害数据管理、道路设施信息管理、巡查车辆管理、账户权限管理，进一步细化包括了病害的流程管理、信息调取、统计分析、道路设施的信息编辑、调取、巡查车辆的信息编辑、巡查统计、轨迹查询及用户人员账号管理（图 6-1）。同时详细阐述了系统数据库建设的内容标准及软件情况等。

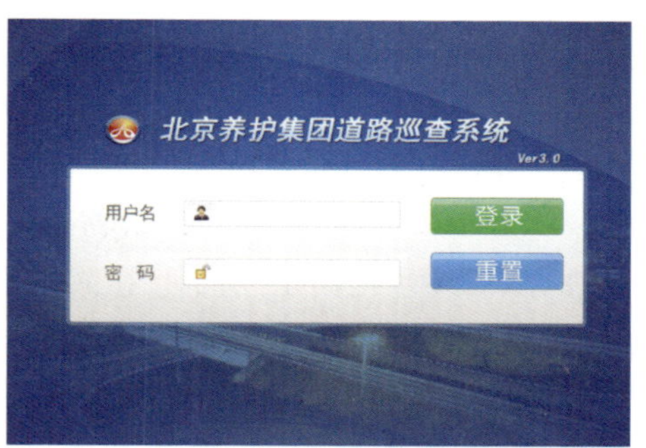

图 6-1　巡查系统登录界面

2）路拍宝

道路养护单位一线人员日常对公路病害的采集，主要为人工记录，采集需要用纸张形式的文件进行数据记录和审核，传统方法无法及时对公路病害进行精确定位，如遇到突发事件，不能及时处理、解决。纸张的形式，无疑增加了运营的成本，而且不符合节能环保的要求。现有的大型道路检测车虽然采集数据科学精确，但是运作成本高，且不能随身携带。“路拍宝——道路信息采集”的研发成功无疑能够大大减少道路养护成本，“无纸化”也符合经济、环保的要求，同时能够带来一定的社会效益，包括：

（1）提升道路巡视养护工作的群众基础。

“路拍宝——道路信息采集”的设计目标是开发公众反馈平台，动员广大公众用户投身参与道路养护工程，协助道路巡查管理单位快速发现并上报病害，对城市道路的维护和管理提供重要依据和支持。

（2）提高管理质量和服务水平。

养护单位各桥梁管理单位可以实现及时获得道路病害信息并实时反馈，有效提升对北京市道路病害的监控能力，合理安排巡视养护工作计划，提高管理单位的决策能力、质量和服务水平。

（3）提升养护工作效率。

路拍宝的广泛应用，能够让道路养护人员实时、及时地获取到道路病害信息，大大降低了养护人员外出巡视作业的次数，同时缩短了病害处置的周期，保证了道路的通畅，使得养护工作在减少交通拥堵方面也起到关键作用。

（4）提高道路养护应急处理能力。

可以快速获得道路突发事件等的具体情况，可以提高应急处理能力，预防并降低各种自然灾害对道路造成的危害。

（5）提高道路管理水平。

实现病害检测、上报、处理的全面信息化，提高北京市道路养护管理能力。

(6)提高道路养护决策能力。

系统终端能储存大量数据,形成本地路况病害电子数据库,该数据库是养护单位动态数据来源的主要途径之一,能为道路养护决策提供大量的数据依据,从而提高了道路养护决策能力。

6.2 道路养护巡查系统建设

6.2.1 道路养护巡查业务概述

道路养护是对原有技术标准过低的路线和建筑物及沿线设施进行分期的施工修复和设施添加,从而逐步提高道路的使用性能和对公众的服务水平,用以不断满足社会民众对道路的要求。众所周知,道路的现场工作条件非常的恶劣,不但需要反复承受车辆荷载,而且还需要受到严格的气候影响。而其中,道路的养护修复是属于复杂、辛苦而简单枯燥的工作,极容易被忽视。与此同时,随着社会的不断发展,对道路提供的服务要求也逐渐提高。为保障道路能够保持良好的服务状态及进行经济的有效运营,就要求对道路进行经常性的养护修复工作,以防止道路的老化和资源损耗,这已成为一项重要的工作。

道路养护工程通常分为养护和大修两类:一般养护是属于经常性和预防性的道路作业工作;大修则是属于改善性和加强性的道路作业工作。其中,一般养护工程通常包括了路面、路肩、路边、人行道、桥梁和交通服务设施等的道路养护工作,以及排水、冰雪的控制等(图6-2)。

道路是国家的基础设施,也是一个国家现代化水平的重要标志之一。随着我国道路事业的迅速发展,公路通车里程逐年增加,特别是高等级公路的快速建成,对公路养护的技术质量和效率提出了更高的要求,养护内容包括从路产巡视管理、桥梁检测管理、桥检设备的使用、道路养护巡查、沥青路面破损识别以及同路政巡查的共同协作方面。

为了确保道路,特别是高等级道路实现良好、快捷和安全的运输,充分发挥其经济效益和社会效益,加快养护进度,提高养护质量,降低养护成本,减轻劳动强度,结合我国道路现状来看,加强道路的日常养护巡查工作非常重要(图6-3)。其中道路养护巡查工作的主要内容为:

图6-2　道路养护现场巡查

图6-3　车辆上路巡查

(1)路产管理。包括公路路树存在的危险(枯、险树)、养护。

(2)养护作业单位巡查人员在进行巡查过程中发现问题时,应立即将发现的问题传送到养护中心指挥中心。指挥中心将发现的问题进行整理归纳,向问题所在区县的路政分局相关部门进行通报。

(3)巡查中发现养护问题,巡查人员应及时通知所属各专养段段长。巡查中发现公路突发性损害、危险挡土墙段坍塌、桥梁断裂等现象时,可立即断路,并立即通知养护中心指挥中心、段长、经营管理部门及业主,设立安全示警标志,昼夜派专人看守,疏导交通。

(4)巡查时发现桥面及伸缩缝破损严重时,及时通知所属各专养段段长,采取点钢板或其他临时措施处理,保证桥梁正常使用及安全。

(5)巡查中发现桥梁病害程度进一步加大,且可能造成事故的情况,可立即断路并立即上报养护中心指挥中心、经营管理部及主业。

养护作业单位巡查过程中发现路政问题后,应由巡查人员按报告程序进行报告,由路政人员按照法律程序进行处理。

巡查人员填写巡查记录和资料整理时,巡查记录应全面,所有路上发生的问题包括路面、路肩、路树、边涵、桥栏杆、百米桩等沿线设施,不得漏记,要实事求是,写清事件发生的时间、地点(路线名称及桩号),保证上报资料的准确与及时。

其中道路巡查养护的流程包含了病害的巡查、信息上报、信息审核、信息的发布派发、信息的接收处理、病害的施工修复、巡查验收归档等过程。该过程也融合了巡查的外业采集人员、内业数据处理人员及道路养护施工人员等,如图6-4所示。

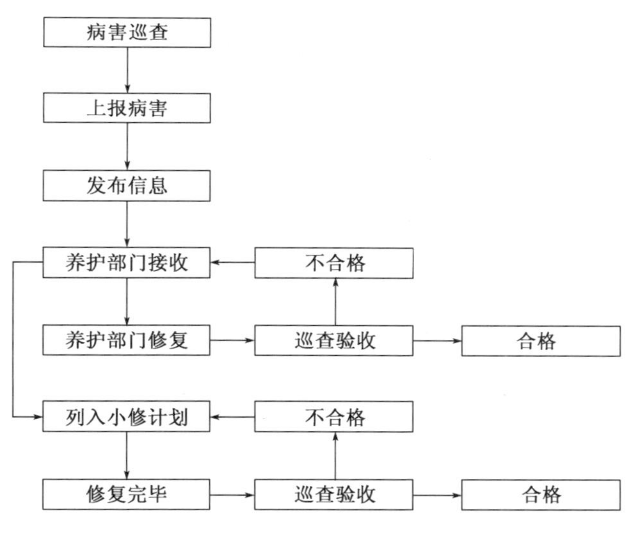

图6-4　业务流程图

准确、快速定位现场路况,并实时获取相关道路信息及病害,是道路养护和路政巡查需要解决的重要问题,但长期以来,我国道路养护巡查信息程度仍处于较低水平,管理手段较为落后,主要表现在养护巡查模式落后以及“重建轻养”思想观念所限制,致使巡查养护业务缺乏有效且先进的技术手段,从而无法对路政信息进行实时处理及管理。与此同时,道路养护巡查体系尚不健全,导致城市道路在很大程度上处于被动养护状态,相关养护单位则处于整日忙于应对现有道路及桥涵的各种病害状况，缺乏运营过程中的路况调查、病害预测以及适时的养护决策和养护规划等状态。此外，考核缺乏量化性指标，对养护责任事的故追究不力、监管不严、难以处罚管理。

6.2.2 道路养护巡查系统建设

养护巡查系统针对日常道路病害的采集、发布及管理等业务进行信息化管养，同时可以以电脑版和手机移动终端版相结合的方式保持数据的互联互通，服务于养护巡查业务的一线作业人员和巡查养护业务的管理人员，提高巡查人员、施工人员对于病害上报、处置的整体效率以及使得管理人员对于道路病害能够及时掌握和决策。同时融合车辆的 GPS 管理，在高精度二维场景中可定位巡查车辆和道路病害详细位置，为养护管理人员提供集病害数据管理和巡查车辆管理于一体的综合管理模式，为道路养护工作的精细化管理提供了有力支撑。

1）建设原则

道路养护信息化建设总体方案应从对信息化的整体需求出发，采用总体规划、分步实施的原则进行。道路养护信息化建设总体方案应能满足现阶段养护业务的功能需求，系统具有可扩充性，能适应今后道路养护行业发展的需要。然而，信息化建设是一个长期的过程，需要一个长期的规划，建设中需要考虑与其他相关部门的协调，共同建设、资源共享，避免基础设施的重复建设，充分解决信息孤岛问题，营造良好的信息化运营和发展的环境，从而达到该软件系统与道路养护业务的贴合，适应信息化的管理制度和信息化系统工程的质量保证体系也是信息化建设总体方案中不可或缺的重要内容。

道路养护信息化建设总体方案应根据道路管理行业规划建设要求，对信息化建设的具体内容进行可行性分析，包括模块需求、模块目标、总体结构、网络建设、应用系统、数据库、标准化、建设步骤等，用以保证该系统既满足道路养护管理业务需要，又满足软件系统开发的总体原则。

2）建设策略

城市道路养护管理系统的建设是以道路养护、巡查的管理业务为主题，以该业务所包含的几何信息和属性信息为数据资源，形成一套以数据库和 GIS 平台为基础、以计算机为支持工具的图文一体化办公自动化功能模块。在道路管理行业内部为各级管理人员和技术人员创建良好的数据环境、分析环境、评价环境和管理环境，降低劳动强度，提高工作质量和工作效率，改善管理机制，形成全集团联网的高效、协同运作体系。

图 6-5 手机巡查

3）系统建设目标

结合道路行业的管理现状，填补道路基础信息空白。通过开放的模块功能，实现针对道路及附属设施、设备等空间数据和属性数据的融合管理，实现城市道路信息快的速检索、定位、分析的辅助设计和设施设备的管理（图 6-5）。为决策人员、维护人员和管理者提供人性化的管理软件。

本系统建设的总体目标为:建立"全面、实用、安全"的城市道路信息资源共享、管理的功能模块,全面提升城市道路及附属设施管理的技术保障、决策支持和快速反应能力,推动城市道路管理机制创新和技术创新。具体内容为:

(1)实现档案管理的数字化。

通过功能模块的建立,综合分散在各个部门的道路建设档案、道路属性数据、市政设施档案、道路数据档案等各种档案,通过查询功能实现档案查询管理的数字化,从而极大程度地解决档案存放的问题,解决信息孤岛的问题,使得信息能够实现综合利用。

(2)实现日常管理的精细化。

推广城市道路管理功能模块的应用技术,综合运用GIS平台,可以明确地对城市道路问题进行管理规划,实现管理的可视化、数字化与智能化,通过精确定位城市道路病害管理问题,推动城市道路管理与规划领域的技术创新,保障城市道路高标准的运行。

(3)实现管理决策的科学化。

通过整合利用城市道路查询、巡查等业务信息,依托城市道路的管理政策、办法和标准,可以及时有效地发现城市道路中存在的问题,科学地编制城市道路的管理计划,合理分配有限资金,从而提高资金的利用效率。

(4)实现工作监管的规范化。

通过一体化管理信息的整合,利用数据的更新维护功能,可以全方位掌握城市道路的管理流程和管理效果,实时查看城市道路的运行状况,有效地监督各级主管部门工作进展情况,建立科学客观的工作检查、考评与评比制度,促进城市道路管理机制创新,提高城市道路管理行政效率。

4)系统业务功能分析

随着城市和郊区路桥养护业务的发展,业务每年均有一定的变化,现有系统已经难以满足最新的业务需求,系统维护成本日益增加。现有的业务应用系统在业务功能应用方面存在较多问题,致使难以满足现有道路管理的需求,主要表现在以下几个方面:

(1)业务流程和各单位管理需求变化,如计划小修、保养小修、专项管理等,目前现有的道路管理系统不能体现各单位实际业务流程,只是针对日常病害流程管理和相应数据信息的数据统计,不能将道路病害实现常态化管理,难以形成业务闭合。

(2)巡查车辆及巡查人员的实时定位及巡查轨迹记录浏览难以实现,而且现有的实效GPS管理未能满足实际工作的需求,如对历史路径的轨迹回放存在多跳点、无数据、断点情况,实际工作时间的统计也存在较大误差。

(3)系统人员管理较为混乱,部分人员权限不明晰,容易出现功能权限划分有交集,层级划分有重叠等现象,对业务数据操作存在很大的漏洞及隐患。

(4)现有道路管理系统中,很多情况针对病害类型和基础设施台账表的变动,业务人员无法直接更新,需要系统后台维护,影响实际工作业务和效率。结合现有道路行业管理业务的需求及现有业务应用系统存在的诸多问题,该系统的功能分析旨在解决和实现道路病害的流程化管理、车辆及人员巡视的实时定位和轨迹浏览、后台权限划分更加清晰明了、道路设施台账变更更加简洁安全。

结合现有道路管理信息化系统中存在的不足和业务上管理所遇到的诸多问题，系统功能分析如下：

(1)病害流程化管理。

实现针对道路病害的添加、删除、修改、查询功能，具体描述字段包括道路名称、道路形式、路段位置、病害位置、病害类型、病害量化、处理意见、近景照片、远景照片、经纬度描述及备注等。并且能够在病害静态描述的基础上实现针对病害的流程化管理，即根据施工人员对病害的处置进展情况进行动态跟踪描述，包括施工单位病害处置计划描述、施工过程描述、施工完成信息描述、监理验收意见、企业验收意见等。

(2)病害统计分析。

病害统计分析是基于大数据理念实现的对道路病害的各种统计分析功能，该功能可为道路管理人员提供详细的数据分析，为道路施工的决策及资金调配提供准确的数据参考依据。具体统计方式包含了路桥通病害发生统计、修复面积统计、紧急 24 小时病害统计、易发病害路段统计、易发灾害路段统计等。

(3)道路设施台账管理。

道路设施台账分为了道路路段、天桥、跨河桥、立交桥及通道设施等，用户可按照不同的道路设施类别进行定期或者不定期的数据属性更新，以便于按照道路权属单位所属道路的管养范围进行同步变更。

(4)车辆及巡视人员 GPS 管理。

实现针对现有车辆及巡视人员的 GPS 实时定位及轨迹浏览等功能，并增加针对 GPS 跳点等的轨迹过滤功能，从而实现了巡查设备的物联网接入及轨迹数据优化调整等功能。

(5)系统账号权限管理。

系统账号权限管理采用树形管理设计结构，即高等级用户拥有较高和较多权限功能，低等级用户则拥有较低和较少权限功能，高等级用户可为直属下级用户进行账号和功能分配，从而实现等级、功能、权限的清晰化管理，可避免道路病害数据的出现重叠式管理，保障了道路病害数据的安全性。

5)系统总体设计

本节论述了系统的整体功能概述、体系结构设计，功能模块设计、数据库建设、数据库内容构建、功能模块建设等内容。在数据库设计层面提出了数据库的构成，其中包括了数据库结构、数据库的内容及从部署应用角度考虑到的系统服务器的要求等。

(1)体系结构设计。

城市道路养护巡查系统设计实现功能包含了病害管理、统计分析、道路基础数据管理、巡查车辆管理以及系统账号人员管理。其中，根据设计功能将城市道路养护巡查系统分为了四大功能区域，如图 6-6 所示。

①第一区域是病害数据管理：用于针对城市道路病害的处理流程的管理、信息的查询调取及按不同方式进行的病害数据统计分析；

②第二区域是道路设施信息管理：包含了针对道路设施的信息编辑及信息调取功能；

③第三区域是巡查车辆管理：用于针对道路病害巡查车辆的信息编辑、车辆巡查上下线的统计分析及车辆巡查轨迹查看等功能；

④第四区域是用户账户权限管理：包含了针对系统用户的账号。

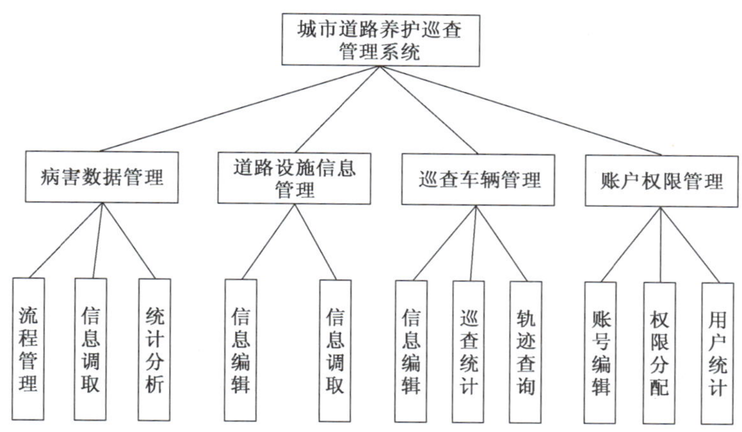

图6-6　功能结构图

(2)架构设计

下面分别阐述系统部署架构、系统逻辑架构及系统网络结构。

①系统部署架构。

系统部署图描述了软、硬件的物理布局，相互间的连接方式，如图6-7所示。

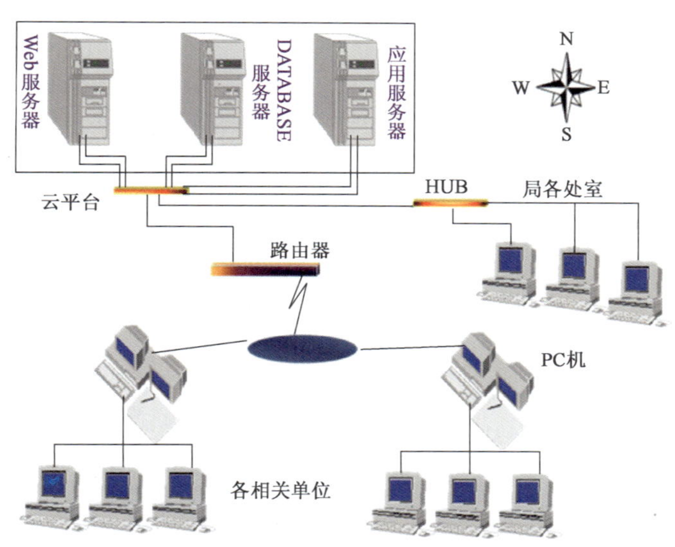

图6-7　系统部署图

②系统逻辑架构。

由于本系统的用户包括了多层级的用户。结合业务使用情况以及其他实际情况，因此将系统搭建在企业中心机房，面向各分公司的用户通过内网和外网进行同步访问，通过网络连接所有前端设备，逻辑关系如图6-8所示，系统业务数据流向如图6-9所示。

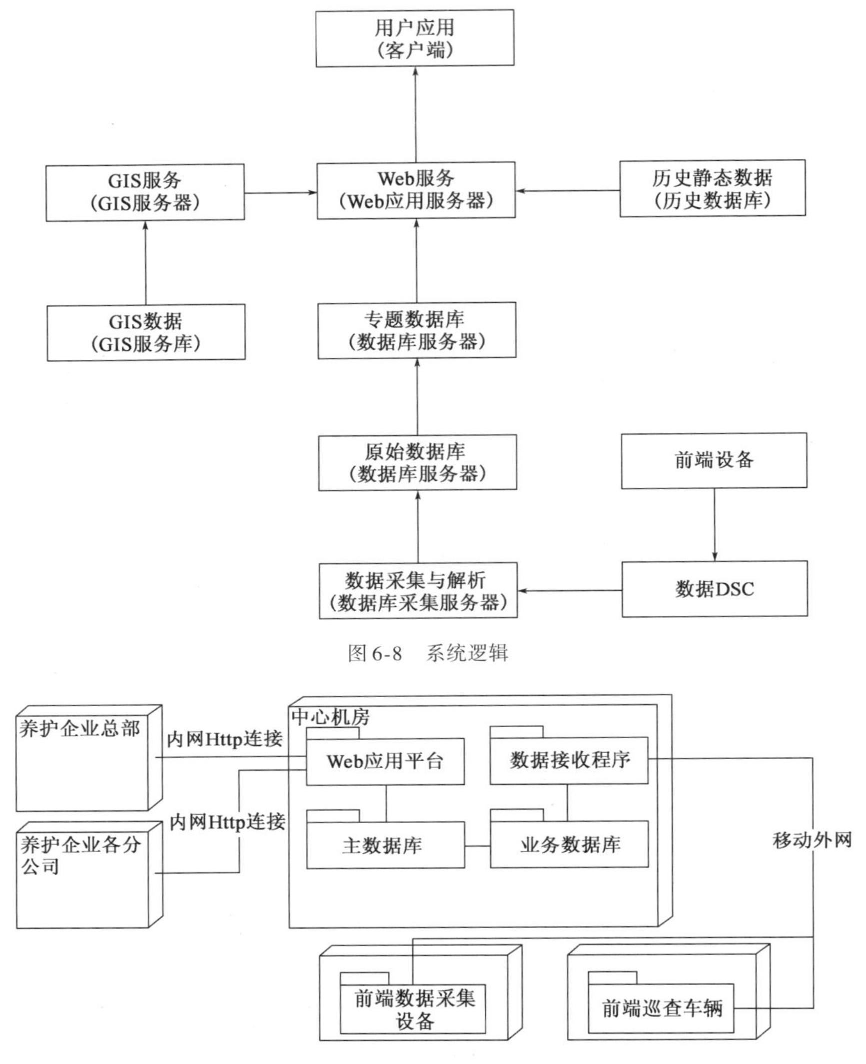

图 6-8　系统逻辑

图 6-9　系统业务数据流向图

③B/S 结构的特点。

B/S 结构(Browser/Server,浏览器/服务器模式),是网络通信高速发展后兴起的一种通信结构模式。其最大的好处就是不用安装任何专门的软件就可以对系统进行操作,系统的扩展非常容易。B/S 结构的使用越来越多,特别是近年来由于需求推动了 Ajax 技术的发展,Ajax 程序在客户端电脑上可以进行处理页面的部分功能,从而大大地减轻了服务器和客户端的负担。同时浏览器可以对局部数据进行实时更新,增加了系统操作的交互性,降低了系统的负载能力。具如下特点:

a. 维护和升级方式简单;

b. 成本降低;

c. 易扩展。

源数据汇总到机房,而系统用户则分布在市、分局用户,且市局分局在终端设备上没有做硬性规范。因此，本书设计规划为 B/S 架构的信息化系统可以通过网络，将应用发布到浏览器上，而浏览器则具有跨平台、规范性的特点，因此本书设计与建设遵循 B/S 架构系统技术规范与特点。

6）功能模块设计

根据系统总体设计思想的分析及业务需求，可将系统分成以下几个功能部分：

（1）病害数据管理模块。

病害数据管理模块主要是对巡查人员上报的数据进行汇总，由相关的内业业务人员对病害数据进行质检审核，对于不合格的病害数据进行退回反馈操作，对于合格数据进行分拣，分拣至各个施工单位，由施工单位对病害数据进行相应的操作处理，从而形成由病害发现、数据分拣到施工闭合的全流程信息化管理。

（2）病害数据统计分析模块。

病害数据统计分析模块是基于基础病害信息进行的统计分析，包括按照病害类型、道路等级、易发生病害路段、年度等统计项。

（3）计划小修管理模块。

针对上报的病害情况，用户可以结合现有的小修计划将病害进行筛选，以达到避免重复施工、浪费资源的目的。

（4）GPS 管理模块。

由于系统设计了对接巡查车辆 GPS 轨迹数据的接口，系统可接入巡查人员的巡查车辆轨迹数据，便于管理者对于巡查人员巡视情况的掌握。

①基础数据管理模块。

基础数据管理模块主要是针对每年的道路、桥梁及市政设施台账变化的情况而设计，用户可以结合管养台账的变化情况在系统中实现台账数据的增加、删除、修改及查询等操作。

②系统管理模块。

系统管理模块是用于用户权限管理的功能模块，因为道路的管理涉及多级人员的管理，所以系统设计了后台的账号管理，系统管理员可根据不同的用户级别进行相应的功能权限划分，实现一个系统针对不同用户的多级操作。

7）业务模块设计

城区业务模块主要分为：城区巡视、计划小修、统计分析、GPS 管理、基础数据管理、系统管理、手持软件。用户希望实现的功能及解决方法说明如表 6-1 所示。

功能分析表　　表 6-1

序号	用户需求	说明
1	城区巡视	包括信息录入、病害流程管理
2	计划小修	包括计划小修
3	统计分析	新增完善部分业务统计分析表
4	GPS 管理	包括定位、统计、回放
5	基础数据管理	道路、桥梁、通道数据及病害类型
6	系统管理	增加数据库备份、修改单位结构

(1)城区巡视

①信息录入

a. 减少无用字段信息显示,修改部分字段名称信息,多选少输;

b. 恢复追加完工功能,追加时需要填写修复信息。

②日常管理

a. 维持目前项目流程,养护处退回操作;

b. 管理页面数据显示项,巡查队审核时间颜色区分提示;

c. 增加核实面积项,巡查员核查填写。

(2)计划小修

①参与人员

a. 巡查员:走日常上报流程,核实上报修复完工数据;

b. 巡查中队内业:建设工程;

c. 养护处内业:建设工程,匹配计划小修中的病害,完工修复信息上报流程;

d. 养护处内业或巡查中队内业集团已批复的工程;

e. 养护处内业匹配工程与计划小修的病害;

f. 养护处完工修复信息上报;

g. 巡查员核实上报修复完工信息。

②巡查中队内业审核

工程计划小修自动转换成已修复,共享修复信息。

③详细路段

同日常养护类似,增加计划面积、所属点位。

(3)统计分析

①路桥通统计表;

②修复面积汇总表,包括计划面积、复核面积、个数。

③紧急24小时详细信息表;

④普通病害详细信息表;

⑤业务报表:巡养一体信息表;

⑥道路病害频发表。

(4)GPS管理

①GPS日常显示,历史路径;

②GPS在线表。

出车记录时间规则按照如下:

8:00—12:00上午班

12:00—17:00下午班

17:00—次日8:00夜班

(5)GPS停车记录表

①开启时间、停车次数、停车起始时间、间隔系统管理。

②基础数据管理。

a. 道路、桥梁、通道台账:道路设施权属、名称、起止点桩号、代码;

b. 病害信息:病害描述、产权单位;

c. 市民件信息:编号、姓名、内容、联系方式;

d. 井盖信息:权属单位、位置、状况、形式、编号。

(6)系统管理

①企业管理人员:可以登录系统查看整体道路情况统计数据;

②业务管理人员:可以针对业务人员、业务事件进行管理及处理;

③道路巡查人员:通过系统可以实现巡查终端的物联网接入,为巡查人员外业巡查提供便利,巡查人员也可通过登录系统查看任务派发情况;

④施工人员:通过系统可以实现巡查终端的物联网接入,为巡查人员外业巡查提供便利,巡查人员也可通过登录系统查看任务派发情况;

⑤增加人员小组管理;

⑥增加数据库备份管理。

6.2.3 道路养护巡查系统数据库建设

1)数据库建设

(1)空间数据

①数字正射影像(DOM),范围为北京市全区域,北京市 DOM 影像的面积约为 16800 平方千米,成图比例尺不小于 1:10000,格式为 TIF/TFW 的数字正射影像图。

②数字高程模型(DEM),范围为北京市全区域,面积约为 16800 平方千米。主要是表现北京市全区域的地面高程信息,地面分辨率不小于 5 米,格式为 ASCII 的数字高程模型。

③电子地图,范围是北京市维护范围。电子地图应包括道路专题图层和基础图层,其中道路专题图层需涵盖示范区内桥梁,这些要素的图层名称、内容和属性结构等按照道路管理行业内的技术要求执行,这样便于数据的更新维护。

采用基于以上的 GIS 地图构成了城市道路养护管理系统的病害事件定位、车辆管理、轨迹巡视等功能。

(2)属性数据

①电子地图属性库,道路属性数据以日常养护管理的统计数据为基本数据,可以选用计划的数据库,也可以选用道路数据库,还可以根据这两个库的相关数据自行建立一个数据库。

②道路设施属性数据库,主要通过实景影像提取设施的基本属性信息,充分利用已有的设施属性数据资源,对缺少的属性信息进行收集、补充。建立完整的设施属性数据库,并实现与空间库和影像库的衔接。

③实景影像属性库,录入道路及周围环境实景影像信息。数据格式转换要求为 MDB 格式。

(3)数据库软件

数据库软件采用 SQL Server 数据库,其能够在多数主流平台上进行运行。其中,SQL Server 数据库是采用开放的策略目标,可以使用户根据系统运行的实际需求进行选择,可选择一种最适合业务系统特定需要且有效的解决方案。

(4)数据库硬件平台建设

结合道路安全管理系统的建设目标,为最大程度与最快速度实现数据库对管理业务的支持,在进行该平台建设的同时,进行数据库硬件平台的应用开发。数据中心是涵盖示范区内道路的所有数据类型,涉及海量数据的存储和各单位部门的访问与调用,因此要专门建设数据中心,用专业的数据库服务器、硬盘存储器等满足各单位需求。

鉴于道路数据量的庞大,数据库建设需要使用至少一台海量数据库服务器和一台应用数据库服务器。

2)数据库结构设计

管理功能模块包括道路管理相关的多个数据库(表6-2)的建设,涉及内容和领域广泛。既包括各种类型空间数据库的建设,比如:电子地图的建设、市政设施空间数据库的建设等,又包括道路影像数据库的建设、相关动态管理数据库的建设等。如何将它们有机地进行组织,有效地进行存储、管理和检索应用,是一件十分重要的工作。

数据库表 表6-2

表名		P_Damage	中文名称	拍拍病害信息表			
业务描述		保存病害详细信息					
关联表							
序号	中文名称	字段名称	数据类型	非空	外键	主键	缺省值
1	ID	ID	Varchar(38)	Y		Y	
2	病害处理编号	PID	Varchar(38)		Y		
3	病害状态	BHSTATE	Varchar(8)	Y			
4	修复状态	XFSTATE	Varchar(8)	Y			
5	系统版本	SYSVERSION	Varchar(8)				
6	百度经度	BDLON	decimal(10,6)	Y			
7	百度纬度	BDLAT	decimal (9,6)	Y			
8	谷歌经度	GGLON	decimal 10,6)	Y			
9	谷歌纬度	GGLAT	decimal (9,6)	Y			
10	经度	LON	decimal 10,6)	Y			
11	纬度	LAT	decimal (9,6)	Y			
12	高程	ALT	decimal(6,2)				
13	病害地址	DAMADDRESS	Varchar(50)				
14	备注	REMARK	Varchar(400)				
15	新增人员	NUSER	Varchar(20)				
16	新增时间	NTIME	datetime				
17	修改人员	EUSER	Varchar(20)				
18	修改日期	ETIME	datetime				

续上表

序号	中文名称	字段名称	数据类型	非空	外键	主键	缺省值
19	所属单位	OFFICEID	Varchar(100)				
20	权属单位	JGQSDW	Varchar(10)				
21	病害类型	BHTYPE	Varchar(1)				
22	反馈单位	FKDW	Varchar(30)				
23	反馈人	FKR	Varchar(30)				
24	反馈时间	FKSJ	datetime				
25	养护单位	YHOFFICEID	Varchar(100)				

数据库的建设是整个应用功能模块建设的核心，只有将各类数据库的建设有机地结合在一起，才能充分发挥数据库在系统应用和建设中的核心作用。根据数据库建设的内容，管理功能模块的数据库总体分为空间数据库、属性数据库及资料媒体数据库等。

3）数据库内容

（1）空间数据

①电子地图。

范围是×环路（含×环路）范围内。电子地图应包括桥梁专题图层和基础图层，其中桥梁专题图层包括城市桥梁、快速路、天桥等多个图层，这些要素的图层名称、内容和属性结构等按照技术要求执行，这样便于数据的更新维护。

②市政设施。

范围为××市×环范围内，道路沿线的市政设施设备。

③市政管线。

范围为×环范围内，道路的沿线市政管线数据，包括：燃气、供热、供水、雨水、污水、电力、照明、通信等城市基础设施地下管线的图形数据和连接管线的节点数据，即特征点（三通、四通、人孔）、附属物（阀门、消防栓、窨井、接线箱、污水篦、手孔、上杆）。

（2）属性数据

城市道路属性数据以城市道路日常管理的统计数据为基本数据，可以选用计划的数据库，也可以选用道路数据库，还可以根据这两个库的相关数据自行建立一个数据库。

桥隧涵的属性数据及空间数据图层需要按照桥隧涵的管理要求详细制作，主要是按照公路日常管理的需要，建设并制作数据库。

城市道路设施属性数据主要通过实景影像提取设施的基本属性信息，充分利用已有的设施属性数据资源，对缺少的属性信息进行收集、补充。建立完整的设施属性数据库，并实现与空间库和影像库的衔接。

4）技术特征

（1）多尺度

市政设施、管线管理服务的对象要求系统既能够反映北京市的整体概况，又能反映到部分局部情况，为此就需要多尺度空间数据的同步支持。

(2)海量数据共享

通过构建道路管理信息的数据库群,可实现海量空间数据的共享及广泛应用。

(3)道路数据安全

在数据库建设之初需要充分考虑道路数据的整体安全性。

6.2.4 系统功能

1)系统功能设计

根据道路养护业务的实际需求,城市道路养护管理系统的详细功能设计旨在实现道路养护业务流程的精细化、便捷化和可视化于一体的综合管理模式。城市道路养护管理系统在详细功能设计的基础上通过对配置环境的分析可有效实现该系统的应用性和稳定性。

其中,道路养护巡查系统主要需要实现多维基础信息管理、路网综合管理、巡视管理、数据分析、GPS 查询、多媒体管理、专题图管理、后台管理及定制业务模块开发等功能。

(1)多维基础信息管理

多维基础信息管理主要需要提供三维电子地图浏览、电子地图图层控制、电子地图搜索查询、三维空间分析等功能,实现业务工作的可视化要求,将未来的道路养护巡查管理提升到了三维管理阶段。

(2)路网综合管理

需要对所有道路以及公路上的附属设施进行统一管理、查询,包括:道路信息、桥梁信息管理、隧道信息管理、涵洞信息管理和路产信息管理等模块。

(3)巡视管理

巡视管理需要对巡视得到的数据进行汇总和查询,包括:病害管理、巡视路线查询、巡视数据下载等。

(4)数据分析

需要对巡视得到的数据进行分类汇总和统计分析,包括:病害记录统计、病害发生率统计、修复率统计、完工统计等。

(5)GPS 查询

可针对养护巡查车辆及巡查电动车辆进行统一的数据管理,方便领导统一查询和管理,主要功能包括查看车辆详细信息、实时位置、历史轨迹回放等功能。

(6)后台管理

后台管理主要需要实现系统权限、参数的统一设置。主要功能有:用户管理、单位管理、角色管理等。

2)系统功能页面

城市道路养护管理系统是基于 B/S 架构开发的,系统主要包括了病害巡查上报、病害数据处理、病害施工闭合、地图调用、病害数据统计分析及后台账号权限管理等功能模块。

(1)病害处理及数据管理

①业务需求。

病害处理及数据管理模块是道路养护巡查系统的主要业务模块,针对道路养护业务处理流程采用信息化的手段,以提高从巡查上报到施工养护的整体流程管理的效率。

②模块功能。

a. 病害巡查上报。

道路养护巡查系统结合移动互联网技术，采用前端手机 APP 上报模式。即巡查人员可通过手机 APP 软件——养路通直接将现场病害的属性信息、位置信息及照片上传至道路养护巡查系统，结合下拉式控件构成，并在上报界面上设计手机拍照调用接口，同时，软件中连接了手机的定位模块，可以实现上报信息的自动坐标写入功能，如图 6-10 所示。

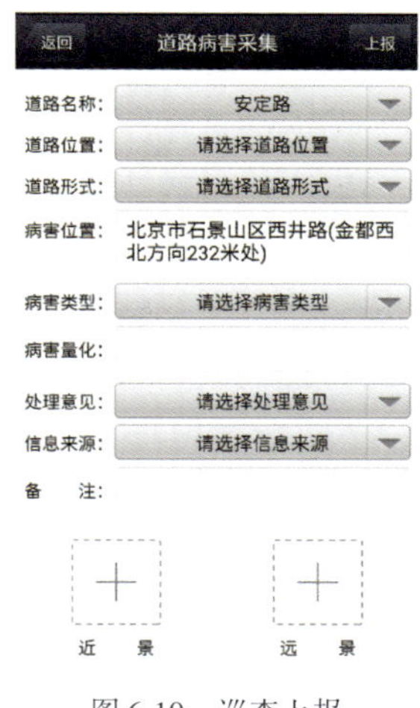

图 6-10　巡查上报

b. 病害数据处理。

巡查人员通过手机 APP 软件上报的病害数据会存储到道路养护巡查系统数据库中，内业处理人员可在系统中根据上报的病害情况进行数据审核、分发等操作。道路养护巡查系统结合道路养护业务的处理流程，在系统中为用户梳理了数据处理流程，系统中的数据流程操作采用了数据标识及入库读取的方法，即每个节点都会给病害数据进行新的字段标识，到下一节点可以直接查询所对应的节点标识的数据信息，如图 6-11 所示。

图 6-11　病害数据处理

内业数据处理人员可在该系统中对前端上报的病害进行信息、位置及照片的查询，从而可对病害所在的类型、紧急情况、所属单位等信息进行相应的筛分处理，从而对病害进行分发操作。

c. 病害施工闭合。

通过道路养护巡查系统，各个病害所属的施工单位可在系统上查看巡查人员上报、内业处理通过的病害信息，从而形成了待修复病害的治理计划。各施工单位可到系统中接收各个病害信息，进行病害的修复实施工作。对于修复完好的病害，施工人员可通过手机 APP——养路通上报现场施工情况，包括现场施工完成情况描述、照片等信息，从而针对巡查人员上报的病害事件，形成病害施工闭合。该功能模块也是采用了下拉控件的方式及手机相机接口调用的方法实现，如图 6-12 所示。

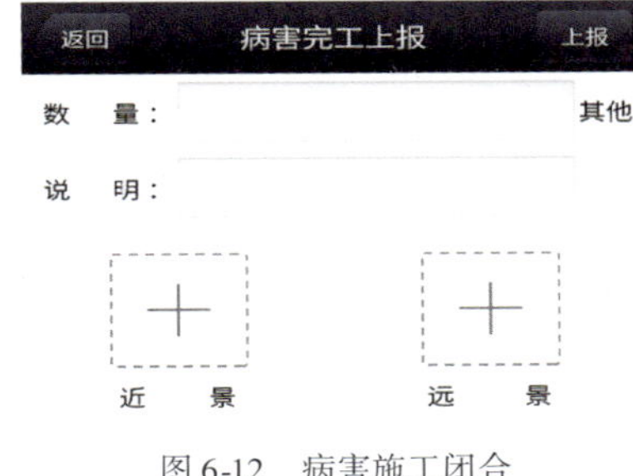

图 6-12　病害施工闭合

在施工单位上报内容中，主要包括针对病害的修复情况说明、修复量及近远景照片。

(2)地图调用及巡查车辆轨迹记录

①地图调用

道路养护巡查系统可根据病害坐标,在地图上显示病害位置,为施工人员提供直观的位置描述。

②巡查车辆轨迹记录

结合巡查车辆,实现GPS轨迹的接入及记录,为车辆巡查管理提供直观的管理模式。

(3)功能模块实现

①地图调用功能

通过道路养护巡查系统,用户可根据事件的位置坐标直接在地图上显示相对位置,从而为用户提供直观的信息描述,该系统的设计结合了二维GIS开发,写入的病害坐标数据可以通过二维GIS地图进行位置展示,如图6-13所示。

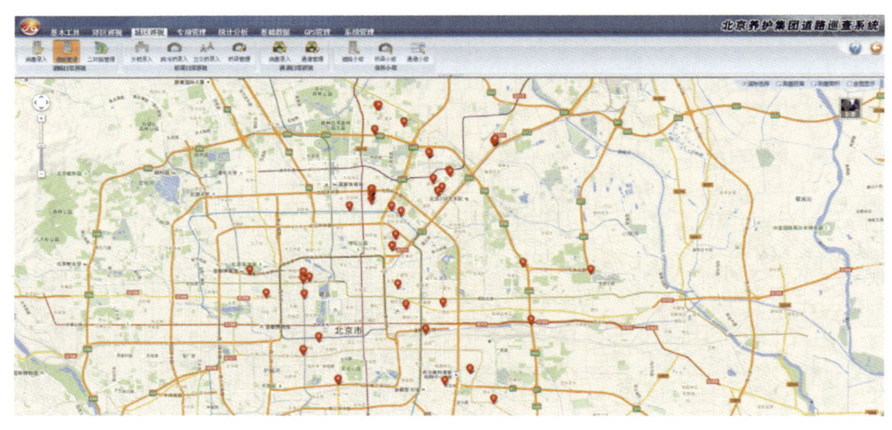

图6-13 地图调用

不仅如此,该系统在二维地图调用的基础上开发了三维GIS地图调用接口,三维GIS地图的接入为系统提供了更加直观、真实的描述方式。如巡查人员上报的病害事件,用户可在三维场景中定位该事件,在三维空间中可更加精确地掌握事件位置。在施工阶段,施工人员可通过三维场景查看病害事件位置的地下管线空间状况,从而为施工方案的制定提供了可视化的决策依据,如图6-14所示。

②巡查车辆轨迹记录

道路养护巡查系统的开发,充分结合了物联网接入技术,通过无线传输的方式,实现从车辆GPS定位装置到坐标信息入库的全部过程。用户可在该系统实时查看当前巡查车辆的位置信息及历史轨迹记录,该功能模块通过开发GPS接口,可以每5秒钟记录一次前端巡查车辆的坐标数据,从而形成巡查车辆的GPS轨迹线,如图6-15所示。

同时,在车辆轨迹记录模块中,还为用户提供了车辆管理模块,即可针对车辆的信息变更进行统一化的管理,从而为用户所在公司的巡视设备资产管理提供了标准化的管理模块,如图6-16所示。

图 6-14 地图调用

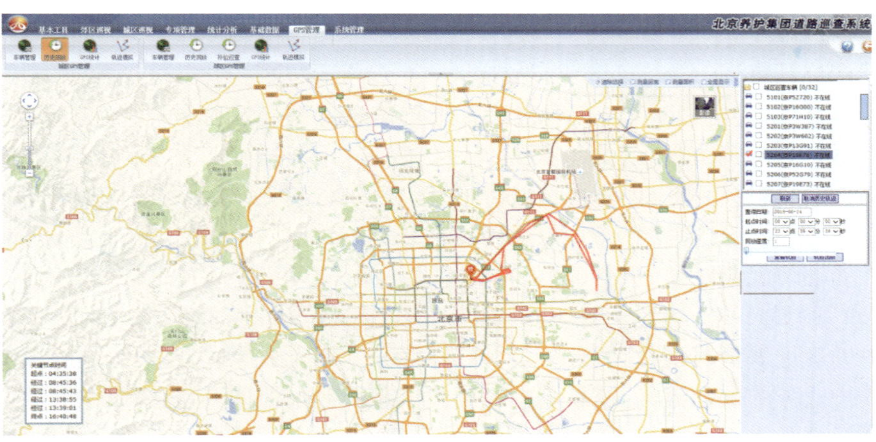

图 6-15 轨迹记录

基本工具 郊区巡视 城区巡视 专项管理 统计分析 基础数据 GPS管理 系统管理

车辆管理 历史回放 GPS统计 轨迹模拟 城区GPS管理

车辆管理 历史回放 补位巡查 GPS统计 轨迹模拟 郊区GPS管理

25	13910438782	5101 (京F5Z720)	巡查汽车	东城区	养护集团城区巡查	一中队	□	编辑	定位
26	13910317427	5102 (京F16600)	巡查汽车	东城区	养护集团城区巡查	一中队	□	编辑	定位
27	15801641270	5103 (京F71H10)	巡查汽车	东城区	养护集团城区巡查	一中队	□	编辑	定位
28	13910437949	5201 (京F3W387)	巡查汽车	朝阳区	养护集团城区巡查	二中队	□	编辑	定位
29	13910436626	5202 (京F3W602)	巡查汽车	朝阳区	养护集团城区巡查	二中队	□	编辑	定位
30	13910316433	5203 (京F13091)	巡查汽车	朝阳区	养护集团城区巡查	二中队	□	编辑	定位
31	13910317842	5204 (京F19E76)	巡查汽车	朝阳区	养护集团城区巡查	二中队	□	编辑	定位
32	15801641321	5205 (京F16G10)	巡查汽车	朝阳区	养护集团城区巡查	二中队	□	编辑	定位
33	13910436554	5206 (京F52G79)	巡查汽车	朝阳区	养护集团城区巡查	二中队	□	编辑	定位
34	13910321434	5207 (京F19E73)	巡查汽车	朝阳区	养护集团城区巡查	二中队	□	编辑	定位
35	13910438920	5208 (京F55G73)	巡查汽车	朝阳区	养护集团城区巡查	二中队	□	编辑	定位
36	13910438133	5301 (京F19E77)	巡查汽车	海淀区	养护集团城区巡查	三中队	□	编辑	定位
37	13910436989	5302 (京F19E75)	巡查汽车	海淀区	养护集团城区巡查	三中队	□	编辑	定位
38	13910438134	5303 (京F13G75)	巡查汽车	海淀区	养护集团城区巡查	三中队	□	编辑	定位
39	13910437087	5304 (京F53G00)	巡查汽车	海淀区	养护集团城区巡查	三中队	□	编辑	定位
40	13910436573	5305 (京F70H63)	巡查汽车	海淀区	养护集团城区巡查	三中队	□	编辑	定位
41	13910436584	5306 (京F52G98)	巡查汽车	海淀区	养护集团城区巡查	三中队	□	编辑	定位
42	13910322457	5307 (京F15G82)	巡查汽车	海淀区	养护集团城区巡查	三中队	□	编辑	定位
43	13910438665	5401 (京F3W636)	巡查汽车	西城区	养护集团城区巡查	四中队	□	编辑	定位
44	13910437760	5402 (京F3W638)	巡查汽车	石景山区	养护集团城区巡查	三中队	□	编辑	定位
45	13910438453	5403 (京F71H22)	巡查汽车	西城区	养护集团城区巡查	四中队	□	编辑	定位
46	13910436509	5404 (京F52G90)	巡查汽车	西城区	养护集团城区巡查	四中队	□	编辑	定位
47	13910437023	5405 (京Q7MC39) 有证	巡查汽车	西城区	养护集团城区巡查	四中队	□	编辑	定位
48	13910436751	5501 (京F3W620)	巡查汽车	丰台区	养护集团城区巡查	五中队	□	编辑	定位
49	13910437924	5502 (京F27868)	巡查汽车	丰台区	养护集团城区巡查	五中队	□	编辑	定位
50	13910317346	5503 (京F16G11)	巡查汽车		养护集团城区巡查	市政十处	□	编辑	定位

图 6-16 车辆管理

(4)手机端 APP 功能模块实现

道路养护巡查系统的开发,充分采用移动互联网技术,实现了从手机端到电脑端的数据共享模式。

"养路通"作为道路养护巡查系统的数据采集前端,主要用户为道路养护巡查人员及施工人员。巡查人员可通过手机前端直接对道路病害事件进行现场情况描述、照片拍摄及地图定位等。施工人员可通过手机前端对修复完好的病害进行修复情况描述、照片拍摄等。

①事件信息描述功能的实现。

事件信息(包括病害发现及修复上报)的描述涵盖了道路名称、道路位置、病害位置、病害类型、病害量化及照片等,通过该字段内容的填写,前端用户可将现场信息通过移动互联网直接上传到道路养护巡查系统数据库,结合下拉式控件构成,并在上报界面上设计手机拍照调用接口,同时,软件中连接了手机的定位模块,可以实现上报信息的自动坐标写入功能,可参见图 6-10。

②事件定位及查询。

用户可通过"养路通"调取现有病害信息进行信息查询和定位,根据定位情况(包括病害定位、用户定位)可较为方便、快捷地找到事件位置进行及时处理,系统设计了对接手机定位模块的调用接口,通过手机定位模块,系统自动读取位置坐标,从而形成手机软件的自动定位功能,如图 6-17 所示。

③事件处理情况跟踪。

"养路通"的设计充分考虑管理者的扁平化管理需求,用户可在手机端直接查看某条特定病害事件的处理进展情况,包括所处阶段、处理时间、处理人员等,道路养护巡查系统手机软件结合道路养护业务的处理流程,在系统中为用户梳理了数据处理流程,系统中的数据流程操作采用了数据标识及入库读取的方法,即每个节点都会给病害数据进行新的字段标识,到下一节点可以直接查询所对应的节点标识的数据信息,如图 6-18 所示。

图 6-17　事件查询

图 6-18　事件跟踪

3)系统功能

养护巡查系统由巡查车、PDA采集终端、“路拍宝”和养护巡查管理系统等部分组成(图6-19)。

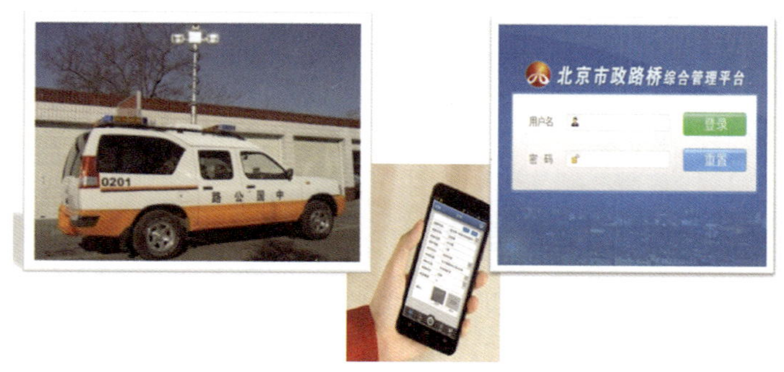

图6-19 养护巡查系统

1.0版为数字化公路养护系统,2.0版增加了城市道路管理,3.0版根据新的业务需求实现了道路三维与实景同步展示,以及与移动终端的数据互通。

2.0版存在问题:

(1)原有巡查系统是基于Windows XP建设,目前微软公司已经对XP系统不再维护,Window7、Window8操作系统为主流操作系统,原有UI界面有待升级;

(2)因数据库指标体系设置不同,在原有巡查系统与路政局城养中心数据互通过程中存在数据丢漏现象;

(3)原有采集终端为Window6.0操作系统,微软不再维护该系统,基于该系统的手机已没有销售。

3.0版升级:

(1)对UI界面进行优化升级,可以在现有主流操作系统(Window7、Window8等)下良好运行;

(2)对数据库进行了优化设计,可与路政局城养中心数据库进行良好数据对接;

(3)针对多维平台建设开发了三维展示接口,可以对病害进行三维场景展示;

(4)开发了基于安卓操作系统的巡查采集APP,丰富了采集设备的选型,降低了手机成本。

4)道路养护巡查系统PC版功能(3.0版)

功能特点:采用B/S架构模式,支持网页登录访问;与手机版保持数据互通,支持移动式访问办公;融合道路三维数据,支持三维场景浏览。

(1)实现针对道路病害的流程管理(图6-20),并针对2.0版原有流程存在的缺陷进行了重新调研和优化(图6-21);

(2)实现针对道路病害的统计分析,3.0版增加了针对道路病害修复面积、紧急24小时、巡养一体及易发路段的统计分析(图6-22);

(3)可查询巡查车辆的GPS轨迹和动态回放,3.0版针对大数据量做了优化,播放速度提高,对底图进行了优化设计;

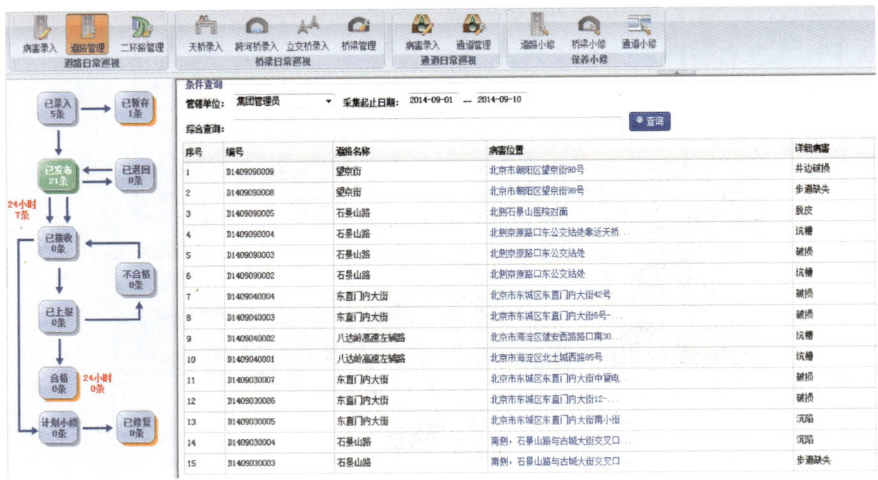

图 6-20　针对道路病害的流程管理

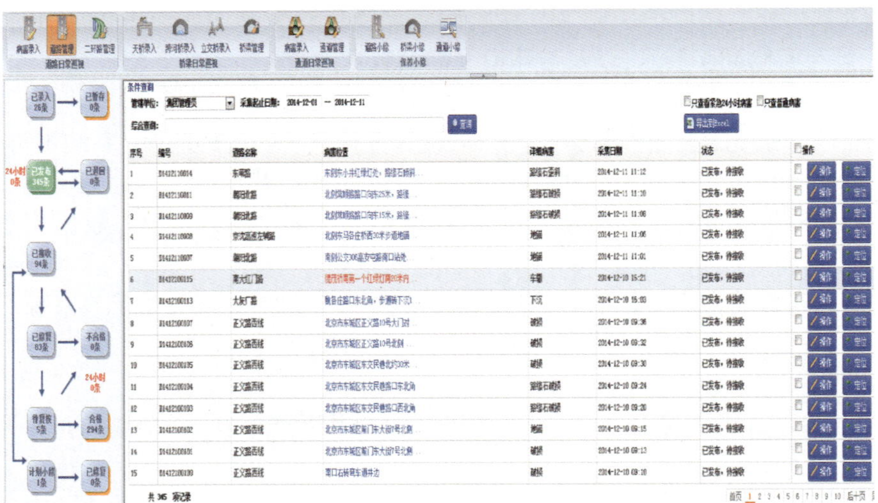
图 6-21　调研和优化界面

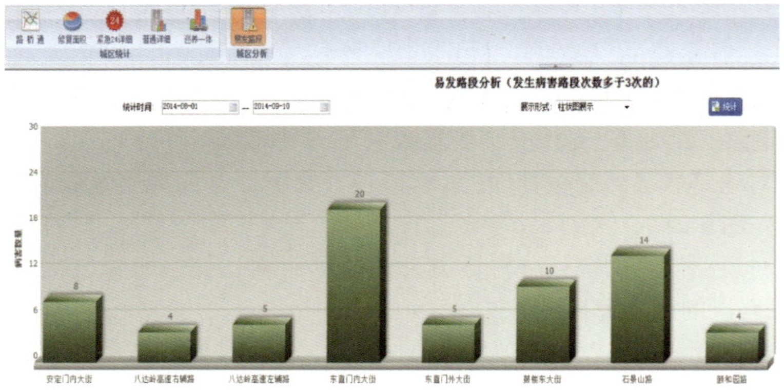

图 6-22　对道路病害统计分析

(4)实现针对病害的地图定位(图 6-23);

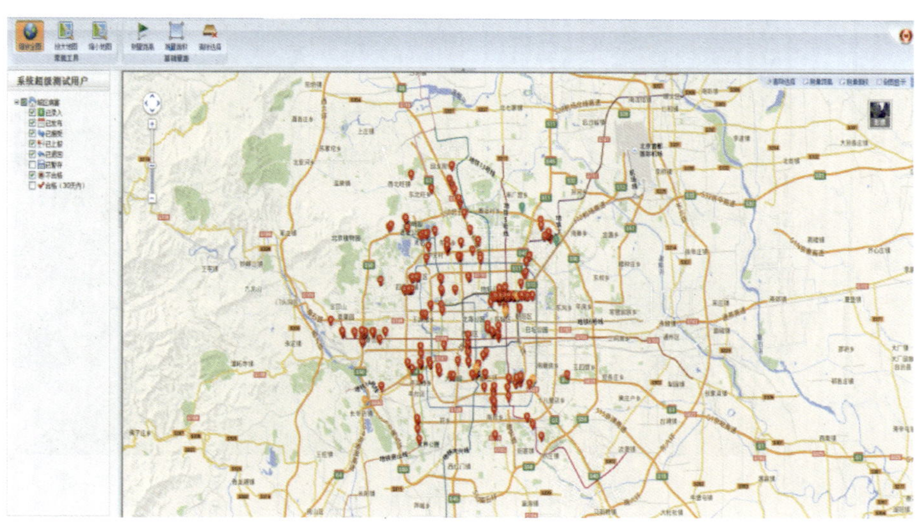

图 6-23　针对病害的地图定位

(5)针对多类型设施信息的管理及定位功能(图 6-24);

道路数据　天桥　跨河桥　立交桥　通道数据

城区管理

条件查询

模糊查询：　查找　新增　删除

序号	桥梁代码	桥梁名称	养护单位	巡查单位	城养中心编号	管理
1	201305TQ047	左安东路3#天桥	养护四处	二中队	QL01209	编辑 设置坐标 定位
2	201305TQ046	左安东路2#天桥	养护四处	二中队	QL01208	编辑 设置坐标 定位
3	201305TQ045	左安东1#天桥	养护四处	二中队	QL01207	编辑 设置坐标 定位
4	02000900029	紫竹院公园东门天桥	养护四处	三中队	QL00694	编辑 设置坐标 定位
5	02000900221	珠市口路口西天桥	养护四处	复制(C)	QL00594	编辑 设置坐标 定位
6	02000900160	珠市口东大街天桥	养护四处	一中队		编辑 设置坐标
7	02000900113	中日友好医院天桥	养护四处	二中队	QL00610	编辑 设置坐标 定位
8	02000900253	中国农业大学天桥	养护四处	三中队	QL00673	编辑 设置坐标 定位
9	201308TQ044	中国农大天桥	养护四处	三中队	QL00790	编辑 设置坐标 定位
10	02000900227	中国儿童中心西天桥	养护四处	四中队	QL00585	编辑 设置坐标 定位
11	201408TQ001	中关村一桥西侧人行天桥	养护四处	三中队		编辑 设置坐标 定位
12	02000900048	中关村南路西口南天桥	养护四处	三中队	QL00689	编辑 设置坐标 定位
13	201308TQ043	中关村东路天桥	养护四处	三中队	QL01506	编辑 设置坐标 定位
14	201408TQ002	中关村1号天桥	养护四处	三中队	QL00318	编辑 设置坐标 定位
15	02000900122	知春大厦天桥	养护四处	三中队	QL00683	编辑 设置坐标 定位

共 291 项记录　首

图 6-24　多类型设施信息的管理及定位功能

(6)可实现与多维平台数据对接,丰富底图来源,调取病害信息及三维场景模型(图 6-25)。

3.0 版对数据库进行了优化:

(1)较原系统对数据结构进行了优化设计(各业务处理流程分别做了对应的表结构设计)。

(2)增加了用户数据备份功能,可通过前端系统进行直接数据备份操作。

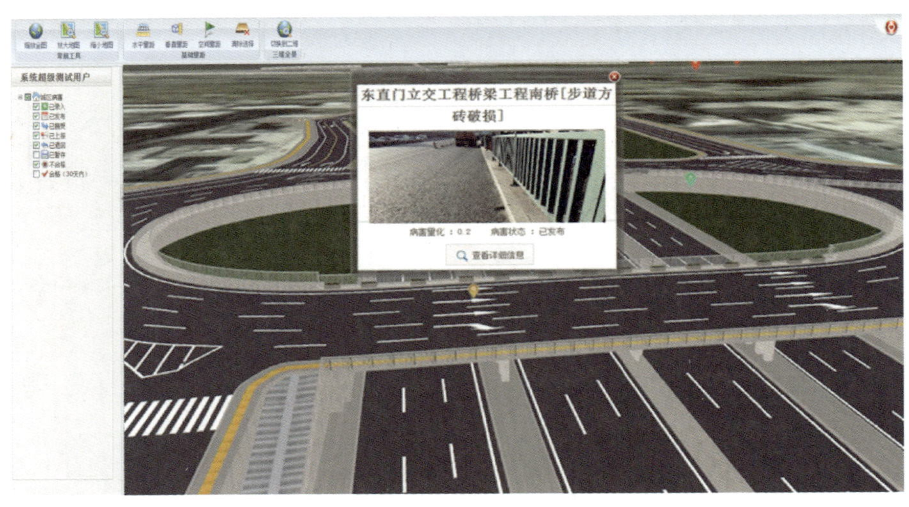

图 6-25　病害信息及三维场景模型

5)道路养护巡查 APP 功能

(1)基于手机巡查软件 APP 和“路拍宝”的开发,实现了专业病害采集和民众舆情互动(图 6-26)。

(2)基于道路巡查 APP,可实现针对道路病害的采集上报。实现巡查 APP 与养护系统 PC 终端的数据互通,支持手机应用商店的下载安装及更新(支持应用商店下载,如 360 手机助手),形成多用户的使用权限区分。

(3)专业动态巡检(图 6-27)。

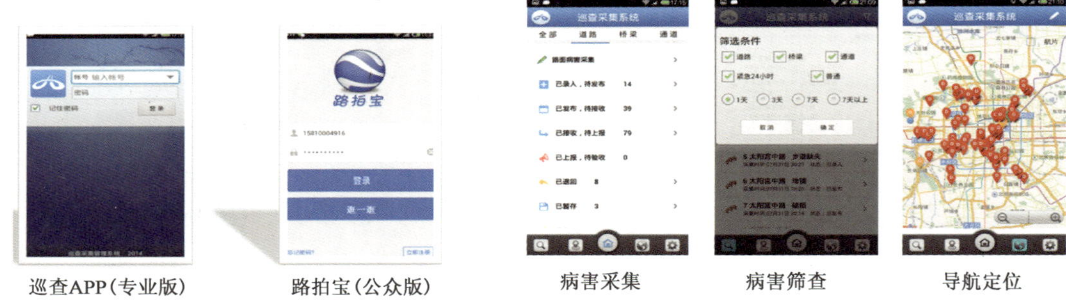

图 6-26　专业病害采集和民众舆情互动

图 6-27　专业动态巡检

(4)巡查 APP 亮点特色。

①自动定位匹配路名,方便录入;通过十字定位弥补 GPS 定位缺失;增加个人账号设置,实现数据来源精确到个人;按账号进行道路划分,便于操作(图 6-28)。

②按多条件查询病害数据,便于数据管理及调取(图 6-29)。

③可对病害进行地图定位,并对设施(道路、桥梁、天桥、通道)进行颜色区分(图 6-30)。

6)“路拍宝”功能

(1)“路拍宝”功能架构(图 6-31)

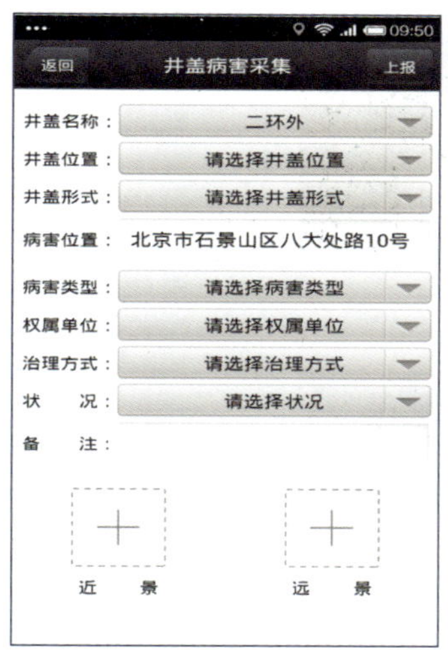

图 6-28　人性化设置

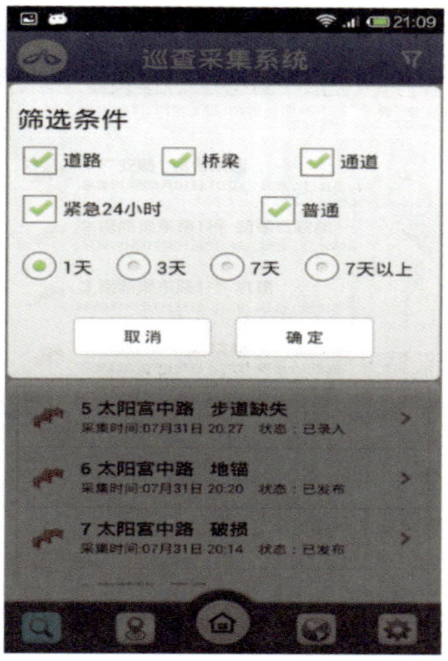

图 6-29　按多条件查询病害数据

图 6-30　对病害进行地图定位

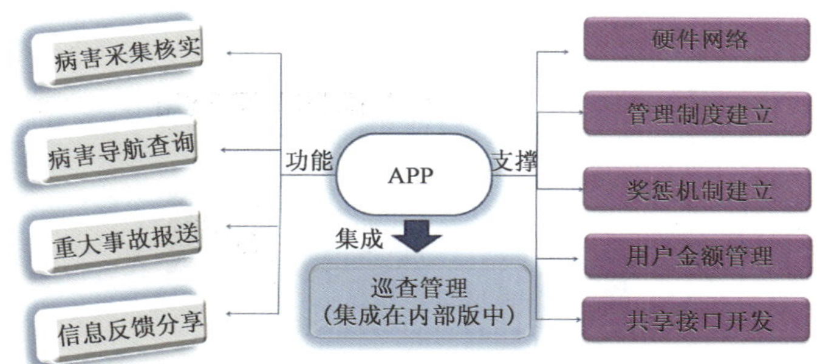

图 6-31　“路拍宝”功能架构

(2)“路拍宝”目标定位

①病害来源多样化、及时化;

②公众投诉舆情交流平台;

③重大灾害事故报送。

(3)软件获取

①应用商店下载;

②交通委路政局官网的直接下载及二维码扫描安装;

③社交平台病毒式推广(微信、微博等社交平台);

④软件用户的积分奖励式分享。

(4)“路拍宝”功能

①路害采集(图 6-32);

②路害核实(图 6-33);

③导航查询(图 6-34);

④重大事故(图 6-35);

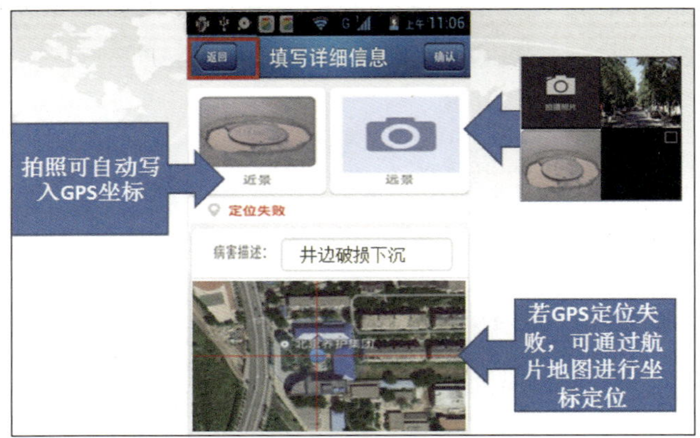

图 6-32　路害采集

图 6-33　路害核实

图 6-34　导航查询

⑤宝库(图 6-36)；

图 6-35　重大事故

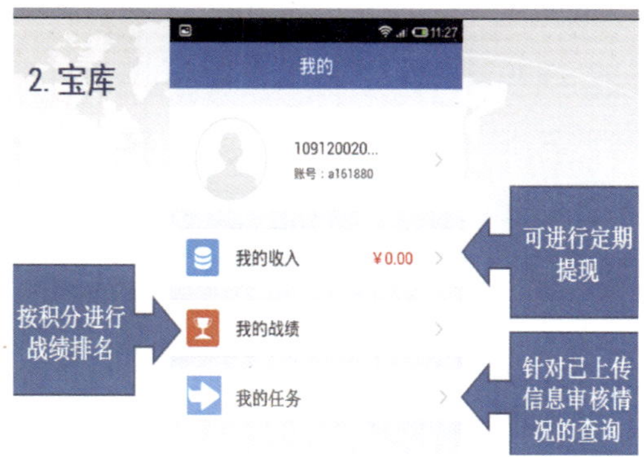

图 6-36　宝库

⑥针对上传信息情况的查询(图 6-37)。

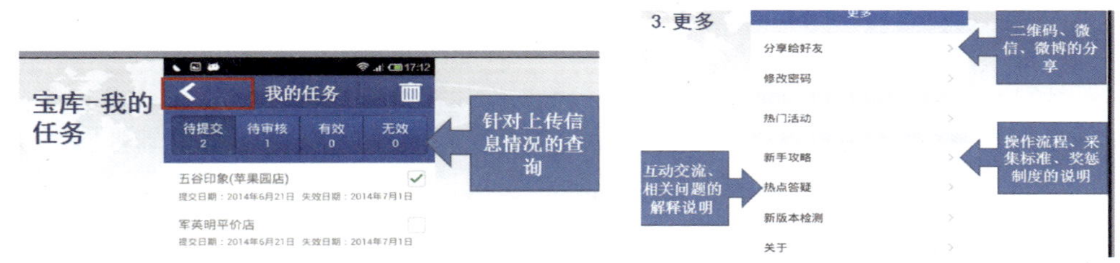

图 6-37　针对上传信息情况查询

6.2.5　针对道路病害的大数据分析

1)数据采集

病害数据的采集分为专业采集——“巡查 APP”(图 6-38)和民众采集——“路拍宝”(图 6-39)。

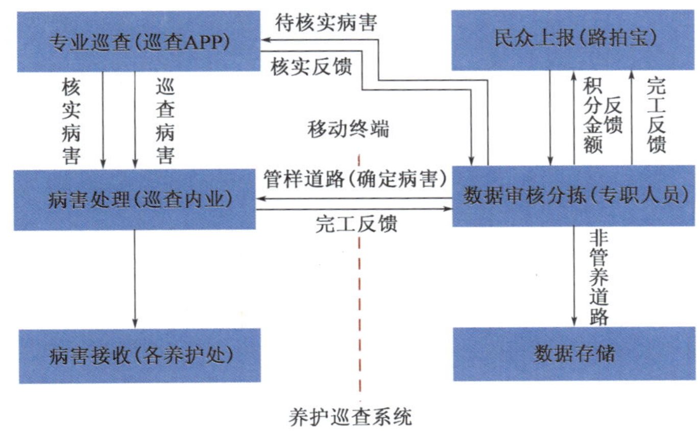

图 6-38　病害数据的民众采集

图 6-39　病害数据的专业采集

2）针对道路病害的大数据分析

（1）针对道路病害的大数据分析在城市规划中的应用

由于计算机及信息技术的普及应用，信息化水平得到不断提高。在一个高度信息化的社会里，城市空间数据基础设施起到十分重要的作用。可以说，若没有空间基础数据，“数字城市”将是无源之水。目前城市空间基础数据也呈几何式增长，传统的数据管理模式已越来越不能满足城市规划、建设和发展的需要。城市空间基础数据实现信息化管理是突破传统管理的新模式，渐渐受到各城市的重视，国内大城市和一些发达城市都积极开展城市空间数据 GIS 建库和管理工作，但是由于城市空间数据量庞大、内容丰富、形式多样，完全实现信息化管理仍是一项艰巨的任务。因此，首当其冲的应该是基础空间信息的收集、整理、转化与应用。

由于城市特有的道路密集的特征，道路自然最能够反映一个城市的空间布局结构。因此，城市道路是城市空间基础设施中最为基本的内容。而在规划部门，城市道路数据的一个重要来源就是道路规划设计成果。道路规划是城市发展规划的重要组成部分，通过总体规划和分区规划的形式构成城市未来的基本骨架。另外，在城市规划领域，评价城市发展状况经常要用到城市道路的一些指标，如道路长度、道路面积、道路密度、道路分布等。为了快速获取这些信息，必须采用信息化的管理方式来管理规划设计道路成果。由于道路规划设计中已经包含了道路的基本参数，只需要将这些参数作为道路的属性，采用空间信息系统的数据库管理模式进行管理，即可构成道路空间数据库。在面向 GIS 的数据库管理模式下，既可以方便地利用地理信息系统本身的功能快速获取城市道路系统的各种统计分析指标，又为城市空间基础设施的建设构筑了一个空间定位的框架。

道路规划成果的信息化管理是城市规划部门充分使用信息技术提高规划成果的利用效率的一种有效途径，由于道路设计图都是在 Auto CAD 设计软件上实现，要实现面向 GIS 的道路规划成果的信息化管理必须要解决两种不同软件的数据格式问题以及路网数据的动态更新与维护问题，保持数据的现势性。通过规划道路数据库的构建实践，实现从 CAD 到 GIS 的道路规划成果信息化建库管理的思路，结合城市规划、建设和管理的需要，指明了规划道路成果库

的应用方向。

(2)针对道路病害的大数据分析在道路养护中的应用

随着科技的进步和社会的不断发展,城市与城市、城市与乡村的联系变得更为紧密,而实现这一现状的前提就是迅猛发展的交通运输业,没有货物的流通就没有经济发展的存在。而当越来越多的人开始关注交通运输的时候,却发现交通运输业已经进入了瓶颈,而制约运输业发展的一个重要的因素就是道路(公路、城市道路)的整体水平。

道路是国民经济建设及城市发展环节中的重要组成部分,道路建设、养护在当今社会经济发展中愈发显得至关重要,但由于车辆荷载的反复作用和自然因素的侵蚀破坏,道路在使用中出现各种破损现象,这些破损随着时间的推移而日趋严重。在达到一定程度后不仅会影响汽车的行驶速度,也危及驾驶员的安全,更加重了重复维修的成本。为了适应日益增长的社会经济对道路行车服务质量的需要,实现道路工程的预期使用寿命和功能,就必须加强道路的养护和管理。在《道路养护与管理发展纲要(2016—2020 年)》中明确提到"实现养护投资决策的科学化,提高投资的使用效益","利用信息化管理技术,加强道路信息资源的开发和利用,研究、推广实用性的道路数据库,并实际应用于道路养护管理工作中,实现道路信息化管理的跨越式发展"。由此可见,道路养护管理的信息化已经被提高到了重要的位置。

目前的道路养护主要还是采取传统方式,这种方式在面对修建的越来越长的各种道路时就显得力不从心,而目前世界上通用的方法则是采用道路养护管理系统。在现今的道路养护管理工作中实施信息化管理已经成为共识,很多国内企业也已经进行了养护管理的信息化建设并且在使用了养护管理系统上取得了一些成果。道路养护管理系统的实施将会全面提高道路管理和养护业务的整体水平。信息化的管理将彻底改变原有的管理模式和管理手段,体现出管理的创新;信息化的管理可以优化养护管理的流程,使业务管理的程序更加合理和规范,更加符合质量管理体系的要求,同时能够满足养护业务中各方之间的协同工作、信息共享的需求,规范养护业务,提高路况养护质量和工作效率,降低管理成本,使资源得以合理化、最大化地利用。

(3)针对道路病害的大数据分析在国内的应用现状

近年来,我国公路迅猛发展,新增里程显著,在经历了大规模的公路建设后,随之而来的是任务繁重的公路养护和管理问题。为了全面提升公路养护管理水平,更好地实现公路为国民经济建设与发展提供优质服务这一大的目标,我国多数省份公路管理部门都加大力度启动以信息化技术为基础的公路管理信息化建设项目。这些项目的主要目的是要通过整合公路信息资源,提高公路信息资源的利用效率,实现信息资源共享,以增加公路养护管理的技术含量,提高公路养护与管理的质量和效率。

公路养护管理信息化建设项目由基础信息平台建设、应用扩展建设和推广应用及服务延伸三部分构成。项目的主要目标内容是建成公路信息化系统平台,整合干线公路基础数据库、农村公路数据库、公路附属构造物数据库以及养护管理系统数据库等相关业务应用系统,建成公路基本状况调查信息中心,并建立有效的运行保障体系,有效降低养护管理生产成本,提高业务处理效率。

但是,在公路养护管理信息化建设中,往往系统平台都能很快很好地建立起来,而在实际运用中却出现了各种各样的问题和难题,系统的运用效率得不到有效发挥,客观上阻碍了信息化技术在公路管理中的推广。

(4)针对道路病害的大数据分析在国外的应用现状

传统的公路交通安全解决方案往往是人、车、路分别研究,这种研究方法存在的缺陷是显而易见的。当前国外的研究已经逐步采用人、车、路综合考虑,将运输系统与紧急救助系统融合起来,通过先进的信息技术提供系统的解决方案。公路科技的发展方向发生了变化,产生了许多科研热点。这些科研热点技术不仅科技水平高,而且科技成果对公路交通的发展产生重大影响,直接推动了公路交通智能化的进程。

3)全球定位系统(GPS)的广泛应用

全球定位系统是以人造卫星为基础的无线电导航定位系统,它是利用天空中均匀分布的GPS卫星轨道参数以及载波相位信号,通过地面接收设备接收其发射的信号实时测定地面接收载体的三维位置。GPS同样具有全球性、全天候、连续的精密三维导航定位能力,并具有良好的抗干扰和保密性。相对于传统的测量方式,它具有观测点之间无须通视、定位精度高、观测时间短、提供三维坐标、操作简便、全天候作业等主要特点。由于其高度自动化,将逐步实现公路设计所必需的原始地形数据采集工作的自动化。

GPS能够提供连续精确的三维导航能力,这一特征与道路管理监控系统紧密结合,能广泛应用于车辆定位和服务中,结合电子地图为车辆驾驶人员提供导航服务,同时也可用于重要货物的追踪,使货主即时了解货物的准确位置。

4)地理信息系统(GIS)方兴未艾

地理信息系统是收集、管理、操作、分析和显示空间数据的计算机软硬件系统。GIS的发展始于20世纪60年代,是计算机同步发展的结果。今天的地理信息系统集成了计算机数据库技术和计算机图形辅助设计软件。在图像处理上更加全面,即地理信息系统所处理的事物对象既具有空间地理特征,也具有统计信息特征。可以说,地理信息系统将空间信息数字化,并使这些信息可视化,通过功能强大的软件,使空间分析直观简明,数据管理便捷高效。

通过地理信息系统的普及和应用,其强大的功能将成为交通信息管理的必备工具,成为科学管理和决策的依据。基于公路数据库基础上的交通地理信息系统GIS-T的研究是公路建设管理现代化的基础。它不仅能够适应各种层次管理部门随时了解已有公路现状的需求,同时还能够通过强大的空间分析能力和丰富的图表显示,实现公路养护的电子化管理。

6.2.6 针对道路养护的大数据分析

结合道路养护巡查系统,可以将历年积累的道路数据病害进行汇总分析,为道路管理者提供了多角度的数据统计,如按易发路段、病害修复面积、病害修复类型等数据统计,从而为病害的整体治理及决策提供了详细的数据支撑。

(1)按类型、时间统计

按道路、桥梁、通道、紧急24小时、非紧急24小时的病害修复数量及面积的统计,可按季度或年度进行综合统计分析。

(2)按修复面积统计

以道路划分,按照每条道路情况统计各管养路段发生病害事件的修复面积,其中包括了针对不同的病害类型及修复量等内容。

(3)按紧急24小时统计

结合道路养护巡查系统,实现了病害的24小时处理机制,在该统计模块中,可以按照道路、病害位置,病害类型,病害量化、所属单位等进行整体统计,如按季度或年度对此段时间内处理的紧急24小时病害事件的统计,如图6-40所示。

紧急24小时详细统计表

统计时间: 2016-06-24 -- 2016-06-24　设施类型: --所有--　统计　导出到Excel

序号	设施类型	病害编号	设施名称	起止点	路段位置	车道	病害位置	病害子类	详细病害	病害量化	单位	所属中队	上报人	上报时间	备注	所属处
1	通道	T1606240004	玉泉营通道		由东向西	机非混合通道	西北、东南	排水设施	雨水篦缺失	5	块	五中队	李晨	2016-06-24		市政四处第一项目部
2	通道	T1606240003	社科院通道		由东向西	机非混合通道	北侧台阶下	排水设施	雨水篦缺失	1	块	一中队	赵祎	2016-06-24		市政四处第一项目部
3	通道	T1606240001	羊坊店1#通道		由北向南	机非混合通道	东南、东北	排水设施	雨水篦缺失	2	块	三中队	孟昭阳	2016-06-24		市政四处第一项目部
4	桥梁	Q1606240019	同仁医院天桥		由北向南	人行步道	西南梯道	桥面系	栏杆缺失	2	其他	一中队	崔鹏鲅	2016-06-24		市政四处第一项目部
5	桥梁	Q1606240013	阜成路东西桥		由东向西	机动车道	北侧,桥梁中间	桥面系	沥青砼桥面坑槽	0.5*0.5*0.05	平方米	三中队	刘力兵	2016-06-24		市政四处第一项目部
6	桥梁	Q1606240009	东南二环广渠门立交桥		由西向东	机动车道	主桥西南侧	桥面系	栏杆缺失	1	其他	一中队	步京伟	2016-06-24		市政四处第一项目部
7	道路	D1606240124	湖光中街	广顺北大街 ~ 湖光桥下桥丁字路口	由西向东	机动车道	南侧辅路,望京西路向西1...	道路路面病害	坑槽	0.25	平方米	二中队	韩启铭	2016-06-24		市政二处第二项目部
8	道路	D1606240121	湖光中街	广顺北大街 ~ 湖光桥下桥丁字路口	由东向西	人行步道	北侧步道.望京西路西50...	步道病害	步道缺失	0.3*0.3*0.01	平方米	二中队	常喜多	2016-06-24		市政二处第二项目部
9	道路	D1606240119	望京西路	四环望京桥 ~ 望京北路	由南向北	人行步道	东侧步道.南湖中园二条路...	步道病害	步道缺失	1.2*0.5*0.01	平方米	二中队	常喜多	2016-06-24		市政二处第二项目部
10	道路	D1606240118	望京西路	四环望京桥 ~ 望京北路	由南向北	人行步道	东侧步道.湖光中街向南1...	步道病害	步道缺失	0.2*0.2*0.01	平方米	二中队	常喜多	2016-06-24		市政二处第二项目部
11	道路	D1606240117	望京西路	四环望京桥 ~ 望京北路	由南向北	人行步道	东侧步道.湖光中街向南1...	步道病害	步道缺失	0.8*0.2*0.01	平方米	二中队	常喜多	2016-06-24		市政二处第二项目部
12	道路	D1606240116	望京西路	四环望京桥 ~ 望京北路	由南向北	人行步道	东侧步道.湖光北街东北角...	步道病害	步道缺失	1*1*0.01	平方米	二中队	常喜多	2016-06-24		市政二处第二项目部
13	道路	D1606240115	望京西路	四环望京桥 ~ 望京北路	由南向北	机动车道	东侧步道.阜通西大街北1...	步道病害	步道缺失	1*0.5*0.01	平方米	二中队	常喜多	2016-06-24		市政二处第二项目部
14	道路	D1606240114	湖光中街	广顺北大街 ~ 湖光桥下桥丁字路口	由西向东	非机动车道	南侧辅路.广顺北大街向西...	道路路面病害	坑槽	1*1*0.01	平方米	二中队	常喜多	2016-06-24		市政二处第二项目部
15	道路	D1606240113	湖光中街	广顺北大街 ~ 湖光桥下桥丁字路口	由东向西	人行步道	北侧步道.望京西路向西5...	步道病害	步道缺失	0.3*0.3*0.01	平方米	二中队	常喜多	2016-06-24		市政二处第二项目部

图6-40　按事件等级统计

(4)按易发路段统计

针对道路管养的实际情况,通过道路养护巡查系统,用户可以按季度或年度统计每条管养道路上发生病害的数量,从而为道路管养的计划制定提供依据,如图6-41所示。

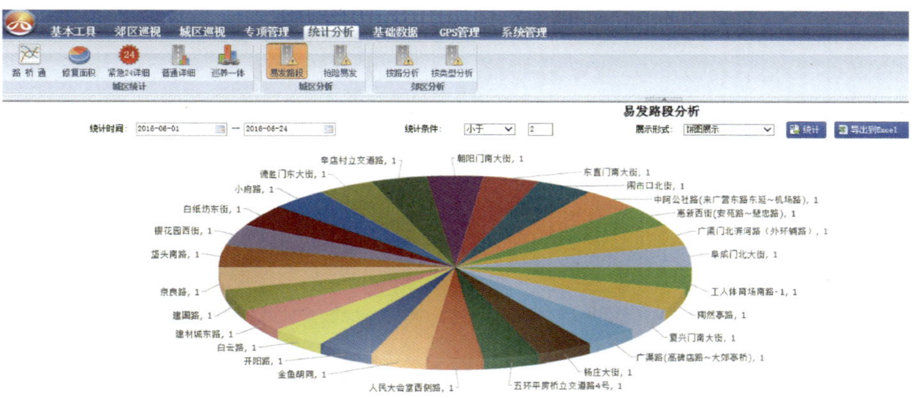

图6-41　按道路类型统计

这些统计分析结果将为道路养护的人力、物力及设备的分配提供直观、准确的数学依据,为道路管理者针对来年道路养护工作的资金分配提供可靠的参考,从而在一定程度上提高了道路养护经费的使用效率和效果。

6.3　道路养护巡查的未来展望

目前的道路养护主要还是采取传统方式,这种方式在面对修建的越来越长的各种道路时就显得力不从心,而目前世界上通用的方法则是采用相关的道路养护管理系统,在现今的道路养护管理工作中实施信息化管理已经成为共识,很多国内企业也已经进行了养护管理的信息化建设并且在使用了养护管理系统上取得了一些进步及成果。道路养护管理系统的实施将会全面提高道路管理和养护业务的整体管理质量。以道路信息化为基础的管理手段可有效改变原有粗犷的管理模式,体现出管理水平上的创新;道路信息化的管理可以简化养护业务的管理流程,使养护业务管理的整体流程更加合理、规范,更加符合道路养护管理体系的整体要求,同时能够促进养护业务间的协同作用,满足信息共享的整体需求,统一养护业务标准,提高道路路况养护质量的工作和效率,降低管理成本,使资源得以合理化、最大化地利用。同时,基于道路的三维 GIS 技术,将使得道路养护管理具有信息化的同时,更加具有可视化及人性化的界面操作,从而为道路的养护决策提供可视化和高精度的数据支撑。相信在不久的将来,融合了高精度道路三维模型数据的道路信息管理系统,将为我国的道路管理行业带来全新的管理手段,为路网建设及信息化建设提供多维数据支撑。

6.3.1 融合三维 GIS 的立体化展示

应用三维 GIS 技术,将道路地理信息和路产设施信息相结合,以三维可视化场景实现道路景观及信息的浏览查询、三维可视化漫游、检索和动态交互管理。基于三维 GIS 的道路管理平台实现了道路病害事件、路政监察等计算机辅助决策,提高了道路管理的整体水平,为最终实现道路管理的全数字化应用奠定了坚实的基础。

我国道路基础设施建设极为迅速,与硬件建设的发展速度相比,道路管理的现代化程度和技术水平严重滞后,道路管理和经营部门都在研究适合现阶段发展的管理模式和管理系统,但所有开发的管理系统主要以养护管理为主,没有将高速公路的设施设备、路面状况以及人员融合在一起,所以传统的管理模式有待于进一步的改善。

应用 GIS 技术、三维建模等技术,将道路地理信息和路产设施信息相结合,以三维可视化场景实现道路景观及信息的浏览查询,三维可视化漫游、检索和动态交互管理,使现实中的道路环境在时间和空间上得到延伸,从而提高道路的管理水平,改变了传统的道路管理方式(图 6-42)。采用三维 GIS 技术的管理系统也将成为科学化、规范化、现代化道路信息管理的必然趋势。

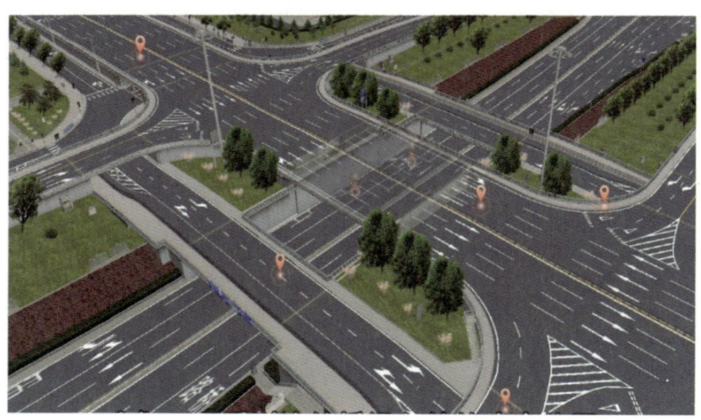

图 6-42 三维场景中病害展示

(1)基于三维 GIS 的道路巡查管理

以三维 GIS 为基础的道路管理平台,融合道路养护阶段的动态信息,实现养护信息的共享和实时掌握,规范了养护管理工作的业务流程,培养了养护管理人员良好的制度化和规范化的工作习惯,并且建立了道路养护管理的三维可视化效果,使养护工作准确量化,实现高速公路养护管理科学、决策合理。

道路巡查人员使用手持终端PDA,一方面在巡检的过程中对道路的巡察、维护以及现场信息输入与拍照,实时传回管理系统(图6-43);另一方面,在系统中可以制定养护巡检任务,自动提醒巡检人员,并为巡检人员提供规范的巡检结果记录表,巡检人员根据检查结果直接填写表格,自动生成养护日常例行检查维护表,日后可对日检查、月检查情况进行汇总统计、分析和导出。

图6-43 道路设施浏览

(2)基于三维GIS的道路路政管理

道路路政管理部门,承担着路政执法和超限运输车辆行驶管理工作。路政业务繁杂、重要,运用三维GIS技术,实现路政车辆的定位和监控、巡查路线与巡查计划管理、外业巡查信息的接收和审核、处理等。能够实时采集记录车辆当前所处的位置数据,并把位置数据发送到监控中心三维GIS展示地图上,动态显示出车辆的行驶轨迹,监控中心(监控站)也可以发出指令寻找目标车辆所在位置数据;在路政巡查工作中发现并排除路面障碍物及通过手持终端PDA针对损害路况时间进行登记、处理;将违法案件信息直接导入到路政处罚体系中实时处理,对于现场发现损坏公路及路面路障等情况,能够及时准确地将业务情况通知养护、清障等相关单位进行处理。

通过采用三维GIS的道路管理信息化技术,可以完善并建设一套完整的路政业务管理系统,加强各级单位、部门之间的工作交流,实现信息有效共享,有效提高管理人员水平使管理工作科学化、行业技术规范化,提高管理人员工作效率,提高整个高速公路路政的行业管理水平。

三维GIS技术以地形图、地面模型、影像图为依托,建立三维虚拟现实,并加入道路路产设施的综合信息,通过直观的图形界面、完善的属性数据和成熟的数学分析模型,可为道路的信息化管理提供丰富的数据源和管理基础,实现对道路事件展示、安全保障、应急救援的全过程可视化,并能够为路政、养护、巡查和出行服务提供强有力的支持,为最终实现道路管理的全数字化管理奠定了坚实的基础。

6.3.2 结合众包模式的舆情数据获取

基于手机巡查软件APP和"路拍宝"的开发,实现了专业病害采集和民众舆情互动。

1）背景、现状和必要性

（1）背景

道路是国民经济建设的重要组成部分，道路建设、养护在当今社会经济发展中愈发重要，但由于车辆荷载的反复作用和自然因素的侵蚀破坏，导致道路在使用中会出现各种破损现象。这些破损随着时间的推移而日趋严重。在达到一定程度后不仅会影响汽车的行驶速度，也危及驾驶员的安全，严重影响道路运行安全，更加重了重复维修的成本。另一方面，道路上分布着大量的管线窨井，有给水、燃气、电力等十余种，具有分布广泛、数量庞杂的特点。然而，对于这些井盖的信息采集及管理尚存在着基础信息掌控不全、井盖破损丢失发现不及时等问题。

为了适应日益增长的社会经济对道路行车服务质量的需要，达到道路工程的预期使用寿命和功能，就必须加强道路的养护和管理，然而道路巡查养护工作纷繁复杂，道路病害分布广泛、道路病害形式多样、道路病害数据的获取慢，从而严重降低了道路病害处置的响应速度，影响了公众出行的舒适度甚至是人身安全。

针对以上几点道路管理需求，需要进一步拓展道路病害信息及井盖数据的获取渠道。最近几年，移动互联网技术发展迅速，百度、高德、大众点评等公司通过公众参与来获取道路信息数据，取得了很好效果。因此，在道路信息数据获取方式上借鉴众包模式，开发了“路拍宝——道路信息采集”。

“路拍宝——道路信息采集”软件的开发应用，既可以通过公众获取道路病害数据及井盖数据，又可以同时获取公众对管理部门的意见或建议，在获取舆情数据的同时，提高道路情况快速处置的响应速度。同时，也可以培养一批较为专业的公众巡查员，对道路病害数据的获取、舆情信息的传送及拓展政府与公众的交流渠道有着很好的作用。从而降低了道路巡查人员的作业强度，提升城市道路养护行业业务水平，有效服务于道路的管理养护工作，为道路运输和公众出行安全提供保障。

（2）现状

城市道路是市政和交通基础设施的重要组成部分，是城市运行、交通运输和经济社会发展的重要载体平台。城市道路养护是保持设施完好、安全，保证城市功能充分发挥，改善市民生产生活环境条件的公益性、基础性工作，其质量和水平直接体现了政府在市政公用事业方面的公共管理能力和公益服务水平。

目前，在城市道路日常养护方面主要由巡查队外出巡查，集合巡查采集 PDA 设备，现场采集病害信息，上报到养护单位，养护单位根据查看上报养护情况发布养护方案。但会有很多弊端，如遇到突发道路病害等不能第一时间上报给相关单位，路害发现效率低，通过电话通知位置描述导致现场情况等信息不准确，现场路害确认和实效性低等诸多问题。

随着社会经济快速发展、城市化进程深入推进、机动化时代全面到来、交通承载力需求日益提高，城市道路养护管理水平亟待提高。如何运用市场化的理念方法，深化改革，构建科学高效、监管有力的城市道路养护管理体制和运行机制，已成为各养护单位的重要课题。

（3）项目必要性

①是解决道路信息来源多样化的有效手段

随着移动互联网的普及，手机成为每个人的必需品，通过充分利用手机终端，可以让更多人参与到道路管理中来，一方面提供多种道路信息，特别是对于目前种类繁多、归属不一、数据量大的井盖信息,可以用很低成本获取海量的数据。另一方面也可以获取舆情数据,了解大众对道路管理的满意度,提高数据获取的时效性,同时可以降低专业依靠。

②是提高道路信息时效性的重要举措

传统的依靠专业队伍获取道路信息的手段,在面对应急突发情况时,往往是首先依靠群众举报,再层层批转到养护单位和相关责任人,进而派人去进行现场查看、处置,效率不高。依靠手机终端APP,让应急信息能第一时间到达相关人员手中,提高了应急响应的速度。

③是提高群众满意度的新型途径

传统方式的道路病害信息举报后,群众对道路信息处置的过程不清楚,对进展不了解,甚至由于反馈信息不及时,造成了公众对道路管理部门的不满,通过后台和手机终端APP的配合,公众能够查询信息的处置速度以及反馈信息,为提升政府形象有很好的促进作用。

2)建设内容

"路拍宝"的建设是通过前端采集和后台处理软件的结合,依靠公众这个平台,实现对道路病害、井盖信息从发现、上报、处置、反馈的一整套管理体系,并能够建立一套调动公众参与到道路管理中的积极性的机制。主要包括四块内容:

(1)移动终端APP

基于主流安卓系统开发手机终端APP,实现操作简单、界面人性化、数据录入自动化、信息获取精准化的采集终端,能够适应在不同道路、不同状况下对道路病害及井盖信息的获取、缓存、上报、查询、核实等功能。

(2)硬件环境建设

包括应用服务器和数据库服务器,实现对采集信息的数据的存储、管理、维护,以及服务平台的对外访问的硬件环境支撑。

(3)数据分拣平台

系统建立城市道路路害分拣平台,智能分析各单位养护信息,将分拣信息发送给各管养单位,实现公众上报路害智能分拣。基于公众上报路害建立分拣信息库,各养护单位可通过该数据交换中心进行数据交换,完成上报信息的核查、维护等工作,实现道路路害的分发养护。

(4)管理运行机制

建立一套后台数据的管理、分拣、分发机制以及对用户的管理机制、积分奖励机制、公认奖励机制等,提高公众用户的积极性。

3)系统整体要求

在项目建设中,需达到如下基本要求。

(1)开放性;

(2)可扩充性;

(3)界面友好性;

(4)可用性;

(5)系统安全性;

(6)可管理性。

4)功能和服务需求

(1)APP采集终端通用性好。

基于 Android 智能手机设备进行相关技术开发，针对各大 Android 系统版本多样化、手机品牌多样化的情况兼容性、稳定性较好。

(2)操作界面简单友好。

结合 GIS 实现道路智能匹配，用户无须输入管养道路信息，系统结合 GPS 智能匹配所在道路，操作简单。通过 GPRS 信息进行路害、井盖等信息的上传时，采用最优的压缩算法，达到最小化 GPRS 数据损耗，为用户节约资源。

(3)多种情况适用性强。

用户可在病害附近定位采集，也可在辅路对主路病害进行采集，提供多种定位方式。在 GPS 信号丢失时，提供数据缓存，保证数据的完整性。

(4)支持大众化硬件配置。

客户端、服务器和编译机器均支持普通 PC，显卡支持主流 NVIDIA、AMD 独立显卡，以及 INTER 集成显卡。提供与物联网系统进行互联互通对接。

系统建设充分利用与现有资源包括城市道路养护系统、公路养护系统的数据层面对接，实现对道路病害从发现到处置的全流程无缝对接管理，最大限度地利用现有资源，节约开发成本，确保系统的开放性和可扩展性，保证系统的实用性和易用性，保障运行的稳定性和长效性。

5)技术方案

调动城市公众群体积极参与到城市道路养护，包括以下研究内容：

(1)拍拍奖励制度

公众通过养护单位发布智能终端上报发现病害或井盖数据，系统经核实有效给予奖励，调动广大市民积极参与到城市道路养护。

(2)公认奖励制度

公众可通过对已上报路害进行现场公认，已提高上报路害公认度，公认度越高，路害真实性也将越高，系统核查公认有效，将给予公认用户奖励。

在奖励的基础之上，调动公众群体参与到城市道路路害监测中，提高路害发现及时性、有效性，为城市道路的高效管理提供重要支持。

6)智能移动化信息平台

(1)智能移动终端架构

系统建设采用移动智能终端，即广大公众智能手机设备为基础，建设无定向设备的采集终端，公众市民可自由下载并参与城市道路养护；系统将集成 GIS 地理信息、GPS 卫星定位、智能计算道路体系等功能，简化用户使用，提高上报效率。

(2)移动化办公

公众用户可通过移动终端查询和浏览当前上报病害处理情况，随时跟踪养护进度，养护工作人员可根据公众采集信息，进行现场核查和修复情况的反馈、通知等。通过移动终端实现公众用户快速参与到城市道路养护中，为提高城市道路路害发现实效提供重要支持。

7)数据分拣平台

(1)数据分拣

系统建立城市道路路害分拣平台，智能分析各单位养护信息，将分拣信息发送给各管养单位，实现公众上报路害智能分拣。

(2)分拣交互

基于公众上报路害建立分拣信息库,各养护单位可通过该数据交换中心进行数据交换,完成上报信息的核查、维护等工作,实现道路路害的分发养护。

(3)系统架构

整个设计建设内容分解为三个层次的内容,即感知层、网络层、应用层。

8)信息资源库

(1)实时数据

主要包括:公众路害上报信息、内部巡查员采集信息。实时数据的处理流程如图6-44所示。

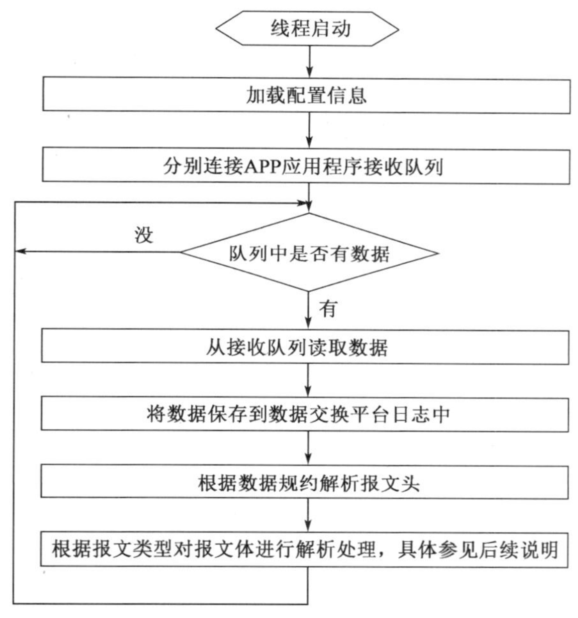

图6-44　实时数据的处理流程

(2)基础数据

具体包括:基础路网信息数据、GIS二维矢量地图。

基础路网信息数据主要包括直接体现公路基本属性的数据,如公路几何参数、动态指标等。公路属性数据库具体包含的内容有基础数据集、路线概况集、路基集、路面集、主要构造物集、沿线设施集、沿线环境集、交通量集、动态数据集等。

GIS二维矢量地图主要包括:北京市路网SHP图、北京市桥梁SHP图、北京市隧道SHP图、北京市涵洞SHP图、北京市路产信息SHP图、北京市地下管线SHP图等。

(3)信息数据的融合

根据获取到的基础路网信息数据、GIS二维矢量地图数据、地理信息数据,利用专有系统实现多类数据的融合,并建立基础属性数据库;实现对公路基础数据信息的管理和存储。

(4)地理信息平台

地理信息平台软件实现海量二维数据的融合管理,为公众路害上报管理业务应用提供强大的应用功能支撑和形象直观的展示手段。平台具有良好的兼容性和扩展性,能实现与二维地理信息系统的有机结合,能方便地进行系统功能扩充,满足未来系统发展需要。平台特点主要有以下内容:

①提供"数据 - 软件 - 网络 - 应用"四位一体的地理信息服务完整解决方案;

②采用面向服务的架构,用户可自定义扩展服务;

③面向网络应用环境,支持数据分布式部署和服务分布式部署,以构建企业级分布式体系结构 GIS 应用;

④采用 Linux 服务器,具有成本低、高安全性、高性能和高可用性的特点;

⑤采用大众化硬件配置要求,客户端、服务器和编译机均支持普通 PC,显卡支持主流 NVIDIA、AMD 独立显卡。

(5)后台数据交换平台

数据交换平台作为基础平台之一,主要实现了各业务部门数据抽取、转换、传输、加工、装载等。

(6)前台智能终端架构

公众路害上报终端采用 Android 原生开发,结合后台 j2ee 架构 + Web Service 的形式实现数据交互。系统结构采用 Android mvc、简易 sqlite orm、ioc 模块、封装 Android httpclitent 的 http 模块,具有快速构建文件缓存功能,无须考虑缓存文件的格式,都可以非常轻松地实现缓存。它还基于文件缓存模块实现了图片缓存功能,在 Android 中加载图片的时候,对 oom 的问题和加载图片错位的问题都轻易解决。它还包括了一个手机开发中经常应用的实用工具类,如日志管理、配置文件管理、Android 下载器模块、网络切换检测等工具。主要有以下模块:

①MVC 模块:实现视图与模型的分离;

②ioc 模块:Android 中的 ioc 模块,完全注解方式就可以进行 UI 绑定、res 中的资源的读取以及对象的初始化;

③数据库模块:Android 中的 orm 框架,使用了线程池对 sqlite 进行操作;

④http 模块:通过 httpclient 进行封装 http 数据请求,支持异步及同步方式加载;

⑤缓存模块:通过简单的配置及设计可以很好地实现缓存,对缓存可以随意地配置;

⑥图片缓存模块:imageview 加载图片的时候无须考虑图片加载过程中出现的 oom 和 Android 容器快速滑动时候出现的图片错位等现象;

⑦配置器模块:可以对简易的实现配对配置的操作,目前配置文件可以支持 Preference、Properties 对配置进行存取;

⑧日志打印模块:可以较快地、轻易地是实现日志打印,支持日志打印的扩展,目前支持对 sdcard 写入本地打印以及控制台打印;

⑨下载器模块:可以简单地实现多线程下载、后台下载、断点续传,对下载进行控制,如开始、暂停、删除等。

第7章　城市道路检查井盖一体化管理系统

7.1　城市道路检查井概况

7.1.1　城市道路检查井现状

目前城市道路上存在有雨水、污水、自来水、电信、电力、热力、天然气、广电等20余种类型专业检查井。由于行业标准的差异，其质量对路面及行车效果的影响程度不尽相同。按照规划，大多数雨污水管道设置在道路的快车道或道路的慢车道，平均30米至50米一座检查井，有的主干道有两道雨水管道或两道污水管道，其分布密度相当大，如果这些检查井病害严重，无疑将缩短道路的使用寿命，影响道路的通行能力。

总体来看，道路路面检查井问题主要集中在以下几个方面：

（1）采集方案存在精度不高、工作量过大、人员安全存在隐患等问题

住建部于2013年4月提出了《关于进一步加强城市窨井盖安全管理的通知》，要求包括城市供水、排水、燃气、热力、房产（物业）、电力、电信、广播电视等部门，实行井盖的数字化管理，实现社会资源有效的监管，确保人民群众人身安全。因此市政井盖的管理需求是非常明确的，但目前大量的市政井盖还基本靠人员手工巡查管理，再加上井盖数量大、分布地域性广，单纯依靠人工巡检排查，根本无法实时获得这些井盖的状态信息，更无法在出现异常情况时迅速响应。因此，如何能够精细到对市政井盖的个体进行实时监控，及时对井盖部件的异常情况做出快速处理，最大限度地保障行人人身安全与国家资产安全，是政府相关主管部门亟待思考解决的问题。

（2）缺少一套严谨的井盖病害标准规范

对井盖材质、外观、尺寸、承载能力等多个指标予以强化，要求新的井盖除了具备承载能力及耐久性外，还应具有防盗、防沉降、防响动的性能。防震橡胶垫圈也应具有耐磨损、耐腐蚀、耐油、耐候性并确保10年内不脱落、不老化失效的特点。

每一座井盖都要有自己的详细资料，对所有井盖进行造册分类。“身份证”上要有井盖位置、病害类型、施工先后对比照片等相关信息。不仅如此，应该对井盖病害专项治理的质量也作了特别说明。

（3）软件系统功能单一，缺少数据动态更新及各环节管理的功能模块

传统井盖监测方法可以分为惯性传感器、防盗井盖、红外传感器、机械开关、人工巡查等方式。各种方法都存在一定的弊端，惯性传感器的缺点是破坏井盖结构、准确率较低、体积较大、

成本较高;红外传感器的缺点是当井盖进水时会产生折射等现象,造成传感器失灵;机械开关的缺点是无法测量井盖塌陷,并且井盖内部容易被腐蚀,造成传感器失灵;人工巡查的缺点是工作量大,浪费大量人力、物力、财力,且不能实时更新,容易出错。

上述几种方法都没有做到完全实时地对井盖进行监控,没有对井盖缺失实时更新,导致监管及后续的填补困难,造成不必要的财产损失及人员伤亡。

(4)检查井治理协调工作困难

目前城市道路上井盖种类繁多,有通信的,有燃气的,有排污的等不同类型。各类井盖尽管外形看似相同,却因其职责不同而分属多个部门,如排污的属于市政部门,供水的属于自来水部门、通信的属于电信部门,还有燃气、供电、有线电视、供热、监控设施等分属不同部门。据调查,北京市检查井涉及排水集团、电力公司、绿化设施、移动公司、公安、联通公司等22家责任产权单位,由此产生了"多头管理"的管理难题。

由于缺乏统一的管理,在一些地方,井盖损坏后没有得到及时维修,就容易存在安全漏洞。不同的责任产权单位对自己所属的井盖问题态度不同,对影响自身业务的问题会积极修复,但对不影响自身业务的问题,比如井盖自身的跳响、下沉等问题则会一拖再拖。而即便及时地进行维修,由于缺乏统一的标准和审批手续负责,维修后的井盖也很难完全尽如人意。

7.1.2 系统建设背景

(1)国外井盖信息化管理简述

美国、英国、德国、法国等现代化较早的国家长期重视井盖地下管网设施建设,井盖信息化管理开始较早。纽约、伦敦、巴黎等西方城市在数百年前便为将来可能出现的问题准备了方案。通过对地下空间设施的开发和合理规划,它们逐步把城市技术层面的设计往"下"放,利用废弃矿井布置城市下水道、共同沟、防空防灾设施,有效疏解了地面功能的负担。西方国家在20世纪70年代初期就开始将井盖信息化管理技术应用于城市地下管网建设中。美国著名学者Daene. C. Mckinney早在1993年就提出了利用信息技术建立管网地理信息系统(GIS)的思想。之后,德国Geo Great公司推出了城市智能井盖地下管网的地理信息系统Geo GIS和GISX,目前已在全球200多个城市成功应用。2002年,美国ESRI公司推出了Arc FM系统,对煤气、电力以及给水等管线进行科学化的管理与设计维护。

(2)国内井盖信息化管理简述

国内实行井盖信息智能化管理相比国外发展较慢,住建部于2013年4月提出了《关于进一步加强城市窨井盖安全管理的通知》,要求包括城市供水、排水、燃气、热力、房产(物业)、电力、电信、广播电视等部门,实行井盖的数字化管理,实现社会资源有效的监管,确保人民群众人身安全。因此市政井盖的管理需求是非常明确的,但目前大量的市政井盖还基本靠人员手工巡查管理,再加上井盖数量大、分布地域性广,单纯依靠人工巡检排查,根本无法实时获得这些井盖的状态信息,更无法在出现异常情况时迅速响应。

7.1.3 系统建设意义

井盖作为城市不可或缺的公共物品之一,对其管理一定程度上反映着政府的管理水平和能力。井盖虽小却是城市水、电、气、通信等战略资源能否运行顺畅的重要影响因素之一。如果管理不到位，不仅影响着城市的整体面貌，还会危及市民的生命财产安全。随着北京市城市基础设施建设事业的持续高速发展，城市的井盖数将会越来越多，随之而来的是井盖管理的难度越来越大。传统的管理方法模式已经无法处理当前的问题，迫切需要寻求管理体制的转型。

为实现对检查井状况的有效掌控，应建立完善的检查井病害数据管理系统平台，满足检查井管理工作的需要，为常态跟踪等管理工作提供信息化手段支撑，从而提高管理效率和质量。通过该系统平台，能够及时、安全、方便地对检查井数据进行多种复杂条件的调取和管理，实现多种方式的快捷数据查询检索、管理需求。

通过建立政府准入制度及企业责任制度对井盖维修进行统一管理，避免权责单位不负责的现象。同时由管理部门统一设计维修线路，保证维修线路的成本最小化，社会经济效益的最大化。以提升整体井盖修复完成比，提高政府满意度的目的。并将井盖大数据管理模式化，横向运用于全国井盖数据治理，纵向为其他基础设施服务业提供参考。

7.2 城市道路检查井数据采集

7.2.1 检查井病害普查的标准规范

1)普查内容

城市管道路检查井和雨水口的调查工作，主要调查内容为所在道路代码、所在道路名称、状态、权属单位、所在位置、形式、规格、材质、坐标、照片等10类，详细描述如下：

(1)所在道路代码：被调查检查井井盖及雨水口所在道路的代码；

(2)所在道路名称：被调查检查井井盖及雨水口所在道路的名称；

(3)井盖状态：包括完好、井圈下沉(图7-1)、井圈井盖高差(图7-2)、周边路面破损(图7-3)、井盖破损(图7-4)、黑混破损(图7-5)等；雨水口状态：包括完好、下沉、破损、缺失及其他。根据不同状态进行分类统计，根据实际状态的情况记录对应的状态指标(如下沉值、高差值等)，如表7-1所示；

图7-1 井圈下沉

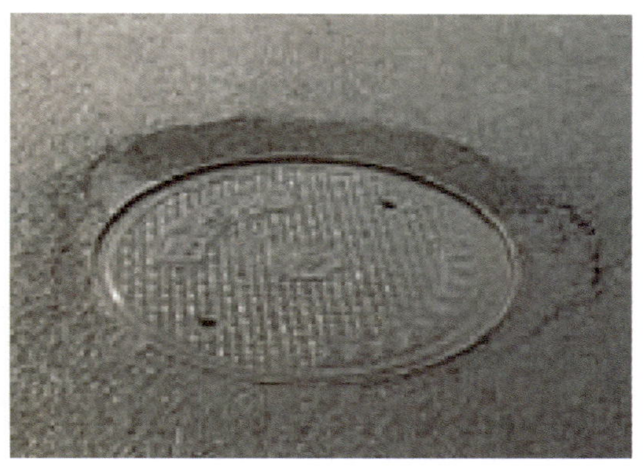

图7-2 井圈井盖高差

图 7-3　周边破损

图 7-4　井盖破损

图 7-5　黑混破损

普查内容列表　　表 7-1

所在道路代码	与台账对应录入	所在道路名称	与台账对应录入
所在位置		1. 机动车道;2. 非机动车道;3. 人行道;4. 隔离带	
权属单位		1. 排水集团;2. 区县管委;3. 其他	
雨水口规格		1. 单篦;2. 双篦;3. 多篦	
排水形式		1. 平坡;2. 立坡;3. 其他	
雨水口材质		1. 铸铁;2. 钢制;3. 水泥;4. 其他材料	
雨水口状态		1. 完好;2. 下沉;3. 破损;4. 缺失;5. 其他	
雨水口坐标		照片	

(4)权属单位:包括中水公司、电力公司、排水集团、绿化设施、移动公司;

(5)所在位置:机动车道、非机动车道、人行道、隔离带;

(6)形式:矩形、圆形、异形;

(7)规格:依据真实状况录入;

(8)井盖及雨水篦子材质:铸铁、钢制、水泥、复合材料、其他材料;

(9)井盖及雨水口坐标:井盖及雨水口地理位置坐标;

(10)照片:反映井盖及雨水口状态的照片。

2)调查范围

(1)调查工作的整体区域。

根据工作任务内容、道路清单台账和调查道路分布图,划分为不同的测区。

(2)沿路调查范围。

按照道路数据分为四种调查区域:机动车道、非机动车道、步道、隔离带。

3)调查的技术标准

机动车辆无法采集非机动车道、人行道及隔离带,采用调查设备、人工辅助调查相结合的方式调查,保证调查质量:

(1)检查井定位精度 1 米以内;

(2)设备的精度参数正常稳定后再采集数据;

(3)状态指标下沉值超过 15 毫米、井盖高差值 5 毫米为病害临界值。

①拍摄照片的技术要求。

a. 井盖照片要求清晰,标识可辨;

b. 拍摄近景照片要正对井盖的字样拍摄便于查看;

c. 拍摄远景照片时要从侧面拍摄能够看出所调查的检查井、雨水口所在的道路位置与周边标志地物的相对位置关系,两个或多个井盖距离较近不易分辨时要在照片上标识(图 7-6);

图 7-6　拍摄远景照片要求

d. 拍摄照片时手机要横向拍摄,拍摄的照片正立为横向。

②城市道路检查井病害判定标准(表 7-2)。

城市道路检查井病害判定标准　　表 7-2

所在位置	1. 机动车道;2. 非机动车道;3. 人行道;4. 隔离带
权属单位	约 20 类
井盖形式	1. 矩形;2. 圆形;3. 外方内圆形;4. 三角形;5. 异形
井盖规格(米)	1. 圆形录入直径;2. 方形录入长 × 宽

续上表

井盖材质	1. 铸铁;2. 钢制;3. 水泥;4. 复合材料;5. 其他材料
井盖状态	1. 完好;2. 井圈下沉(大于15mm);3. 井盖高差(大于5mm); 4. 井周边破损;5. 井盖破损;6. 其他

7.2.2 检查井数据普查的技术路线

1)调查流程

按照合同要求针对机动车道、非机动车道、人行道、隔离带进行检查井及雨水口调查,采用全景及激光多维数据采集车(简称采集车)、便携式采集终端相结合的方式进行数据调查,具体如图7-7～图7-9所示。

图7-7 采集车调查图

图7-8 采集车和人工相结合

图7-9 采集终端调查

(1)机动车道:通过采集车进行数据采集,部分在停车位上有遮挡的检查井或雨水口通过采集终端进行人工补采;

(2)非机动车道:通过便携式采集终端进行人工调查;

(3)人行道:通过便携式采集终端进行人工调查;

(4)隔离带:通过便携式采集终端进行人工调查;

(5)根据相关技术标准、规范的要求,提出检查井数据调查工作的具体流程,见图7-10。

2)自动化采集方式(采集车)详述

(1)自动化采集车简介

机动车道检查井及雨水口的调查采用SSW车载激光数据采集车,该系统由中国测绘科学研究院、北京四维远见信息技术有限公司、首师大三维信息获取与应用教育部重点实验室，经过 6 年的开发、研制，获得多项专利，于 2011 年 11 月通过国家测绘地理信息局组织的鉴定。详见图 7-11。

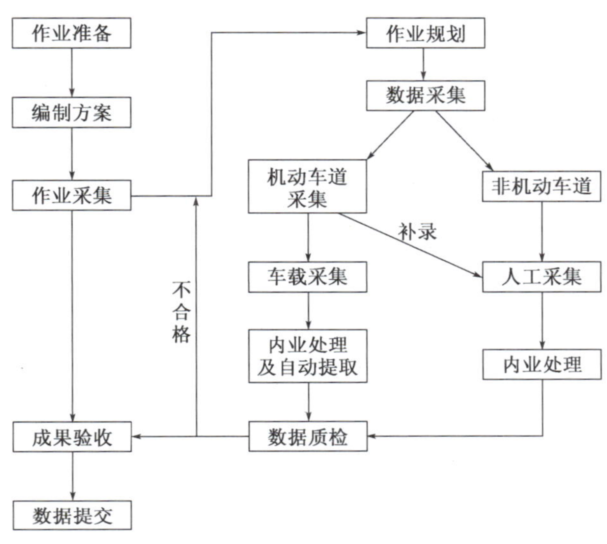

图 7-10 作业数据采集流程

图 7-11 自动化采集车

(2) 采集车的硬件优势

自动化采集车全系统采用高度集成的方式来组建，具体来说是把激光扫描仪、IMU、控制电路、电源转换器等都集成在一个箱体 RT 之内，箱体的外面只有电瓶、里程计、天线、全景相机、单反相机、无线连接的控制面板 Mini PDA。连接电缆大大减少，可靠性大大提高，出现故障采取整体更换方式，维护简单。

采集车的设计理念是测量型的移动采集系统，而不是景观型的移动采集系统，所以我们采用的器件精度都比较高，例如 GPS 采用测量型的三模式双频接收机，IMU 采用漂移 0.01°/h 的高精度激光陀螺，所以才能在地下作业，点云的精度很高。在 GPS 信号正常的情况下，无论推扫还是转扫都可以达到 3～5 厘米的精度（对中杆点云坐标与 CORS RTK 测量坐标对比的绝对精度）。

（3）采集车的软件组成

采集车的软件由 10 项软件组成，分别是组合导航数据预处理软件、影像预处理软件、彩色点云生产软件、影像匀光匀色处理软件、一级模型提取软件 TQ、二级模型提取软件 TQTQ、二级模型的提取平差软件 PC、接边软件 JB、组合导航软件 IE、点云工作站软件 SWDY。

其中点云工作站是具有知识产权的交互软件，点云和影像的数据量极大，无论是观察点云还是观察零级模型，或者是叠加一级模型和二级模型的矢量与模型，并在此基础上制作测绘产品，都急需要一个计算机内的点云、矢量、模型与人眼的立体交互，进行观察和测量。本系统所提供的点云工作站 SWDY 具有极其强大的交互功能。

（4）自动化采集车采集注意事项

①静态采集初始位置

a. 静态采集是指在车辆停止不动的情况下进行的采集作业；

b. 静态采集应尽量选择开阔地域进行；

c. 静态采集时间为 2～3 分钟，待 GPS 状态稳定后方可启动车辆。

②车道

a. 车辆行驶时不能随意变换车道行驶，与前车保持 5 米以上车距。每个车道采集一次；

b. 规模大的平交道口需单独采集，保证不丢漏数据。

③路况

a. 出行前要查询实时路况，避开拥堵路段。对于限时拥堵的路段应合理避让其早晚高峰期，如遇暂时性拥堵，可放弃当时数据的采集，避过拥堵方可采集此路段；

b. 对于长期拥堵的路段采取夜间采集的方法。

3）人工采集详述

（1）人工采集解决的问题

人工采集主要解决采集车不能进行采集的区域，即人行道和隔离带区域的采集工作。在人行道、隔离带及少数非机动车道采用便携式采集终端对道路井盖数据进行采集。

（2）人工采集设备简介

检查井调查采用的人工采集设备主要由定位模块、手机 APP 软件、连接支架三部分组成，人工使用掌上设备调查检查井的相关信息（图 7-12）。人工采集设备用于调查机动车不能到达的位置，与机动采集车形成互补。移动终端数据采集测量设备技术特点：快速定位，定位精度达到 1 米以内；操作简单和多种电子设备实现对接。

（3）采集方法

通过定位模块进行精准的定位，利用钢尺现场量取井圈下沉、井盖高差，利用手机 APP 连接定位模块提取定位信息数据，将位置信息和数据信息上报到系统平台。

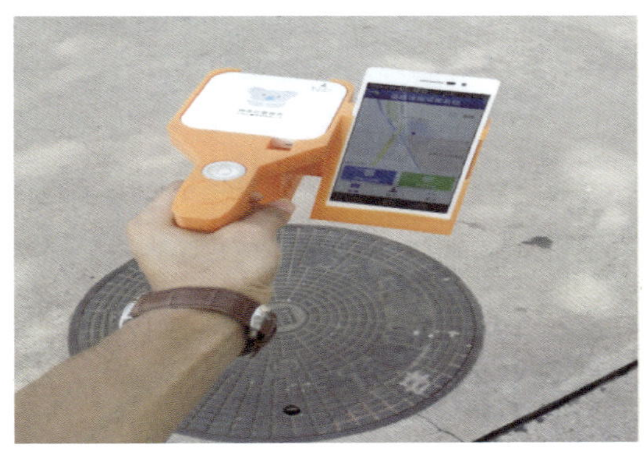

图7-12　数据采集测量设备

7.3　城市道路检查井治理管理系统

7.3.1　检查井治理综合管理系统平台建设

检查井病害数据管理系统(涵盖手机调查软件)是为了解决市属道路井盖破损状况的快速发现上报而开发的一套基于移动互联网的数据获取和数据管理系统,它由手机版采集APP(安卓系统)和数据管理后台管理系统组成。该系统在很大程度上提高了道路检查井病害治理的效率和管理水平。

1)系统介绍

检查井管理系统是针对道路检查井基本情况及病害状况的发现上报、病害治理计划的制定、权属单位的核实以及病害修复的上报管理而开发的一套基于云平台、移动互联网的数据获取系统,由云平台后台管理系统和三个手机APP(安卓系统)组成,包括:检查井病害数据管理系统、数据调查APP系统、权属单位核实APP系统、施工管理APP系统。

2)系统框架

系统框架见图7-13。

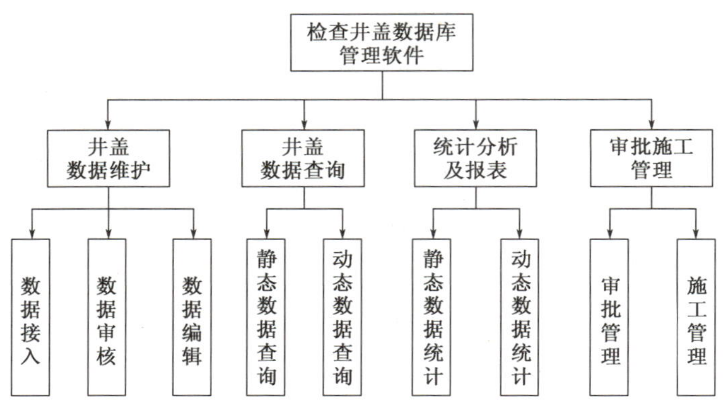

图 7-13 系统框架

3)功能模块

(1)系统整体架构

“手机 APP + 管理平台”见图 7-14。

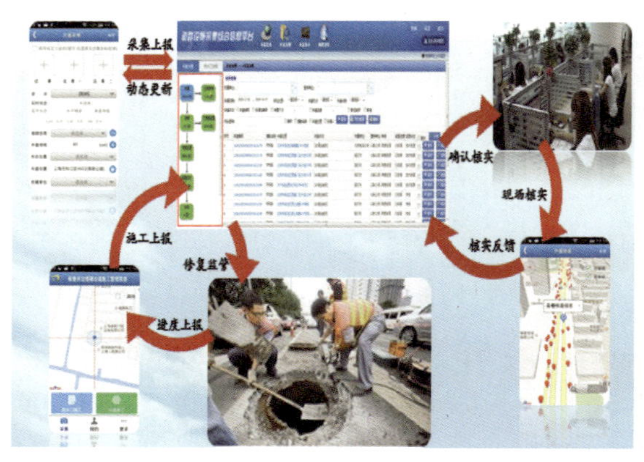

图 7-14 系统整体架构

(2)手机 APP 端

包括数据调查 APP 系统、权属单位核实 APP 系统、施工管理 APP 系统，实现现场病害上报、病害信息的查询、自动精准定位、与电脑端数据互通等功能。

①数据调查 APP 系统

a. 账号注册

提供通过手机号码进行直接注册和由后台管理员进行账号分配注册两种方式。

b. 检查井信息采集

检查井信息采集主要对道路上的检查井进行信息描述、拍照及坐标定位等信息的采集上报。

②权属单位核实 APP 系统

a. 核实数据的下载

对各权属单位需要核实道路的病害检查井信息通过权属单位核实 APP 下载于手机，便于实地的核实。

b. 地图定位

点击分布按钮可定位下载需要核实井盖的位置分布，实时定位当前位置，确定核实检查井的实际位置。

c. 核实病害信息的定位查看

查看检查井的属性列表和检查井采集时的实地照片，在核实中便于详细比对辨认。

③施工管理 APP 系统

a. 施工修复数据的下载

对各权属单位可以通过施工管理 APP 确认需要修复道路的病害检查井信息下载于手机。

b. 地图定位

点击定位按钮可定位某个井盖位置，点击分布按钮可定位所调取的井盖的位置分布。

c. 施工上报

对检查井的修复情况进行上报，对修复后的检查井进行拍照并上传照片，实现检查井修复的监管。

(3) 电脑端

实现数据综合管理查询、病害审批分发、病害地图定位、病害数据统计分析、施工维修流程监管功能(图 7-15)。

图 7-15　电脑端

(4) 优势和特点

①丰富的行业经验积累；

②所见即所得的应用模式；

③便捷实用的设计模式——云平台结合移动互联网的系统设计，方便数据的实时交互。

4) 系统功能

检查井治理综合管理流程见图 7-16。

(1) 检查井数据管理功能。

可进行数据信息查询、检查井的统计分析、修复计划的制定、定位分布查询、道路台账管理等(图 7-17 ~ 图 7-21)。

(2) 可对数据进行手动录入和多条件查询(图 7-22)。

(3) 可调取井盖详细信息(图 7-23)。

(4) 可对病害井盖进行二维地图定位、分布查询(图 7-24)。

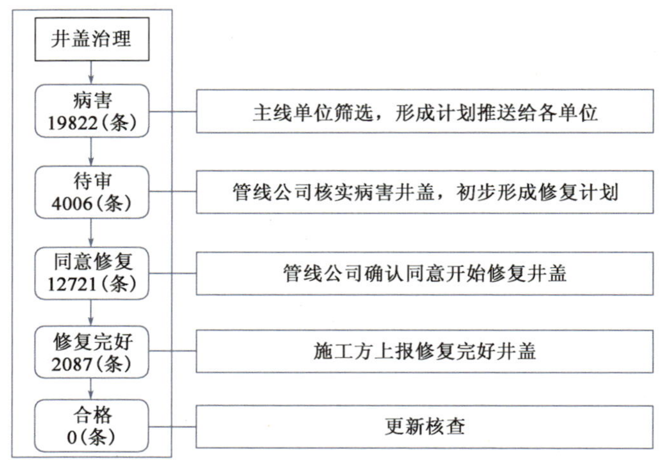

图 7-16　检查井治理综合管理流程

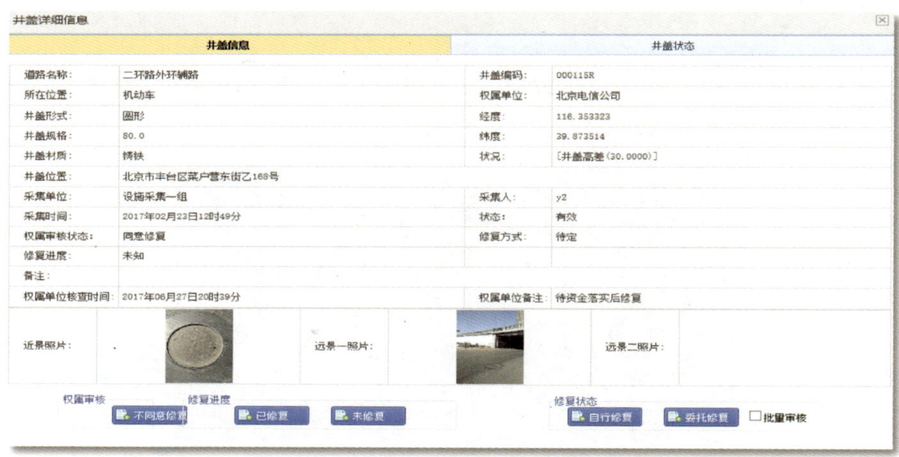

图 7-17　信息数据查询

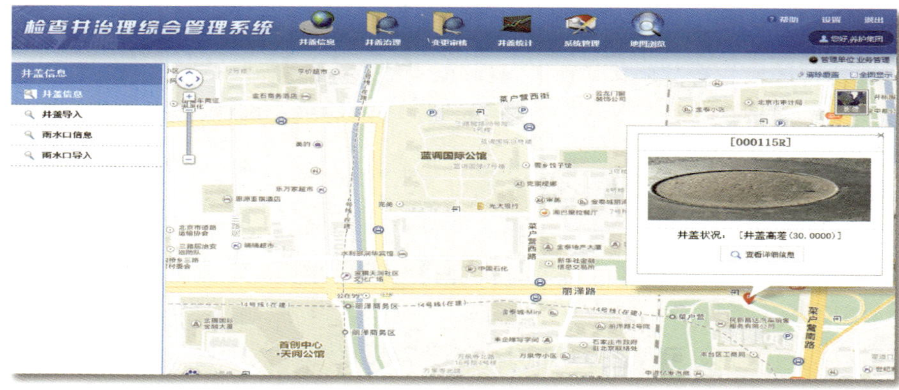

图 7-18　定位分布查询

图 7-19　修复计划制订

序号	道路名称	道路权属	道路属性												状况					
			机动车道			非机动车道			人行道			隔离带								
			总数	完好	病害	总数	完好	病害	总数	完好	病害	总数	完好	病害	完好	井盖破损	井圈下沉	井盖高差	井周边破损	黑混破损
	合 计		72197	44078	28119	37960	34616	3344	98747	88516	10231	20439	18086	2353	185296	2024	15892	23906	19618	1550
1	安定路（安慧桥，安贞桥）	城养中心	207	201	6	65	61	4	191	182	9	108	88	20	532	2	6	4	28	0
2	安定门内大街（安定门桥，交道口路口）	城养中心	151	110	41	140	137	3	228	222	6	22	21	1	490	1	20	14	27	1
3	安定门外大街（安贞桥，安定门桥）	城养中心	280	203	77	154	125	29	436	392	44	48	47	1	767	2	31	24	104	24
4	安立路（北四环，立水桥）	城养中心	400	19	381	272	244	28	511	474	37	935	759	176	1496	53	411	400	276	32
5	安立路2（北四环，立水桥）	城养中心	340	340	0	71	71	0	86	86	0	220	220	0	717	4	0	0	41	0
6	安宁庄东路（毛纺厂路，安宁庄路）	城养中心	192	39	153	83	77	6	373	356	17	0	0	0	472	7	32	108	38	8
7	安翔北路（志新东路，重庆厂路）	城养中心	114	94	20	35	34	1	82	75	7	11	8	3	211	2	1	4	27	1
8	奥林东路（科荟路，奥林东桥）	城养中心	44	37	7	17	16	1	28	27	1	101	96	5	176	4	2	7	0	1
9	奥林西路（科荟路，奥林西桥）	城养中心	70	31	39	20	20	0	12	12	0	183	175	8	238	7	31	35	13	0
10	八达岭右辅路（西三旗桥北，北三环中路）	城养中心	465	372	93	248	199	49	296	230	66	5	3	2	804	11	57	151	60	7
11	八达岭左辅路（西三旗桥北，北三环中路）	城养中心	519	303	216	249	158	91	408	298	110	10	8	2	767	8	130	209	224	7
12	白云路（复兴门外大街，莲花池东路）	城养中心	95	45	50	8	8	0	174	133	41	0	0	0	186	0	11	46	50	0
13	白纸坊东街（菜市口大街，右安门内大街）	城养中心	66	60	6	45	44	1	64	62	2	3	2	1	168	0	4	4	2	1
14	白纸坊西街（右安门内大街，广安门南街）	城养中心	115	108	7	87	85	2	154	150	4	2	2	0	345	0	2	5	9	2
15	北长街（文津街，西华门）	城养中心	100	91	9	29	29	0	297	292	5	20	18	2	430	11	1	4	1	0
16	北辰东路（北四环，科荟路）	城养中心	230	145	85	121	115	6	499	472	27	174	156	18	888	8	36	91	33	6
17	北辰路（北辰桥，安华桥）	城养中心	168	112	56	66	66	0	178	175	3	67	59	8	412	3	15	43	22	1
18	北辰桥改造遗路（北四环，北辰桥）	城养中心	15	9	6	12	2	10	28	12	16	5	4	1	27	2	9	0	24	0
19	北辰西路（北四环中路（内环辅路），北土城西路）	城养中心	107	80	27	60	58	2	166	162	4	54	7	47	307	1	72	72	29	0

图 7-20　检查井统计分析

图 7-21　道路台账管理

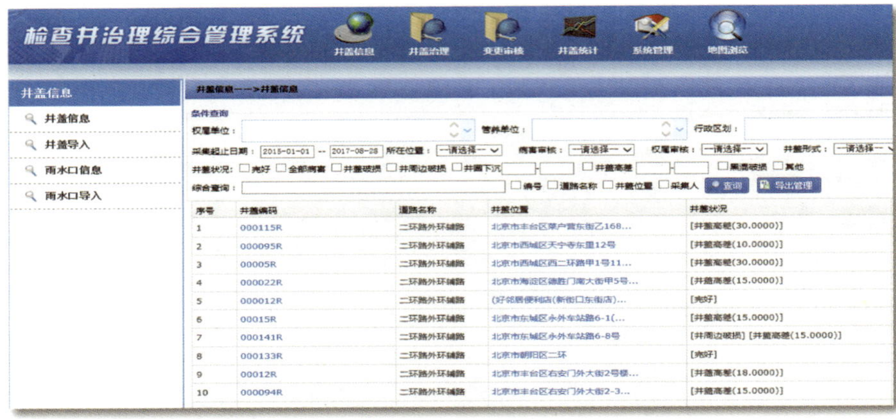

图 7-22　手动录入和多条件查询

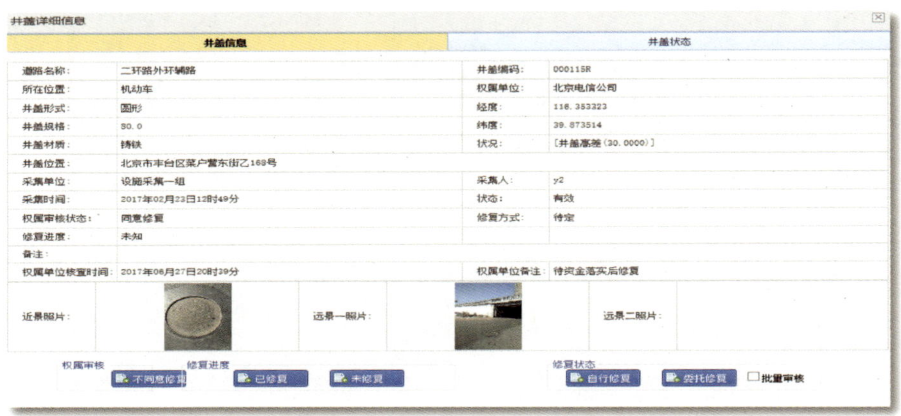

图 7-23　调取井盖详细信息

图 7-24　对病害井盖进行二维地图定位

（5）按多种条件进行数据统计分析，主要包括按病害种类、管养单位、权属单位、道路区域、各权属病害种类、权属单位修复方式，权属审核进度等划分统计（图 7-25 ~ 图 7-27）。

序号	权属单位	道路属性											
		机动车道			非机动车道			人行道			隔离带		
		总数	完好	病害	总数	完好	病害	总数	完好	病害	总数	完好	病害
1	自来水集团	10112	6181	3931	6777	6066	711	7019	6414	605	397	516	81
2	排水集团	34763	21749	13014	11046	9919	1127	14117	12501	1616	1577	1341	236
3	热力公司	3072	2197	875	1104	1076	28	978	914	64	69	68	1
4	燃气公司	750	396	354	539	492	47	470	428	42	31	25	6
5	电力公司	2664	1685	979	2950	2670	280	9486	8734	752	581	506	75
6	联通公司	2924	525	2399	771	461	310	959	761	198	28	22	6
7	移动公司	112	71	41	262	244	18	1009	911	98	183	161	22
8	北京电信公司	2571	2922	648	3335	3179	156	3319	3148	171	123	111	12
9	歌华有线公司	1015	625	390	702	669	33	1256	1119	137	60	51	9
10	北信基础公司	3270	2496	774	2774	2586	188	3838	3416	422	170	134	36
11	公联公司	227	139	88	153	139	14	497	445	52	27	20	7
12	交通信号	233	142	91	370	311	59	12079	9846	2233	2454	2021	433
13	绿化设施	5	3	2	13	13	0	518	477	41	436	346	90
14	排水集团中水公司	951	567	414	655	594	61	1415	1281	134	237	222	15
15	路灯处	674	574	100	560	502	58	28683	25657	3026	11794	10645	1149

图 7-25 按多种条件进行数据统计分析

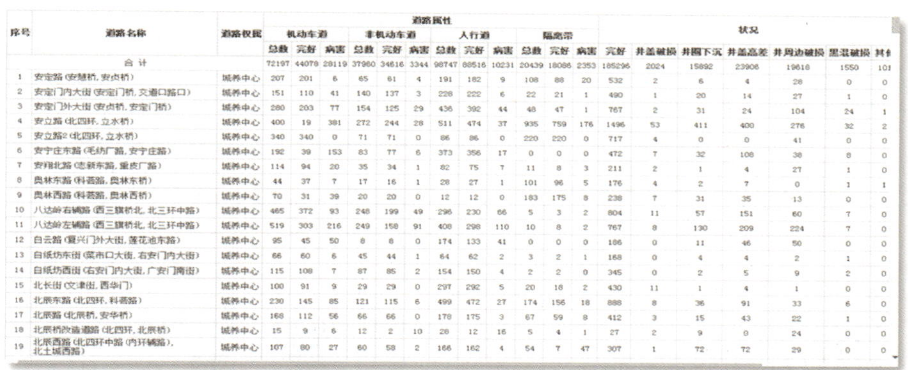

序号	道路名称	道路权属	道路属性												状况						
			机动车道			非机动车道			人行道			隔离带									
			总数	完好	病害	总数	完好	病害	总数	完好	病害	总数	完好	病害	完好	井盖破损	井圈下沉	井盖高差	井周边破损	混混破损	其
	合 计		72197	44078	28119	37960	34616	3344	98747	88516	10231	20439	18086	2353	185296	2024	15892	23906	19616	1550	101
1	安定路（安慧桥，安贞桥）	城养中心	207	201	6	65	61	4	191	182	9	108	88	20	532	2	6	4	28	0	0
2	安定门内大街（安定门桥，交道口路口）	城养中心	151	110	41	140	137	3	228	222	6	22	21	1	490	1	20	14	27	1	0
3	安定门外大街（安贞桥，安定门桥）	城养中心	280	203	77	154	125	29	436	392	44	48	47	1	767	2	31	24	104	24	1
4	安立路（北四环，立水桥）	城养中心	400	19	381	272	244	28	511	474	37	935	759	176	1496	53	411	400	276	32	2
5	安立路2（北四环，立水桥）	城养中心	340	340	0	71	71	0	86	86	0	220	220	0	717	4	0	0	41	0	0
6	安宁庄东路（毛纺厂路，安宁庄路）	城养中心	192	39	153	83	77	6	373	356	17	0	0	0	472	7	32	108	38	8	0
7	安翔北路（志新东路，重庆厂路）	城养中心	114	94	20	35	34	1	82	75	7	11	8	3	211	2	1	4	27	1	0
8	奥林东路（科荟路，奥林东桥）	城养中心	44	37	7	17	16	1	28	27	1	101	96	5	176	4	2	7	0	1	1
9	奥林西路（科荟路，奥林西桥）	城养中心	70	31	39	20	20	0	12	12	0	183	175	8	238	7	31	35	13	0	0
10	八达岭右辅路（西三旗桥北，北三环中路）	城养中心	465	372	93	248	199	49	298	230	66	5	3	2	804	11	57	151	60	7	0
11	八达岭左辅路（西三旗桥北，北三环中路）	城养中心	519	303	216	249	158	91	408	298	110	10	8	2	767	8	130	209	224	7	0
12	白云路（复兴门外大街，莲花池东路）	城养中心	95	45	50	8	8	0	174	133	41	0	0	0	186	0	11	46	50	0	0
13	白纸坊东街（菜市口大街，右安门内大街）	城养中心	66	60	6	45	44	1	64	62	2	3	2	1	168	0	4	4	2	1	0
14	白纸坊西街（右安门内大街，广安门南街）	城养中心	115	108	7	87	85	2	154	150	4	2	2	0	345	0	2	5	9	2	0
15	北长街（文津街，西华门）	城养中心	100	91	9	29	29	0	297	292	5	20	18	2	430	11	1	4	1	0	0
16	北辰东路（北四环，科荟路）	城养中心	230	145	85	121	115	6	499	472	27	174	156	18	888	8	36	91	33	6	0
17	北辰路（北辰桥，安华桥）	城养中心	168	112	56	66	66	0	178	175	3	67	59	8	412	3	15	43	22	1	0
18	北辰桥改造道路（北四环，北辰桥）	城养中心	15	9	6	12	2	10	28	12	16	5	4	1	27	2	9	0	24	0	0
19	北辰西路（北四环中路（内环辅路），北土城西路）	城养中心	107	80	27	60	58	2	166	162	4	54	7	47	307	1	72	72	29	0	0

图 7-26 按道路单位统计样表

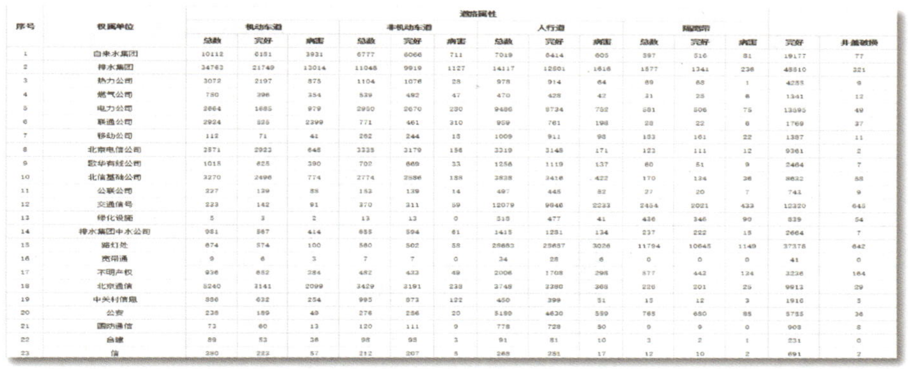

序号	权属单位	道路属性													
		机动车道			非机动车道			人行道			隔离带				
		总数	完好	病害	总数	完好	病害	总数	完好	病害	总数	完好	病害	完好	井盖破损
1	自来水集团	10112	6181	3931	6777	6066	711	7019	6414	605	397	516	81	19177	77
2	排水集团	34763	21749	13014	11046	9919	1127	14117	12501	1616	1577	1341	236	45610	321
3	热力公司	3072	2197	875	1104	1076	28	978	914	64	69	68	1	4255	9
4	燃气公司	750	396	354	539	492	47	470	428	42	31	25	6	1341	12
5	电力公司	2664	1685	979	2950	2670	280	9486	8734	752	581	506	75	13395	49
6	联通公司	2924	525	2399	771	461	310	959	761	198	28	22	6	1769	37
7	移动公司	112	71	41	262	244	18	1009	911	98	183	161	22	1387	11
8	北京电信公司	2571	2922	648	3335	3179	156	3319	3148	171	123	111	12	9361	2
9	歌华有线公司	1015	625	390	702	669	33	1256	1119	137	60	51	9	2464	7
10	北信基础公司	3270	2496	774	2774	2586	188	3838	3416	422	170	134	36	8632	58
11	公联公司	227	139	88	153	139	14	497	445	52	27	20	7	743	9
12	交通信号	233	142	91	370	311	59	12079	9846	2233	2454	2021	433	12320	645
13	绿化设施	5	3	2	13	13	0	518	477	41	436	346	90	839	54
14	排水集团中水公司	951	567	414	655	594	61	1415	1281	134	237	222	15	2664	7
15	路灯处	674	574	100	560	502	58	28683	25657	3026	11794	10645	1149	37378	642
16	宽带通	9	6	3	7	7	0	34	28	6	0	0	0	41	0
17	不明产权	936	652	284	482	433	49	2006	1708	298	577	442	134	3236	164
18	北京通信	5240	3141	2099	3429	3191	238	3748	3380	368	226	201	25	9913	29
19	中关村信息	886	632	254	995	873	122	450	399	51	15	12	3	1916	5
20	公安	238	189	49	276	256	20	5189	4630	559	765	680	85	5755	36
21	国防通信	73	60	13	120	111	9	778	728	50	9	9	0	903	8
22	自建	89	53	36	98	95	3	91	81	10	3	2	1	231	0
23	信	280	223	57	212	207	5	268	251	17	12	10	2	691	2

图 7-27 按权属单位统计样表

5)系统数据

(1)数据更新

采用手机 APP 的方式进行数据动态更新,并派设专业审核人员进行数据审核分发。

(2)数据备份

采用系统自动备份方式,以月为单位进行自动备份,对于用户误删除操作数据,可通过回收站模式进行数据恢复。

7.3.2 道路井盖位置分布及病害分析

1)数据简述

(1)数据数量说明

采用采集车及便携终端相结合方式搜集原始数据,全部数据以井盖编号作为井盖的唯一识别码进行标记。

(2)数据来源说明

按道路等级划分,分为快速路、主干路、次干路、支路、街坊路五种道路类型。按管理划分,分为市管道路和区管道路两种道路类型。其中道路等级中主要是考察快速路、主干路、次干路三种道路类型。

2)道路井盖位置分布情况

(1)不同权属单位井盖数

拥有井盖数量较多的权属单位如图 7-28 所示。

(2)各类型道路井盖数

不同道路上拥有的井盖数不同,经统计发现人行道的井盖数如图 7-29 所示。

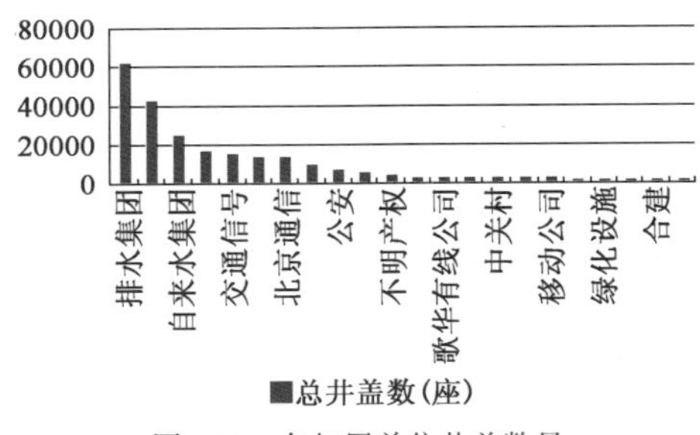

图 7-28 各权属单位井盖数量

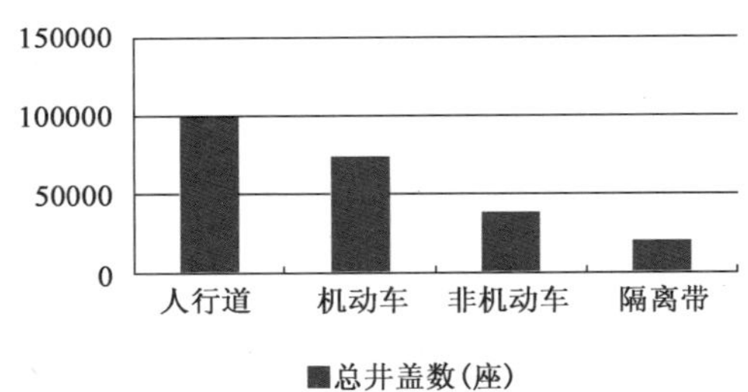

图 7-29 各类型道路井盖数量

(3)不同功能井盖数

根据井盖功能不同分类统计如图 7-30 所示。

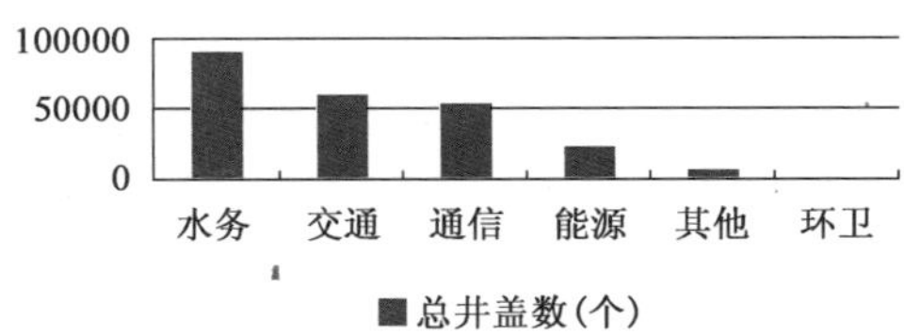

图 7-30 不同功能井盖的井盖数量

（4）各道路类型上重点权属单位井盖数（图 7-31 和图 7-32）

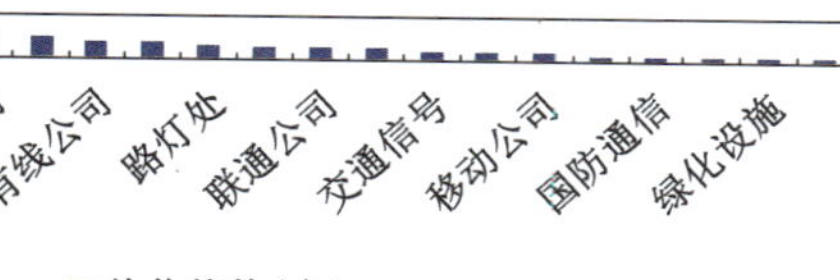

图 7-31　非机动车道不同权属单位的井盖数量

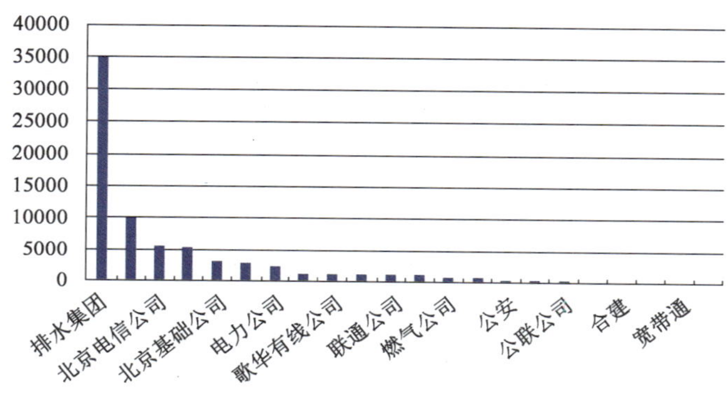

图 7-32　机动车道不同权属单位的井盖数量

3）病害数据描述性分析

（1）井盖病害整体分析

全部井盖中完好井盖如图 7-33 所示。由此可见病害情况较多，较为严重。

（2）井盖病害整体单因素分析

①各类型病害井盖状态分析。

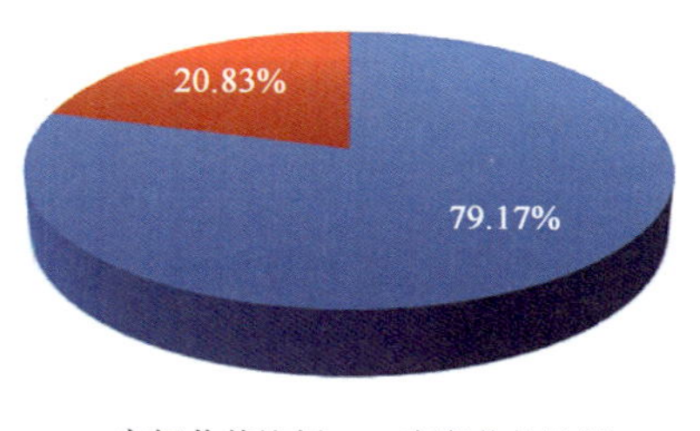

图 7-33　整体病害比率

全部病害井盖中存在以下问题：井盖高差、井周边破损、井圈下沉、井盖破损、黑混破损以及其他问题。由数据可知（图 7-34），六种病害问题中井盖高差、井周边破损、井圈下沉为主要病害问题，均显著高于平均病害率，而且数据中存在同一井盖具有多种病害的问题。原因是井盖高差、井圈下沉、井周边磨损为较轻且较为常见的井盖问题，井盖破损和黑混破损一旦出现容易产生较为严重的后果，都是经过常年的磨损后造成的，所以问题出现较少且较于其他问题而言较容易发现，易引起重视并修复。

②各权属单位井盖状态分析。

分不同权属单位来看（图 7-34），病害率最高为 29%，病害率均为 26%，如图 7-35 所示。

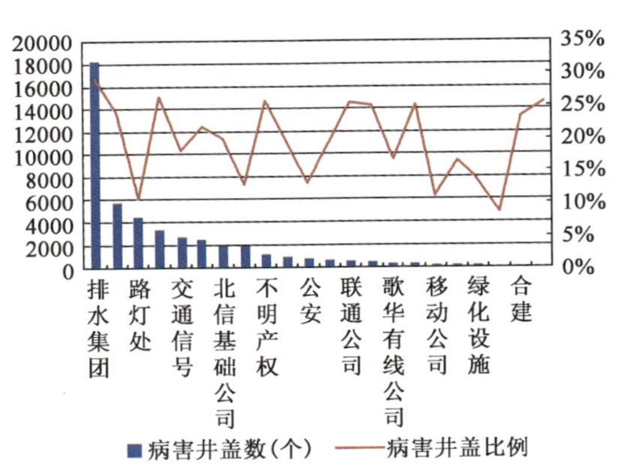

图 7-34　各权属单位病害井盖比例

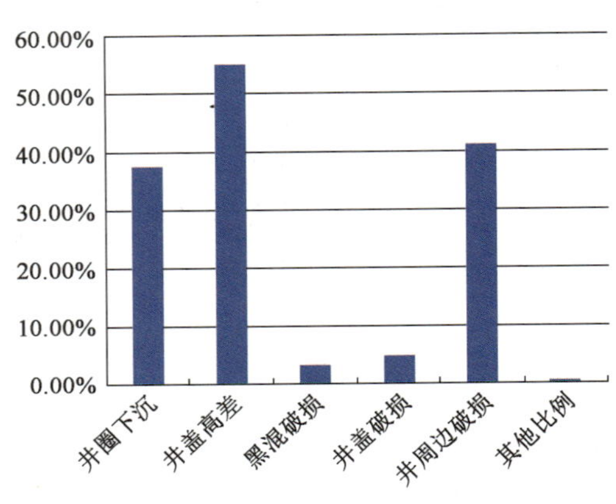

图 7-35　各病害所占病害总体比例

③不同功能的井盖状态分析。

各功能井盖的病害比例分析如图 7-36 所示。

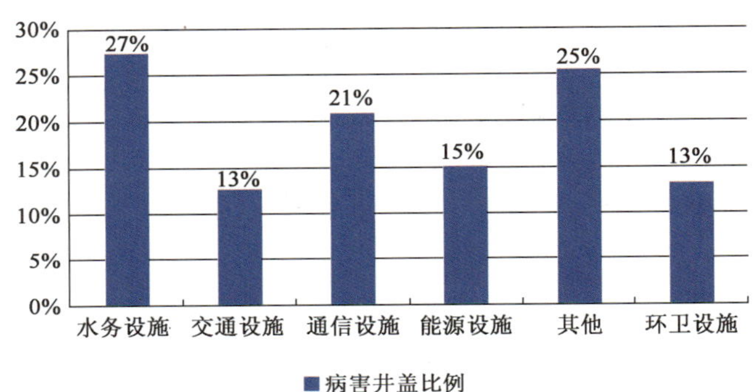

图 7-36　不同功能病害比例

④各类型道路的井盖状态分析。

生活中的道路类型分为机动车道、非机动车道、人行道、隔离带，各类型道路井盖病害比例分别为 42%、9%、11%、12%（图 7-37），机动车道的井盖病害比例显著高于其他道路类型。

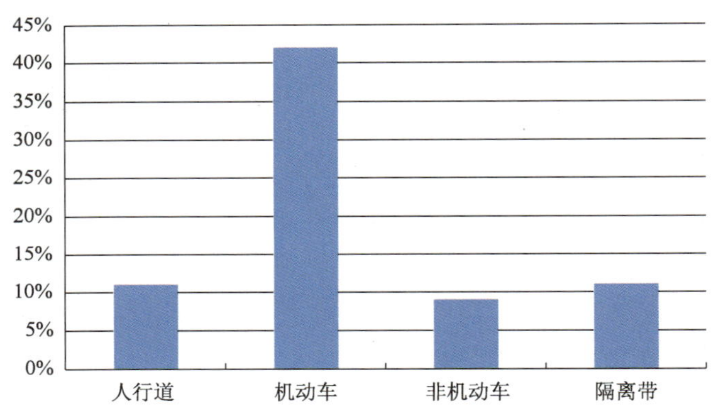

图 7-37　不同道路位置井盖病害比例

原因：因为机动车对机动车道上井盖的损坏程度会显著高于行人对人行道、非机动车对非机动车道以及隔离带上井盖的损坏程度。

(3)重点路段单变量分析

周边不同道路类型病害井盖数及病害率见图 7-38。

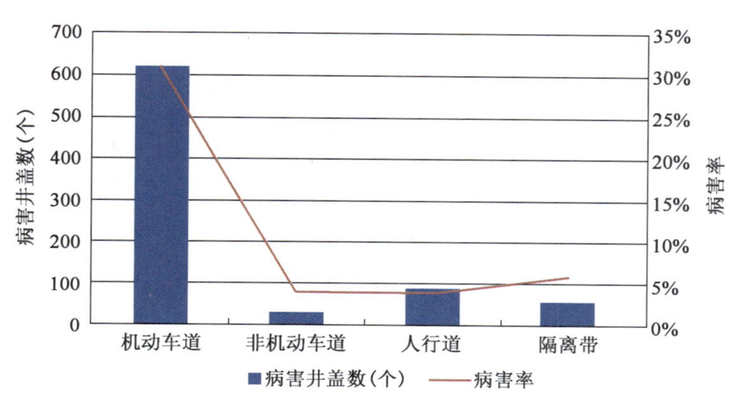

图 7-38　周边不同道路类型病害井盖数及病害率

根据病害类型分类，与整体较为一致，仍然是井盖高差、井圈下沉、井周边破损三个病害率较高，其中井盖高差和井圈下沉的病害率要显著高于整体病害率(图 7-39)。

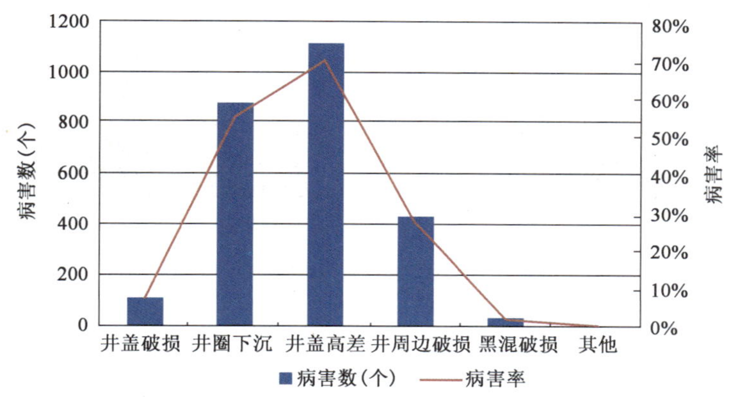

图 7-39　周边不同病害类型病害井盖数及病害率

(4)重点路段双变量分析

a. 各权属单位不同病害种类情况分析。

结合权属单位井盖数，选取井盖数量较多的前十个权属单位，统计各权属单位的病害种类情况如图 7-40 所示。

b. 井盖功能不同病害种类情况分析。

图 7-41 可以比较清晰地看到具备不同功能的井盖容易出现哪些问题。水务设施中井盖高差、井圈下沉的病害比例比较高，尤其是在井盖高差处。交通设施中主要的病害集中在井周边破损处。设施中集中在井盖破损比例、井盖高差、井周边破损处，在井盖破损处比例最高。

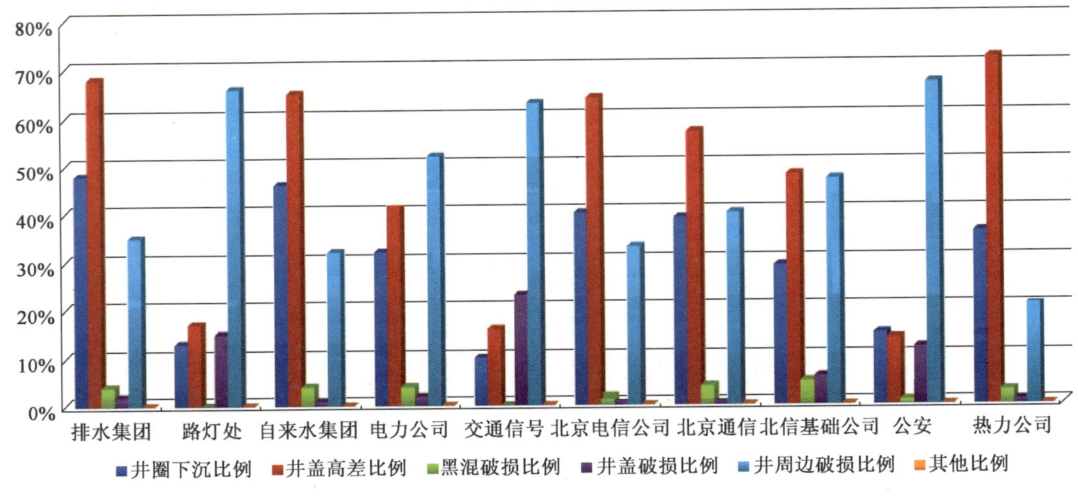

图7-40　各权属单位不同病害种类情况分析

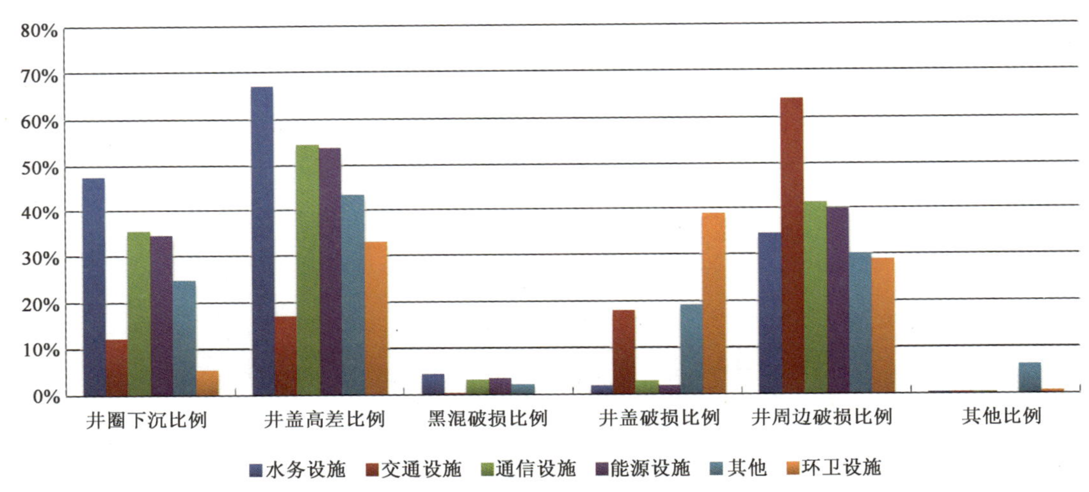

图7-41　各功能井盖病害情况

c.各井盖功能不同道路情况病害分析。

通信设施中不同类型病害比例如图7-42所示,其中机动车道在井盖高差病害占比较高,为69%,人行道在井周边破损病害占比较高,隔离带在井周边破损病害占比较高,非机动车同样在井周边破损病害占比较高。

4)大数据地图展示

(1)井盖功能分布图,对所有道路的井盖正常和病害的分布情况进行标记处理;

(2)不同功能井盖分布图,对不同功能的井盖病害情况分别;

(3)不同道路井盖分布图,对不同病害井盖所属道路情况分别。

7.3.3　检查井管理系统带来的社会及经济价值

检查井调查和数据数据库管理建设的总体目标为:建立"全方位、多层次、一体化"的城市道路检查井信息资源共享、数据管理、施工过程管理的全流程,全面提升城市道路检查井及雨水口的管理水平、决策支持和快速反应能力,推动城市道路检查井管理机制创新和技术创新。

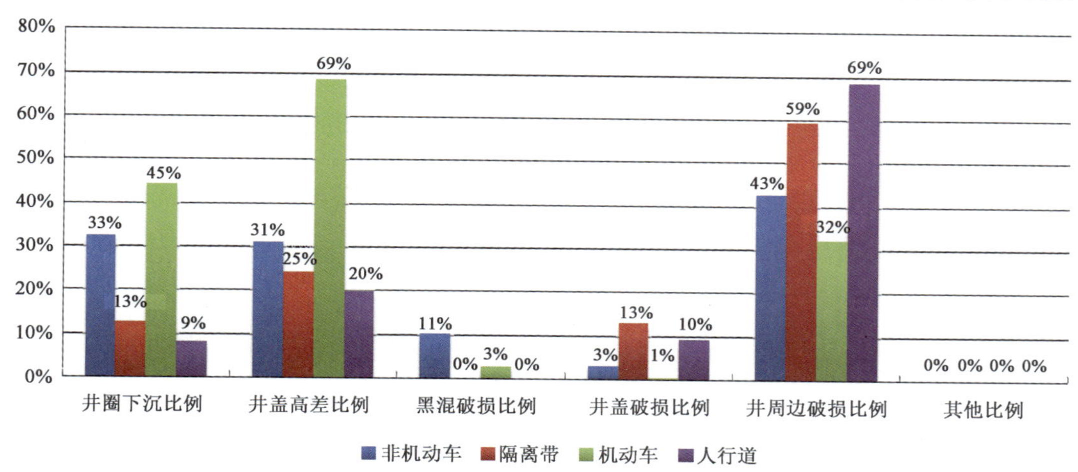

图7-42 通信设施不同类型病害情况

(1)满足城市道路检查井管理工作需要

目前城市道路检查井及雨水口信息采集、审核、修复计划制定、常态跟踪等管理工作亟须信息化手段的支撑,从而提高管理效率和质量。通过该软件的开发,能够及时、安全、方便地对检查井数据库的数据进行多种复杂条件的调取和管理,同时结合道路施工的中、小修计划制定检查井井盖及雨水口的施工修复计划。

(2)满足市、区两级城市道路检查井及雨水口联动管理需求

在实现市管道路检查井井盖及雨水口数据采集和建立数据库的基础上,预留软件共享接口,满足区管道路上检查井相关管理单位的需求,从而实现市、区两级城市道路检查井及雨水口的联动管理需求。

(3)实现城市道路检查井井盖及雨水口基础数据查询使用需求

检查井井盖数据库管理软件通过建设城市道路检查井井盖数据库尤其是市管道路基础数据库,在软件中针对检查井的管理需求开发便捷的查询模块,实现多种方式的快捷数据查询检索需求。

(4)实现日常检查井治理管理的精细化

推广城市道路检查井井盖及雨水口数据调查、数据库建设、数据管理的应用技术,实现城市道路检查井治理管理的可视化、数字化和智能化,精准定位城市道路检查井管理中存在的诸多问题,推动城市道路检查井治理管理领域的技术创新,保障城市道路高标准的安全运行。

(5)实现病害井盖治理决策的科学化

整合利用城市道路检查井井盖及雨水口调查数据信息,依托城市道路检查井治理的管理政策、办法和评价标准,充分利用检查井井盖数据库管理软件进行科学、准确的城市道路病害井盖的维修计划,合理分配和使用有限资金,提高资金利用效率。

(6)实现工作监管的规范化

在检查井井盖数据库建设的基础上,通过一体化管理数据库管理软件,全方位掌握市、区

两级城市道路检查井管理流程和管理效果，有效监督各级城市道路检查井井盖及雨水口治理工作的进展情况，建立科学客观的工作检查、考评与评比制度，促进城市道路检查井管理机制创新，提高城市道路检查井管理效率。

7.4 基于物联网的检查井盖智能监测设备

7.4.1 物联网应用介绍

1）物联网特点

物联网的概念起源于1999年，由麻省理工学院Auto-ID实验室提出，最早的物联网思想是利用无线射频识别（RFID）、物品编码和互联网技术，组建一个全球信息共享的实物性互联网"Internet of Things"。2003年，美国《技术评论》提出"传感器网络技术将是未来改变人们生活方式的十大技术之首"。2005年，国际电信联盟（ITU）正式确定了物联网的概念，并发布《ITU互联网报告2005：物联网》，解释了物联网的形态、特征、技术、机遇与挑战。随着科学的发展和技术的进步，物联网的概念也不断扩展。当前的物联网产品可以实现对事物的全面感知、识别与控制，通过无线连接到网络，进行智能的推理与决策。

物联网白皮书认为，"物联网是通信网和互联网的拓展应用和网络延伸，它利用感知技术与智能装置对物理世界进行感知识别，通过网络传输互联，进行计算、处理和知识挖掘，实现人与物、物与物信息交互和无缝链接，达到对物理世界实时控制、精确管理和科学决策目的。"物联网具备的三大特征如下：

（1）全面感知：利用传感器、RFID、二维码等技术，随时随地获取用户或者产品信息；

（2）可靠传送：通过通信网与互联网，信息可以随时随地的交互、共享；

（3）智能处理：利用云计算、模式识别等智能计算技术，对海量的信息数据进行分析与处理，并实现智能决策与控制。

2）物联网行业应用简介

2010年政府工作报告中将物联网正式列为中国五大新兴战略性产业。我国在无锡成立物联网示范基地，将无锡打造成"感知城市"，将江苏建成"智慧之省"。国内在物联网应用领域与国外发展水平不相上下。在智能物流、智能医疗、智能建筑、智能安保、智能电网有较多的论文研究报告和实际用例（表7-3）。但在核心技术方面，例如物联网通信标准制定、协议、芯片、传感器等方面，无论是研究项目方面，还是成果方面，都落后于发达国家。

从物联网的产业化来看，智慧城市将是物联网应用发展的核心。智慧城市是以具有科学城市治理理念的智慧型服务政府为主导，构建在信息泛在基础之上的新型城市发展模式。智慧城市也是基于物联网、云计算、大数据等新一代信息技术以及微信、微博、社交网络、综合集成法等工具和方法的应用。智慧城市基于物联网技术，将解决信息孤岛问题，极大提高城市的信息化程度，提高人均GDP。根据世界银行测算，一百万人口的智慧城市建设，当其实际应用程度达到75%时，在投入不变的情况下，城市GDP将增加3.5倍。物联网技术实际上在智慧城市已经普遍应用，包括电子政务、数字城管、平安社区、智慧医疗、智慧教育、智能家居等。

物联网应用领域及案例　　表 7-3

行　业	应用案例
工业、农业	自来水表电表抄送、智能电网、智能农业、电梯监控、无人值守监控
金融、零售	POS 机、自动柜员机、银行机房监控、移动支付、自动售货机、公共管理、交通管理、智慧环保、智慧校园、警务人员监控
公共安全	智慧医疗、智慧城市、车船监控与调度、物流管理、出租车辆监控与调度、公交车辆监控与调度、公安交警车辆监控与调度、危险品车辆管理、智能停车场、船舶监控与调度、水路交通智能化管理
个人用户	智慧家居、销售人员定位、老人及儿童人员定位、二维码

7.4.2　检查井物联网监测技术

1)基于物联网的井盖监测

(1)井盖监测方法

井盖监测方法可以分为惯性传感器、防盗井盖、红外传感器、机械开关、人工巡查等方式。每种方式的操作方法及缺点如表 7-4 所示。

传统井盖监测方法　　表 7-4

名　称	操作方法	缺　点
惯性传感器	安装在井盖上，通过检测井盖的倾斜角度来进行检测	破坏井盖结构； 准确率低，当井盖水平移动时无法检测； 体积较大，铁壁型井盖安装不便； 成本较高
防盗井盖	使用一些方法固定井盖	需要更换井盖，施工量大，井盖大小规格混乱； 不能防止人员偷偷进入
红外传感器	传感器发送红外线，红外线打到井盖上发生反射，接收装置收到信号时，即判断井盖未丢失	当井盖进水时会产生折射等现象造成传感器失灵
机械开关	通过机械位置的改变测量井盖是否丢失	无法测量井盖塌陷； 由于是机械结构，所以防水性能较差； 在井盖内部，容易导致被腐蚀造成传感器失灵
人工巡查	人工判断井盖问题	工作量大，浪费大量人力、物力、财力； 不能实时更新； 容易出错

为了解决上述问题，我们通过与物联网相关联，提供可行的物联网井盖动态监控方案。

(2)物联网监测硬件介绍

城市井盖物联网系统，可以从根本上解决市政井盖由于种类数量众多、维护复杂而造成的监管困难等问题，实现城市基础设施由粗放式管理向精细化管理的转变，并在很大程度上避免了由设施被盗、破坏而引起的人身安全危害和重大经济损失。不仅加大了信息化对城市管理的渗透力度，有效地降低了城市管理的经济成本，还在城市综合管理模式上获得突破性的创新成果。这一系列的显著效益，契合了全国纷纷开展的建设智慧城市中智慧城管领域的需要。

整体系统包括三个部分：井盖传感器、无线传感器、云端控制系统。传感器的监测原理是将磁敏检测传感器安装在井壁上，靠近井沿的位置。当井盖盖到井沿上时，引起内部磁场变化。内置传感器通过检测磁场的变化判断井盖是否松动或是丢失。若井盖材质为石头或其他非金属材质，需要在其下面贴1毫米厚金属板。铁壁型井盖可直接检测。

传感器数据需要通过数据链路上传至云端。数据链路可根据现场实际情况部署，主要有两种形式：无线传感器网络和 Mesh 网络。

(3)基于硬件的软件管理

按照需求分析及技术特点，共包括基础功能、数据管理、信息检索、资产管理、实时监测、异常报警和系统设置七大功能模块(图7-43)。

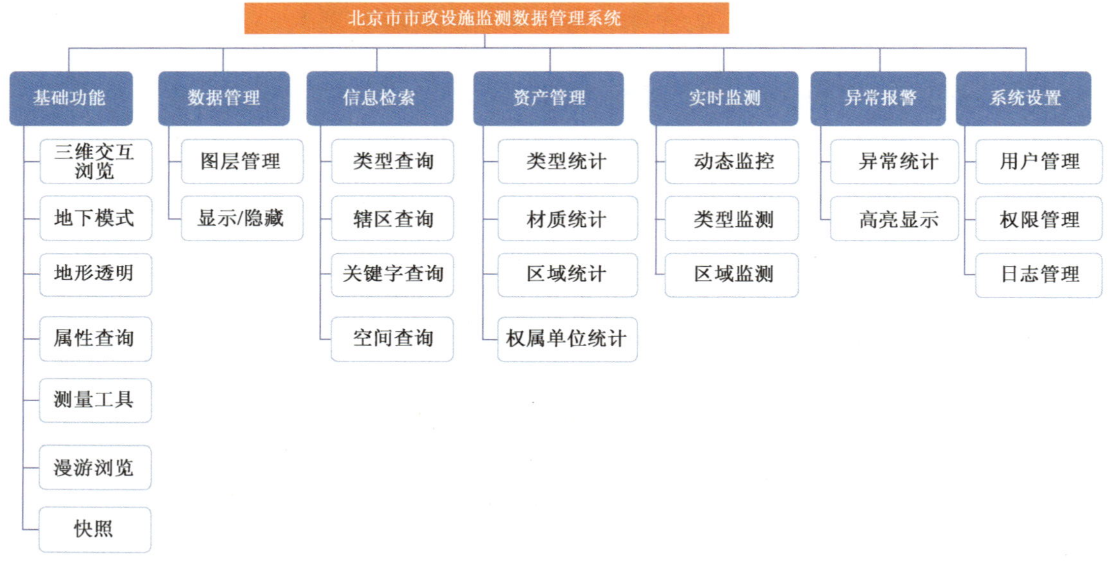

图7-43　系统基本功能模块

2)监测系统功能

(1)基础功能

①三维交互浏览

②漫游浏览

用户可以自己定义一条浏览的路径，然后系统沿着这条路径漫游。这个功能可用于规划成果的三维展示，让公众或领导以最佳的视角和位置观察规划方案的场景，达到身临其境的效果。

③地下模式

打开地下模式，用户可以透过建筑物和地形表面浏览地下的管线分布情况，可以像在地上一样自由浏览。

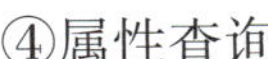

④属性查询

系统可以查询任意管线对象的属性信息，实现图属互查，可以查询目标井盖和管线的类型、材质和权属等属性信息。

(2)数据管理—图层管理

带有图层管理的树状结构，对地形、影像、模型、矢量等数据图层的分层管理。可以设置图层开关，控制图层的显示与否。矢量图层可选择标注属性项，并可改变矢量线划、文字等样式。可以根据自己的需要对三维场景中的图层显示进行控制，可以任意选择要显示的图层(图 7-44)。

具有灵活的图层操作功能，能够显示或隐藏图层信息、添加删除图层以及修改图层名称，并能添加多级图层，能灵活导入、导出图层的相关属性信息。

(3)信息检索(图 7-45)

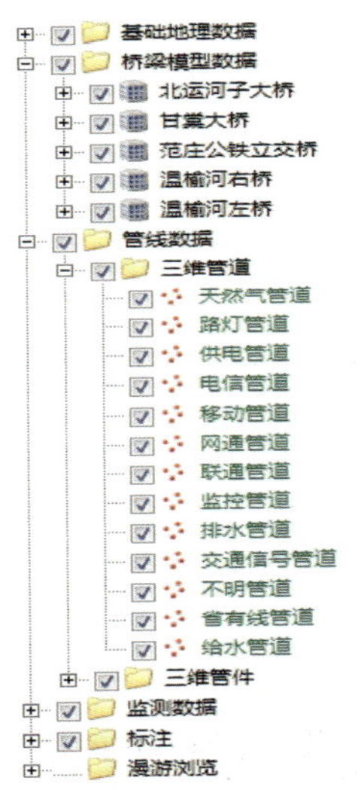

图 7-44　图层管理示意图

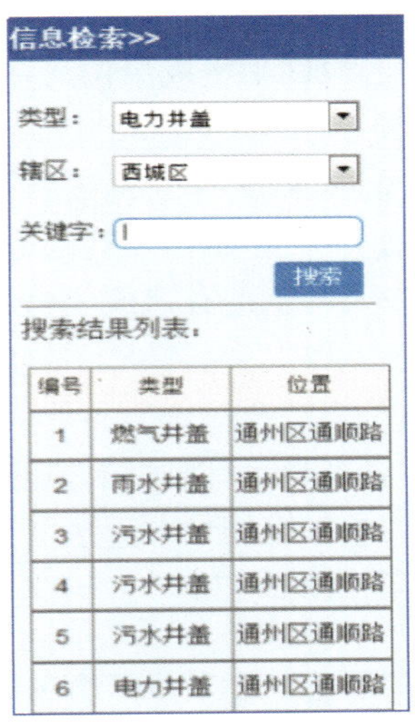

编号	类型	位置
1	燃气井盖	通州区通顺路
2	雨水井盖	通州区通顺路
3	污水井盖	通州区通顺路
4	污水井盖	通州区通顺路
5	污水井盖	通州区通顺路
6	电力井盖	通州区通顺路

图 7-45　信息检索

①类型查询

主要为通过选择电力井盖、热力井盖、污水井盖、雨水井盖以及其他等类型进行查询。

②辖区查询

主要通过选择井盖所在辖区进行查询。

③关键字查询

主要是通过模糊查询来实现。提供对话框，输入井盖编号、公路等关键字，查询出系统中相关的图形、属性信息。该功能支持模糊查询。

④空间查询

包括圆形和多边形查询，可以根据设置圆形的半径来确定区域的大小，或者通过自己构造多边行来确定区域的大小，来对所选区域进行井盖的查询，并支持双击定位到目标位置功能。

(4)资产管理

资产管理功能主要用于北京市井盖设施的管理，井盖作为城市部件的一部分，在现行的住建部城市部件划分标准中井盖有 17 种，包括雨水井盖、污水井盖、热力井盖、电力井盖等。井盖的属性信息主要有：种类、形状、规格、权属单位、养护单位、使用单位及现势部件照片。由此建立完整的井盖信息库，并加载到系统数据层进行管理，这个过程是井盖的数字化、智能化管理的重要依据，为后续管理打下坚实的基础。

①类型统计

可统计全部井盖，按类型进行统计，得到每一类井盖的类型和个数。

②材质统计

根据用户指定的井盖种类，选择统计类型，生成指定材质以及井盖的类型数量与井盖材质的统计图（图 7-46）。

③区域统计

根据地理位置来统计各个辖区内的井盖。

④权属单位统计

通过对井盖的权属来生成单位与井盖数量的统计图。

（5）实时监控

采用无线通信技术，对于已经安装了传感器的井盖，根据传感器的类型实时上传传感器的数据，包括传感器名称、传感器安装的位置、传感器的检测状态、报警上下线值和当前值、监测时间、井盖编码以及井盖的开启或闭合状态等。

①动态监控

系统可实时监测市政井盖的各种状态信息，进行实时动态监控，并以动态图表的方式进行展示。用户可列表查看所有监测数据的最新监测数据情况，也可通过结合系统直观地查看地上地下三维场景，在三维场景中直接点击一个井盖，以图表的方式展现该井盖检测器一段时间内的监测数据情况（图 7-47）。

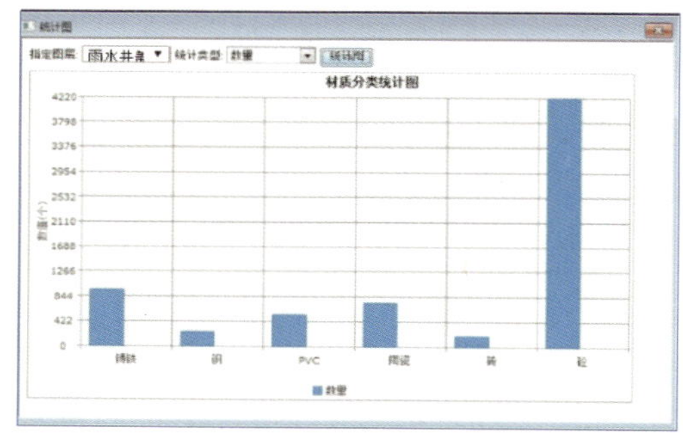

图 7-46　井盖材质统计

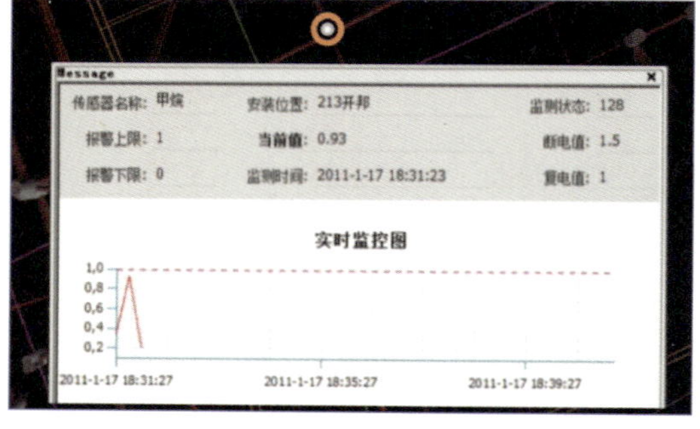

图 7-47　动态监控图

②按传感器类型监测

用户可通过选择传感器类型来查看某一类型传感器的监测数值。

③区域监测

可实时查看井盖在所辖区内的位置和基本属性信息，辅助各辖区内所属的井盖权属单位进行统一指挥调度出警和工程维护。

(6)异常警报

根据各个监测目标的正常值来预先设定报警规则,实时接收井盖监测终端报警信息(图7-48),通过场景中的声光报警方式提示异常的井盖,定位到该位置,后台自动生成作业工单提醒维护人员及时处置。根据监测的结果对存在的异常进行及时的处理。

(7)系统管理

①用户管理

用户采用统一的管理认证机制,为使多个系统平台间统一访问同一认证系统,需要定制开发Web Service接口,以满足不同平台、不同系统的需要。同时,还要加入各个子系统的权限,这就如同访问者进大门一样,经门卫授权后即可进入,然后具体进入哪个房间则给予不同的权限。系统的设计也与此类似,不同的用户调用不同权限范围内的信息,查看浏览不同的三维数字地球页面。用户管理模块主要是对本系统的用户进行创建与维护,以树型结构来组织用户系统。具体的功能分为:添加用户、修改用户、删除用户、用户权限修改、查看用户基本信息、用户查询。

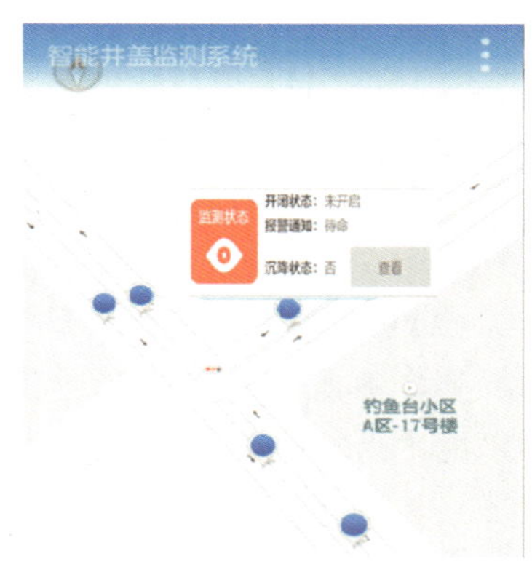

图7-48　异常报警示意图

②权限管理

权限管理就是对资源操作的权限控制管理。主要包括权限的定制和权限的分配。权限分配有两种途径,一是直接将权限元素分配给用户,二是将某些权限元素存放在一权限组中,这里称权限组为角色,角色由一个或者多个权限组成,赋予用户一定的角色即可使用户得到该角色拥有的所有权限。通过这样灵活的赋权模式即可保障整个系统权限的合理分配控制,从而保障整个系统运行的安全稳定性。

权限元素主要是对应系统中的每一个小的功能,如:角色管理模块中角色权限分配内容等。

③日志管理

日志监控模块主要是对用户的操作事件进行实时监控,将每台服务器上用户执行的每条命令及当时的相关环境(如登录IP、执行时所在目录、执行时间、登录时间、主机IP、用户名等信息)收集到中心服务器。可提供指定用户或指定时间段等组合查询功能,可对日志进行备份和日志删除。用户使用日志最基本的是记录用户名、用户登录系统的时间、用户退出系统的时间。

在本系统中,有各种操作权限的操作人员从事其权限范围内的操作。使用日志系统所记录的信息为系统进行排错、优化系统的性能提供支持,或者根据这些信息调整系统的行为。在安全领域,日志系统的重要地位尤甚,记录历史操作记录对监测系统运行状态,为事后监督提供直接依据,对防范系统安全有重要作用。

3)监测点方案选择

本次抽样采用模拟退火法(Simulated Annealing,SA)、WM准则(Warrick Myers criterion)及专家选择相结合方式。

具体实施过程：

(1)总体样本量

首先统计数据整体情况，以道路名称为最小数据点，经过统计共计409条道路名称。

(2)模拟退火法筛选样本

首先随机选择一个样本，随机扰动后生成新的样本，对比扰动前后的两个样本，如果扰动后的样本比扰动前的样本更优（通过适应度函数评价），则用扰动后的样本替代扰动前的样本，否则以一定概率使扰动后的样本替代之前的样本（概率选择采用Metropolis criterion），如此重复多次，如果连续拒绝的次数达到一定数量，则算法终止，最后一次扰动前的样本即为最优布局样本。模拟退火算法的主要特征是考虑所有抽样点，能够实现全局优化，并能适应各种抽样约束条件与边界条件，其优化准则一般是由适应度函数衡量。

(3)WM准则优化样本

当样本点筛选完成后，使用WM准则使样本点的分布与设计分布最大可能地保持一致。WM优化函数数学表达式为：

$$\varphi_{WM}(S) = \sum_{i=1}^{n}(n_i^* - n_i^s)^2$$

WM准则主要是利用有限的样本点来最大可能地模拟抽样总体真实的半变异函数。从而提高半变异函数的拟合精度来提高抽样效率。经过此步骤筛选出15条道路名称进入样本库，分别是四环外环辅路、四环内环辅路、三环路外环辅路、三环路内环辅路、二环路外环辅路、二环路内环辅路、北苑路、西直门外大街右侧辅路、圆明园西路、朝阳北路、安立路、西大望路、大屯路、阜石路辅路、朝阳路。

(4)专家选择

经过道路专家研究、筛选，选取最具代表性的四条路作为最终样本。

7.4.3 物联网监测行业应用带来的社会经济效益

城市井盖的丢失、破损、松动等导致大量安全漏洞和隐患，包括人员伤亡、车辆损失、地下管道安全等。随着物联网技术的发展，基于物联网的城市井盖检测系统及智能井盖技术可以有效解决井盖开启、丢失等瞬态报警，以及井盖破损、下沉等状态识别。智能井盖技术不仅解决了交通、燃气、污水、电力等井盖的监测需求，也成了一个智慧城市的基础设施监测及大数据分析的重要组成部分。

1)解决城市井盖智能监测的关键问题

(1)智能井盖检测硬件设施

可通过无线通信将井盖实时数据发送到监控中心，通过低功耗的多传感器融合技术实现井盖开启、丢失、下沉状态、井内温湿度、有毒气体等综合监控功能。

(2)井盖大数据分析平台

通过井盖数据的多维度分析，实现井盖管理和维护的智能化，同时结合车流量、车速、拥堵情况以及不同车型等数据的综合分析，实现路网重载车辆分布、路面质量的预测。

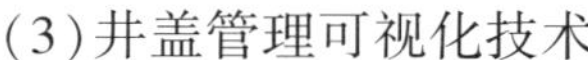

(3)井盖管理可视化技术

通过三维建模将地上、路面和地下数据通过井盖进行衔接,实现数据的可视化管理。

2)物联网监测行业的应用

(1)结合路网车流量和拥堵情况

①不同车速对井盖的冲击;

②车流量大时井盖状态学习。

(2)DP 神经网络深度学习算法

①节点特征值提取;

②不同车速、车型的样本训练。

(3)重载车辆识别

①重载车辆历史数据;

②井盖重载冲击数据;

③多个井盖重载冲击同步分析——轨迹预估。

随着科技的发展和物联网监测技术的成熟,物联网监测将发挥更大的作用。

7.5　道路检查井管理的展望

7.5.1　指标构建意义及目的

为了加强城镇道路井盖的养护工作,保持道路井盖设施的功能,统一技术标准,提高城镇道路井盖的服务水平,保证道路井盖完好和安全运行,使城镇道路井盖的养护管理工作进一步科学化、规范化和制度化,需制定道路井盖破损指数。

具体实施过程中以道路为单位来考察某条道路井盖破损的严重情况,给养护单位提供维修轻重缓急的建议。

7.5.2　指标构建方法及思路

1)AHP 打分法介绍

AHP 法的基本思想是将复杂问题层次化,它的特点是定性与定量的分析相结合。通过两两比较的方式确定层次中诸因素的相对重要性,然后综合人的判断以确定决策诸因素相对重要性的总排序。由于决策者的能力所限,很难对多个目标的重要性做出正确的判断,但仅仅对两个元素进行优劣比较,是完全可能的。

AHP 法的计算步骤如下:

(1)建立评价指标体系,构建递阶层次模型。递阶层次结构包括目标层、准则层、指标层甚至子指标层等。

(2)分别构造各单层的判断矩阵。赋值方法如表 7-5 所示。

赋值方法　　表 7-5

标度 a_{ij}	定义	标度 a_{ij}	定义
1	i 因素与 j 因素相同重要	9	i 因素比 j 因素绝对重要
3	i 因素比 j 因素略重要	2,4,6,8	为以上两判断的中间状态
5	i 因素比 j 因素较重要	倒数	j 因素与 i 因素相比的重要程度
7	i 因素比 j 因素非常重要		

(3)层次单排序。计算各指标相对与之关联的上层指标的排序权值。

2)指标选择

影响井盖破损的指标包括:井盖质量、井盖所在位置、权属单位服务意识、井盖病害类型、井盖功能、路面行驶车辆质量、道路经济属性、道路流量。

(1)井盖质量

井盖质量的衡量分为质量较好、质量一般、质量较差三种类型。实际计算中为每条道路的均值。井盖质量主要考察以下 6 项指标。综合评价后符合要求的质量较好,反之质量较差。

①原材料是否符合标准:灰口铸铁、球墨铸铁。

②井盖与支座间的缝宽符合表 7-6 的要求。

检查井与支座间的缝宽要求　　表 7-6

检查井盖净宽 JK(毫米)	缝宽 $a=(a_1+a_2)$(毫米)
≥600	8^{+2}_{-4}
<600	6^{+2}_{-2}

③支座支撑面的宽度应符合表 7-7 的要求。

支座支撑面的宽度要求　　表 7-7

检查井盖净宽 JK(毫米)	支座支撑面宽度 b(毫米)
≥600	≥20
<600	≥15

④井盖嵌入深度。重型检查井盖应不小于 40 毫米,轻型检查井盖应不小于 30 毫米。

⑤井盖表面应有凸起的防滑花纹,凸起高度应不小于 3 毫米。

⑥井盖与支座装配结构尺寸应符合 GB 6414 的要求,其公差等级不低于相关规范的规定并保证井盖与支座互换性。

(2)井盖所在位置

井盖所在位置按照前文分为机动车道、非机动车道、人行道、隔离带四种类型。非机动车道、人行道和隔离带相对而言承受的道路负重较低,相对破损率较低。所以赋予机动车道较低分数,非机动车道、人行道和隔离带赋予较高分值。

(3)权属单位服务意识衡量标准

评判权属单位的服务意识主要考虑以下两点:

①是否可以及时发现问题;

②针对不同问题并给予解决办法,若发生较为紧急事件,比如井盖被盗,应马上派出抢修队伍进行井盖填补,避免发生危险;若发生的事件较轻微,比如井盖稍微下沉,应该选取最优方案解决问题。

(4)井盖病害类型

如前文所述,井盖病害类型包含以下六种,井圈下沉、井盖高差、黑混破损、井盖破损、井周边破损及其他。根据对病害情况的统计赋予不同的权重,井盖病害情况较轻的情况给予较高的分值,病害较为严重的情况给予较低的分值。

(5)井盖功能

井盖功能不同对道路井盖破损情况具有一定影响,交通设施和环卫设施相对于其他设施来说重要程度较高,修复速度相对较快,但之间差异并不显著。

(6)路面行驶车辆质量

井盖承受质量划分标准需要根据其所处环境、载荷、允许残留变形等指标进判断(表 7-8 和表 7-9)。可通行质量较重的道路的井盖破损程度应该较重,反之则损坏程度较轻。

井盖承受质量划分标准要求　　表 7-8

等　级	标　志	设 置 场 合
重型	重(Z)	机动车行驶、停放的道路、场地
轻型	轻(Q)	除上述范围以外的绿地,禁止机动车通行和停放的道路、场地

检查井盖载荷等级　　表 7-9

检查井盖等级	试验载荷(千牛)	允许残留变形(毫米)
重型	360	$1/500 \times D$
轻型	210	$1/500 \times D$

(7)交通量等级划分标准

交通量的多少对于道路井盖破损程度有一定影响。交通量较多的道路井盖破损程度较高,反之井盖破损程度较低(表 7-10)。

交通量等级划分标准　　表 7-10

交通量等级	很轻	轻	中	重	特重
交通量(AADT)	<2000	2000~5000	5000~10000	10000~20000	>20000

(8)道路经济属性

对处于经济较发达地区的道路的重视程度明显高于其他地区,所以经济发达地区的道路损坏程度较低,经济较差地区的道路破损程度较高。

指标具体维度详见表 7-11。

7.5.3　井盖破损指标权重

在对井盖破损情况进行预测时,首先使用 CHAID 决策树算法进行预测。数据样本使用前文所述变量，因变量为井盖破损率，通过决策树模型发现井盖所在位置、井盖病害类型、路面行驶车辆质量、道路流量对井盖破损有较高影响，所以应适当调高其权重（表 7-12）。

指 标 及 维 度　　表 7-11

指　标	维　度	指　标	维　度
井盖质量	质量较好	井盖功能	水务设施
	质量一般		交通设施
	质量较差		通信设施
井盖所在位置	机动车道		能源设施
	人行道		环卫设施
	非机动车道		其他
	隔离带	路面行驶车辆质量	重型
权属单位服务意识	服务意识较好		轻型
	服务意识一般	道路流量	很轻
	服务意识较差		轻
井盖病害类型	井圈下沉		中
	井盖高差		重
	黑混破损		特重
	井盖破损	道路经济属性	经济发达区域
	井周边破损		经济一般区域
	其他		经济落后区域

指 标 权 重　　表 7-12

分　值	井盖质量	井盖所在位置	权属单位服务意识	井盖病害类型	井盖功能	路面行驶车辆质量	道路流量	道路经济属性
井盖质量	1	1/4	2	1/3	2	1/2	1/2	2
井盖所在位置	4	1	5	2	5	3	3	5
权属单位服务意识	1/2	1/5	1	1/4	1	1/3	1/3	1
井盖病害类型	3	1/2	4	1	4	2	2	4
井盖功能	1/2	1/5	1	1/4	1	1/3	1/3	1
路面行驶车辆质量	2	1/3	3	1/2	3	1	1	3
道路流量	2	1/3	3	1/2	3	1	1	3
道路经济属性	1/2	1/5	1	1/4	1	1/3	1/3	1

然后利用 AHP 矩阵打分法原理，首先是构建指标 AHP 矩阵，并根据其具体指标的相对重要性对指标进行打分。

根据 AHP 矩阵计算原理，指标权重结果如下：

①井盖质量:0.087;
②井盖所在位置:0.284;
③权属单位服务意识:0.047;
④井盖病害类型:0.208;
⑤井盖功能:0.047;
⑥路面行驶车辆质量:0.140;
⑦道路流量:0.140;
⑧道路经济属性:0.047。

7.5.4　打分模型

通过 AHP 矩阵打分法,得出所有指标的权重。结合到指标的具体含义和重要性以及每个指标的不同取值的意义,对于不同的指标进行打分,在指标打分过程中,主要参考具体指标的实际定义来给每个指标的不同取值进行打分。

在上述模型中,为了使最终结果显得直观,将采取百分制,这样最终的分数结果将是一个在 0 到 100 之间的数值,最终打分模型如表 7-13 所示。

打分模型　表 7-13

指　标	权重	总分	维　度	分　值
井盖质量	8.7%	8.71	质量较好	8.71
			质量一般	6.97
			质量较差	5.22
井盖所在位置	28.4%	28.40	机动车道	6.09
			人行道	23.24
			非机动车道	28.4
			隔离带	21.3
权属单位服务意识	4.7%	4.68	服务意识较好	4.68
			服务意识一般	3.50
			服务意识较差	2.56
井盖病害类型	20.8%	20.79	井圈下沉	8.22
			井盖高差	7.90
			黑混破损	20.79
			井盖破损	14.06
			井周边破损	8.37
			其他	15.20
井盖功能	4.7%	4.68	水务设施	2.85
			交通设施	4.68
			通信设施	3.21
			能源设施	4.00
			环卫设施	4.38
			其他	3.11

续上表

指　标	权重	总分	维　度	分　值
路面行驶车辆质量	14.0%	14.03	重型	8.42
			轻型	14.03
道路流量	14.0%	14.03	流量较高	8.42
			流量一般	11.22
			流量较低	14.03
道路经济属性	4.7%	4.68	经济发达区域	2.81
			经济一般区域	3.74
			经济落后区域	4.68

各权重分值计算，以井盖所在位置为例，如前文所述非机动车道的井盖破损程度应该最低，所以赋予该项指标最高值，其次为人行道、非机动车道和机动车道。后三类维度的衡量根据前文统计各类型井盖破损比例与非机动车道破损数的破损比例的比作为系数计算得出。

根据上述模型可以对每条道路进行打分，分数越高该条道路发生井盖破损的概率越低，反之分数越低说明该条道路发生井盖破损的概率越高。

7.5.5　决策依据

根据井盖自身特性（井盖质量、井盖所在位置等）、道路有关特性（道路流量、路面行驶车辆质量、经济情况）等因素，通过 AHP 打分模型构造道路井盖破损指数。根据道路井盖破损指数可以预测每条道路井盖的破损情况，对井盖的科学管理提供技术支持。

第8章　BIM技术在路桥建设及管廊工程中的应用

8.1　BIM技术发展现状

8.1.1　BIM应用现状与发展趋势

建筑信息模型（Building Information Modeling，BIM）自从2002年引入工程建设行业，至今已有16年历程，目前已经在全球范围内得到业界的广泛认可，被誉为建筑业变革的革命性力量。但BIM的理念早在30年前就已经被提出来了。

BIM最先从美国发展起来，随着全球化的进程，已经扩展到了欧洲、日、韩、新加坡等国家，目前这些国家的BIM发展和应用都达到了一定水平。

1）BIM在国外的发展现状

（1）BIM在美国的发展现状

美国是较早启动建筑业信息化研究的国家，发展至今，BIM研究与应用都走在世界前列。目前，美国大多建筑项目已经应用BIM，BIM的应用点也种类繁多，而且存在各种BIM协会，也出台了各种BIM标准。根据麦格劳·希尔公司的调研，2012年工程建设行业采用BIM的比例从2007年的28%增长至2009年的49%直至2012年的71%。其中74%的承包商已经在实施BIM了，超过了建筑师（70%）及机电工程师（67%）。BIM的价值在不断被认可。

（2）BIM在英国的发展现状

2010年、2011年英国国家建筑协会组织了全英的BIM调研，从网上1000份调研问卷中统计出最终的英国BIM应用情况。从调研报告中可以发现，2011年，有48%的人仅听说过BIM，而31%的人不仅听过，而且在使用BIM，有21%的人对BIM一无所知。这一数据不算太高，但与2010年相比，BIM在英国的推广趋势却十分明显。2010年，有43%的人从未听说过BIM，而使用BIM的人仅有13%，有78%的人同意BIM是未来趋势，同时有94%的受访人表示会在5年之内应用BIM（图8-1）。

与大多数国家相比，英国政府要求强制使用BIM。2011年5月，英国内阁办公室发布了“政府建设战略”文件，其中有一整个关于建筑信息模型（BIM）的章节，这章节中明确要求，到2016年，政府要求全面协同的3D·BIM，并将全部的文件以信息化管理。为了实现这一目标，文件制定了明确的阶段性目标，如：2011年7月发布BIM实施计划；2012年4月，为政府项目设计一套强制性的BIM标准；2012年夏季，BIM中的设计、施工信息与运营阶段的资产管理信息实现结合;2012 年夏季起,分阶段为政府所有项目推行 BIM 计划;至 2012 年 7 月,在多个部门确立试点项目,运用 3D、BIM 技术来协同交付项目。文件也承认由于缺少兼容性的系统、标准和协议,以及客户和主导设计师的要求存在区别,大大限制了 BIM 的应用。因此,政府将重点放在制定标准上,确保 BIM 链上的所有成员能够通过 BIM 实现协同工作。

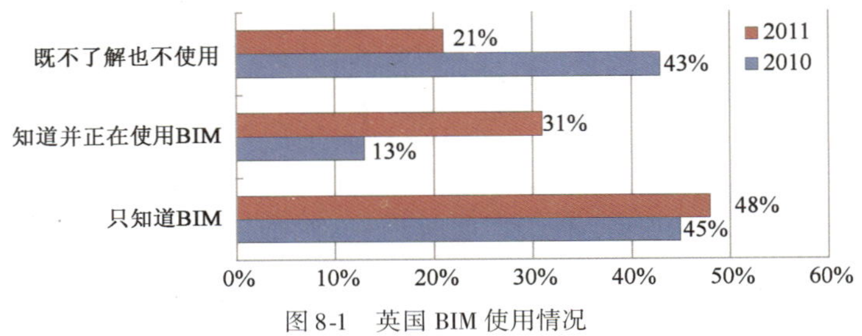

图 8-1　英国 BIM 使用情况

政府要求强制使用 BIM 的文件得到了英国建筑业 BIM 标准委员会的支持。迄今为止,英国建筑业 BIM 标准委员会已于 2009 年 11 月发布了英国建筑业 BIM 标准,于 2011 年 6 月发布了适用于 Revit 的英国建筑业 BIM 标准,于 2011 年 9 月发布了适用于 Bentley 的英国建筑业 BIM 标准。目前,标准委员会还在制定适用于 ArchiCAD、Vectorworks 的类似 BIM 标准以及已有标准的更新版本。这些标准的制定都是为英国的 AEC 企业从 CAD 过渡到 BIM 提供切实可行的方案和程序,例如,该如何命名模型、如何命名对象、单个组件的建模、与其他应用程序或专业的数据交换等。特定产品的标准是为了在特定 BIM 产品应用中解释和扩展通用标准中一些概念。标准委员会成员编写了这些标准,这些成员来自于日常使用 BIM 工作的建筑行业专业人员,所以这些服务不只停留在理论上,更能应用于 BIM 的实际实施。

2012 年,针对政府建设战略文件,英国内阁办公室还发布了"年度回顾与行动计划更新"的报告,报告显示,英国司法部下有四个试点项目在制定 BIM 的实施计划;在 2013 年底前,有望 7 个大的部门的政府采购项目都使用 BIM;BIM 的法律、商务、保险条款制定基本完成;COBIE 英国标准 2012 已经在准备当中;大量企业、机构在研究基于 BIM 的实践。

英国的设计公司在 BIM 实施方面已经相当领先了,因为伦敦是众多全球领先设计企业的总部,如 Foster and Partners、Zaha Hadid Architects、BDP 和 Arup Sports,也是很多领先设计企业的欧洲总部,如 HOK、SOM 和 Gensler。在这些背景下,一个政府发布的强制使用 BIM 的文件可以得到有效执行,也因此,英国的 AEC 企业与世界其他地方相比,发展速度更快。

(3) BIM 在新加坡的发展现状

新加坡负责建筑业管理的国家机构是建筑管理署(Building and Construction Authority, BCA)。在 BIM 这一术语引进之前,新加坡当局就注意到信息技术对建筑业的重要作用。2000 ~ 2004 年,发展 CORENET(Construction and Real Estate NETwork)项目,用于电子规划的自动审批和在线提交,是世界首创的自动化审批系统。

2011 年,BCA 发布了新加坡 BIM 发展路线规划,规划明确推动整个建筑业在 2015 年前广泛使用 BIM 技术。为了实现这一目标,BCA 分析了面临的挑战,并制定了相关策略(图 8-2)。

清除障碍的主要策略包括制定 BIM 交付模板以减少从 CAD 到 BIM 的转化难度,2010 年 BCA 发布了建筑和结构的模板,2011 年 4 月发布了 M&E 的模板;另外,与新加坡 Building SMART 分会合作,制定了建筑与设计对象库,并明确在 2012 年以前合作确定发布项目协作指南。

图 8-2　新加坡 BIM 发展策略

为了鼓励早期的 BIM 应用者，BCA 于 2010 年成立了一个 600 万新币的 BIM 基金项目，任何企业都可以申请。基金分为企业层级和项目协作层级，公司层级最多可申请 20000 新元，用以补贴培训、软件、硬件及人工成本；项目协作层级需要至少 2 家公司的 BIM 协作，每家公司、每个主要专业最多可申请 35000 新元，用以补贴培训、咨询、软件及硬件和人力成本。而且申请的企业必须派员工参加 BCA 学院组织的 BIM 建模/管理技能课程。

在创造需求方面，新加坡决定政府部门必须带头在所有新建项目中明确提出 BIM 需求。2011 年，BCA 与一些政府部门合作确立了示范项目。BCA 将强制要求提交建筑 BIM 模型（2013 年起）、结构与机电 BIM 模型（2014 年起），并且最终在 2015 年前实现所有建筑面积大于 5000 平方米的项目都必须提交 BIM 模型的目标。

在建立 BIM 能力与产量方面，BCA 鼓励新加坡的大学开设 BIM 的课程、为毕业学生组织密集的 BIM 培训课程、为行业专业人士建立了 BIM 专业学位。

（4）BIM 在日本的发展现状

在日本，有“2009 年是日本的 BIM 元年”之说。大量的日本设计公司、施工企业开始应用 BIM，而日本国土交通省也在 2010 年 3 月表示，已选择一项政府建设项目作为试点，探索 BIM 在设计可视化、信息整合方面的价值及实施流程。

2010 年秋天，日经 BP 社调研了 517 位设计院、施工企业及相关建筑行业从业人士，了解他们对于 BIM 的认知度与应用情况。结果显示，BIM 的知晓度从 2007 年的 30.2% 提升至 2010 年的 76.4%。2008 年的调研显示，采用 BIM 的最主要原因是 BIM 绝佳的展示效果，而 2010 年人们采用 BIM 主要用于提升工作效率。仅有 7% 的业主要求施工企业应用 BIM，这也表明日本企业应用 BIM 更多是企业的自身选择与需求。日本 33% 的施工企业已经应用 BIM 了，在这些企业当中近 90% 是在 2009 年之前开始实施的（图 8-3）。

日本软件业较为发达，在建筑信息技术方面也拥有较多的国产软件，日本 BIM 相关软件厂商认识到，BIM 是需要多个软件来互相配合，而数据集成是基本前提，因此多家日本 BIM 软件商在 IAI 日本分会的支持下，以福井计算机株式会社为主导，成本了日本国国产解决方案软件联盟。

此外，日本建筑学会于 2012 年 7 月发布了日本 BIM 指南，从 BIM 团队建设、BIM 数据处理、BIM 设计流程、应用 BIM 进行预算、模拟等方面为日本的设计院和施工企业应用 BIM 提供了指导。

2）BIM 在中国的发展现状

近来 BIM 在国内建筑业形成一股热潮，除了前期软件厂商的大声呼吁外，政府相关单位、各行业协会与专家、设计单位、施工企业、科研院校等也开始重视并推广 BIM。

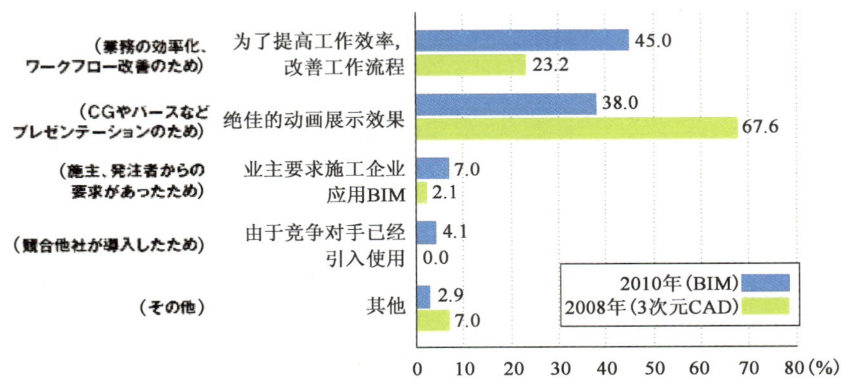

图 8-3　日本企业应用 BIM

2010 与 2011 年，中国房地产业协会商业地产专业委员会、中国建筑业协会工程建设质量管理分会、中国建筑学会工程管理研究分会、中国土木工程学会计算机应用分会组织并发布了《中国商业地产 BIM 应用研究报告 2010》和《中国工程建设 BIM 应用研究报告 2011》。虽然样本不多，但在一定程度上反映了 BIM 在我国工程建设行业的发展现状。根据报告，关于 BIM 的知晓程度从 2010 年的 60% 提升至 2011 年的 87%。2011 年，共有 39% 的单位表示已经使用了 BIM 相关软件，而其中以设计单位居多（图 8-4）。

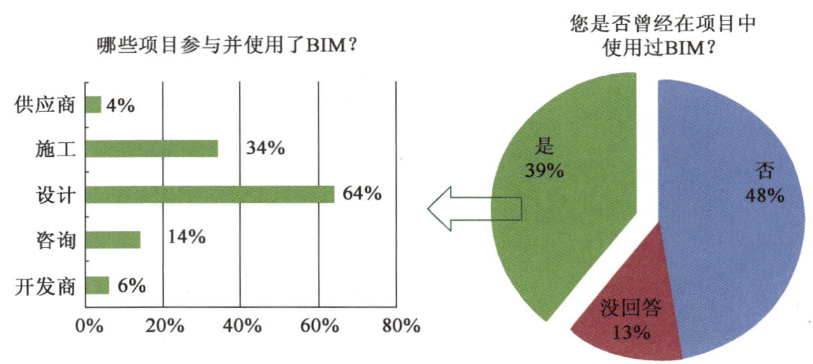

图 8-4　是否在项目中使用过 BIM

早在 2010 年，清华大学通过研究，参考 NBIMS，结合调研提出了中国建筑信息模型标准框架（Chinese Building Information Modeling Standard，CBIMS），并且创造性地将该标准框架分为面向 IT 的技术标准与面向用户的实施标准。

2011 年 5 月，住建部发布的《2011—2015 建筑业信息化发展纲要》明确指出：在施工阶段开展 BIM 技术的研究与应用，推进 BIM 技术从设计阶段向施工阶段的应用延伸，降低信息传递过程中的衰减；研究基于 BIM 技术的 4D 项目管理信息系统在大型复杂工程施工过程中的应用，实现对建筑工程有效的可视化管理等。

2012 年 1 月，住建部《关于印发 2012 年工程建设标准规范制订修订计划的通知》宣告了中国BIM标准制定工作的正式启动，其中包含五项BIM相关标准：《建筑工程信息模型应用统一标准》《建筑工程信息模型存储标准》《建筑工程设计信息模型交付标准》《建筑工程设计信息模型分类和编码标准》《制造工业工程设计信息模型应用标准》。其中，《建筑工程信息模型应用统一标准》的编制采取“千人千标准”的模式，邀请行业内相关软件厂商、设计院、施工单位、科研院所等近百家单位参与标准研究项目/课题/子课题的研究。至此，工程建设行业的BIM热度日益高涨。

前期大学主要集中于BIM的科研方面，如清华大学针对BIM标准的研究，上海交通大学的BIM研究中心侧重于BIM在协同方面的研究，随着企业各界对BIM的重视，对大学的BIM人才培养需求渐起。2012年4月27日，首个BIM工程硕士班在华中科技大学开课，共有25名学生。随后广州大学、武汉大学也开设了专门的BIM工程硕士班。

在产业界，前期主要是设计院、施工单位、咨询单位等对BIM进行一些尝试。最近几年，业主对BIM的认知度也在不断提升，SOHO董事长潘石屹已将BIM作为SOHO未来三大核心竞争力之一；万达、龙湖等大型房产商也在积极探索应用BIM；上海中心、上海迪士尼等大型项目要求在全生命周期中使用BIM，BIM已经是企业参与项目的门槛；其他项目中也逐渐将BIM写入招标合同，或者将BIM作为技术标的重要亮点。

目前，大中型设计企业基本上拥有了专门的BIM团队，有一定的BIM实施经验。施工企业起步略晚了设计企业，不过不少大型施工企业也开始了对BIM的实施与探索，也有一些成功案例。运维阶段的BIM目前还处于探索研究阶段。

香港的BIM发展也主要靠行业自身的推动。早在2009年，香港便成立了香港BIM学会。2010年，香港BIM学会主席梁志旋表示，香港的BIM技术应用目前已经完成从概念到实用的转变，处于全面推广的最初阶段。

香港房屋署自2006年起，已率先试用建筑信息模型。为了成功地推行BIM，自行订立BIM标准、用户指南、组建资料库等设计指引和参考。这些资料有效地为模型建立、管理档案，以及用户之间的沟通创造良好的环境。2009年11月，香港房屋署发布了BIM应用标准。香港房屋署署长冯宜萱女士提出，在2014年到2015年该项技术将覆盖香港房屋署的所有项目。

8.1.2　BIM在市政行业的发展前景

1）基于BIM的设计

市政工程主要包括：市政道路、桥梁、给排水，其他市政公用的城市隧道、轨道交通、城市防洪、燃气、热力等也属于市政的范畴。

传统市政工程项目是以绘图为中心的项目生命周期（图8-5）。

基于BIM的设计方法为市政工程设计带来更高效的设计流程（图8-6），为理想的市政工程项目生命周期见图8-7。

基于BIM的设计、施工和运营的流程见图8-8。

（1）基于BIM的市政道路设计特点。

①自动生成施工横断面；

②可自定义多种标注样式；

③自动生成道路交叉口数据；

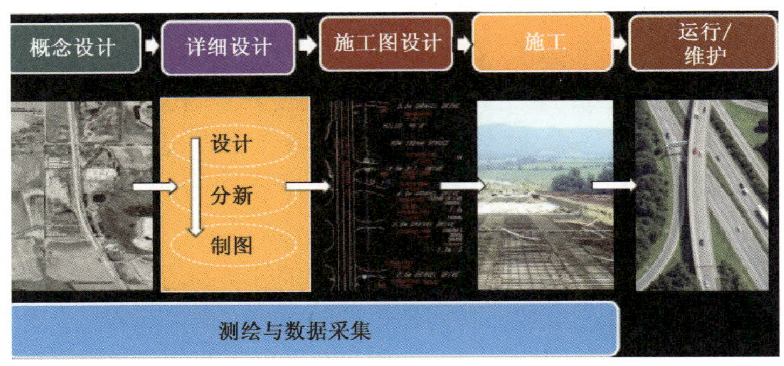

图 8-5　传统的市政工程设计

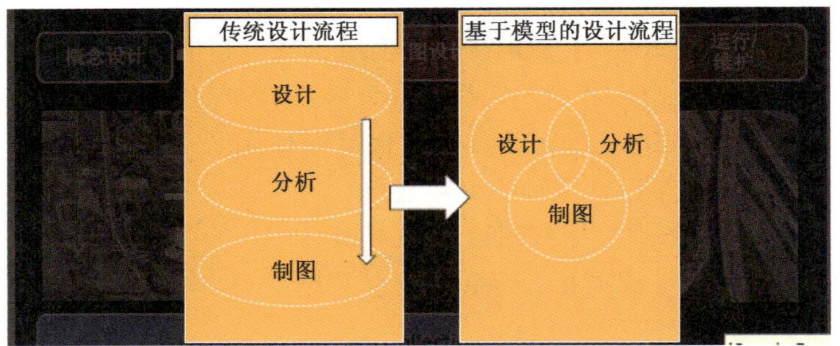

图 8-6　基于 BIM 的设计

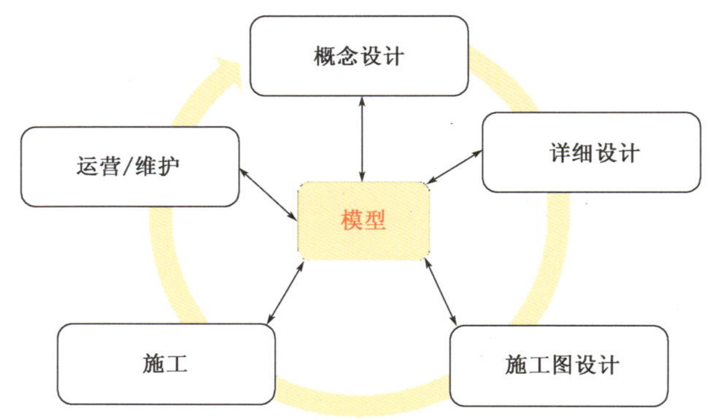

图 8-7　理想的市政工程项目生命周期

④打印生成分离式路基道路模型。

(2)基于 BIM 的市政桥梁设计特点。

①自动/手动创建三维桥梁模型(图 8-9);

②方案设计/初步设计和制图;

③可视化和演示。

(3)基于 BIM 的道路地下管网设计特点。

①使用自定义的零件库进行管网布局;

②实时生成三维视图；
③在纵/横断面图上自动绘制管网；
④自动进行碰撞检查；
⑤根据自定义的规范进行校核；
⑥灵活、自定义的制图和标注样式。

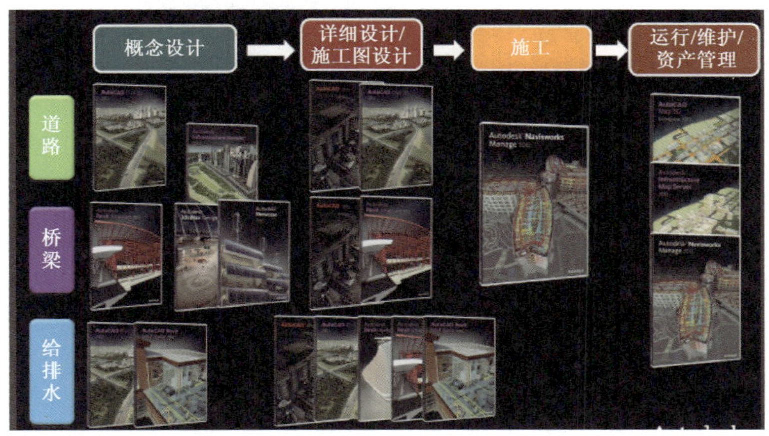

图 8-8　基于 BIM 的设计、施工和运营的流程

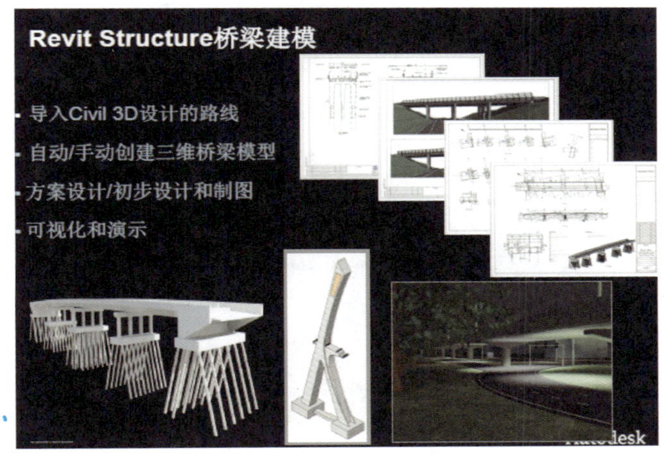

图 8-9　三维桥梁模型

(4)基于 BIM 的垃圾填埋场设计实例(图 8-10)。
(5)基于 BIM 的地下工程设计实例(图 8-11)。
(6)基于 BIM 的隧道工程设计实例(图 8-12)。
2)BIM 在市政行业全方位的应用
(1)依托 BIM 进行技术应用创新；
(2)搭建起基于 BIM 的协同系统平台和门户网站；
(3)Revit 系列专业建模软件和 Ecotect 等分析软件协同用于市政工程建设。

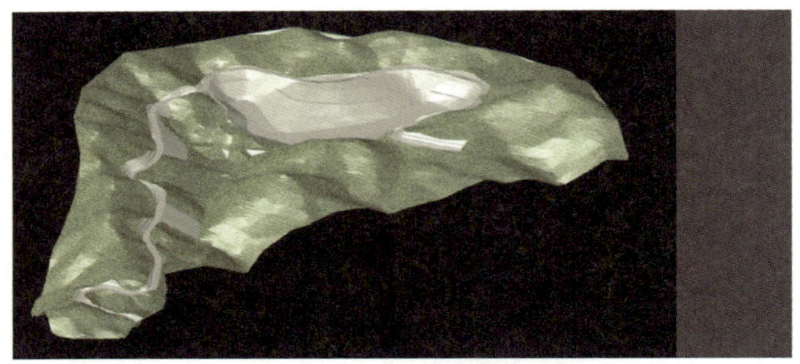

图 8-10　基于 BIM 的垃圾填埋场设计

图 8-11　基于 BIM 的地下工程设计

图 8-12　基于 BIM 的隧道工程设计

①设计阶段。

在设计阶段，用 BIM 完成了全内容的建模，每一根钢筋都得以展现。在完全脱离 CAD 常规平台的情况下出施工图，不仅符合施工图要求，还使图纸的错误率大大减少。

通过 BIM 空间管理技术，管线专业模型叠加，形成管线综合模型，检查专业间管线布置是否冲突，比平面管线综合图更直观，冲突发现更准确；管线综合模型更可叠加装修模型，方便检查管线与装修吊顶的冲突；车站建筑装饰模型则用于检验车站站台的标志、标识设置的视觉效果、楼扶梯周边布置对乘客疏散的影响；车站机电模型用于确保各种管道的建筑、结构预留孔是否得到满足，检修空间是否有保证；车站站台电气模型，用于检查公共区桥架、灯具布置、配

电间布置。

②施工阶段。

在施工阶段，将设计模型导入后，可进行安装支架施工虚拟布置，安排各专业施工有序进行，更可进行综合支吊架设置。设计模型可以分解为单个构件、部件，项目管理计划表不再仅停留在施工区，更可以细化到某一结构柱、某一片墙体、某一个孔洞、某一台设备、某一段管道。模型精度提高后，建模精度可以达到零件，物料清单可以细化到螺钉级别。

在施工阶段，将 BIM 模型导入到机器人全站仪的测量库中，直接在施工现场进行放样，避免了复杂的计算，使工作效率提高了 2 ~ 3 倍，并且能够保证精度。

(4) 沟通、协调、建议。

BIM 对整个工程设计质量管理是非常有帮助的。BIM 帮助业主落实了各种意愿，解决了商业谈判、设计协调、设计接口、方案实施等问题，同时有助于业主实时了解整个工程实施过程中的施工条件和进展情况，发挥了实实在在的作用。

从设计、施工到运营，BIM 可以将信息有序地传递给下一道工序的工作人员。借助相关软件，在工程实际竣工前，非工程建设专业的运营方还可了解工程的最终面貌，在虚拟界面中漫游工程，提出改进建议。

(5) 地道采光。

借助 BIM 软件 Revit 和绿色分析软件 Ecotect，BIM 小组对地道内采光、过渡段采光和周边建筑的反光污染等都做出了细致入微的光学分析，有针对性地设置灯光，减少地道内外的光线变化，保障了行车安全。

(6) 模拟交通状况。

通过模拟交通状况后做出力学分析，改进设计方案和工艺。

(7) 安全生产。

将安全设施纳入到 BIM 模型中，对现场的安全防护情况进行模拟论证，提升了现场的安全管理水平。

(8) 养护管理。

依托 BIM 大量的数据，对病害进行量化的科学预警，增强设施的使用寿命。CAD 软件实现了从手工绘画到电子绘画的过渡，它影响的可能只是一个设计阶段；但 BIM 影响的是整个设计行业的流程改造和整个产业链，BIM 技术将大大推动行业生产的综合提升，对生产关系产生深刻影响，促进一些新的建设模式发展，催生一些基于 BIM 服务的新行业，未来一定会掀起一场变革。

8.1.3　BIM 技术在路桥建设中的应用

1) BIM 在市政路桥设计中的应用

路桥工程管理的现代化水平是社会文明进度的重要标志之一。我国建设现代化城市的同时也加快了我国的公路建设的速度，目前北京的经济快速增长，自 2008 年奥运会举办以来，北京市的交通需求呈现多样化和国际化的趋势，机动车保有量以几何级数量持续增长，尽管北京市道路建设发展迅速，但是人、车、路之间的矛盾依然明显，道路建设仍无法满足日益增长的车辆交通需求。

随着经济的发展和人们生活水平的提高，我国各项基础建设都在不断发展和完善。在此背景下，人们对于市政道路桥梁的要求也逐渐提高，这就对市政道路桥梁设计提出了更高的要求。BIM 技术在市政道路设计中的应用对于提高设计效率，提升市政道路桥梁的设计水平等有着重要的意义。

相较于其他设计方式，BIM 技术在市政道路桥梁设计应用中有着众多优势，这也是 BIM 被广泛重视的重要原因，在研究 BIM 在市政道路桥梁设计中的应用前，首先对 BIM 在市政道路桥梁设计应用中的优势进行探讨分析。

传统的 CAD 等二维设计方式要将复杂的市政道路桥梁三维空间问题展现在二维空间中，在设计的过程中，由于三维参数的复杂化，不可避免地会丢失一些三维数据，从而导致所设计出的成果不能够完整、明显、准确地表达设计意图，很容易造成设计方案的曲解。在 BIM 技术下设计出的成果属于一种三维的数字化信息模型，能够将整个市政道路桥梁工程完工后的样子完整地表达出来，因此，其能够准确、清晰、完整地表达出设计意图。此外 BIM 技术中，其工程属性以及子模型的划分越详细，则设计意图表达得就越统一准确。BIM 技术还有一大特点，即能够对相关自定义的参数组件进行设计，因此，对于一些复杂的市政道路桥梁三维问题也能够很好地进行描述。也就是说，BIM 技术在复杂的市政道路桥梁工程中表现得十分突出，这也是市政道路桥梁建设重视 BIM 技术应用的一大重要因素。

(1) BIM 技术在市政设计中的具体应用

①地形图处理。

通常来讲，BIM 技术在市政道路中心线设计绘制过程中在以下几个环节中有所体现：a. 中心线穿插环节，预先对市政道路中心线的结构与功能进行系统化总结与深度化探究，在明确的基础上，把市政道路中心线穿插进 3D 地形图内；b. 中心线转化环节，具体是指在 3D 地形图内使市政道路中心线达到转换目标，借此环节将市政道路中心线转换为多节线路；c. 线路构建环节，基于多节段线路在路线菜单下穿行的实况，落实构建整体线路这项工作任务，具体操作是对菜单进行单击，以实现对市政道路中心线规划的目标(图 8-13)。

图 8-13　地形图处理

②道路中心绘制。

参照市政道路设计规定标准中的各项基本要求对道路中心设计方案中的曲线长度与直径、平缓曲线长度等各个曲线的关键要素实施有效的改进与优化措施。

③道路横向断面。

理性地选择构件，在此基础上才能落实多个部件拼接与组建等目标，Givil3D 软件的合理设计与科学应用，为市政道路工程中 BIM 数据信息模型精准性这一目标的实现奠定了基础。道路工程作为纵向延伸工程，道路的横断面设计始终都是工程设计的重点，车道布置、人行道布置、宽度设计、路面路基结构层设计、桥梁断面布置等都需要根据道路等级和使用需要进行设计。通过对断面材料的设置，可以统计工程量；对节点参数的设置，可以实现道路、桥梁的变宽。

④道路纵向断面。

市政设计软件在道路纵向断面设计程序可以有如下的总结：首先依照市政道路地理条件等实况，落实对现存路面的线路文书的编制工作，继而借助设计软件构建出完整化的原地面线，接下来市政道路工程设计人员借用已经构建的原地面线完成拉坡线绘制工作。在上述绘制过程中对拉坡线的调整工作是时时进行的，从而确保市政道路纵向断面设计质量与预先设定的标准相匹配，对道路纵向断面设计末期是把拉坡线以竖曲线规划文书进行保存。

(2) BIM 技术在桥梁设计应用

①BIM 技术在桥梁设计应用中的具体表现。

BIM 技术在桥梁设计中的应用，具体表现为 BIM 模型的建立及模型的应用：将地形、地物、桥梁结构至多维模型，利用模型进行结构分析（结构的安全性、耐久性），将相关信转化为数字信息，利用数字信息建立二维、三维甚至多维模型，利用模型进行结构分析（结构的安全性、耐久性）、景观分析（景观效果）、安全环境分析，从而确定设计方案，并进一步转换为设计文件，为施工提供依据（图 8-14）。

②桥梁设计中应用 BIM 技术的意义。

桥梁设计中加大对 BIM 技术的应用可提高桥梁设计的效率和质量，有效控制成本、减少变更，保障施工周期，对桥梁工程的创新性和先进性也具有实际意义。地形图测绘是桥梁设计中的重要环节，通过地形图调绘、控制性测量、航拍技术等可准确完成该项工作，并将测绘数据建立数字模型，从而与 CAD、纬地、3D－max 等设计软件有效结合，完成二维、三维模型的建立（图 8-15）。

图 8-14　桥梁工程的 BIM 模型

图 8-15　桥梁工程的细部构造模型

2) BIM 技术在市政路桥施工中的应用

(1) 技术需求

施工单位 BIM 应用主要服务于施工技术和项目管理。在桥梁建设中，施工单位对 BIM 技术的具体需求如下：一是施工图深化设计；二是辅助重难点技术的执行；三是协助项目管理。

为了尽量满足日常的通行需求，减缓交通压力，新建、改建、扩建等路桥建设工程全面展开。然而，道路桥梁工程施工中行人与车辆交叉复杂，极易出现交通事故，造成拥堵现象。路桥工程涉及道路、桥梁、地下管线、绿化植被、交通设施等，涉及产权单位多，如涉及市政管理、城建规划、路政管理等部门,协调难度大,且施工过程中不能中断交通,导改工作量大、工期长、工序多。为了满足路桥工程施工项目的管理需要,保证工作的正常开展,需多次进行施工方案的展示、施工计划的阶段性汇报,实现施工进度有效管理等。然而,传统的工程进度管理模式效率较低,大多是以2D矢量图、平面图片、文字介绍或PPT演示文稿等形式完成的,难以清楚地表达其真实感和动态的变化过程,使信息在传递过程中不断损失,造成重复劳动和信息传递失真。

①产权单位多,协调难度大

路桥改扩建工程涉及建筑设施、交通标志、绿化植被、电线电缆、地下管线等相关设施,能够确保工程施工的正常运行,必须最大限度地得到各产权管理单位的支持与配合。尤其是地下管线包含有给水、下水、燃气、电力、供电、通信、热力等数十种,需要与规划、道管办、管线、监理、施工等相关产权单位处理好道路、管线及其他设施施工的协调关系。主要目的是统一施工节点:一方面使老管线的安全运行能充分做好防护措施;另一方面使管线单位按总体工作计划落实任务,确保统一指挥,最大限度地减少对工期、安全生产、文明施工的影响。但各产权管理单位由于时间差异、工作性质、环境等问题,往往给协调工作带来一定的难度,不能如期顺利完成。

②交通不能中断,导改工作量大

交通组织对于整个工程的顺利进行将起着决定性作用。尤其是城市道路改扩建工程,在工程施工期间由于大量撤离的分流和转换,对整个工程项目影响的区域路网原有的交通秩序会造成很大的交通压力,而且施工过程中不能中断交通。对此,施工人员必须深入了解本次施工的特点、施工条件、施工工期,确定各进出口与道路的关系,在结合道路施工所需采取的封闭要求,采用不同的交通导改措施和控制手段,保障施工顺利实施,保证交通和施工相互协调,满足适应广大交通出行者的需要,确保施工、道路交通安全和区域间经济的正常流通。

(2)应用现状

在我国,施工单位是率先使用BIM技术的一方,到目前为止施工方的桥梁BIM应用也仅限于大型国企施工单位的部分项目,具体的BIM工作也是由施工单位其下的技术中心或科技部门来承担,真正下降至项目部的情况比较少,主要是因为在项目部传统资料整理模式没有做出相应改变的情况下,贸然采用BIM平台录入项目管理信息会额外占用工作人员的时间,从而产生抵触情绪。刚开始的时候施工单位主要采用BIM做施工图深化设计,即优化设计图纸,使设计图符合施工单位自己的施工要求和习惯,同时也可以发现设计图中"错""漏""碰""缺"等问题,进而减少在施工阶段由设计造成的返工现象,提高工程施工质量并节约成本。近两年来施工单位BIM向着辅助重难点技术和协助项目管理方向发展。在重难点技术方面,如在桥梁施工监控中,将现场采集的桥梁位移、内力数据分别作为一个信息维度加入BIM模型而建立桥梁位移预警监控系统,在BIM模型中对应位置显示位移及内力值,并自动与理论计算数据进行比较,对超出理论允许范围的值进行提醒,以确保降低桥梁工程的施工风险。在项目管理方向上,美国Bentley公司的Project协同管理平台与德国ROB公司的TWO建筑管理平台在欧美的AEC行业运用较为成功,其中前者在基础设施领域适应性较好,后者在建筑领域应用广泛。国内某些施工单位有引进该类管理平台,也有单位联合高校以"三控三管一协调"为目标共同研发并应用了本土化管理平台。该类管理平台本质功能是对BIM模型中蕴含的信息进行读取、添加和编辑,按实际需求对信息合理利用,可进行如下工作:快速提取工程量进行成本控制;4D/5D施工编制进度计划进行进度控制;模型附加现场照片便于质量管理;工序及施工环境模拟发掘潜在安全盲点;合同信息统一电子归档便于合同管理;记录变更改善信息管理;参建人员对接BIM管理平台实现现场协调工作。

(3)需解决的问题

仅在施工单位的机关技术部门内实施BIM技术比较容易,但要发挥BIM在施工现场的作用,就必须让基层人员了解BIM。目前施工单位的BIM应用阻力来自基层,这需要施工单位在改变传统项目资料整理模式的过程中,逐渐用BIM的方式去替换传统的习惯,而不是两种方式双管齐下徒增工作量,也不是只在机关内部实施搞搞花拳绣腿。最终,应让技术部门承担研发,项目部执行具体应用。

8.1.4 BIM技术在管廊建设中的应用

目前,在城市中的管线大多直接埋设于地下,各专业分开布置、自成系统,无法适应城市高密度化的发展趋势,而综合管廊能够充分利用道路地下空间,不仅能够合理有序地布置各专业管线,多管线统一监管,提高管理效率,而且能够通过建设"立体道路"(即立交桥、地面道路和地下隧道)来缓解城市日益拥挤的交通压力,更重要的是可以减少道路开挖次数,延长道路使用年限。然而地下管廊项目施工过程重难点也很突出(图8-16~图8-18)。可以概括为以下几点:

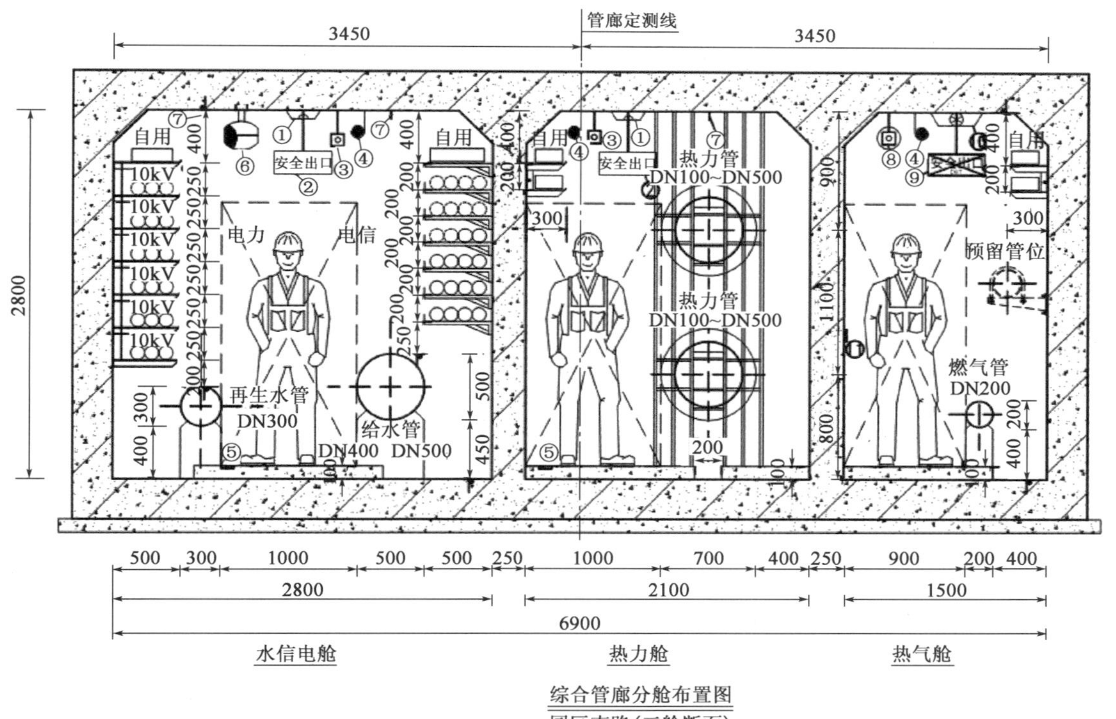

图8-16 三舱横断面图(尺寸单位:mm)

(1)施工场地地形复杂,施工现场环境复杂,设计相关产权单位较多,传统的施工管理方法问题很多;

(2)项目全段狭长,有管线排迁、土方开挖和管廊主体及入廊管线定位困难;

(3)传统的二维设计,在道路交叉路口,多层交叉地道管廊如果仍靠想象来设计绘制平剖面图,极易出现错漏并造成施工过程中的困难重重;

(4)项目时间跨度长,潜在问题多,施工过程控制困难。

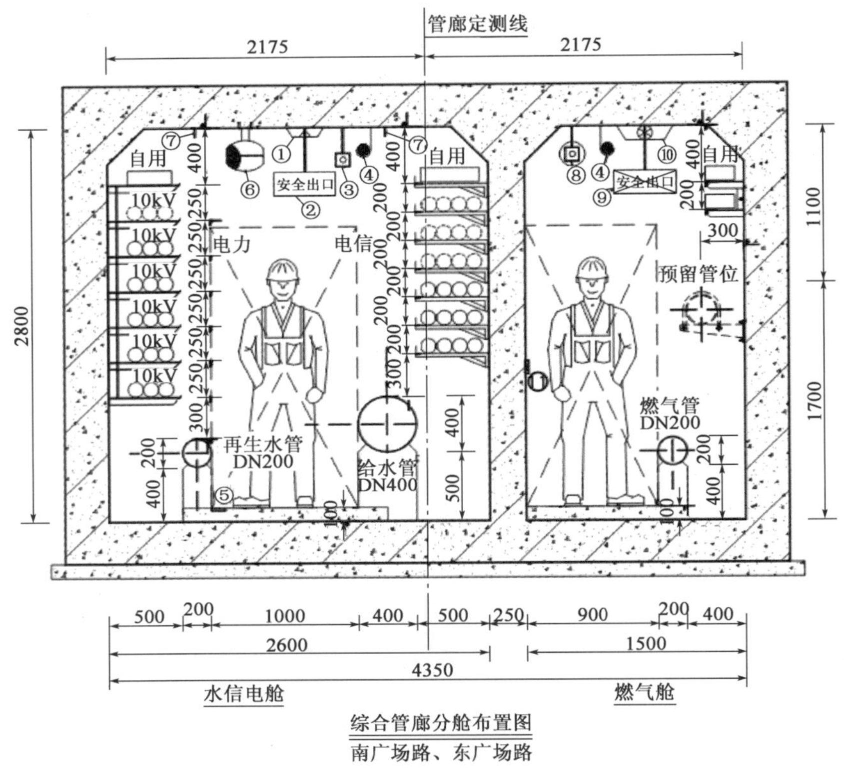

图 8-17 双舱横断面图(尺寸单位:mm)

基于 BIM 技术的综合管廊以顺利建设为目标,建立科学合理的综合管廊建设协调体系,以综合管廊模型为基础,形成管线安装预先模拟、方案更加合理及节约工期等机制于一体的综合管廊信息管理平台,实现全产权单位综合管廊信息共享、各专业建设工作的无缝对接,促进综合管廊建设工程顺利进行。

(1)建立三维模型。

管廊模型的建立,主要是以 Revit、Archi CAD、Magi CAD 等主要建模软件为建模工具,以变形缝为分割段,实行全专业精细化建模,最后以链接的方式,将 BIM 模型进行协同管理,构建模型内容为:工程标段隧道主体结构、管廊主体结构、雨水仓、污水仓、给水管线、热力管线及电信电力管线等 BIM 模型,模型详细程度等级均达到 LOD300,为实现 BIM 技术的深度应用奠定基础条件。

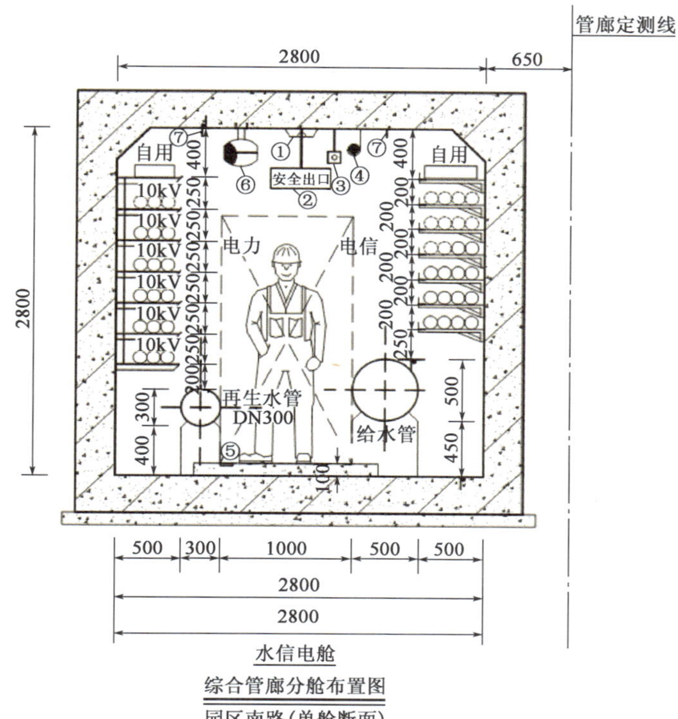

图 8-18　舱横断面图(尺寸单位:mm)

通过在所构建的模型上实现各种信息的关联,不仅可以实时查看全部主体位置信息,而且还可以对任意部位进行剖切查看,使技术人员快速掌握主体的结构形式及其位置尺寸信息。在施工开始之前就可实现各种信息融合,使项目的建造、运营过程中的沟通、讨论、决策都在可视化和信息一致性的状态下进行,提高项目施工效率(图 8-19)。

(2)基于 BIM 的施工设计图纸错漏碰撞检测。

传统管廊二维设计包含管廊平剖面图,由于 CAD 软件绘制的图纸缺乏关联,图纸之间信息是各自孤立的,需要依靠人工来完成图纸之间的信息关联,出现图纸之间的错漏碰撞就很难避免。再加上综合管廊自身的特点,譬如说管线排遣、管线入廊及既有管线错综复杂的位置关系成为设计的难点。在这种情况下,传统的管廊二维设计便暴露出了一些缺陷:

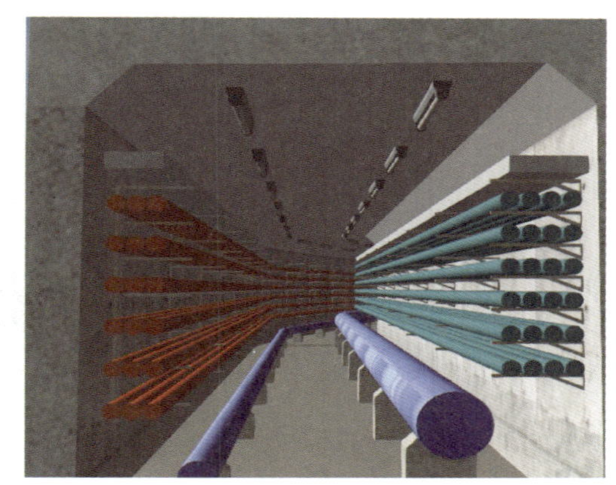

图 8-19　三维效果图

①由于缺乏完整详细的地下管线资料,在设计管廊时如果仍靠想象来设计绘制平剖面,极易出现错漏并造成施工过程中的困扰;

②由于管线众多且穿插频繁,会在调整管线位置时产生连锁反应,即调整一处碰撞又会产

生新的碰撞,这种错误在二维设计中很容易被忽略;

③即便设计人员思路清晰,复杂的二维图纸在汇报时也会带来困扰,业主无法快速理解设计人的意愿,造成沟通上的不便(图8-20)。

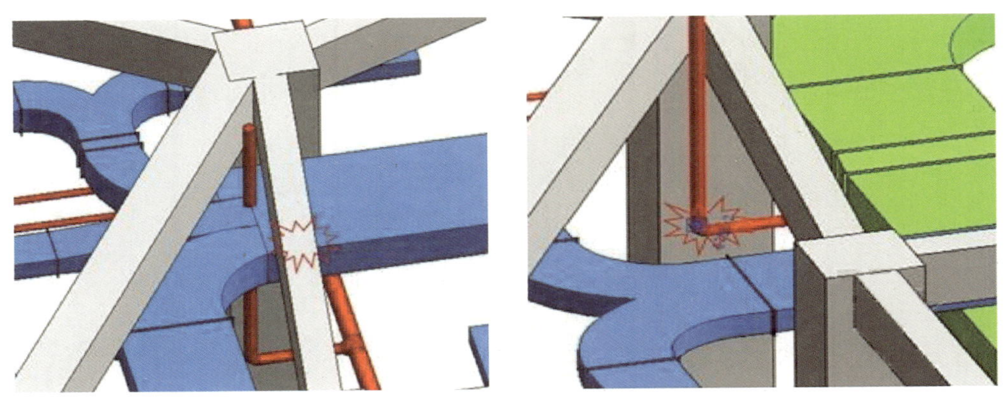

图8-20 设计图的碰撞检测

(3)管线洞口预留。

在传统施工方式下,由于技术条件和工作模式等方面的限制,预制混凝土部品、构件和现浇混凝土墙、板等的洞口很难实现预留,往往需要等到管线安装施工时才能准确确定洞口的大小和位置,只能采用后开洞口的方式实现管线的安装。后开洞口不仅会造成穿过洞口的钢筋被截断,产生安全隐患(对于预制构件隐患更大),且所需要的费用也高于BIM技术的实施费用,同时也造成材料、人工等的浪费,不符合国家绿色施工的发展方向。

BIM技术的应用可以完全突破传统方式的限制,在施工之前就能够预先精确确定各种洞口的尺寸和位置,避免施工过程中的由各种开洞所产生的安全隐患,保障施工质量(图8-21)。

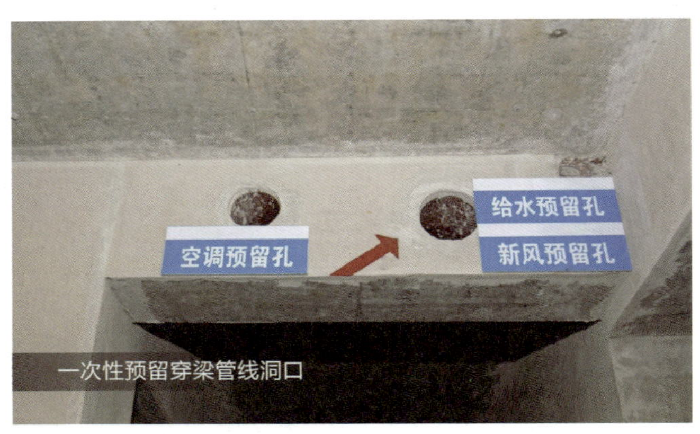

图8-21 给水管线洞口预留

(4)既有管线定位及与主体的碰撞检查。

综合管廊中可纳入电力电信管线、燃气管线、给水管线、排水管线、热力管线、排水管线等市政公用管线。在BIM模型中可以综合考虑管线的种类、数量、安全距离和运输、安装、维护、检修空间以及不同管线的特殊性等,管线的综合排布应满足多种行业规范。按碰撞的主体可分为管线与管线的碰撞和管线与管廊主体的碰撞。按碰撞距离可分为软碰撞和硬碰撞。硬碰撞即主体的实际碰撞,软碰撞指主体没有碰撞,但预留的安装或者检修距离不够。这几种碰撞都可以通过 BIM 软件进行一键检测,然后逐一排查,为实际施工提供精确的指导依据。

地下既有管线错综复杂、定位困难,管线排迁及土方开挖难度大。在实际建造过程中可能产生错挖,导致施工停滞,工程进度受阻。因此,依据项目任务要求,第一阶段重点解决项目所急需的施工路段地下既有管线排布情况及其与主体结构之间的相对位置关系,以便为施工企业制定既有管线排迁、土方开挖、桩体施工等方案提供技术依据,以及在施工之前为与各管线相关产权单位进行协调沟通提供更加直观、全面、准确的项目信息,从而大幅度提高项目施工效率(图 8-22)。

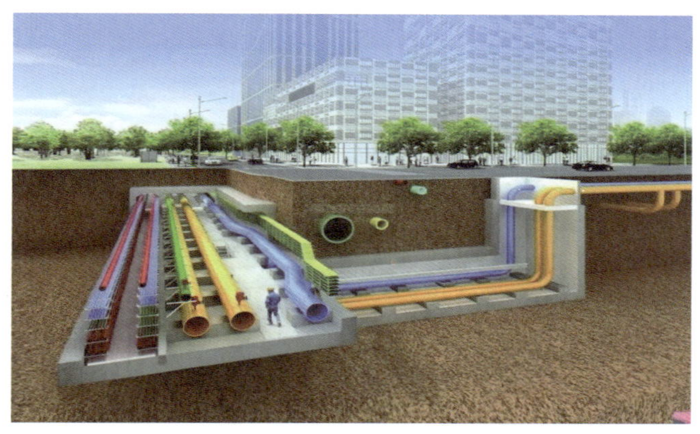

图 8-22 地下管线与管廊三维截面图

(5)管线入廊方案模拟(图 8-23)。

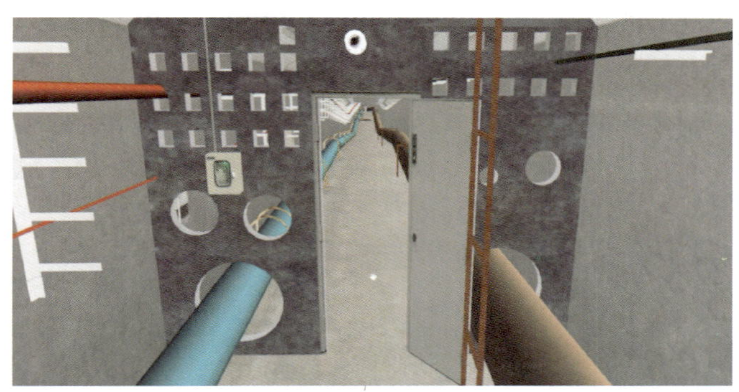

图 8-23 入廊方案模拟

大部分的入廊管线中的给水和热力管线属于大口径管道,在安装过程中,通过 BIM 技术模拟管线的入廊安装过程,对施工方案的推敲、施工技术交底等都带来很大的便利。由于管廊空间狭小,如何预留足够的空间给后续建造工作的开展成为重要的问题,而 BIM 技术的运用,可以很好地解决工作空间有限的问题,提高施工效率,对合理安排工程进度起到了很大的帮助。通过 BIM 模拟,直观、立体地展示了整体施工工序之间的衔接情况,技术人员从 4D 模拟中找出进度的关键点,解决了传统制定施工进度计划的纸质化和理想化。通过模拟成果,对进度及时纠偏，以便及时采取控制措施，保证施工进度按期完成。

基于 BIM 模型预演现场施工作业，针对工序搭接、资源利用、运输规划、机械配置等环节整体优化施工工期。通过 BIM 虚拟施工，切实加强工期管控水平。按照拟定的施工进度计划，通过构建过程模型和作业模型，使用相关软件（如 Naviswork 软件）进行动态模拟，实现对施工进度的动态管理。

（6）统计算量和构件预制（图 8-24 和图 8-25）。

目前管廊建设成本较高，这也成为一直以来阻碍管廊发展建造的一个重要阻力。运用 BIM 技术进行管廊建造的工程量统计、预估和决策，以获取管廊建造成本的科学依据。在管廊建设中，通过对工程量数据极其结构组成的分析总结进一步优化设计，降低建造成本。随着建筑行业的转型升级，装配式建筑越来越热门。装配式建筑是指用预制的构件在工地装配而成的建筑。这种建筑的优点是建造速度快，受气候条件制约小，节约劳动力并可提高建筑质量。BIM 模型可以很好地指导构件的预制，给构件制作方提供精准的三维尺寸和材料等数据支持。

图 8-24　拆分构件式综合管廊

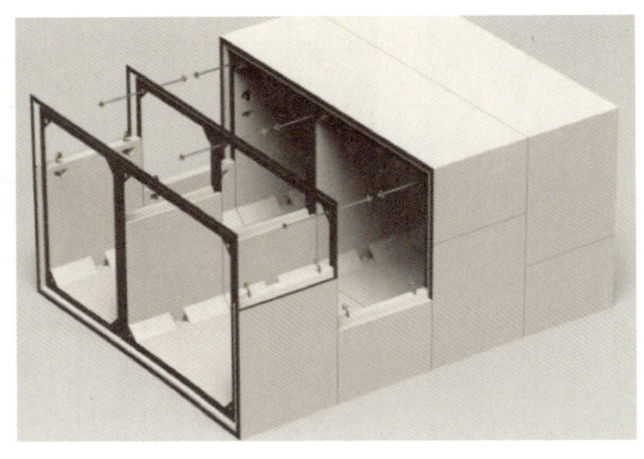

图 8-25　拆分构件式综合管廊剖面效果图

（7）数据库和智慧运维管理平台。

BIM 模型集成了建筑生命周期中大量重要的信息（图纸信息、施工过程信息、工程量信息、构件厂家信息等），除了方便项目决策者调用、信息辅助决策外，还为建筑后期的运营维护提供有利的数据支撑。同时，形成由"3D（实体）+1D（进度）+1D（造价）"的五维建筑信息模型，即 5D BIM，集成了工程量、工程进度、工程造价，不仅能统计工程量，还能将建筑构件的 3D 模型与施工进度的各种工作（WBS）相链接，动态地模拟施工变化过程，实施进度控制和成本造价的实时监控，为技术的应用搭建了一个全新的平台。

目前云技术是一种利用互联网实现随时按需便捷地访问共享资源的计算模式。基于 BIM 的城市地下综合管廊运营管理系统构建的核心思想，是将以物联网技术为基础的管廊综合监控系统移植到云平台上，并将综合管廊主体及附属设施信息以数字化形式存储于云平台，采用 GIS 技术和 BIM 技术实现对上述数据的整合，建立统一的综合管廊运营管理云平台门户，用户可通过台式电脑、智能手机或者平板电脑等移动设备实现综合管廊运营过程的监控。一方面通过已建成的数字模型为基础，采用"BIM + 二维码"或者 RFID 技术对综合管廊进行可视化监控和管理。另一方面，通过通信设备获取综合管廊监测监控实时数据，经处理后写入监测监控实时数据库和历史数据库。以此来实现了综合管廊运行全生命周期内数据的统一存储、分析、判断,并向管理层提供决策支持(图 8-26)。

图 8-26　各类传感器报警系统

8.2　基于 BIM 技术的三元桥整体置换工程项目推演系统介绍

8.2.1　三元桥整体置换工程项目介绍

三元桥位于三环路东北角,建于 1984 年,至今运营 30 余年。北三环路、机场路及京顺路三条道路在此立体交叉,整座立交为苜蓿叶形互通式立交,总占地面积 26 万平方米。三元立交京顺路桥采用三孔 V 型墩刚架体系(中跨墩顶附近设铰),桥梁全长 54.86 米,桥梁跨径 13.48 + 27.30 + 13.48 = 54.26 米;桥梁总宽 44.8 米,桥梁总面积 2457.7 平方米。桥下净空:跨越京顺路桥下净高为 4.5 米,慢车道为 3.5 米。桥下交通组织:京顺路主路 3 上 3 下 6 车道;两边跨处辅路为非机动车道。交通部门给出的数据显示,三元桥上日均车流量达 20.6 万辆,高峰时每小时 1.3 万辆车从桥上驶过。这里共有 48 条公交线路,日均搭乘 72.7 万人次。

桥梁整体置换技术最初是以西关环岛桥梁改造工程为依托进行的(图 8-27),后经三元桥大修工程受到业内及各界广泛关注。

桥梁整体置换技术的技术原理是采用驮运架一体机,依靠变形控制、精确定位等技术,完成桥梁上部结构整体提升、运输、卸落、安装等一系列工序(图 8-28)。

图 8-27　三元桥梁改造工程

图 8-28　桥梁整体置换

三元桥大修若采用传统方法原地拆除之后进行重建,需占路约90天,三环路、京顺路以及北京东北城区的交通将受到重大影响(图8-29)。而采用本技术,实际断路施工仅用43小时,节省时间达97.8%。该区域断行影响的日均车次为200000辆,按绕行10km计算,不计其他损耗,仅节省燃油费即达约10560万元,减少二氧化碳排放约3.9万吨(按车均10升/百公里油耗,当时油价6.0元/升计算)。

8.2.2 施工难点及BIM应用内容介绍

1)图纸可视化

(1)方案优化决策支持

该工程项目设施复杂,涉及产权单位多,协调难度大;占路断交要求高,交通导改工作量大,社会成本高;施工方案复杂,工序多,设备多,管理难度大,人员水平不一。因此,需要定期向公司主管领导和业主汇报工程实施及下一步工作计划的情况。然而准备一次成功的汇报使业主满意,是工程管理中较懊恼的工作,如搜集照片、编写文档、制作PPT演示文稿等,不仅耗费大量的时间和精力,而且往往还不足以把事情讲清楚。这种的汇报方式和管理模式只局限于纸面的文字,并不能够直观地去展示。借此"三维辅助设计及施工推演系统"的应用,给施工管理人员带来了便利,不仅节省了制作PPT的时间,而且能够解决工程管理阶段中所有难题。通过方案优化比选采用整体置换技术,完成旧桥上部结构整体快速拆除并运离、新桥的现场就地提前预制或拼装、新桥上部结构整体驮运至桥区并精确就位,实现在数小时内完成桥梁上部结构的整体置换,达到了快速施工的目的并真正解决了城市交通节点处换梁大修的难题(图8-30)。

图8-29 三元桥位置图

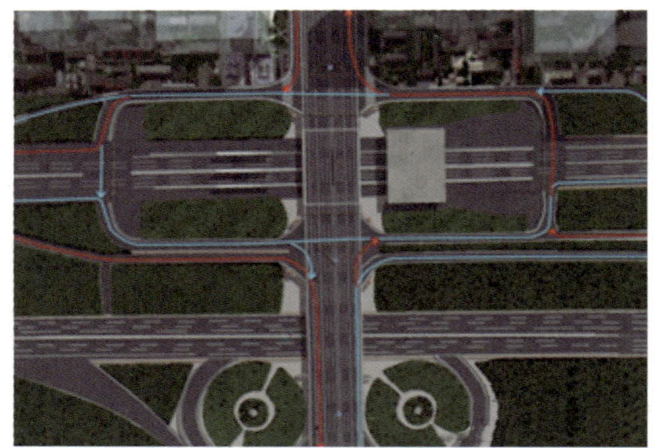

图8-30 三元桥交通导行三维图

(2)公共服务、媒体传播(图8-31、图8-32)

三维动画能够更好地展示产品细节,如产品的内部结构、产品的功能表现、工艺的展示,是在计算机的软件上进行模型的建立到虚拟世界的创立,不受时空限制,无论现实中春夏秋冬季节轮转,它都能实现各种效果。此外,通过三维动画的拆分,使工程施工的过程更加形象,方便大众的传播。

2)工程施工方案的模拟推演(图8-33~图8-36)

该工程项目基于BIM理念和技术,利用多维数据,对工程设计方案提前进行展示比选,对施工改造过程提前进行模拟推演，及时发现设计和施工过程中的不足，在既定施工方案的基础上制定工程施工进度计划，根据规定的工期和各种资源供应条件，对施工工程中的各部分工程的施工工程量、施工顺序、施工起止时间及衔接关系进行安排和计划，通过实践检验，确认进度计划是否合理可行。如果在施工阶段才发现计划中的不合理，再进行优化调整，可能会对整个施工过程造成不必要的负面影响。但是，采用"三维辅助设计及施工推演系统"可以将整个施工进度计划中每一个施工工艺关系和人员调配关系有机地结合起来，事先确定施工顺序、施工工程量、机械调配等。实现工作项目按照现实施工中的顺序进行设计和展示，从而验证计划的合理程度。系统支持模型数据更新，实现方案实时调整和合理性验证。

图 8-31　新闻媒体传播

图 8-32　互联网传播

系统可实现三维场景的快速搭建，方便地把设计方案导入系统中，以及引入 4D(时间)因素，从工程项目的设计阶段到施工阶段入手，将重点放在工程设计方案比对和施工工艺过程推演上，以实现宏观、微观、复杂的设施结构和动态施工过程的展示，进而实现进度和成本的有效控制。系统融合了地形影像数据、三维模型数据、定点全景照片、原始设计资料等，具备展示浏览、对象编辑、动态推演、分析查询、输入输出等功能。

图 8-33　施工过程——拆除旧梁

图 8-34　对象编辑

图 8-35　动画编辑/播放

8.2.3　BIM 数据在施工中的应用扩展

1）基于 BIM 数据的桥梁整体置换技术的施工交互

基于 BIM 数据的桥梁整体置换技术的施工交互核心的是 BIM 数据的 VR 交互。BIM 模型和所制作的场景，其实就是在一个虚拟世界中的场景（图 8-37），因此 BIM 和 VR 技术同脉相连，相同点很多。

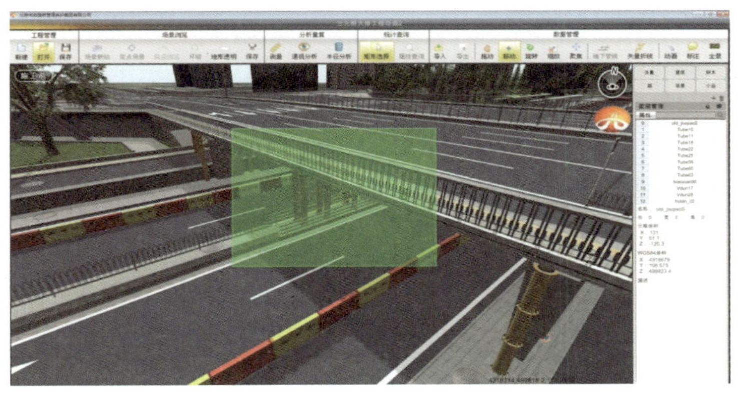

图 8-36　模型对象查询

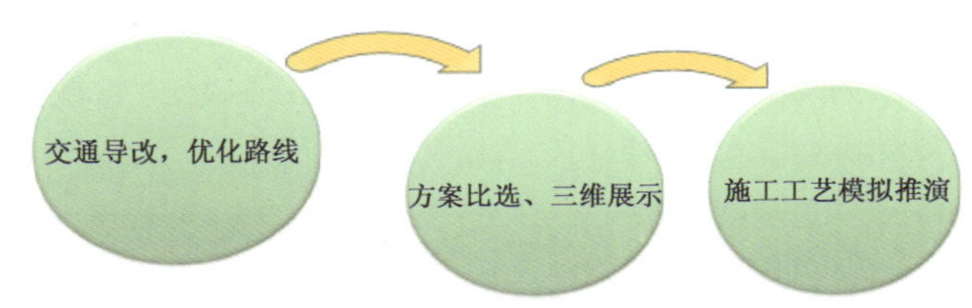

图 8-37　BIM 数据的 VR 交互

VR 的沉浸式体验加强了具象性及交互功能，大大提升 BIM 应用效果，从而加速推动其在设计推广中的使用。

设计行业目前最大的痛点在于“所见非所得”和“工程控制难”，难点在于统筹规划、资源整合、具象化联系和平台构建。VR 在 BIM 的三维模型基础上，加强了可视性和具象性。通过构建虚拟展示，为使用者提供交互性设计和可视化印象。“设计平台 + VR”组合未来将成为设计企业核心竞争力之一。

2）BIM 数据的模拟驾驶与施工交互

基于模拟驾驶与交通仿真的 BIM 数据，将桥梁施工设计方案提前进行模拟驾驶检查，检查设计方案和施工方案的可行性和合理性。在模拟器上，通过驾驶员驾驶模拟器在虚拟道路上行驶的主客观反应对桥梁施工方案的安全性进行研究（图 8-38）。

图 8-38　模拟驾驶与施工交互

8.3 基于 BIM 技术的安贞桥立体换乘改造工程方案展示系统介绍

8.3.1 项目概况介绍

安贞桥立体换乘改造工程是北京市 2014 年交通疏堵工程的重点项目之一，主管单位为北京市路政局项目管理中心，施工单位为北京市政路桥管理养护集团市政九处。

安贞桥是一座上跨立交桥，位于北京市城区北部，是北三环路与安立路的交通节点，是北京城区的重要交通要道。桥下行人车辆交叉复杂，极易出现交通事故，造成拥堵显现，为了改变此地交通环境，计划新建南北两条快速公交车道，在环岛内新建天桥梯道和修建跨越三环辅路的四座大型天桥，并重新规划行人、自行车、机动车的行车道路，项目改造工程所涉及的施工场地、拆改移项目主要包括：绿化植被、电箱电杆、交通信号灯、地下管线、交通设施等，绿化面积 4700 平方米，电杆灯杆 18 根，标志牌 6 个，树 89 棵，变电箱 2 个，井盖 9 个(图 8-39)。

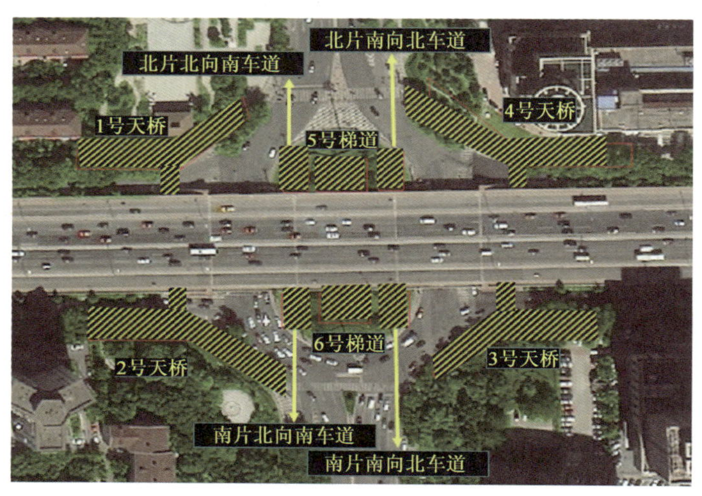

图 8-39　安贞桥拆建范围俯瞰图

由于此地段交通设施很多，包括电线杆、绿化植被、地下管线、无轨电车、交通设施等，设计产权单位多、协调难度大、不能中断交通、交通导改的工作量大、工期长、设计工序多，给前期准备阶段带来很大的困难。起初，本项目的相关人员是通过到施工现场规划、测量、拍照并在照片上做标记，然后以 PPT 的形式向业主汇报工程设计方案和施工进度计划，不仅费时费力，效率低下，易出错，保存时也存在很大的问题，而且容易出现数据破损，丢失的情况，另外还存在数据表现不直观的缺点。

8.3.2 BIM 应用内容

为了能够更加直观地展示设计方案和施工计划，施工单位在汇报中使用了三维辅助设计及施工推演系统，完成了计、施工过程中复杂节点工序模拟推演、基于模型工程量的统计、工程方案比选、分析量算、施工进度管理等。通过使用三维展示、分屏对比以及施工推演等功能，准确而直观地展示了改造工程所涉及的施工场地、拆改移项目、工期以及改造后情况等领导关心的问题。目前该工程已经试点完毕，达到了预期设计应用效果。

(1)方案对比。

通过系统可以实现初步的 BIM 理念，对施工工程的质量、进度、费用进行比对(图 8-40)。

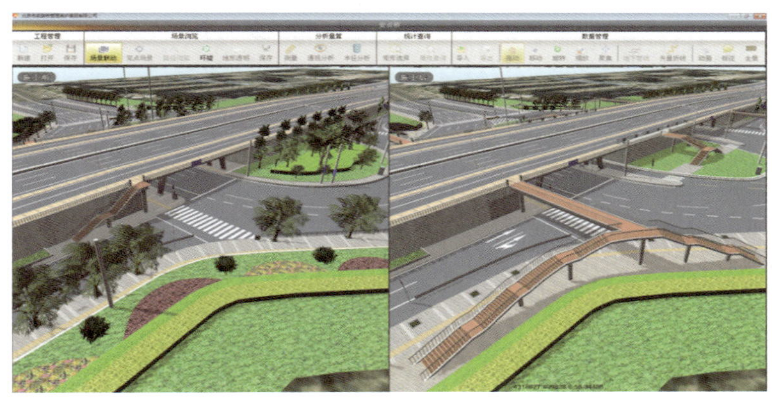

图 8-40　方案对比三维展示

(2)在规划系统中划定拆建的范围，掌握施工工程量。

通过系统确定需占用的道路面积、需拆除的绿地面积，需改建迁移的地上设施和地下管线数量等(图 8-41)。

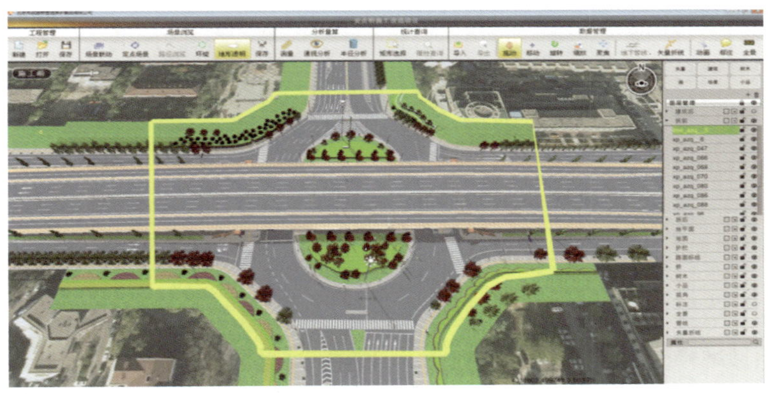

图 8-41　工程量确定

(3)对施工场景中任意设施、部件进行编辑、修改(图 8-42)。

(4)通过标注功能，实现桥梁基础信息、档案的查询(图 8-43)。

(5)调取施工现场的全景影像进行 360 度浏览分析(图 8-44)。

(6)标定地下管线、机电设施，防止施工造成破坏。

在系统中录入吊车的旋转半径、施工设备的占压情况，可以进行施工预警(图 8-45)。

图 8-42　编辑施工场景

图 8-43　施工管理

图 8-44　施工现场浏览

图 8-45　施工预警

8.4　基于 BIM 技术的北京世博园地下综合管廊工程管理系统介绍

8.4.1　系统建设背景

北京世园会是经国际园艺生产者协会批准，国际展览局认可，由中国政府主办，北京市政府承办的 A1 类世园会，是继 1999 年昆明世园会和 2010 年上海世博会之后，近十年来在中国举办的级别最高、规模最大的一次专业类世博会。20 个国家确认参展 2019 年北京世园会，世园会将于 2019 年 4 月 29 日至 10 月 7 日在北京延庆区举办。其中北京世园会地下综合管廊工程是 2017 年北京城市建设重点工程之一，已于 2017 年 3 月份开工，预计到 2017 年底完工。管廊工程总长度 3.34 千米，工程设计采用三舱结构，安排热力、燃气、给水、再生水、电力、电信等入廊，沿园区南路等六条主要道路设置，包括 1 条主管廊，5 条支管廊，并与周边的地下管线连通配套（图 8-46）。

延庆世博园地下综合管廊及市政基础设施工程作为重点项目，其本身设计标准高、施工体量大、周期长，在实施过程中存在着以下的困难：

（1）大量 2D 形式的描述，不够直观，沟通不畅。

（2）工程成果移交不方便，没有统一的系统进行管理和归档。

（3）园区管廊和基础设施复杂、沟通协调难度大、工序多、设备多、管理难度大、人员水平不一，容易拖延施工进度。

8.4.2　系统建设研究内容

（1）开发基于 BIM 的世博园地下管廊及市政基础设施工程管理系统。

系统采用 B/S 的架构设计，数据存储在云服务器上，在计算机上可以实现项目情况介绍以及资料管理、施工进度管理、无人机数据展示、人员和车辆监控、现场视频监控、查询统计等功能。将施工进度和三维模型相结合进行直观的展示，便于领导进行管理决策。

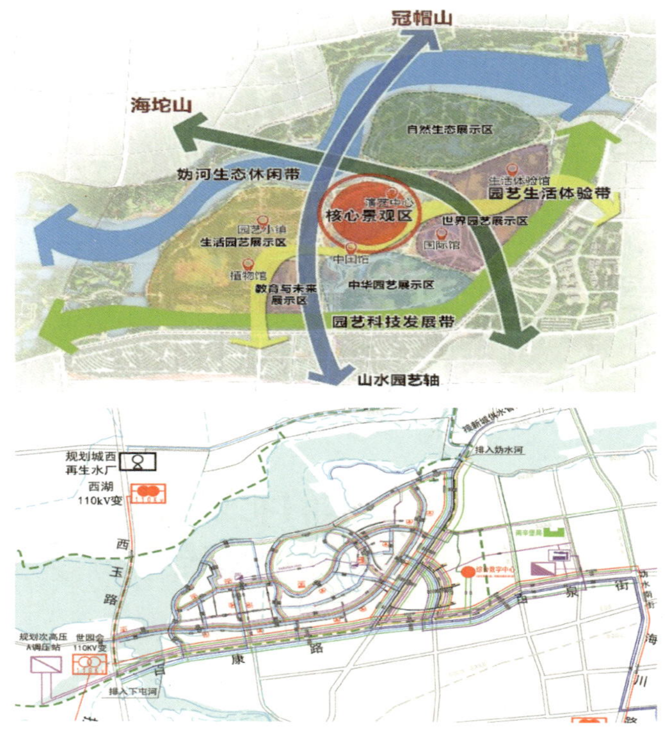

图 8-46 世博园规划图

(2)依托微信达到施工过程中的便捷精细化管理。

考虑到微信的大众化和易用性，开发基于微信企业号的上报功能。现场施工员和安全员通过微信即可上报施工进度和质量问题（文字或照片）。上报内容立即进入系统，方便后期统计和查询。

(3)进行三维模型建模。

利用 BIM 技术对世博园园区内 3.441 千米的地下综合管廊主体及各个关键节点、管廊内部的预埋件以及临时的结构、施工过程中存在的临时建筑等进行仿真建模；完成园区内道路交通工程模型约 10.11 千米的模型建模；完成园区内管廊内部的管线以及管廊外的各种管线的三维建模；完成园区内 3 座能源站的建模；预先模拟设计效果，满足展示汇报和施工进度的管理使用；方便管理人员直观查看施工后的效果图，直观展示阶段性的建设成果，辅助管理查看施工进度。

(4)依托无人机及视频设备实现工程进度查看和现场监控。

通过无人机航拍整个施工现场，将无人机照片及视频上传到系统中，在系统中用照片墙的方式展示施工现场。在现场架设移动式的视频监控，将现场画面通过 4G 网络传输回指挥中心，辅助管理人员第一时间了解现场情况，便于远程监督和指挥。

(5)依托北斗定位技术实现监控。

使用两种方式实现支持人员及车辆的位置监测，一种是能够接入北斗终端的信息，另外一种是在用户手机端开发手机 APP 软件，可以上报人员及车辆位置。这两种方式在电脑端均能实现实时监控和历史位置回放。

(6)应用 3D 打印技术直观展现设计细节。

通过 3D 打印技术对园区内工程中关键的结构部件进行 3D 打印，并且将打印好的模型构件进行现场拼接，可以很直接地查看结构之间的关系。

8.4.3　系统数据获取

1)基于无人机航测的施工过程影像数据获取

(1)无人机摄影测量技术概述

无人机(Unmanned Aerial Vehicle)是一种由无线电遥控设备或自身程序控制装置操纵的无人驾驶飞行器。近年来地理空间信息技术取得了飞速的发展，尤其是灵活机动、具有快速响应能力的轻小型航空飞行器，更是在最近几年迅速成长，成为航空遥感领域一个引人注目的亮点。

由于航空遥感平台及传感器的限制，普通的航空摄影测量手段在获取小面积、大比例尺数据方面存在成本高、性价比差等问题。具有低成本和机动灵活等诸多优点的低空无人机遥感能在小区域内快速获取高质量遥感影像，是国家航空遥感监测体系的重要补充，是航空遥感的未来发展方向。在当今卫星遥感和普通航空遥感蓬勃发展的形势下，轻小型低空遥感是粗中细分辨率互补的立体监测体系中不可缺少的重要技术手段。低空无人机遥感系统，作为卫星遥感与普通航空摄影不可缺少的补充，它有如下优点：

①无人机可以超低空飞行，可在云下飞行航摄，弥补了卫星光学遥感和普通航空摄影经常受云层遮挡获取不到影像的缺陷。

②由于低空接近目标，因此能以比卫星遥感和普通航摄低得多的代价得到更高分辨率的影像。

③能实现适应地形和地物的导航与摄像控制，从而得到多角度、多建筑面的地面景物影像，用以支持构建城市三维景观模型，而不局限于卫星遥感与普通航摄的正射影像常规产品。

④使用成本低。无人机体形小，耗费低，对操作员的培养周期相对较短。系统的保养和维修简便，同时不用租赁起飞和停放场地，可以无须机场起降，因而灵活机动、适应性强，容易成为用户自主拥有的设备。

⑤回避了飞行员人身安全的风险。比起野外实测而言，无人机航测方法具有周期短、效率高、成本低等特点。

(2)施工过程中无人机摄影测量技术的应用

基于无人机以上的航测优点，定期对施工的场地进行航测飞行，利用相关快速拼接无人机航拍图的软件进行快速拼接，得到一张辅助查看施工进度的航拍图，在展示施工进度。

①前期航线设计：根据航测的区域事先进行航线设计，具体主要内容包括：航高、飞行速度、触发方式、航线数量、航线总里程以及返航高度等内容。另外也要考虑到航线设计影响参数，例如地面分辨率、航向重叠度、旁向重叠度飞行时间等(图 8-47)。

②后期数据处理(图 8-48 ~ 图 8-51)：依据相关无人机数据处理软件进行数据后期处理，得到想要数字高程数据(DSM/DEM)、航拍影像数据(DOM)。

(3)基于 CAD 设计图快速生成 BIM 模型数据

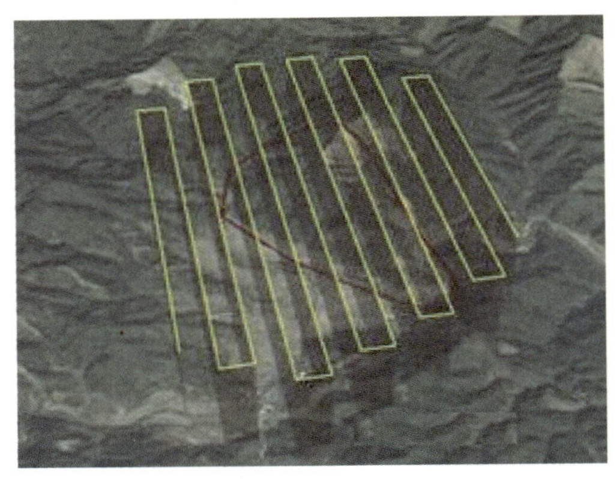

图 8-47 航线设计

依据 CAD 设计图，判读设计图并提取道路边线，判读纵断面关键的高程值并提取，动态生成三维道路和建筑模型；利用三维模型数据制作管廊主体模型、基础设施模型、相交道路和桥梁等模型。实现平、纵、横联动浏览，进行三维空间分析，包括距离量算、面积量算、高度量算、通视分析。接入 GIS 数据，快速生成三维场景。

利用 BIM 的建模技术对管廊主体、管廊内部的预埋件以及临时的结构、施工过程中存在的临时建筑等进行仿真建模，提前模拟设计效果（图 8-52）。

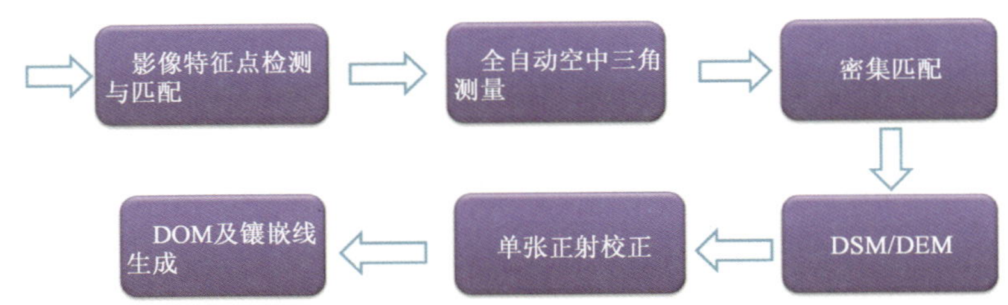

图 8-48 图像处理流程

2）企业微信数据

(1)微信数据应用

企业微信是一款适用于政府、企业等各类组织的一个产品，可以有效地管理员工。企业微信不受手机系统的影响，所有支持微信的手机均可运行。①根据世博园区管廊工程施工的需要，让每一个施工员关注企业微信号，可以按照标准进行微信施工进度上报、人机料上报、问题上报、提醒功能等。和 Web 系统相结合，让员工实现在手机上处理办公事宜；②企业应用“休息”的功能，可以让员工在休息期间不受打扰，设置后将不接收企业信息，实现工作和生活区分的功能；③管理员端后台可以添加自定义应用，满足企业的需求。

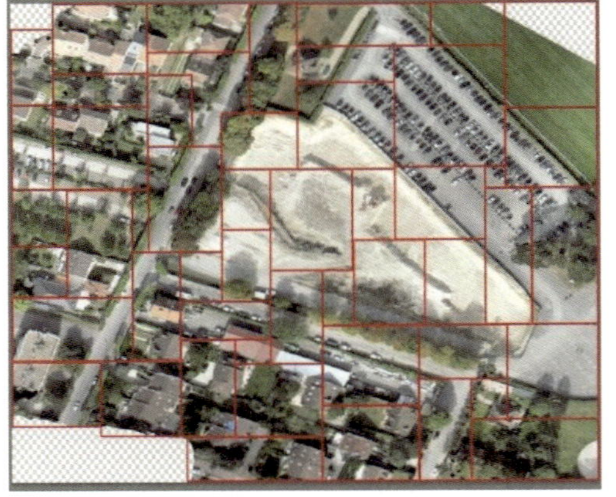

图 8-49 图像处理

依托微信的便捷化进行工作日志上报、质量问题上报及现场照片上报；可以手动推送问题和进度的提醒，辅助施工过程中的质量问题和现场照片上报；可以结合施工现场照片进行施工过程中的问题统计和查看（图 8-53）。

图 8-50　数字高程数据(DSM/DEM)

图 8-51　影像数据(DOM)

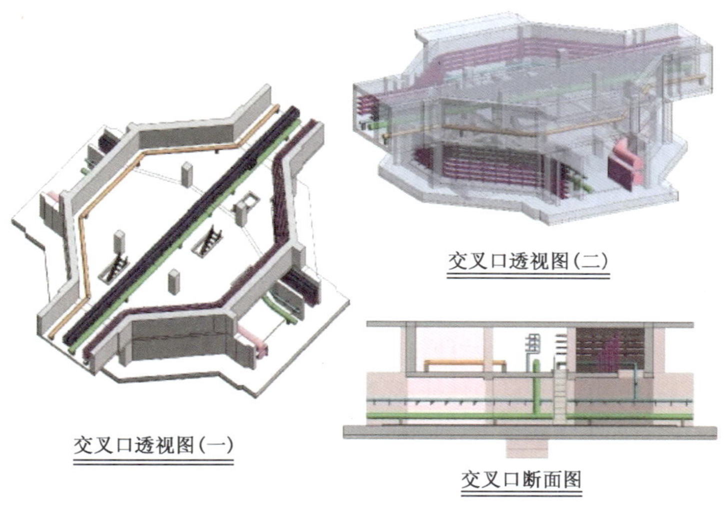

图 8-52　管廊交叉口 BIM 模型

(2)企业微信特点

对于企业微信,有以下一些特点:

①只有企业通讯录的成员才能关注企业号,分级管理员、保密消息等各种特性确保企业内

部信息的安全。

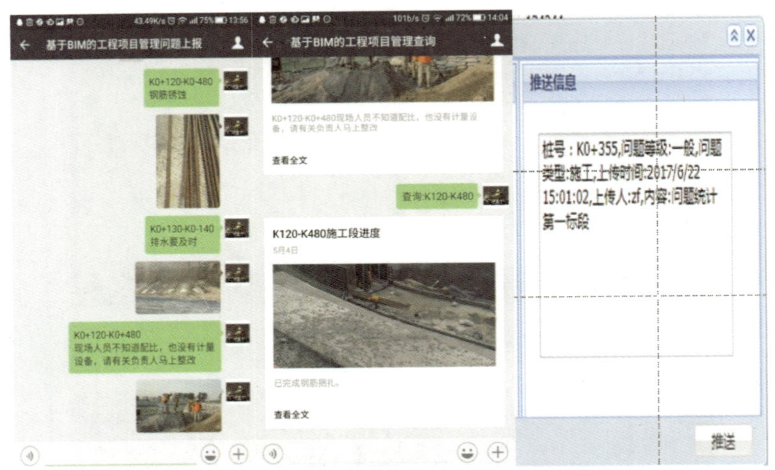

图 8-53　微信数据上报系统

②应用可配置：企业可自行在企业号中配置多个服务号，可以连接不同的企业应用系统，只有授权的企业成员才能使用相应的服务号。

③消息无限制：发送消息无限制，并提供完善的管理接口及微信原生能力，以适应企业复杂、个性化的应用场景。使用更便捷：企业号在微信中有统一的消息入口，用户可以更方便地管理企业号消息。

3）视频监控数据

世博园园区综合管廊的建设，依托云台设备实现施工过程的人员及现场的实时状况监控；施工现场架设箱式便携终端，管理人员通过手机 APP 或视频监控客户端（PC 端）即可查看现场实时视频（图 8-54）。箱式便携终端主要由一体式防水吸盘式变焦摄像机（内部包括视频服务器、大容量锂电池）、专业三脚架两部分组成，另外还包括内置 SD 卡、北斗模块、手提箱等附件，通过 4G 或 WIFI 回传到服务器（图 8-55）。

图 8-54　视频监控设备

4）定位数据

施工场地的人员车辆繁杂，在施工管理上利用北斗定位技术，使用两种方式实现支持人员及车辆的位置监测，一种是能够接入北斗终端的信息，另外一种是在用户手机端开发手机 APP 软件，可以上报人员及车辆位置。这两种方式在电脑端均能实现实时监控和历史位置回放。对渣土车设门禁针，依据北京市建委对现场出入口的车辆的管理要求，由分散式管理转成固定式管理的方式。针对渣土车安装北斗定位器可以依据记录表进行拍照上传，对比电子围栏的信息，查看是否有出入的地方。

在三维地图中根据选择的人和时间段，显示其行走轨迹（轨迹来源与实时记录的定位施工人员位置信息），辅助对施工的安全、质量和进度的管理。

图 8-55　现场视频监控数据

8.4.4　工程管理系统建设

1) 系统概况

施工进度管理作为施工方项目管理一项重要工作，关系项目工期、成本、质量等目标的实现，然而在实际施工中却经常面临着计划执行和管控难等问题，进度延误的情况时常发生。北京世博园地下综合管廊工程总长度 3.34 千米，工程设计采用三舱结构，是一个大型化、复杂化的地下工程，给施工进度管理带来了更大的挑战，对施工进度的管理水平提出了更高的要求。由于传统进度管理存在着进度计划和工程实体关联度不高、无法随实体变化而变化、项目信息丢失严重以及施工进度跟踪控制困难等问题，已不能满足现代建筑精细化管理的要求，施工进度管理迫切需要新的管理思路和方法以保证项目的顺利实施和目标的完成。BIM 技术以其可视性、模拟性、协调性、优化性和数据高度集成等优势弥补了传统进度管理的不足，并且有助于提升进度管理的水平。但目前，BIM 在进度管理方面的应用还停留在模拟阶段，BIM 的价值还有待开发。

2) 基于 BIM 施工进度管理实施基础研究

住房和城乡建设部对 BIM 技术的解释为：BIM 技术是一种用于工程设计建造管理的数据化工具，通过参数模型整合各种项目的相关信息，在项目策划实施运营和维护的全生命周期过程中进行共享和传递，提高效率、节约成本、缩短工期。BIM 是建筑行业与信息化技术结合而产生的具有变革意义的成果，其集成项目参数与模型的特点将从根本上改变了建筑行业的工作方式，并且推动行业由粗放式管理模式向依靠数据和标准流程的集约式管理模式方向发展，是行业走向绿色低碳、智慧建造的有力保障，其先进性已在业内得到公认。

BIM 以工程技术系统的三维模型为基础，把项目参数整合到模型中，以实现项目数据有效的保存和建设各阶段、参与方之间的信息共享，从而提升项目管理水平和生产效率。国际工程项目中 P6 已成规范项目管理程序必备的项目管理软件，我国多数国际项目的承包商都被要求用 P6 进行项目管理。总体来说，国外软件在我国应用最大障碍在于未深入分析我国工程建筑行业特点，软件功能与应用背景不相符，软件本地化不足，无法适应中国计量、计价规范，导致实施落地存在问题。在世博园项目中,使用的是 Microsoft 公司的 Project 实现工程进度的管理。

BIM 的核心价值并不体现在建筑的三维实体模型中,而是以模型为信息载体,辅助项目管理,提升管理水平。BIM 可以包含项目全生命周期的信息,通过项目各参与方对信息高效共享和协调沟通,提高工作效率和项目管理水平,保证项目目标的实现,提高建筑产业的核心竞争力。在 BIM 技术出现之前,建筑全生命周期各阶段和各专业系统间一直存在信息断层的问题,彼此之间很难进行有效的信息沟通,BIM 集成及保存了工程建造过程中各个阶段、各个参与主体、各个业务系统的数据,并为各方的信息互动搭建了"桥梁",从而效解决信息断层和"信息孤岛"等问题。

BIM 技术要充分实现其功能及价值,必须要有相应的软件做支撑。国内外各大软件公司近些年来一直致力于 BIM 相关软件的开发和完善,以 Autodesk 公司为代表的国外 BIM 软件开发商,更多地把产品的功能定义在工程建设项目的设计阶段;国内 BIM 软件则把更多的关注点聚焦到工程建设项目的建造阶段。本项目的核心建模软件使用 Autodesk 公司的 Revit 软件,其在功能设置、人机交互、参数化能力、软件间数据兼容性方面体现出其他软件无法相比的优势,在全球范围内占有最大的市场份额。

根据项目的特点和相关软件所能提供的应用,明确项目过程中 BIM 实施的途径和框架。基于 BIM 的进度管理实施途径如图 8-56 所示。

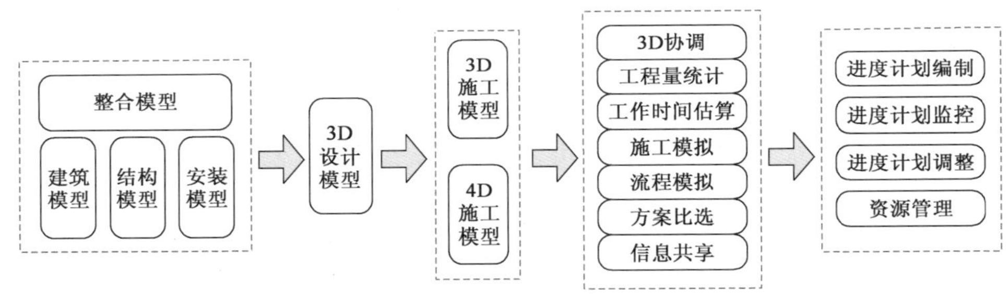

图 8-56 基于 BIM 的进度管理实施途径

有效的施工进度管理是工程项目工期目标得以实现的保证,施工单位通过细化建设单位提供的节点工期,优化资源限制条件下的需求安排,完善各分部分项工程的逻辑关系,编制工程项目的施工进度计划,并以此作为管理的依据。同时在施工全过程持续开展计划进度与实际进度的检查、对比工作,及时发现施工过程中出现的偏差并分析偏差产生的原因,从而有针对性地采取控制措施,排除影响进度的干扰因素,以保证工期目标的实现。

基于 BIM 的工程项目施工进度管理是指施工单位以建设单位要求的工期为目标,基于 BIM 模型将建设单位及其他相关利益主体的需求信息集成于 BIM 模型成果中,并以此为基础进行工程分解、计划编制、进度跟踪、分析纠偏等工作(图 8-57)。同时项目的各个参与方可以在 BIM 提供的统一平台上协同工作,进行施工进度的控制。基于 BIM 的施工进度管理以形象的 3D 模型作为建设项目的信息载体,使建筑从业人员的工作对象的呈现方式不再限于复杂抽象的图形、表格和文字,更有利于各阶段、各专业相关人员的沟通和交流,减少建设项目因为信息过载或流失带来的损失,提高建筑从业人员的工作效率及整个建筑业的效率。

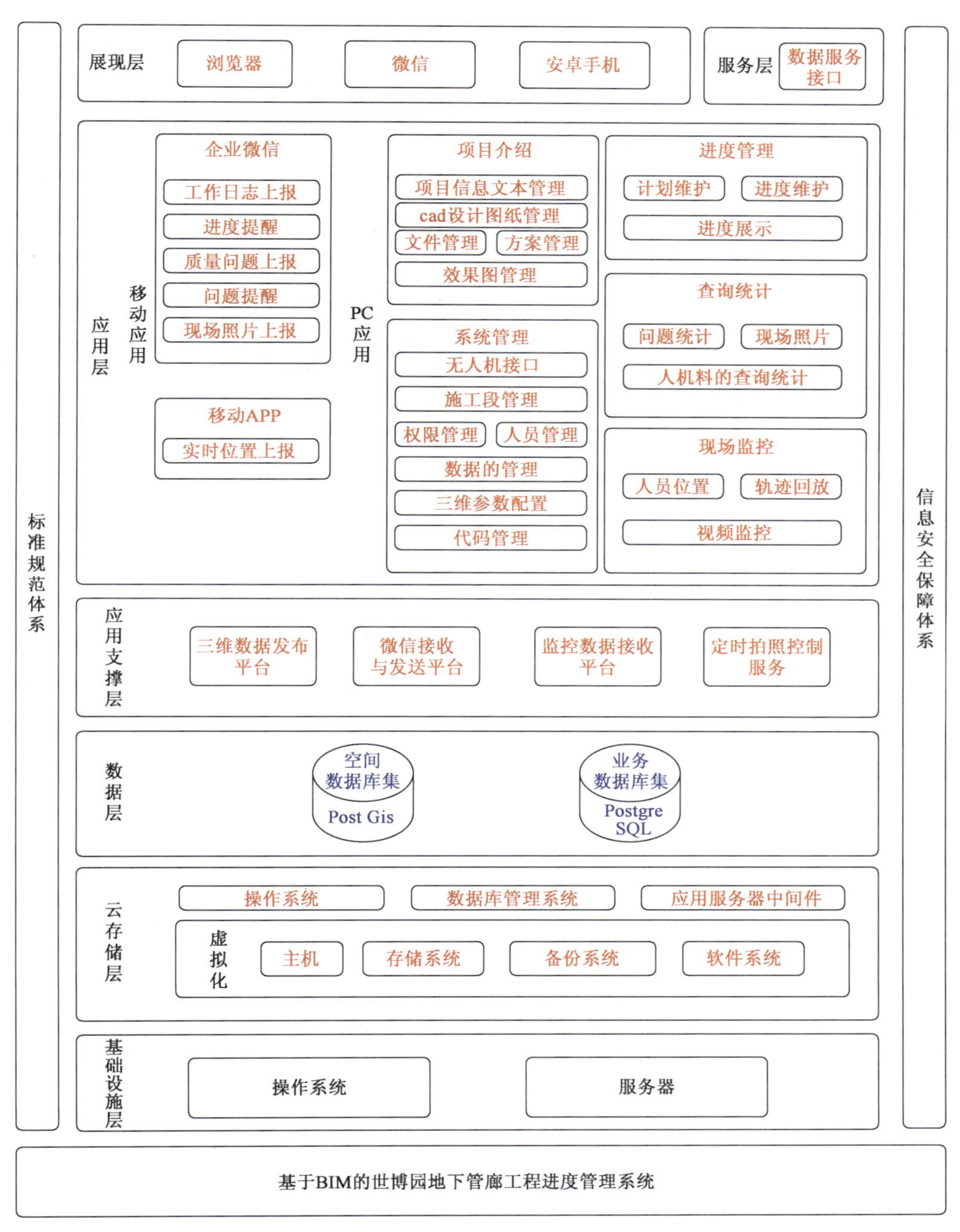

图 8-57　系统总体架构图

工程 BIM 模型使用 revit 进行三维建模，将园区内所有的管廊和市政基础设施依据 CAD 平面设计图、横纵断面图、结构设计施工图等进行建模，具体的结构预埋件和特殊的部件依据现场施工图建模，管廊材质和预埋件贴图依据拍摄的现场照进行还原和制作，最终实现施工中和施工后的三维可视化展示，建成后的地下综合管廊模型包括：管廊主体、预埋件、风井、吊装口、排水泵井以及人员出入口等三维模型，并且能够导入系统将其与施工进度计划相结合，进行直观的展示项目的施工进度和施工计划（图8-58、图8-59）。

图8-58　园区南路三舱 BIM 模型

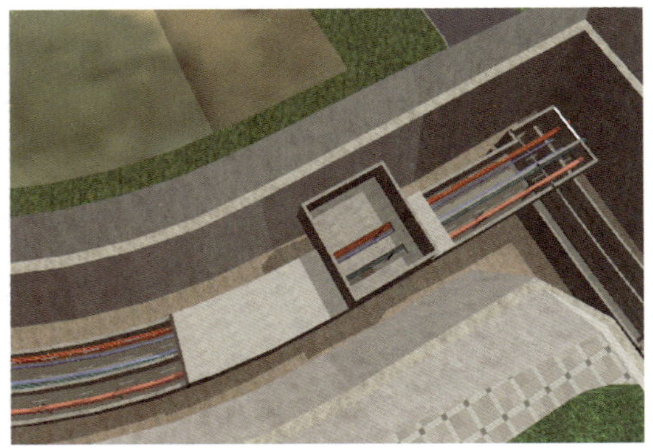

图8-59　园区南路管廊 BIM 模型

3）基于 BIM 施工进度管理系统的功能介绍

系统软件开发分手机端和电脑端，在手机端主要依托企业微信开发工作日志、质量问题上报等功能。在电脑端的基于 BIM 的世博园地下管廊工程进度管理系统开发工作主要功能包括项目介绍、进度管理、查询统计、现场监控等。

工程人员在 Project 软件中录入工程进度计划，将计划文本导入开发的软件中可以实现以下功能：

（1）进度管理：具体分计划维护和进度维护以及进度展示等功能。管理员在甘特图中设置各施工段工作内容、时长及对应的模型。每次修改后系统都会记录上次计划内容，可以查看或恢复到原来计划。管理员查看微信上传的进度日志，手动修改实际进度甘特图。

（2）计划维护：管理员在甘特图中设置各施工段工作内容、时长及对应的模型。每次修改后系统都会记录上次计划内容，可以查看或恢复到原来计划。

（3）进度维护：管理员查看微信上传的进度日志，手动修改实际进度甘特图。

（4）进度展示：分为计划进度展示和实际进度展示。计划进度展示是在三维地图中浮动显示计划进度窗口，窗口内容包括计划进度条（按工程施工总进度，即总天数生成等分的单元格，单元格内容包括进度百分比和日期）、播放和停止。播放会自动从第一天开始按挖掘、地基等工作一步步进行，也可以选择从工程起点开始自动往返漫游（速度可以设置）。停止状态点击哪一天可以显示工程建设到这一天的样子。

（5）实际进度展示：三维地图打开默认按实际进度显示工程建设情况。将设计好的工程 BIM 模型计划的 Project 进度表进行关联展示，实现计划进度的直观展示，通过实际进度的调整和修改，也能实现实际进度和 BIM 模型的关联（图8-60）。

4）施工进度管理实施效果分析

项目施工管理是一项综合系统工程，在许多工程中，常常采用许多认为有效的赶工措施，但实际效力却达不到预期的缩短工期的效果，原因在于这些计划是在无正常计划期状态下的计划，常常是不周全的，同时缺少协调，没有将加速的要求措施以及新的计划可能引起的问题通知相关各方，对以前造成进度拖延的原因认识不清，因此，在有了新的调整措施和施工计划之后，还要对其进行评审，分析调整措施的效果，分析新的工期是否符合目标要求。目前通过在世博园地下管廊及市政基础设施综合工程中使用 BIM 技术开发的工程管理系统，初步实现了对工程项目的可管、可控、可查询、可分析。

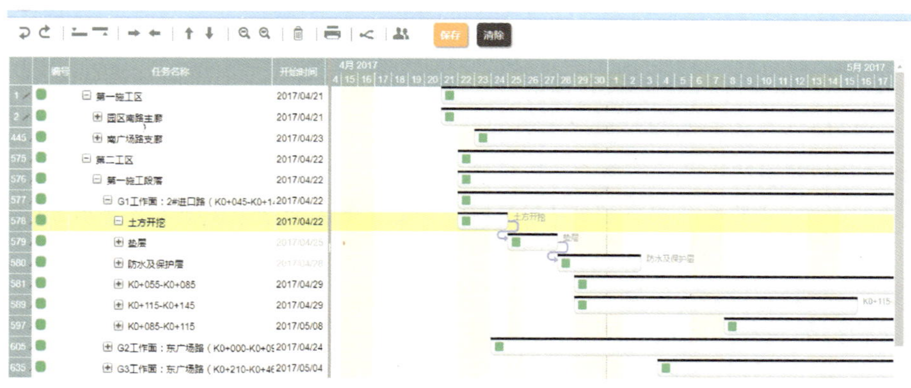

图 8-60　计划和进度维护表

5）施工工程管理系统的分析与展望

为了有效地保证系统开发的质量，整个系统建设的全过程划分为准备、设计、开发、实施和运行阶段，每个阶段完成相应的任务，确保信息系统的建设。工程建设项目系统的开发应用改变了工程建设项目管理粗放、落后的面貌，加快了工程建设项目的管理创新，实现了工程建设项目管理信息化。工程建设项目从早前的粗放式管理慢慢转向集约化的精细管理，使项目的整个工程建设过程透明，项目信息能够得到及时的沟通交流，从而使项目的成本得到有效控制，使企业利益实现最大化。该系统具有一定的通用性和普遍应用意义。

8.4.5　BIM 技术与 3D 打印

1）3D 打印概述

3D 打印技术（3Dimensional Printing）的正式名称为“增材制造”，是一种快速成型技术。它是以三维数字模型文件为基础，通过逐层打印或粉末熔铸的方式来构造物体的技术，综合了数字建模技术、机电控制技术、信息技术、材料科学与化学等诸多方面的前沿技术知识，具有很高的科技含量。3D 打印技术概念由来已久，只是受限于科技发展水平一直未研发成功。20 世纪 80 年代，在 CAD 技术、数控机床（Computer Numerical Control，CNC）、滋光技术、材料科学充分发展的基础上，美国人 Chuck Hall 发明立体光刻工艺，并获得专利，这被认作 3D 打印技术的开端。

目前，BIM 与 3D 打印技术集成应用主要有三种模式：施工单位按实物模型制造展示、复杂构件打印制作及整体建筑 3D 打印。基于 BIM 的整体建筑 3D 打印即通过将建筑设计完成的整体 BIM 模型导入及转化，直接对整个建筑进行打印制造。在这个打印过程中由于建筑物体量相对庞大，且各部件及专业构成材料种类较多，对打印空间及技术要求较高，目前实施难度较大。复杂构件打印制作主要是针对建筑产品中造型或空间关系较复杂的节点及构件，通过 BIM 模型的建立并导入 3D 打印机中，实现对构件的高精度加工制造，且避免了复杂模具的制造,有效降低了产品的加工成本及缩短了加工周期。施工实物模型制造主要是基于施工BIM模型通过3D打印技术对整体建筑进行缩尺寸模型制造,主要用于施工过程中对建筑的整体展示以帮助工人或各参与方更好地理解施工内容,与1:1比例整体建筑实体打印相比,其空间尺寸大大减小,对打印机及打印空间要求不高。

2)应用方法和步骤

通过3D打印技术进行管廊和市政基础设施三维模型打印,并且将打印好的模型构件进行现场拼接,可以展现设计细节,很直观地查看结构之间的关系。

(1)BIM模型的建立

首先需要基于BIM进行建筑、结构方案设计,使其满足3D打印的技术要求,并选择3D打印机和打印材料。设计完成后的BIM模型进行拆分和必要的处理,导出打印模型。导出的打印模型在格式转换期间会产生一些错误,需要检测、修复。BIM模型修复后进行相应的程序设定后即可开始打印。大型建筑3D打印机有其特有的工作要求,建筑设计方案需要符合打印机的工作特点,因此,设计方案的评审非常重要,审查必须要全面且细致。BIM所见即所得,可以帮助设计人员在设计过程中检查方案是否符合3D打印的要求,避免产生后期审查不能通过导致方案的大量修改。因此,在BIM系统进行3D打印建筑的设计工作时,工作伊始即需要BIM建模,后续工作通常是随设计方案完善和深化进行模型的完善、修改、打印范围调整,调整3D打印范围的目的是为了使BIM模型的整体大小符合打印机有效打印范围。因为打印机有一定的打印范围,超出范围是无法打印的,因此,需要在3D打印机相配套的软件中,比如3D Print等3D打印机操作软件,将模型通过缩放大小的方式进行调节。

(2)取出模型

对于3D打印机来说,模型打印后取出模型也是很重要的一个环节,根据3D打印机打印材料的不同,取出模型的难度也不一样,比如金属和石灰粉两种不同材质的3D打印,在取模过程中,金属材质的3D打印模型只要待打印冷却后取出即可,而石灰粉材质的3D打印模型,由于石灰粉材质比较软,很容易破碎,因此,取模时则需要清理多余的石灰粉铺层,还得小心操作避免碰坏打印成功的模型。

(3)模型处理

模型打印后正常情况下都要对模型进行处理,根据不同的打印材质进行不同的处理措施,比如金属材质的,对模型表面进行打磨处理,因为在打印过程中,材料衔接处会有衔接不均匀的现象,会使模型表面粗糙。

3)3D打印技术的特点

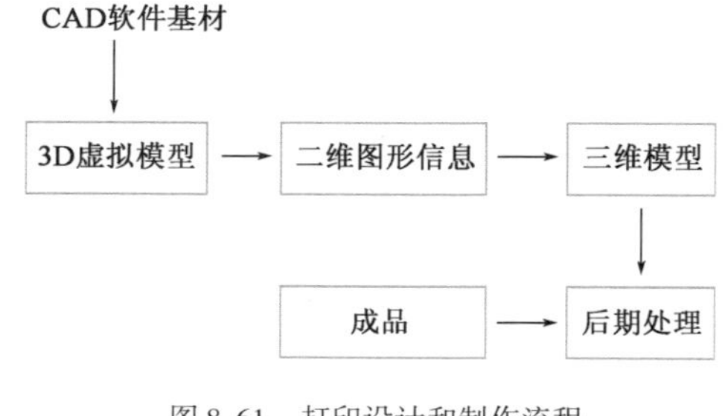

图8-61　打印设计和制作流程

由3D打印技术的设计和制作流程可以看出(图8-61),3D打印技术涉及信息技术、材料科学、精密机械等多个方面。该技术的主要特点是可直接根据计算机图形数据,通过增材制造的方法生成各种形状的产品。与传统的减材制造相比,3D打印不仅可以提高材料利用率,还可以用更短的时间制造出比较复杂的产品。优点是无须机械加工或任何模具,就能直接从计算机图形数据中生成任何形状的零件，从而极大地缩短产品的研制周期，提高生产率和降低生产成本，并具有更高的打印精度。

8.5 BIM 技术的发展前景

8.5.1 BIM 技术应用的困难和推动力

虽然 BIM 能为行业带来巨大的价值，但我们也看到，目前国内大部分设计院在实施 BIM 方面并不是一帆风顺，而是遇到各种各样的困难。与普及二维 CAD 软件相比，普及三维 BIM 软件面临的阻力和难度只会更大。

1）BIM 认知的误区

BIM 正在推动一场全面变革的大潮，工程设计、建造、运维等众多企业积极参与其中，以期占据有利的竞争位置。然而，企业高涨的热情，有时不免陷入这样那样的误区，存在对 BIM 只是建模的保守的看法，或与之相反，认为 BIM 是无所能的激进观点。误区如下：

（1）BIM 就是三维建模

BIM 不等于三维建模。企业投入大量时间去建模，甚至把每一块瓷砖都建模，但建了模型之后到底带来什么价值并不太清楚、也不明确。有的企业用多媒体设计软件来做 BIM，这样的结果除了看着漂亮外，真不知道有多少价值。BIM 现在已过了建模的阶段，不要把建模当作实现 BIM 目标，建模只是实现目标的手段。

（2）靠模仿标杆企业来应用 BIM

关注国内几个 BIM 应用成功企业，认为自己需要的就是这样的 BIM 应用。其实 BIM 应用存在很大的差异，要识别这些差别难度很大，而且，标杆企业 BIM 应用的人员投入和财力投入也是众多中小型项目不可比拟的。

（3）非资深员工牵头企业 BIM 应用

由企业内某一个或几个掌握若干 BIM 软件操作但缺乏工作经验、工程经验的设计人员牵头开展 BIM 应用，企业资深设计人员因为工作忙、不会 BIM 软件操作等原因对 BIM 保持距离，让年轻人先去试验，总体来看这种做法的企业其效果也不是很好，技术停留在建模、效果图、漫游层次。企业应用 BIM 的目的是提高质量、效率、核心竞争力和盈利能力，当然最终需要依靠软件来实现，但是这个任务不是光靠缺乏实际工作经验、工程经验和企业管理经验的新从业人员可以完成的。

2）BIM 技术应用阻力（外因）

现有的二维设计所带来的不足目前被当前产业和市场所容忍。比如，施工人力成本和场地成本较低；由于设计缺陷所造成的工程问题解决成本也相对较低；同时 3D 设计的收益和成本未被良好的评估或未被市场所认可。

3D 设计及 BIM 对构件元素具有一定依赖性，国内软件公司基本没有 BIM 概念的设计软件，而国外软件产品在构件元素的本土化上做得不够，这就使得国内设计院如果要使用 BIM 设计软件，就必须自己开发构件，这对于设计方来说，是很难承受的。

BIM 意味着一个全新的建筑行业的操作模式,如果没有政府的介入,进行大力推行,大家都不愿意去打破目前的操作方式。另外国内也缺失一套可参考的 BIM 操作模式的实例。

3) BIM 技术应用困难(内因)

从手工制图到 2D CAD 的迁移,从流程和结果的角度看,并没有本质上的不同;而从 2D CAD 到 3D BIM 的转变,从思维的方式到管理的理念,却有太多颠覆性的改变。CAD 和 BIM 不仅仅是两个工具的区别,无论是过程的协作方式,还是最终利益的分割,BIM 都呈现了与传统方式截然不同的图景。因此,从 CAD 到 BIM 的转换过程难度很大,需要克服的问题非常之多。现在很多的人在接触 BIM 后认为 BIM 这个理念很好,但在实际项目中很难实现。

用 BIM 做设计难在需要整个团队的紧密配合,在各个环节间无缝衔接;难在你不得不考虑很多 CAD 时代的习惯细节表达,以及不一致的平立剖视图表达;难在平面图纸和立面设计缺少协调,合在一起的模型和渲染图相差巨大;难在各个专业自己的模型很完美,如果整合到一起有太多错漏碰缺。

设计企业会关心 BIM 能否省钱,是否赚钱,是不是可以用同样人和时间完成更多的工作量。而 BIM 是一个长期投入和持续提高的过程,精益求精,厚积薄发。BIM 可以提高协作水平,优化设计过程,控制设计质量,但是很难在短期内增加企业产量。现在的设计行业非常火爆,多做项目快出图,在经济效益上更加实惠。而 BIM 不是如此的立竿见影,需要较大的投入和回报周期,甚至有不确定性和风险。BIM 可以帮助设计人员做好的设计产品,却不太会带来直接的经济效益。多数业主不会关心你用了什么,即使用了 BIM 也不愿多付设计费。

4) BIM 技术应用动力

应用 BIM 有内部和外部的推动力。现在越来越多的业主要求用 BIM 做项目,政府相关部门和行业协会在大力推动 BIM,软件公司和舆论也在积极推广和造势。来自竞争对手的压力和合作单位的需求,也使设计企业不得不去考虑 BIM。

无论外因如何驱动,最本质的动力应该来自内部。应用 BIM,首先要为自己服务,让设计企业和设计人员从中受益。BIM 可以提高协作水平,优化设计过程,得到高质量的设计结果。通过高质量的设计交付,可以直接和间接地控制施工安装,直至最后竣工建筑的质量。这会为业主带来实质的好处,同时提高设计企业的品牌价值和口碑。

8.5.2 BIM 在施工行业的应用与发展新方向

目前,从 BIM 技术实践中可以看出,单纯的 BIM 应用越来越少,更多的是将 BIM 技术与其他专业技术、通用信息化技术、管理系统等集成应用,以发挥更大的综合价值。因此,BIM 应用呈现出“BIM +”的特点。“BIM +”应用特点包括五个方面:一是多阶段应用,即从聚焦设计阶段应用向施工阶段深化应用延伸;二是集成化应用,即从单业务应用向多业务集成应用转变;三是多角度应用,从单纯技术应用向与项目管理集成应用转化;四是协同化应用,即从单机应用向基于网络的多方协同应用转变;五是普及化应用,即从标志性项目应用向一般项目应用延伸。

1) 从技术应用向与项目管理集成应用转变

我国建筑业虽然经过 30 多年的高速发展,但相比其他行业效率依然比较低。究其原因,一是工程项目自身的复杂性、管理过程非标准化导致的各业务管理协同不畅。据研究表明,工程项目约有30%的成本消耗在管理团队成员沟通协调过程中；二是数据共享协同困难，各业务管理单元之间，上下级业务层级之间实时获取一致的业务数据存在巨大困难，管理依据往往不是实时准确数据，而是事后报表或个人的经验，这会导致工程延误、浪费、错误现象的发生，最终影响决策。而目前的项目管理技术、方法无法根本性解决这些问题。

BIM技术的出现，可有效解决项目管理中生产协同和数据协同两个难题。目前，BIM技术已经不再是单纯的技术应用，它正在深入到项目管理的各个方面，包括成本管理、进度管理、质量管理等都会深入应用BIM技术，与项目管理集成应用成为BIM应用的一个趋势。

2）BIM技术为项目管理过程提供数据有效集成的手段

BIM技术是基于三维几何模型，集成不同阶段、不同专业、不同资源信息的共享知识资源，为项目管理过程提供了数据有效集成的手段。传统项目管理中，各业务线的数据是分散的，借助信息化的项目管理是将这些散落的数据集成应用，但缺乏将数据有机集成的手段和介质，造成来源不统一、口径不一致、数据不准确的问题。虽然借助信息化系统对数据进行了整理、统计和分析，但结果差强人意。

BIM技术基于统一的模型进行管理，提供更为底层、基础和一致性的数据，从设计模型、工程量数据扩展到施工管理、材料设备、运行维护等数据可全部有机集成在一起。

3）BIM技术为项目管理提供更为及时准确的业务数据

目前，工地现场的很多业务环节的管理失控，往往是因为没有准确的业务数据支持，如工程款支付超限、材料用量不清、二次设计不及时等。BIM技术侧重于在项目管理过程中业务点的技术应用，如工程量计算、变更算量、方案模拟优化等。通过这些点的应用，在提高项目单点工作效率的同时，为项目管理过程各业务线提供管理所需业务数据。这些数据是及时和准确的，它为项目管理过程中的流程审批提供依据，极大地提高了人员工作效率。

4）BIM技术可提高管理单元之间的数据协同和共享效率

BIM技术与项目管理集成应用，有利于提高工程项目管理过程中的各管理单元之间的数据协同和共享效率。在施工项目管理过程中，不同业务板块之间必须能够协调一致地工作，如资金的准备是否充分及时，需要采购、分包提出准确的采购和分包计划，但不同的业务管线的划分使得他们之间的沟通协调成本相当高，传统的管理手段无法突破这一点。

BIM技术可为项目管理提供一致的模型，BIM模型集成了不同的业务数据，采用可视化的形式动态获取各条管线所需数据，任何一点变更，相关业务人员做出修改后，其他所有人员调用到的数据都是最新的，保证了数据及时地、准确地在各方之间共享和协同应用。

随着新理念、新技术的不断提出和发展，BIM技术将会逐渐趋向于与其他技术的集成，从单项应用逐渐向多项综合应用转变，从而呈现出BIM的新特点。BIM技术与云计算、物联网、GIS虚拟现实技术、增强现实技术、构件库、3D打印及装配式施工等技术的集合有利于充分发挥BIM技术信息化、可视化及数据集成化等优势，能够更好满足项目需求，有利于实现对项目高效率、高精度、全面化的控制和管理，促进建筑行业逐渐向工业化、信息化及绿色化等方向发展，从而建成大数据时代下的智慧城市。

参 考 文 献

[1] 中华人民共和国国家标准. GB 11708—1989 公路桥梁命名编号和编码规则[S]. 北京:中国标准出版社,1989.

[2] 中华人民共和国国家推荐标准. GB/T 21381—2008 交通管理地理信息实体标识编码规则 城市道路[S]. 北京:中国标准出版社,2008.

[3] 中华人民共和国国家推荐标准. GB/T 21379—2008 交通管理信息属性分类与编码 城市道路[S]. 北京:中国标准出版社,2008.

[4] 中华人民共和国国家推荐标准. GB/T 20133—2006 道路交通信息采集 信息分类与编码[S]. 北京:中国标准出版社,2006.

[5] 中华人民共和国国家推荐标准. GB/T 27605—2011 卫星导航动态交通信息交换格式[S]. 北京:中国标准出版社,2011.

[6] 中华人民共和国国家标准. GB 21139—2007 基础地理信息标准数据基本规定[S]. 北京:中国标准出版社,2007.

[7] 中华人民共和国国家推荐标准. GB/T 23236—2009 数字航空摄影测量 空中三角测量规范[S]. 北京:中国标准出版社,2009.

[8] 中华人民共和国国家推荐标准. GB/T 25529—2010 地理信息分类与编码规则[S]. 北京:中国标准出版社,2010.

[9] 中华人民共和国国家推荐标准. GB/T 24356—2009 测绘成果质量检查与验收[S]. 北京:中国标准出版社,2009.

[10] 冯晓,郁彩霞,刘国栋. 基于 ArcGIS Server 的 WebGIS 公路养护管理系统设计与开发[J]. 中外公路,2013,33(04):345-349.

[11] 张凤,倪苏妮,杜明义. 基于 MMS 的道路养护信息管理系统[J]. 测绘通报,2012(03):85-88.

[12] 张倩,张金喜. 基于仿真分析的城市道路养护工程方案评价方法研究[J]. 交通运输研究,2015,1(01):27-32.

[13] 杨蕊. 创建道路行业信息化联盟的思考与实践[J]. 道路交通与安全,2016,16(03):29-32.

[14] 范喆. 基于 BIM 技术的施工阶段 4D 资源动态管理[D]. 清华大学,2010.

[15] 胡振中,彭阳,田佩龙. 基于 BIM 的运维管理研究与应用综述[J]. 图学学报,2015,36(05):802-810.

[16] Mehmet EgemenOzbek, Jesús M. de la Garza, Konstantinos Triantis. Data and Modeling Issues Faced during the Efficiency Measurement of Road Maintenance Using Data Envelopment Analysis[J]. Journal of Infrastructure Systems, 2010, 16(1).